混凝土箱梁的力学特性与耐久性

蔺鹏臻 马俊军 刘应龙 著

科学出版社

北京

内 容 简 介

本书以高速铁路、公路和市政桥梁中最常见的混凝土箱梁桥为研究对象，通过理论推导、试验研究及数值模拟相结合的方法，系统论述了混凝土箱梁在荷载与碳化、氯离子侵蚀及其耦合作用下的多维劣化机理、性能退化规律及耐久性分析与设计方法。全书共 9 章，主要内容包括基于空间构造特性的混凝土箱梁力学行为分析，基于空间多维侵蚀特性的混凝土箱梁碳化机理、受氯离子侵蚀机理及其预测模型，荷载与碳化、氯离子侵蚀及其三者耦合作用下混凝土箱梁劣化机理及其预测模型，考虑荷载与环境劣化的混凝土箱梁寿命预测与耐久性设计，以及混凝土箱梁加固与耐久性提升技术等。

本书可供道路与桥梁工程及相关专业的科技人员参考，也可作为高等院校土木工程专业本科生和研究生的教学参考书。

图书在版编目(CIP)数据

混凝土箱梁的力学特性与耐久性 / 蔺鹏臻，马俊军，刘应龙著. — 北京：科学出版社，2025.3. — ISBN 978-7-03-080061-9

Ⅰ. U448.21

中国国家版本馆CIP数据核字第2024UF5546号

责任编辑：陈　婕 / 责任校对：任苗苗
责任印制：肖　兴 / 封面设计：陈　敬

科 学 出 版 社 出版
北京东黄城根北街 16 号
邮政编码：100717
http://www.sciencep.com

涿州市殷润文化传播有限公司印刷
科学出版社发行　各地新华书店经销

*

2025 年 3 月第 一 版　开本：720×1000 1/16
2025 年 3 月第一次印刷　印张：20 3/4
字数：415 000
定价：180.00 元
（如有印装质量问题，我社负责调换）

作者简介

蔺鹏臻 1977年10月生，兰州交通大学教授、博士生导师。全国五一劳动奖章、詹天佑铁道科学技术奖成就奖、茅以升科学技术奖获得者，入选甘肃省拔尖领军人才、甘肃省领军人才第一层次、甘肃省首批"飞天学者"特聘教授，是国家一流本科专业负责人、甘肃省双一流优势学科土木工程学科带头人、甘肃省基础研究创新群体带头人、陇原青年创新创业人才(团队)项目带头人。兼任教育部高等学校土木工程专业教学指导分委员会委员、住房和城乡建设部高等教育土木工程专业评估委员会委员、中国工程教育专业认证专家委员会委员、中国土木工程学会理事、中国土木工程学会桥梁及结构工程分会理事、甘肃省土木建筑学会副理事长、《铁道学报》编委等。

研究方向：桥梁结构性能理论及应用，桥梁结构耐久性，桥梁结构状态评估与加固，工程结构仿真与优化。

发表学术论文200余篇，出版著作9部，获批国家专利和软件著作权13项。主持国家自然科学基金4项等40余项科研课题。成果获甘肃省科技进步一等奖、二等奖、中国铁道学会科技进步二等奖等20余项。

马俊军 1994年12月生，兰州交通大学桥梁与隧道工程专业博士研究生，现在兰州交通大学从事博士后研究工作，主要研究桥梁结构设计理论及其长期性能与耐久性。荣获国家励志奖学金、研究生国家奖学金和首届全国UHPC设计定制大赛创新奖等奖项。主持甘肃省教育科技创新项目1项，参研国家自然科学基金高铁联合基金项目、国家自然科学基金面上项目以及甘肃省基础研究创新群体项目等16项科研课题。发表学术论文17篇，授权国家专利2项，软件著作权1项。

刘应龙 1990年2月生，兰州交通大学道桥工程系副教授、硕士研究生导师。主要从事桥梁结构设计理论及其长期性能与耐久性研究。发表学术论文30余篇，主持甘肃省青年博士基金项目、甘肃省自然科学青年基金项目各1项，获得甘肃省教学科研成果一等奖、甘肃省科技进步奖二等奖、博士生国家奖学金等荣誉。

前　言

混凝土结构的耐久性因涉及结构的适用、经济和安全,一直是工程界重点关注也是迫切需要解决的问题,其中钢筋锈蚀是导致混凝土结构耐久性降低的最主要因素,而碳化和氯离子侵蚀是导致钢筋锈蚀的两个主要原因。对海洋环境或除冰盐应用环境中的混凝土桥梁而言,碳化和氯离子侵蚀是混凝土桥梁最常见且具有耦合性的侵蚀类型,也是该类地区混凝土结构最主要的病害,将严重影响结构的使用寿命。

混凝土箱梁作为我国高速铁路、公路和市政桥梁中最常见的主梁结构形式,有特殊的截面构造形式,其发生碳化和受氯离子侵蚀的特征常表现出多维性和多向性,采用传统的以实心构件或结构建立的理论模型和分析方法无法考虑箱梁特殊的构造形式对侵蚀劣化的影响。此外,在恒载和活载作用下,箱梁呈现出纵向弯曲的剪力滞效应和横向弯曲框架效应等多维受力状态,必然在箱梁截面和梁长方向上产生空间非均匀分布的混凝土腐蚀和劣化模式,而深入研究荷载与环境耦合因素下混凝土结构的劣化机理尚处于初始阶段。因此,以高速铁路和公路桥梁中最为普遍的混凝土箱梁桥为研究对象,开展环境与荷载耦合作用下混凝土箱梁的性能劣化机理研究,建立混凝土箱梁基于空间多维特性的劣化预测模型和相应的耐久性分析与设计方法,可对新建混凝土箱梁的耐久性设计、既有箱梁的耐久性评价和技术提升、延长结构使用寿命具有重要的理论和现实意义。

全书共9章。第1章为绪论部分,主要介绍了箱梁桥的发展动态及其在空间力学行为、耐久性研究、耐久性寿命预测及提升技术方面的进展。第2章介绍了在竖向弯曲荷载作用下混凝土箱梁的空间变形模式和应力分布特点,提出了基于空间构造特性的混凝土箱梁力学行为分析方法。第3、4章针对混凝土箱梁服役中最易出现的碳化和受氯离子侵蚀问题,通过现场试验、数值分析以及理论研究相结合的方法,分析了碳化和氯离子在混凝土箱梁中的侵蚀特征和劣化机理,建立了考虑混凝土箱梁空间薄壁构造特征的混凝土碳化预测模型和受氯离子侵蚀预测模型。第5~7章介绍了荷载与碳化、氯离子侵蚀及其三者耦合作用下混凝土箱梁损伤劣化的过程、规律、特点,分析了在诸因素耦合作用下混凝土箱梁的碳化和氯离子侵蚀机理以及诸因素之间的相互作用关系,揭示了环境与荷载耦合作用下混凝土箱梁多维侵蚀的复杂性和多向性,并在第3、4章的基础上,进一步考虑箱梁空间应力分布特征对侵蚀传输的影响,建立了荷载与碳化、氯离子侵蚀及其三者耦合作用下混凝土箱梁耐久性预测模型。第8章介绍了混凝土结构耐久性设计理论和常见寿命预测方法，并根据混凝土箱梁的空间薄壁构造特征、多维力学特征及多维侵蚀特性，提出了基于保护层厚度的混凝土箱梁耐久性分区设计方法和寿命预测模型；第 9 章介绍了混凝土箱梁加固与耐久性提升技术。

  本书是在作者及其团队多年研究成果的基础上，结合国内外最新研究进展撰写而成的。在本书撰写过程中，蔺鹏臻负责撰写第 1 章、第 2 章和第 9 章以及大纲的拟定，马俊军负责撰写第 4 章、第 5 章和第 7 章以及全书的编辑修订，刘应龙负责撰写第 3 章、第 6 章和第 8 章。全书经共同讨论、修改，最后由蔺鹏臻统一定稿。书稿撰写过程中，参考了大量文献，在此向相关文献作者表示衷心的感谢。

  本书出版得到了国家自然科学基金(51878323)、甘肃省高等学校产业支撑计划项目(2024CYZC-21)、甘肃省重点研发计划-工业类项目(23YFGA0042)的资助。

  由于作者撰写水平有限，书中难免存在疏漏之处，敬请读者批评指正。

目 录

前言
第1章 绪论 ·· 1
  1.1 混凝土箱梁桥的发展动态 ·· 1
  1.2 混凝土箱梁空间力学行为研究现状 ·· 2
  1.3 混凝土箱梁桥的耐久性研究现状 ··· 3
    1.3.1 环境因素作用下混凝土耐久性研究现状 ··· 3
    1.3.2 环境与荷载耦合作用下混凝土耐久性研究现状 ·································· 4
  1.4 混凝土桥梁耐久性寿命预测与提升技术研究进展 ·································· 5
  参考文献 ·· 7
第2章 基于空间构造特性的混凝土箱梁力学行为分析 ······························· 13
  2.1 基于空间构造的箱梁力学特征 ··· 13
    2.1.1 箱梁结构的特点 ··· 13
    2.1.2 箱梁结构的空间形变及其耦合 ·· 14
  2.2 混凝土箱梁的剪力滞效应分析 ··· 16
    2.2.1 混凝土箱梁剪力滞的基本概念 ·· 16
    2.2.2 混凝土箱梁剪力滞效应分析的变分法 ·· 18
    2.2.3 混凝土箱梁剪力滞效应分析的有限梁段法 ······································ 36
    2.2.4 混凝土箱梁剪力滞效应分析的梁条模型 ··· 40
  2.3 箱梁约束扭转基本理论 ··· 49
    2.3.1 箱梁约束扭转微分方程的建立 ·· 50
    2.3.2 基于初参数法的箱梁约束扭转微分方程的求解 ······························· 53
    2.3.3 箱梁约束扭转算例分析 ··· 54
  2.4 混凝土箱梁畸变效应分析 ·· 56
    2.4.1 箱梁畸变微分方程的建立 ·· 56
    2.4.2 基于初参数法的箱梁畸变微分方程的求解 ······································ 59
    2.4.3 时速 250km 铁路双线箱梁畸变效应分析 ·· 61
  2.5 多室箱梁在竖向对称荷载下的局部扭转效应分析 ································ 63
    2.5.1 多室箱梁对称弯曲时的弯扭组合受力模式 ······································ 63
    2.5.2 多室箱梁对称弯曲时的局部扭转荷载分析 ······································ 65
    2.5.3 单箱双室简支箱梁的局部扭转试验 ··· 72

2.5.4　局部扭转试验结果及其分析·················75
　2.6　本章小结·················80
　参考文献·················81
第3章　基于空间多维侵蚀特性的混凝土箱梁碳化机理·················84
　3.1　混凝土碳化的基本理论·················84
　　3.1.1　混凝土碳化机理·················84
　　3.1.2　碳化控制微分方程·················85
　　3.1.3　混凝土碳化模型·················87
　3.2　基于大样本多元非线性回归分析的混凝土箱梁碳化预测模型·················89
　　3.2.1　不同湿度区间对应的碳化系数表达式建立·················89
　　3.2.2　回归分析结果及碳化定量分析·················92
　　3.2.3　考虑多维侵蚀的碳化修正公式·················94
　　3.2.4　模型验证·················95
　3.3　混凝土箱梁碳化试验·················97
　　3.3.1　试验模型制作·················97
　　3.3.2　快速碳化试验·················98
　　3.3.3　结果整理与分析·················100
　3.4　基于热传导理论的碳化数值模拟·················103
　　3.4.1　ANSYS热分析过程的基础理论·················103
　　3.4.2　碳化与热传导过程的相似性分析·················105
　　3.4.3　基于热传导理论的混凝土箱梁碳化模拟·················105
　　3.4.4　混凝土箱梁数值模拟结果·················108
　3.5　本章小结·················110
　参考文献·················110
第4章　基于空间多维侵蚀特性的混凝土箱梁受氯离子侵蚀机理·················114
　4.1　氯离子在混凝土中的传输机理·················114
　　4.1.1　混凝土中氯离子传输过程·················114
　　4.1.2　氯离子在混凝土中的传输过程分析·················115
　4.2　氯离子在混凝土中的扩散模型·················120
　　4.2.1　一维氯离子扩散模型·················120
　　4.2.2　二维氯离子扩散模型·················121
　　4.2.3　三维氯离子扩散模型·················123
　4.3　影响混凝土中氯离子传输的主要因素·················126
　　4.3.1　水灰比对氯离子扩散效应的影响·················127
　　4.3.2　时间依赖性参数对氯离子扩散效应的影响·················128
　　4.3.3　混凝土结合能力对氯离子扩散效应的影响·················129

		4.3.4 外界环境温度对氯离子扩散效应的影响	131
		4.3.5 保护层厚度对氯离子扩散效应的影响	132
	4.4	混凝土箱梁中氯离子扩散 CA 模型	133
		4.4.1 CA 理论基础	133
		4.4.2 一维氯离子扩散 CA 模型	137
		4.4.3 二维氯离子扩散 CA 模型	142
		4.4.4 三维氯离子扩散 CA 模型	146
	4.5	混凝土受氯离子多维侵蚀试验与模型验证	151
		4.5.1 试验材料与方案设计	151
		4.5.2 一维氯离子侵蚀试验结果分析与模型验证	153
		4.5.3 二维氯离子侵蚀试验结果分析与模型验证	156
		4.5.4 三维氯离子侵蚀试验结果分析与模型验证	159
	4.6	基于 CA 模型的混凝土箱梁受氯离子侵蚀过程分析	162
		4.6.1 工程概况	162
		4.6.2 结果分析与讨论	163
	4.7	本章小结	165
	参考文献		166
第 5 章	荷载与碳化耦合作用下混凝土箱梁劣化机理		170
	5.1	弯曲荷载与碳化耦合作用下混凝土箱梁试验	170
		5.1.1 试验模型设计与制作	170
		5.1.2 弯曲加载装置及加载方式	171
		5.1.3 加载过程与应变采集	172
		5.1.4 试验结果与分析	175
	5.2	荷载与碳化耦合作用下混凝土箱梁耐久性数值模拟	178
		5.2.1 基于热传导理论的持荷混凝土箱梁的碳化数值模型建立	178
		5.2.2 持荷混凝土箱梁数值模拟结果	178
	5.3	基于大样本统计的持荷混凝土箱梁碳化预测模型	181
		5.3.1 模型的建立	181
		5.3.2 碳化预测模型验证	182
	5.4	荷载与碳化耦合作用下混凝土碳化 CA 模型	183
		5.4.1 多因素耦合作用下混凝土碳化 CA 模型的建立	183
		5.4.2 模型计算参数的确定	186
		5.4.3 CA 模型计算流程	187
		5.4.4 算例分析	187
	5.5	本章小结	189
	参考文献		190

第6章 荷载与氯离子侵蚀耦合作用下混凝土箱梁劣化机理 192
6.1 弯曲荷载与氯离子侵蚀耦合作用下混凝土箱梁试验 192
6.1.1 试验方案设计 192
6.1.2 试验梁加载装置 193
6.1.3 氯离子侵蚀试验 193
6.1.4 试验结果与分析 194
6.2 环境与荷载耦合作用下混凝土中多维氯离子扩散预测模型 197
6.2.1 模型的建立 197
6.2.2 模型试验验证 198
6.3 环境与荷载耦合作用下混凝土受多维氯离子侵蚀 CA 模型 200
6.3.1 CA 模型的建立 200
6.3.2 CA 模型计算流程 200
6.3.3 算例分析与模型验证 201
6.4 荷载与氯离子侵蚀耦合作用下混凝土箱梁劣化过程模拟 206
6.4.1 混凝土箱梁概述 206
6.4.2 箱梁有限元模型 206
6.4.3 氯离子扩散效应分析 208
6.5 环境与氯离子侵蚀耦合作用下混凝土箱梁力学行为分析 211
6.5.1 试验方案设计 211
6.5.2 试验过程 212
6.5.3 试验结果分析 213
6.6 本章小结 215
参考文献 216

第7章 荷载与碳化及氯离子侵蚀耦合作用下混凝土箱梁劣化机理 218
7.1 荷载与碳化及氯离子侵蚀耦合作用下混凝土箱梁试验 218
7.1.1 试验方案及模型设计 218
7.1.2 试验过程 219
7.1.3 试验结果 220
7.2 荷载与碳化及氯离子侵蚀耦合作用下混凝土中氯离子浓度预测模型 224
7.2.1 模型的建立 224
7.2.2 考虑荷载和多维侵蚀的模型修正 226
7.2.3 模型验证 227
7.3 荷载与碳化及氯离子耦合作用下混凝土中物质传输数值模型 228
7.3.1 考虑混凝土中物质传输的 CA 模型 228
7.3.2 物质扩散参数确定 230

　　　　7.3.3　计算流程 ··· 231
　　　　7.3.4　模型验证 ··· 232
　　7.4　既有预应力混凝土箱梁碳化和受氯离子侵蚀耦合效应分析 ············ 233
　　　　7.4.1　工程概述 ··· 233
　　　　7.4.2　既有箱梁结构耐久性服役状态评估 ································· 234
　　　　7.4.3　CA模型模拟结果与实测结果的对比分析 ························ 236
　　7.5　本章小结 ·· 238
　　参考文献 ··· 238

第8章　考虑荷载与环境劣化的混凝土箱梁寿命预测与耐久性设计 ········· 240
　　8.1　混凝土结构耐久性设计理论与寿命预测方法 ······························ 240
　　　　8.1.1　混凝土结构耐久性设计理论 ··· 240
　　　　8.1.2　结构可靠度的一般计算 ··· 242
　　　　8.1.3　结构耐久性使用寿命预测方法及确定准则 ······················· 243
　　8.2　混凝土箱梁基于多维劣化的耐久性分区设计方法 ······················· 245
　　　　8.2.1　混凝土箱梁碳化及受氯离子多维侵蚀特性 ······················· 245
　　　　8.2.2　混凝土箱梁耐久性分区设计方法的建立 ·························· 246
　　8.3　基于确定性指标的混凝土箱梁使用寿命预测 ······························ 248
　　　　8.3.1　基于确定性指标的混凝土箱梁的碳化使用寿命预测 ··········· 248
　　　　8.3.2　基于确定性指标的混凝土箱梁的氯离子侵蚀寿命预测 ········ 249
　　　　8.3.3　基于确定性指标的混凝土箱梁的承载力寿命预测 ·············· 249
　　　　8.3.4　算例分析 ··· 251
　　8.4　基于可靠性指标的混凝土箱梁使用寿命预测 ······························ 253
　　　　8.4.1　基于可靠性指标的混凝土箱梁碳化使用寿命预测 ·············· 253
　　　　8.4.2　基于可靠性指标的混凝土箱梁的氯离子侵蚀寿命预测 ········ 254
　　　　8.4.3　基于可靠性指标的混凝土箱梁的承载力寿命预测 ·············· 255
　　8.5　基于可靠性指标的混凝土箱梁保护层厚度设计 ··························· 256
　　　　8.5.1　基于可靠度的混凝土抗压强度计算 ································ 256
　　　　8.5.2　基于碳化可靠性指标的混凝土箱梁保护层厚度分区设计 ······ 257
　　　　8.5.3　基于承载力可靠性指标的混凝土箱梁保护层厚度分区设计 ··· 262
　　8.6　氯离子及碳化作用下混凝土箱梁保护层厚度建议取值 ·················· 270
　　　　8.6.1　混凝土保护层厚度对钢筋初锈时间的影响 ······················· 270
　　　　8.6.2　保护层厚度的分区建议取值 ··· 271
　　8.7　本章小结 ·· 271
　　参考文献 ··· 272

第9章　混凝土箱梁加固与耐久性提升技术 ··· 275
　　9.1　混凝土箱梁结构加固技术 ··· 275

  9.1.1 碳纤维加固 ……………………………………………………… 275
  9.1.2 粘贴钢板加固 …………………………………………………… 279
  9.1.3 增大截面加固 …………………………………………………… 284
  9.1.4 体外预应力加固 ………………………………………………… 287
 9.2 提升混凝土箱梁耐久性的基本措施 ……………………………………… 291
  9.2.1 考虑耐久性要求的混凝土原材料选择原则 …………………… 291
  9.2.2 考虑耐久性要求的混凝土配合比设计 ………………………… 295
  9.2.3 混凝土箱梁耐久性设计与应用案例 …………………………… 296
 9.3 提升混凝土箱梁耐久性的附加措施 ……………………………………… 299
  9.3.1 阴极保护 ………………………………………………………… 300
  9.3.2 特殊钢筋 ………………………………………………………… 300
  9.3.3 混凝土表面涂层和防腐蚀面层 ………………………………… 302
 9.4 本章小结 …………………………………………………………………… 306
 参考文献 ………………………………………………………………………… 307
附录 A 梁体及墩身碳化可靠度程序 …………………………………………… 312
附录 B 考虑碳化与荷载及氯离子侵蚀的正截面抗弯承载力可靠度程序 ……… 314

第1章 绪 论

1.1 混凝土箱梁桥的发展动态

混凝土箱梁桥作为一种常见的桥梁结构,具有抗弯、抗扭刚度大,整体性能好等力学优点,被广泛应用于我国高速公路、铁路以及城市建设等领域[1]。近年来,随着交通运输需求的不断增加、施工工艺的快速发展以及新型材料(如超高性能混凝土、工程水泥基复合材料、纤维增强复合材料(fiber reinforced plastic, FRP))等技术的应用,混凝土箱梁桥在桥梁跨度与宽度方面均实现了突破[2],如图1.1所示。其中,在跨度方面,英德北江四桥[3]、石板坡长江大桥复线桥[4]、漩水沱岷江特大桥最大跨度已分别突破100m、330m和180m;在桥宽方面,厦门翔安西路主线桥最大宽度可达50m[5],这使得在40~300m跨度范围内,箱梁成为最有竞争力的主梁截面形式[6]。在大跨度桥梁建设方面,随着箱梁桥空间力学行为分析方法的逐步完善和改进,以箱梁为主梁截面的斯卡恩圣特桥[7]和北盘江特大桥[8]也得到了大力发展,其主梁跨度分别为530m和445m。可以看出,箱梁仍然是当前各类桥梁体系主要采用的主梁构件。

图1.1 箱梁桥在桥梁跨度与宽度方面的突破应用

然而,由于箱梁桥大空腔的构造和薄壁受力特征,在服役期容易出现跨中下挠、梁体开裂以及耐久性劣化等病害[9]。特别是服役于碳化、氯盐等严酷环境中的混凝土箱梁结构，在碳化与氯离子侵蚀及荷载的耦合作用下，极易发生开裂、剥落以及力筋锈蚀等病害[10]，大大降低了桥梁结构的承载能力与服役寿命。因此，为了保证混凝土箱梁桥在复杂环境条件下的长寿命服役，贯穿整个箱形桥梁工程全寿命周期的空间力学分析、结构设计及耐久性能设计的相关研究，仍然是推动混凝土箱梁桥高质量发展的关键科学和工程问题。

1.2 混凝土箱梁空间力学行为研究现状

箱梁作为由顶板、底板和腹板构成的空间薄壁结构，其空间力学行为与一般的杆系结构不同，具有较高的截面效率指标和抗扭惯性矩，对正负弯矩几乎有相同的抵抗能力。由于箱梁结构的特殊性，它不仅在结构构造上具有空间多维性，在荷载作用下也具有空间多维和多模式的受力与变形特点，当承受对称荷载时，主要发生竖向弯曲变形，伴有剪力滞现象[11]；当承受偏心荷载时，不仅有竖向弯曲变形，还伴有扭转、畸变变形等[12]。

在箱梁空间受力的各形态中，剪力滞效应是箱梁薄壁受力的最典型特征之一，对于单室箱梁，剪力滞效应由翼板剪切变形所致，多数学者采用翘曲位移函数进行研究[13-18]。目前，围绕箱梁剪力滞效应的分析方法大多集中在变分法和三维板壳或块体有限元法等[19]。其中变分法由于其力学推理明晰、计算结果与普通梁理论能较好地对应而广受欢迎，但缺点是以等厚翼板为分析对象，具有一定的局限性。对于常见的翼板变厚度的混凝土箱梁桥，利用势能变分原理可以发现，翼板厚度变化对正负剪力滞效应和剪力滞变形产生影响[19,20]。此外，箱梁截面配筋[21]、不同截面形式（截面高度、截面顶底板厚度）[22]、预应力布束方式[23]等因素也会对剪力滞效应造成影响。

箱梁截面形式的空间受力多维性除了剪力滞效应，还体现在畸变、扭转等基本形态上。在偏心荷载作用下，约束扭转引起的翘曲正应力可达到弯曲正应力的45%[24]，且对箱梁截面上的剪力流也会产生不可忽略的影响[25]。对于箱梁约束扭转时的二次剪力流，可建立悬臂板和闭合箱室上二次剪力流及二次扭矩的实用计算公式[26]，还可以采用考虑截面剪切变形影响的等效弹性地基梁比拟法[27]。畸变效应也是箱梁桥在偏心荷载作用下空间复合受力中的一种变形模式，由畸变产生的横向弯曲应力可以达到与纵向弯曲应力同一数量级水平。目前对于箱梁畸变的分析，常采用解析法和有限元法[28]。解析法将作用于箱梁截面上的偏心荷载根据等效荷载思想分解为对称荷载与反对称荷载，对称荷载作用时按梁的弯曲理论求解，反对称荷载作用时根据薄壁杆件扭转理论分解为刚性扭转和畸变两种荷载模式的叠加[29]。有限单元法基于三维板壳和块体理论，建立箱梁结构精细的三维有限元数值分析模型，施加箱梁边界和畸变荷载，求解获得畸变应力，是当前结构精细化分析的通用和便捷方法[30]。此外，还有学者采用初始参数法[31]、广义坐标法原理和混合变分原理[32]等方法对畸变效应进行研究。在跨中布置横隔板可以限制箱梁的畸变变形和横向弯曲，但畸变翘曲应力会因此显著增大[28]，横隔板的布置数量、位置及自身参数等因素也将对畸变效应产生举足轻重的影响[33]。

综上所述，目前薄壁箱梁桥畸变效应的理论研究基本形成了以板元分析法、能量变分法、广义坐标法等为主的分析理论，研究目标主要是构建以畸变角为广义未知函数的畸变控制微分方程，求解方法主要是应用弹性地基梁比拟法对等截面箱梁桥畸变效应进行求解，利用加权残数法或纽马克法对变高度箱梁桥畸变效应近似求解。这些研究对混凝土箱梁桥的空间力学问题进行了深入探索，总结出了许多关于剪力滞效应、扭转、畸变、横向弯曲的理论及计算方法，但不难发现，现有计算方法均未考虑材料劣化问题，而钢筋和混凝土为非线性材料，且大多混凝土结构都处于带裂缝工作状态，非线性特征尤为明显。传统的分析和设计方法往往采用线弹性理论，这与实际情况有较大出入。因此，更加准确地反映钢筋混凝土箱梁桥的非线性受力特性非常重要，特别是空间多维应力与空间多因素环境耦合作用下的材料劣化及结构可靠性分析的相关理论和方法将显得尤为关键。

1.3 混凝土箱梁桥的耐久性研究现状

1.3.1 环境因素作用下混凝土耐久性研究现状

国外对混凝土的碳化和受氯离子侵蚀等问题的耐久性研究可追溯至19世纪40年代，而国内从20世纪60年代才开始研究混凝土碳化和钢筋的锈蚀等问题[34]。当前，国内外关于混凝土碳化和氯离子侵蚀的研究，已经形成了包括不同材料组成、不同环境条件、不同加载条件及考虑耦合效应的混凝土碳化和氯离子侵蚀机理、规律及服役寿命预测方法[35-38]，初步形成了从材料组成、保护层厚度、氯离子渗透系数、结构体系及施工措施等方面减少混凝土碳化和受氯离子侵蚀的方法[35-42]，体现在行业规范中，并在大型工程中得到应用[43]。

混凝土由于孔隙溶液的高碱度（pH=12.5～13.5），钢筋被氧化铁膜（γFe_2O_3）所钝化而受到保护，当环境中的CO_2和氯化物通过混凝土孔隙结构和微裂缝通道向内部渗透时，氧化铁膜被碳化和氯离子产生的阳极所破坏，从而引起钢筋脱钝锈蚀，造成混凝土结构的破坏[44]。混凝土碳化可表示为CO_2与混凝土中的氢氧化钙反应形成碳酸钙的化学方程[45]，氯离子侵蚀则是氯离子与钢筋铁原子及水溶液发生的一系列电化学反应并最终形成氧化铁的过程[46]。碳化和氯离子侵蚀除与水泥类型、水泥组成、养护条件等有关外，主要与混凝土的环境温度、湿度以及空气中CO_2及氯离子浓度等有关[47]。目前，国内外学者通过室内外试验、腐蚀模型建立、数值模型腐蚀模拟等研究，在混凝土碳化和氯离子侵蚀的预测方面取得了大量的研究成果[34,35,48]。在混凝土碳化和受氯离子侵蚀的试验研究方面，Monteiro等[49]对50余座4~99年龄期建筑结构露天混凝土碳化的深度进行了测试。陈树东等[50]结合苏通大桥各关键部位的混凝土，进行了一维、二维和三维碳化试验研究，研究表明混凝土的二维、三维碳化具有明显的交互作用。Guo等[51]结合海洋环境中的桥梁结构，进行了考虑腐蚀效应的沿海桥墩的循环试验，研究了腐蚀损伤对试样力学性能的影响。牛荻涛等[52]通过盐溶液浸泡与碳化交替的试验方式，研究了碳化对氯离子扩散的影响，结果表明碳化作用加快了混凝土中氯离子的扩散速度。在碳化和氯离子侵蚀的理论模型方面，在大量的室内和现场试验的基础上，已经形成的共识是碳化符合菲克(Fick)第一定律、碳化深度与碳化速率和时间的平方根呈比例[48,50]。在考虑环境、养护条件、水泥品种等因素修正的基础上，Zhou、张誉、Monteiro等国内外学者提出了近20种CO_2深度预测公式[47-49]；关于氯离子的侵蚀，国内外学者在大量试验研究的基础上，建立了基于Fick第二定律的多种修正(拟合)氯离子扩散系数法[34,47,53,54]，表征和反映混凝土受氯离子侵蚀的程度。在碳化和氯离子侵蚀的数值模拟方面，主要基于CO_2和氯离子在混凝土中的物理和化学扩散机制，基于Fick定律，建立了基于热扩散理论的有限元数值模拟方法[55,56]、元胞自动机(cellular automata，CA)模型[57-59]和扩散限制凝聚(diffusion-limited aggregation，DLA)模型[60,61]，预测和模拟混凝土受碳化和氯离子侵蚀的进程。

通过对耐久性研究近况的梳理，目前在混凝土碳化和受氯离子侵蚀的影响因素、腐蚀机理及预测模型等方面均取得了丰硕的研究成果，有力地支持了新建混凝土结构的耐久性设计和既有混凝土结构的耐久性评估。但既有研究主要针对单重或双重环境作用，对多重复杂环境耦合作用下的耐久性研究还比较缺乏，数据系统不够完善，并且试验多集中在材料领域，对混凝土桥梁的构件和结构原位试验较少，而且大多数研究以实心截面梁(矩形、梯形等)为主，针对混凝土箱梁桥耐久性的研究较少。箱梁作为空间薄壁结构的特殊截面构造形式，受物理损伤和化学侵蚀的特征常表现出多维性和多向性，采用传统的以实心构件或结构建立的理论模型和分析方法则无法考虑箱梁特殊的构造形式对侵蚀劣化的影响。因此，如何考虑在箱梁截面大尺寸、截面外壁和内腔存在环境差异的情况下，建立混凝土箱梁碳化和受氯离子侵蚀的预测方法，是非常必要的。

1.3.2 环境与荷载耦合作用下混凝土耐久性研究现状

虽然CO_2和氯化物进入混凝土通常由吸收和扩散机制控制，但外部荷载可以通过改变混凝土的微观结构来影响这个过程[62]。混凝土结构往往是在荷载因素、环境因素和材料因素的双重和多重耦合作用下服役的，损伤因素之间的正负效应叠加和交互作用将加速混凝土结构的损伤[36]。国内外学者对荷载对碳化或(及)氯离子侵蚀进行了大量的研究[34,48,63]。金南国等[64]通过39根受弯小梁试件的研究,表明随着荷载水平的增加,碳化和氯盐传输深度显著增大,随着循环次数的增加,荷载作用对碳化和氯盐传输的影响更加明显。Lei等[65]试验研究表明,外部荷载可以改变混凝土内部的孔隙结构特性和拉伸应力的变化分布,有利于氯离子渗透。蔡传国[66]、邢锋[37]研究表明,承受交变荷载的混凝土桥梁结构的复杂应力状态引起的碳化和氯离子侵蚀将更加严重。总之,既有研究表明,CO_2和氯离子在混凝土中的渗透具有结构敏感性[37],而混凝土结构受弯产生的弯曲拉应力会加速碳化和氯离子对结构的损伤[36]。

对混凝土箱梁而言,其服役中以自重和使用活载(汽车、火车)下的弯曲受力为主。箱梁的薄壁结构效应、纵向弯曲的剪力滞效应和横向弯曲的框架效应,在各板内产生了沿厚度和宽度方向非均匀分布的应力[67],混凝土箱梁截面非均匀分布的应力状态与碳化及氯离子侵蚀耦合作用机理必然与普通实心截面梁不同,这将给采用既有研究理论进行混凝土箱梁的耐久性分析、设计和评价带来新的挑战。

1.4 混凝土桥梁耐久性寿命预测与提升技术研究进展

在桥梁的全寿命周期内,随着运营时间的推移,由于材料性能退化、环境侵蚀、交通量增长等问题,许多在役混凝土桥梁都出现了性能下降、服役寿命不足的问题。一方面,社会经济发展与进步对桥梁承载力的需求有所提高,许多既有混凝土桥梁由于建设时技术条件的制约已经不能满足当下桥梁承载力的要求。另一方面,许多在役桥梁在运营过程中因为发生碳化和受氯离子侵蚀等环境影响作用,其结构开始出现老化,进而导致钢筋腐蚀、混凝土风化等,降低了其使用寿命。同时,随着交通量的增加、超载现象的普遍,以及对桥梁的管养不到位,桥梁结构的耐久性、安全性和适用性受到影响,结构老化速度加快,造成桥梁的服役寿命减少,给交通运行和行车安全带来了隐患。

当前,在全世界范围内,混凝土桥梁都面临着服役寿命不足的问题,国际桥梁与工程协会对美国境内桥梁的调查发现,约有42%的桥梁存在不同类型的病害和缺陷,而在新建的桥梁中有近800座出现承载力不足和耐久性缺陷的问题[68],严重威胁桥梁的使用安全。2015年美国国家公路交通安全管理局统计调查发现,有24%的桥梁出现结构性缺陷、功能性老化,同样在德国、法国和挪威出现类似情况的桥梁的占比分别达到了37%、39%和26%,而在国内,全国危桥数量已超过桥梁总数量的10%,2014年全国道路桥梁腐蚀总成本为623.7亿元[69],2019年全国收费公路的养护支出为826亿元,混凝土桥梁服役寿命不足造成了大量的经济损失和资源浪费,严重影响了全国交通运输系统的安全运营,制约了交通基础设施的发展。

关于混凝土结构耐久性寿命预测的理论研究,目前主要理论包括三大类,即钢筋脱钝寿命理论、混凝土开裂寿命理论、抗力寿命理论,有大量学者对此开展理论实践研究,产生了混凝土失效准则、DuraCrete模型、Darto模型、可靠度理论、全寿命周期性能预测评估等方法,针对已有研究中未能考虑结构在服役过程中材料微观特性与宏观力学特征的时变性等缺陷,金伟良等[70]提出了建立耐久性动态检测与评估体系的概念,认为科学的检测与评估方法应当依据长效传感器的监测数据对混凝土结构进行动态评估,并在此基础上建立结构寿命预测模型。

对于混凝土性能的下降,在设计时需指定一个性能水平,性能衰减至该预定水平对应的服役时间就是针对该性能的使用年限,该预定性能水平就是耐久性的极限状态[71]。从设计的角度出发,确保设计使用年限就是针对预定的耐久性极限状态进行设计,使性能劣化速率符合预期[72]。耐久性设计的三个基本要素为环境作用下结构的性能衰减、耐久性极限状态以及设计使用年限[73],耐久性设计的内容并不限于传统的结构设计阶段,需要在结构概念设计阶段就进行总体设计年限和使用环境的考虑,在初步设计阶段进行合理的结构选型和构件选型,在详细设计阶段进行材料和构造的选择,在施工阶段针对耐久性进行质量控制,在服役期建立合理的维护与管理制度[74]。

国内外现行耐久性设计规范中的设计方法主要可分为两种:一种是经验设计法;另一种是定量设计法[75]。大部分规范对耐久性设计采用经验设计法,即将耐久性设计作为常规设计的补充,对于不同环境作用等级下的混凝土构件,直接规定混凝土材料的耐久性质量要求和钢筋保护层厚度等构造要求,以满足结构的耐久性需要[76]。增大混凝土保护层厚度是经验设计法的重要措施,我国混凝土保护层厚度是指混凝土表面到钢筋公称直径外边缘的最小距离。控制混凝土的水灰比也是保证混凝土质量的重要环节,在混凝土结构耐久性设计中,通常依据不同环境类别和环境作用等级严格确定水灰比的参数限值。此外,控制水泥熟料成分、矿物掺合料含量、混凝土含气量也是耐久性设计的重要方法[77]。随着对混凝土耐久性机理的进一步认识,一些学者提出了耐久性极限状态的概念,认为耐久性设计存在一个设计—验算—设计的循环过程,即定量设计法[78]。定量设计法重视耐久性验算。欧洲规范建议了四种方法对耐久性进行验算,包括全概率法、分项安全系数法、条文说明法和避免退化方法[79]。针对明确的劣化机理、考虑构件的设计年限和明确的耐久性极限状态对耐久性要求进行量化计算时,计算方法具体还可分为确定性方法和不确定性方法(概率可靠性方法)[80]。

与传统混凝土结构耐久性设计方法不同,基于概率可靠性建模方法主要利用失效数据和退化数据,通过分布函数和随机过程函数实现性能退化过程与时间的定量化，进而实现寿命预测与耐久性设计，建立混凝土结构材料在不同服役环境中的寿命与可靠性之间的关系，对材料耐久性进行定量化评价，常见的可靠性分析模型有Weibull分布、对数正态分布、Gamma分布等模型[81]。目前，混凝土桥梁可靠性的建模大多基于单因素侵蚀作用，且忽略了桥梁的空间多维特征，针对空间多因素环境与空间多维应力耦合作用下，对材料劣化和结构可靠性分析的相关理论和方法尚不完善。

对混凝土结构的耐久性设计是提高混凝土桥梁寿命的重要手段，但针对混凝土结构在使用过程中受到各种侵蚀因素的影响，还需要采取一些有效的混凝土耐久性防护措施，以保证混凝土结构的长寿命服役。目前常用的混凝土耐久性防护措施有超高性能混凝土加固、混凝土表面涂层等技术。在当前研究中，以基本构件为主，考虑弯曲拉压应力与碳化、氯离子侵蚀等单因素的耦合作用，并不能真正实现混凝土箱梁桥服役全寿命周期的性能评估与寿命预测，保证混凝土箱梁桥的长寿命服役，亟须针对空间多因素环境与空间多维应力耦合作用下混凝土箱梁桥的耐久性设计方法和防护措施建立统一、完备的理论体系。

参 考 文 献

[1] Qin S Q, Gao Z Y. Developments and prospects of long-span high-speed railway bridge technologies in China[J]. Engineering, 2017, 3(6): 787-794.

[2] 曹君辉, 樊伟, 李立峰, 等. 基于UHPC的高性能桥梁结构研究与应用[J]. 湖南大学学报(自然科学版), 2022, 49(11): 1-32.

[3] 李志刚, 阳霞, 彭元诚, 等. 102m跨径UHPC简支梁结构设计[J]. 世界桥梁, 2022, 50(2): 26-30.

[4] 刘章军, 熊敏, 万勇. 基于概率密度演化的连续刚构桥抗震可靠度[J]. 西南交通大学学报, 2014, 49(1): 39-44.

[5] 林路宇. 超宽预应力混凝土现浇箱梁设计关键技术[J]. 公路, 2022, 67(11): 51-53.

[6] 吕志涛, 潘钻峰. 大跨径预应力混凝土箱梁桥设计中的几个问题[J]. 土木工程学报, 2010, 43(1): 70-76.

[7] 龚俊虎. 高速铁路大跨度混凝土斜拉桥设计研究[J]. 铁道科学与工程学报, 2020, 17(7): 1611-1619.

[8] 姚力, 刘大园, 庞玲, 等. 西南地区铁路特殊地段轨道结构设计创新[J]. 中国铁路, 2022, (8): 41-47.

[9] 邵旭东, 詹豪, 雷薇, 等. 超大跨径单向预应力UHPC连续箱梁桥概念设计与初步实验[J]. 土木工程学报, 2013, 46(8): 83-89.

[10] 刘红义, 张劲泉, 周建庭, 等. 预应力混凝土现浇箱梁运营期腹板斜向裂缝损伤分析[J]. 公路交通科技, 2022, 39(8): 9-15.

[11] 蔺鹏臻, 方炜彬, 杨子江, 等. 预应力作用下箱梁桥的剪力滞效应研究[J]. 中国公路学报, 2015, 28(5): 101-107.

[12] 马俊军, 蔺鹏臻. 时速 250km/h 铁路双线箱梁的扭转效应研究[J]. 铁道科学与工程学报, 2018, 15(10): 2463-2470.

[13] Li X Y, Wan S, Shen K J, et al. Prediction of shear lag effect in thin-walled single-box multicell box girder based on the modified warping displacement function[J]. Advances in Civil Engineering, 2020, 2020: 6815092.

[14] Zhang Y H, Lin L X. Shear lag analysis of thin-walled box girders based on a new generalized displacement[J]. Engineering Structures, 2014, 61: 73-83.

[15] 蔺鹏臻, 周世军. 基于剪切变形规律的箱梁剪力滞效应研究[J]. 铁道学报, 2011, 33(4): 100-104.

[16] 刘世忠, 吴亚平, 夏旻, 等. 薄壁箱梁剪力滞剪切变形双重效应分析的矩阵方法[J]. 工程力学, 2001, 18(4): 140-144, 122.

[17] 雒敏, 蔺鹏臻, 孙理想. 单箱双室箱梁的剪力滞效应分析[J]. 力学与实践, 2013, 35(6): 70-74.

[18] 周朋, 蔺鹏臻, 何志刚. 基于剪切变形规律的剪力滞分析的有限梁段法[J]. 铁道科学与工程学报, 2018, 15(1): 103-109.

[19] 蔺鹏臻, 杨子江, 刘凤奎, 等. 混凝土箱梁考虑翼板厚度变化的剪力滞效应[J]. 土木建筑与环境工程, 2013, 35(1): 76-79, 116.

[20] 蔺鹏臻, 刘凤奎, 冀伟, 等. 变分原理分析混凝土箱梁的剪力滞效应[J]. 铁道学报, 2013, 35(2): 93-98.

[21] 何志刚, 蔺鹏臻. 考虑截面配筋的箱梁剪力滞效应分析[J]. 铁道学报, 2018, 40(5): 137-142.

[22] 雒敏, 蔺鹏臻, 杨子江, 等. 不同截面形式下箱梁剪力滞效应分析[J]. 应用力学学报, 2021, 38(5): 2092-2097.

[23] 蔺鹏臻, 刘应龙, 孙理想, 等. 预应力作用下简支箱梁桥的剪力滞效应分析[J]. 铁道工程学报, 2014, 31(11): 54-58, 76.

[24] 孙成成, 张元海. 波形钢腹板组合箱梁约束扭转分析[J]. 计算力学学报, 2020, 37(6): 709-714.

[25] 张元海, 黄洪猛, 梁永永. 薄壁箱梁约束扭转剪应力计算[J]. 东南大学学报(自然科学版), 2021, 51(6): 942-948.

[26] 张元海, 周鹏杰, 林丽霞. 薄壁箱梁约束扭转二次剪力流的分解计算方法研究[J]. 铁道学报, 2021, 43(4): 183-190.

[27] Ren Y Z, Wang B. L-shaped plate model for the analysis of the warping deformation of perforated diaphragms in box girder[J]. Thin-Walled Structures, 2019, 143: 106249.

[28] 张元海, 龙均翊, 陈东亮, 等. 跨中横隔板对箱形梁畸变效应影响研究[J]. 铁道学报, 2022,

44(12): 150-156.

[29] 何嘉祥, 张元海, 黄洪猛. 考虑畸变影响的薄壁箱梁横向内力修正系数研究[J]. 铁道学报, 2022, 44(6): 140-146.

[30] 蔺鹏臻, 孙理想, 冀伟, 等. 时速250km/h铁路双线箱梁的畸变效应研究[J]. 铁道科学与工程学报, 2016, 13(4): 595-599.

[31] Ren Y Z, Cheng W M, Wang Y Q, et al. Distortional analysis of simply supported box girders with inner diaphragms considering shear deformation of diaphragms using initial parameter method[J]. Engineering Structures, 2017, 145: 44-59.

[32] 徐勋, 叶华文, 强士中. 带悬臂板薄壁箱梁的扭转和畸变分析[J]. 铁道学报, 2015, 37(10): 83-91.

[33] 张元海. 设置跨内横隔板的箱形梁畸变效应分析[J]. 土木工程学报, 2021, 54(11): 91-98.

[34] 金伟良, 赵羽习. 混凝土结构耐久性[M]. 北京: 科学出版社, 2002.

[35] Tang S W, Yao Y, Andrade C, et al. Recent durability studies on concrete structure[J]. Cement and Concrete Research, 2015, 78: 143-154.

[36] 孙伟. 现代结构混凝土耐久性评价与寿命预测[M]. 北京: 中国建筑工业出版社, 2015.

[37] 刑锋. 混凝土结构耐久性设计与应用[M]. 北京: 中国建筑工业出版社, 2011.

[38] 钟小平, 金伟良. 钢筋混凝土结构基于耐久性的可靠度设计方法[J]. 土木工程学报, 2016, 49(5): 31-39.

[39] 中华人民共和国住房和城乡建设部. 混凝土结构耐久性设计标准: GB/T 50476—2019[S]. 北京: 中国建筑工业出版社, 2019.

[40] British Standards Instition. Guide to durability of buildings and building elements, products and components: BS 7543—2015)[S]. London: BSI Standards Limited, 2015.

[41] Dura C. General guidelines for durability design and redesign[R]. Brussels: The European Union- Brite EuRam III, 2000.

[42] Eurocode2: Design of Concrete Structures-part 1-1: General Rules and Rules for Buildings: BS EN1992-1-1[S]. Brussels: CEMIC, 2004.

[43] 孟凡超, 刘明虎, 吴伟胜, 等. 港珠澳大桥设计理念及桥梁创新技术[J]. 中国工程科学, 2015, 17(1): 27-35, 41.

[44] Zhu X J, Zi G, Cao Z F, et al. Combined effect of carbonation and chloride ingress in concrete[J]. Construction and Building Materials, 2016, 110: 369-380.

[45] Leber I, Blakey F A. Some effects of carbon dioxide on mortars and concrete[J]. ACI Journal, 2017, 28: 295-308.

[46] Liu R, Jiang L H, Xu J X, et al. Influence of carbonation on chloride-induced reinforcement corrosion in simulated concrete pore solutions[J]. Construction and Building Materials, 2014, 56: 16-20.

[47] Zhou Y, Gencturk B, Willam K, et al. Carbonation-induced and chloride-induced corrosion in reinforced concrete structures[J]. Journal of Materials in Civil Engineering, 2014, 27(9): 04014245.

[48] 张誉, 蒋利学, 张伟平, 等. 混凝土结构耐久性概论[M]. 上海: 上海科学技术出版社, 2003.

[49] Monteiro I, Branco F A, de Brito J, et al. Statistical analysis of the carbonation coefficient in open air concrete structures[J]. Construction and Building Materials, 2012, 29: 263-269.

[50] 陈树东, 孙伟, 张云升, 等. 苏通大桥混凝土二维、三维碳化寿命预测的研究[J]. 桥梁建设, 2006, 36(6): 65-68.

[51] Guo A X, Li H T, Ba X, et al. Experimental investigation on the cyclic performance of reinforced concrete piers with chloride-induced corrosion in marine environment[J]. Engineering Structures, 2015, 105: 1-11.

[52] 牛荻涛, 孙丛涛. 混凝土碳化与氯离子侵蚀共同作用研究[J]. 硅酸盐学报, 2013, 41(8): 1094-1099.

[53] Kuosa H, Ferreira R M, Holt E, et al. Effect of coupled deterioration by freeze-thaw, carbonation and chlorides on concrete service life[J]. Cement & Concrete Composites, 2014, 47: 32-40.

[54] Hills T P, Gordon F, Florin N H, et al. Statistical analysis of the carbonation rate of concrete[J]. Cement and Concrete Research, 2015, 72: 98-107.

[55] 孟卫涛, 武永新. 基于数值模拟的混凝土碳化过程分析[J]. 低温建筑技术, 2013, 35(4): 6-8.

[56] Huang Q H, Jiang Z L, Zhang W P, et al. Numerical analysis of the effect of coarse aggregate distribution on concrete carbonation[J]. Construction and Building Materials, 2012, 37: 27-35.

[57] Biondini F, Bontempi F, Frangopol D M, et al. Cellular automata approach to durability analysis of concrete structures in aggressive environments[J]. Journal of Structural Engineering, 2004, 130(11): 1724-1737.

[58] Cao J, Wang Y F, Li K P, et al. Modeling the diffusion of chloride ion in concrete using cellular automaton[J]. Journal of Materials in Civil Engineering, 2012, 24(6): 783-788.

[59] 项贻强, 吴强强. 基于元胞自动机的混凝土氯离子扩散与渗透模拟与分析[J]. 土木工程学报, 2015, 48(6): 36-43.

[60] 何浩祥, 李瑞峰, 陈奎. 基于DLA的氯离子侵蚀与碳化耦合作用下桥梁性能演变模拟[J]. 应用基础与工程科学学报, 2016, 24(4): 778-791.

[61] 刘应龙. 考虑荷载与碳化和氯离子侵蚀的混凝土箱梁多维劣化机理及耐久性设计方法[D]. 兰州: 兰州交通大学, 2020.

[62] Wang H L, Lu C H, Jin W L, et al. Effect of external loads on chloride transport in concrete[J]. Journal of Materials in Civil Engineering, 2011, 23(7): 1043-1049.

[63] Fernandez I, Herrador M F, Marí A R, et al. Structural effects of steel reinforcement corrosion on statically indeterminate reinforced concrete members[J]. Materials and Structures, 2016, 49(12): 4959-4973.

[64] 金南国, 徐亦斌, 付传清, 等. 荷载、碳化和氯盐侵蚀对混凝土劣化的影响[J]. 硅酸盐学报, 2015, 43(10): 1483-1491.

[65] Lei M F, Peng L M, Shi C H. An experimental study on durability of shield segments under load and chloride environment coupling effect[J]. Tunnelling and Underground Space Technology, 2014, 42: 15-24.

[66] 蔡传国. 高龄混凝土表面碳化与应力腐蚀关系的调查与试验研究[J]. 混凝土, 2007, (6): 4-6.

[67] 蔺鹏臻. 混凝土箱梁剪力滞效应的分析理论与应用研究[M]. 北京: 人民交通出版社, 2012.

[68] Liu Y, Qian Z D, Zheng D, et al. Interlaminar thermal effect analysis of steel bridge deck pavement during gussasphalt mixture paving[J]. International Journal of Pavement Engineering, 2019, 20(11): 1323-1335.

[69] Hou B R, Li X G, Ma X M, et al. The cost of corrosion in China[J]. NPJ Materials Degradation, 2017, 1: 4.

[70] 金伟良, 吕清芳, 赵羽习, 等. 混凝土结构耐久性设计方法与寿命预测研究进展[J]. 建筑结构学报, 2007, 28(1): 7-13.

[71] 李克非, 廉慧珍, 邸小坛. 混凝土结构耐久性设计原则、方法与标准[J]. 土木工程学报, 2021, 54(10): 64-71, 96.

[72] 钟小平, 金伟良, 张宝健. 氯盐环境下混凝土结构的耐久性设计方法[J]. 建筑材料学报, 2016, 19(3): 544-549.

[73] 王胜年, 苏权科, 范志宏, 等. 港珠澳大桥混凝土结构耐久性设计原则与方法[J]. 土木工程学报, 2014, 47(6): 1-8.

[74] 郑少强, 陈业强, 刘荣桂, 等. 海洋环境下混凝土结构耐久性寿命的概率分析[J]. 工业建筑, 2023, 53(5): 165-173.

[75] 余波, 黄俊铭, 李启明, 等. 自然碳化条件下混凝土结构的耐久性定量设计方法[J]. 混凝土, 2020, (10): 38-42.

[76] Hung C C, El-Tawil S, Chao S H. A review of developments and challenges for UHPC in structural engineering: Behavior, analysis, and design[J]. Journal of Structural Engineering, 2021, 147(9): 03121001.

[77] Amran M, Huang S S, Onaizi A M, et al. Recent trends in ultra-high performance concrete (UHPC): Current status, challenges, and future prospects[J]. Construction and Building Materials, 2022, 352: 129029.

[78] Akiyama M, Frangopol D M, Suzuki M. Integration of the effects of airborne chlorides into

reliability-based durability design of reinforced concrete structures in a marine environment[J]. Structure and Infrastructure Engineering, 2012, 8(2): 125-134.

[79] 金伟良, 钟小平. 结构全寿命的耐久性与安全性、适用性的关系[J]. 建筑结构学报, 2009, 30(6): 1-7.

[80] 陈宣东, 章青, 顾鑫, 等. 基于概率分析的钢筋混凝土结构服役寿命预测研究[J]. 中国腐蚀与防护学报, 2021, 41(5): 673-678.

[81] 李刊, 魏智强, 乔宏霞, 等. 耦合盐溶液环境下钢筋/混凝土Weibull耐久性寿命预测方法[J]. 复合材料学报, 2021, 38(7): 2370-2382.

第 2 章 基于空间构造特性的混凝土箱梁力学行为分析

混凝土箱梁具有截面刚度大、整体性强、工业化建造效益高等优点，在高等级公路、高速铁路、城市桥梁中被广泛应用。与实心截面梁相比，箱梁是由顶板、腹板以及底板组成的空心薄壁结构，在移动活载和恒载等使用荷载下，呈现出纵向弯曲的剪力滞效应和横向弯曲的框架效应等多维受力状态，使得翼板的纵向正应力沿横向分布不均匀，从而造成结构安全隐患。随着新材料、新技术的发展，现阶段混凝土箱梁逐渐向长悬臂板、大腹板间距、薄壁轻型化的方向发展，这导致箱梁应力分布不均匀的现象更加显著。因此，分析研究箱梁的多维受力状态更加重要。

本章以桥梁工程中最常采用的混凝土箱梁为对象，采用理论与有限元分析相结合的方法，重点介绍箱梁剪力滞效应、约束扭转以及剪力滞效应的经典理论，旨在阐述相关概念、微分方程的推导以及揭示竖向荷载作用下混凝土箱梁剪力滞效应、扭转效应及畸变效应的变化规律。本章内容可为混凝土箱梁多维力学性能分析提供计算方法，亦可为后续荷载与环境因素耦合作用下的混凝土结构耐久性研究提供理论支持与参考依据。

2.1 基于空间构造的箱梁力学特征

2.1.1 箱梁结构的特点

箱梁具有良好的结构特点，大量应用于各类桥梁中，特别是高速铁路桥梁。几乎所有的混凝土桥梁的梁部为箱梁结构。综合而言，箱梁结构具有以下典型特点[1-4]：

(1) 截面抗扭刚度大，结构在施工及使用中具有较好的稳定性。与相同截面积和抗弯惯性矩的一般开口截面相比，闭口的箱梁具有较大的抗扭刚度，因而提高了抵抗偏心荷载的能力，这也是箱梁广泛应用于大跨度公路[5]、铁路[6]桥梁的主要原因。

(2) 顶板、底板具有较大的混凝土面积，能有效抵抗正负弯矩。大跨度超静定桥梁结构的主梁在使用荷载作用下的截面弯矩会出现正负交替，这就要求某一截面在不同荷载作用下顶板、底板交替承受拉(或压)应力，同时不同梁段由于弯矩符号不同而顶板、底板受力不同。箱梁由于顶板、底板均具有较大的翼缘宽度，可以适应超静定结构受力的需求。

(3) 承重结构与传力结构相结合，使各部件共同受力。箱梁结构的梁肋(腹板)和桥面板(顶板)结合为整体，荷载作用下整体截面共同受力，充分发挥了截面各部分共同受力的优点，截面效率较高。

(4) 适用于宽桥和曲线桥。箱梁由于抗扭刚度大，可满足宽桥[7]和曲线桥[8]荷载产生的扭矩过大的要求。

(5) 可适用于现代桥梁施工方法。现代桥梁施工方法中的悬臂施工、顶推施工等，均要求截面具有较大的抗弯、抗扭刚度以及良好的整体性，同时施工中不断进行的体系转换也使各截面的弯矩出现正负交替的变化，采用箱梁结构是现代施工方法较理想的比选方案。

(6) 截面构造复杂。箱梁属于薄壁结构，为了提高截面的整体性，保证应力在各构件之间的平稳过渡，截面顶板、底板与腹板之间通常设置加腋，截面构造较为复杂。同时，大跨度桥梁的箱梁截面钢筋常采用三向预应力，并且截面上普通钢筋的用量也比一般预应力混凝土梁多，从而加大了截面构造的复杂性。

2.1.2 箱梁结构的空间形变及其耦合

箱梁结构由于有薄壁性、传力和承重结构的整体性等特点，其受力特点明显区别于其他截面的主梁结构。综合而言，箱梁结构的力学特殊性集中体现在偏心荷载作用下梁体的纵向弯曲、扭转、畸变和横向挠曲及其耦合[3,9]。

承受偏心荷载 P 作用的箱梁，按照静力平衡的方法，其受力可进一步分解为独立承受荷载的四种模式，如图 2.1(c)、(d)、(g) 及 (f) 所示。图 2.1(c) 为承受

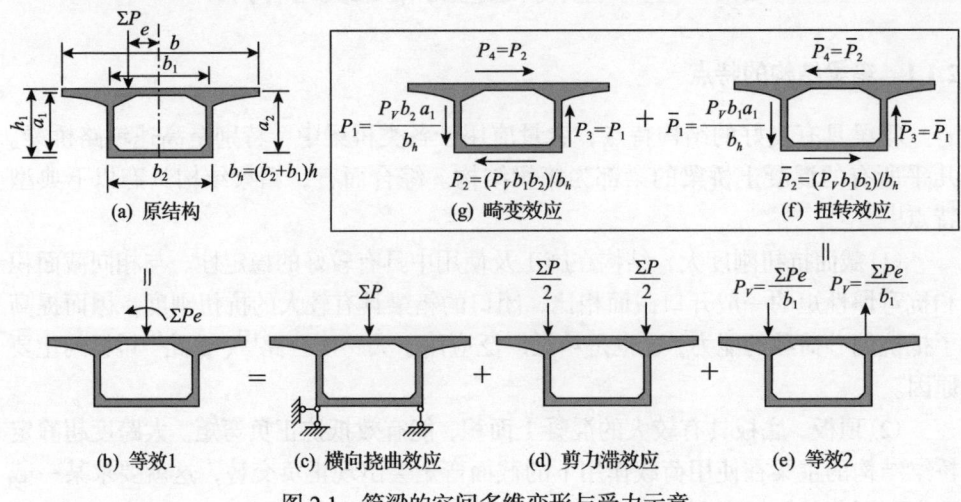

图 2.1 箱梁的空间多维变形与受力示意

桥面中心集中荷载的弹性支撑框架，其受力表现为箱梁截面的横向挠曲；图2.1(d)为箱梁腹板部位作用有对称的集中荷载，此时箱梁的受力属于纵向弯曲变形；图2.1(g)中箱梁同样承受与截面周边平行的集中力，但集中力沿截面高度和宽度方向分别构成大小相等、方向相反的扭矩，在此荷载作用下截面发生畸变变形；图2.1(f)中箱梁承受沿与截面周边平行的集中荷载作用，集中力沿截面高度和宽度方向分别构成大小相等、方向相反的扭矩，在此荷载作用下截面发生扭转变形。

可以认为在腹板部位对称荷载作用下，箱梁发生纵向弯曲；而在反对称荷载作用下，根据截面断面是否变形分为扭转和畸变。因此，扭转和畸变在反对称荷载作用下是同时存在的，而将其分解为两种形态。扭转假定杆件变形前后，断面上任意两点间的距离在断面内的投影保持不变。

1) 横向挠曲效应

在进行横向计算时，一般将箱形横截面作为整体框架进行分析。在箱梁的长度方向截取单位长度的薄片框架，考虑桥梁纵横向挠曲的影响，沿腹板中轴线的竖向虚拟为弹性支承，侧向给予约束计算模型，如图2.1(c)所示，在这种变形模式下，箱梁将产生正应力 σ_c 和剪应力 τ_c，如图2.2所示。

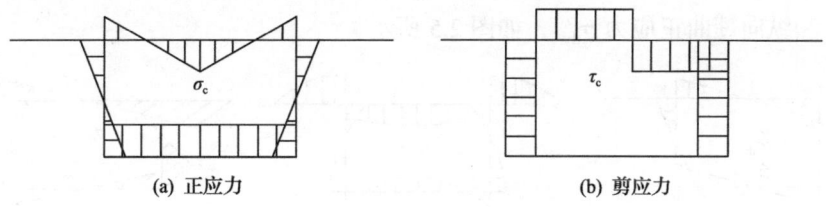

(a) 正应力   (b) 剪应力

图2.2 横向应力

2) 纵向弯曲的剪力滞效应

箱梁在腹板部位的竖向对称荷载作用下，截面仅发生竖向弯曲变形，反映截面变形的主要参数为竖向的挠度 ω。在纵向弯曲变形下，截面产生弯曲正应力 σ_m 和弯曲剪应力 τ_m，如图2.3所示。箱梁在纵向弯曲时，与带翼缘的薄壁开口截面一样，由于出现剪力滞后现象，顶板、底板的纵向正应力沿纵向分布不均匀，从而区别于实心截面。纵向正应力的计算公式也与实心截面不同。

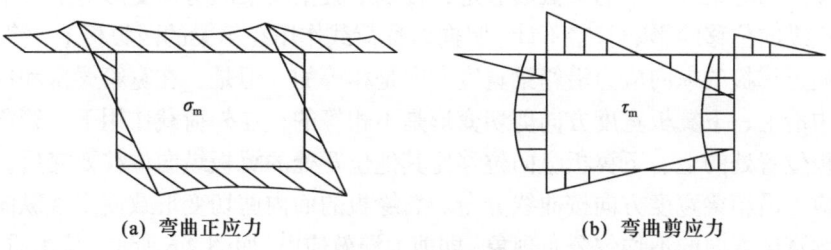

(a) 弯曲正应力   (b) 弯曲剪应力

图2.3 纵向弯曲应力

3)扭转效应

箱梁的扭转根据截面周边是否可自由变形分为纯扭转(圣维南扭转)和翘曲扭转。纯扭转时杆件各截面自由翘曲,故各截面的翘曲位移相同,因此截面上没有正应力而只有纯扭转剪应力 τ_k ,如图 2.4(a)所示。翘曲扭转时各截面的翘曲变形因受到约束而各不相同,因此杆件的纵向纤维发生轴向应变,截面上不仅存在扭转剪应力,而且同时产生翘曲正应力 σ_w 和翘曲剪应力 τ_w ,如图 2.4(b)、(c)所示。

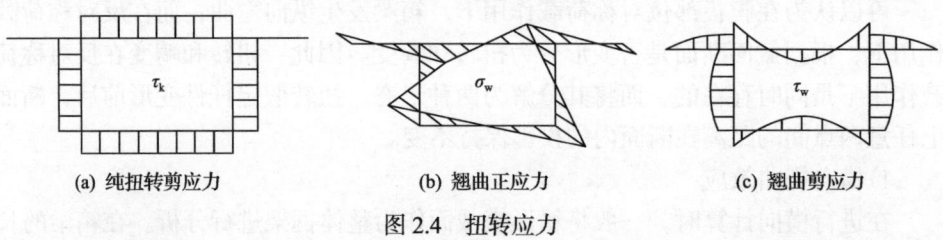

图 2.4 扭转应力

4)畸变效应

箱梁在反对称荷载作用下,除发生刚性扭转外,还发生截面的畸变变形。畸变使箱梁截面上产生横向弯曲正应力 σ_{dt} ,同时会引起截面翘曲而产生翘曲剪应力 τ_{dw} 和纵向翘曲正应力 σ_{dw} ,如图 2.5 所示。

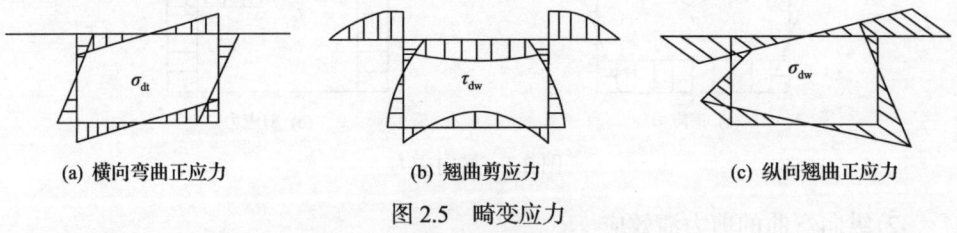

图 2.5 畸变应力

2.2 混凝土箱梁的剪力滞效应分析

2.2.1 混凝土箱梁剪力滞的基本概念

按照初等梁理论中的平截面假定,传统混凝土箱梁的剪切变形对上、下混凝土翼板纵向位移的影响忽略不计,竖向对称荷载作用在箱梁的两腹板上,箱梁上、下混凝土翼板的纵向应力沿箱梁宽度方向是相等的。但是,在宽箱梁桥和特宽箱梁桥中沿上、下翼板宽度方向剪切变形是不相等的;在外荷载作用下,箱梁弯曲时腹板位置处的上、下翼板纵向位移比其他位置处的翼板纵向位移要滞后,而纵向正应力沿箱梁宽度方向按曲线分布。翼缘板的面内剪切变形致使出现纵向应力沿箱梁宽度方向的不均匀分布现象,即剪力滞效应[1],如图 2.6 所示。从本质上讲,只要箱梁翼缘板在外荷载作用下存在面内非均匀剪切变形,就会产生剪力滞效应。例如,当悬臂箱梁翼缘板上某点处作用纵向集中力时,尽管此时箱梁横截面上无剪力,但由于翼缘板存在面内非均匀分布的剪切变形,此时认为箱梁处于剪力滞变形状态。现阶段宽体箱梁在高速公路、高速铁路、城市立交桥等的应用非常普遍,剪力滞效应在宽桥、特宽桥中更为显著,因此研究传统混凝土箱梁时,考虑剪力滞效应后的强度和刚度等问题是非常有必要的,在实际工程设计施工时需要给予相应的重视。

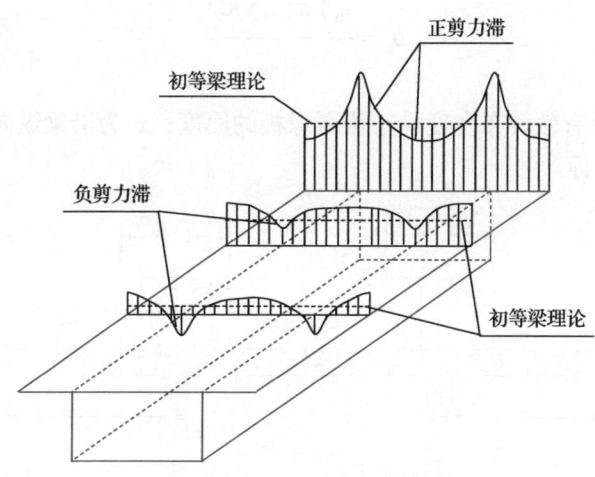

图 2.6 箱梁正负剪力滞效应

现定义剪力滞系数 λ ,以便较为简单明确地描述箱梁中剪力滞效应对纵向正应力的影响。剪力滞系数反映箱梁剪力滞效应的明显程度,即

$$\lambda = \frac{\text{考虑剪力滞效应所求得的正应力} \sigma}{\text{按初等梁理论所求得的正应力} \bar{\sigma}} \quad (2.1)$$

用 λ_e 表示顶板与腹板交界处的剪力滞系数, λ_c 表示顶板中点处的剪力滞系数。当 $\lambda_e \geqslant 1$ 时,为正剪力滞;当 $\lambda_e < 1$ 时,为负剪力滞。

正剪力滞效应时,剪力滞效应会使箱梁截面的顶板与腹板交接处产生应力集中;负剪力滞效应时,剪力滞效应会使箱梁截面的顶板中心处产生应力集中。这些应力集中现象会进一步导致箱梁截面相应的部位出现裂缝,严重时会影响桥梁的使用及安全。恒载、集中荷载、均布荷载及预应力等荷载形式均会在箱梁横截面上产生剪力滞效应。针对连续梁主要承受恒载和斜拉桥主要承受活载的情况,此时需要对控制截面的弯矩值进行扩大设计,通过剪力滞系数推断出弯矩设计值的扩大系数,其他梁桥形式需根据实际受力特点进行具体分析。

箱梁剪力滞效应的精确分析非常复杂,尤其不适合实际工程设计的需要,因此一些学者提出翼缘有效分布宽度概念，用于分析解决剪力滞效应，其计算公式为式(2.2)。这对于实际工程结构是一种简单、实用的方法，主要应用于根据初等梁理论计算的结构模型的修正，其几何解释是真实应力曲线与结构轮廓线所围成的面积与以真实应力曲线峰值 σ_{max} 为高的阴影部分矩形的面积相等，如图 2.7 所示。定义翼缘有效分布宽度来形象地反映上、下翼板纵向正应力不均匀程度，其值等于有效宽度和翼板实际宽度的比值：

$$b_e = \frac{t_b \int \sigma(x,y) \mathrm{d}y}{t_b \sigma_{max}} \tag{2.2}$$

式中：b_e 为翼缘有效分布宽度；t_b 为翼缘板的厚度；x 为沿梁纵向的坐标；y 为沿宽度方向的坐标。

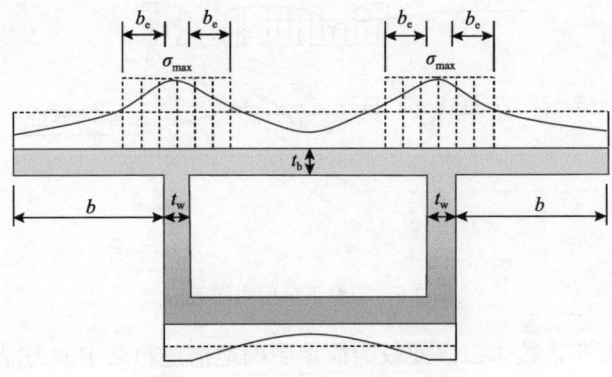

图 2.7　箱梁翼缘有效分布宽度

2.2.2　混凝土箱梁剪力滞效应分析的变分法

1. 基于剪切变形规律的箱梁剪力滞翘曲位移函数的定义

1)箱梁剪力滞翘曲位移函数的分类

剪力滞效应是指箱梁在外荷载作用下发生竖向挠曲变形时，箱梁上、下翼板沿梁桥宽度方向的剪切变形是不相同的，远离腹板位置的翼板纵向位移比靠近腹板位置处的相对滞后，进而致使上、下翼板纵向应力沿梁桥宽度分布不均匀[10]。求解剪力滞问题最有效且普遍适用的是能量变分法和有限梁段法。能量变分法和有限梁段法求解薄壁箱梁的剪力滞问题时，要首先明确翼板剪切变形规律，确定合理的翘曲位移函数[9,11]。

(1)抛物线型翘曲位移函数。

Reissner[12]于 1946 年首次将二次抛物线作为矩形箱梁上、下翼板的翘曲位移函数，同时引入翼板剪切变形的最大差值 U，推导出求解剪力滞问题的微分方程。此矩形箱梁的横截面为不带悬臂板的双轴对称的顶板、底板厚度相同的截面，因此箱梁剪力滞效应的上、下翼板剪切变形和纵向应力都是双向对称的，不存在截面中性轴与形心不相同的情况，轴力为零。Reissner 以二次抛物线为翘曲位移函数分析剪力滞效应得到的结果非常准确。但这种矩形截面形式在实际工程中较罕见，广泛应用的是两侧带有悬臂板的箱梁。带悬臂板箱梁因为存在悬臂板只有竖向对称轴，没有水平对称轴，其上、下翼板的剪力滞翘曲存在差异，使得截面中性轴与形心不重合。对于带悬臂板箱梁的翘曲位移函数的定义大致有以下三种方法：

①对于普通带悬臂板箱梁，假设截面中性轴与形心重合，郭金琼等[13]选取矩形箱梁的翘曲位移函数，Chang[14]选取抛物线型翘曲位移函数求解箱梁的剪力滞问题。

②由于带悬臂板箱梁的各翼板的宽度不同，为了更加合理地体现翼板的剪切变形规律，提高分析精度，需对各翼板剪力滞程度分别考虑。文献[15]~[17]中分别定义箱梁内侧顶板、悬臂板和底板的翘曲位移函数，对内侧顶板、悬臂板和底板引入各自的剪切变形最大差值 U_1、U_2 和 U_3，分别定义箱梁不同翼板的翘曲位移函数。此方法可反映箱梁不同翼板的剪力滞变化幅度，理论依据更加严密；缺点是求解时存在较多的未知量，求解难度增大。

③张元海等[18]根据力学条件，从轴向力平衡的角度选取剪力滞翘曲位移模式，以顶板选取的翘曲位移函数为基础，通过考虑悬臂板宽度及上、下翼板至形心轴距离的影响，对底板和悬臂板的翘曲位移函数进行修正，进而得到整个箱梁截面的翘曲位移函数。倪元增等[19]通过分析箱梁截面几何参数，确定翼板之间的各项修正系数，以顶板翘曲位移函数为基础，推导出箱梁其余翼板的翘曲位移函数，另外由于在外荷载作用下箱梁截面中性轴和形心不重合而导致的轴力不平衡，结合韦成龙等[17]提出的对箱梁截面翘曲位移函数增加附加轴向位移的方法确定最终的翘曲位移函数。蔺鹏臻等[11]研究发现附加轴力对箱梁截面纵向应力的影响可以忽略，因此可不考虑轴向平衡条件的修正。关于不同宽度翼板的翘曲位移函数的修正方式尚未统一[11,20,21]。

(2)余弦型翘曲位移函数。

马兆云等[22]分别用抛物线和余弦函数作为箱梁的翘曲位移函数来求解箱梁的剪力滞问题，所得结果吻合良好。倪元增等[19]通过分析传统混凝土箱梁的特点，认为用余弦函数作为传统箱梁的翘曲位移函数较为精确，同时对箱梁截面不同翼板的翘曲位移函数进行修正且引入附加轴向位移，分析可得，以余弦函数和抛物线分别作为箱梁的翘曲位移函数求解得到的剪力滞结果基本相同，但在余弦型翘曲位移函数求解过程中计算量较大。

综上可以看出，剪力滞翘曲位移函数的定义存在三个核心问题：①以抛物线和余弦函数沿横截面的变化规律近似反映薄壁箱梁由翼板剪切变形引起的纵向应力不均匀性，即剪力滞的相对大小；②剪力滞的绝对大小通过翼板剪切变形最大差这一基本变量确定；③对于截面上下不对称引起的不同翼板之间的剪力滞规律差异问题，通过引入修正系数考虑。对于问题①，考虑到抛物线函数在积分和微分运算中的简便性而被大量采用，尤其是次抛物线由于精度整体较好而被广泛应用。对于问题②，考虑到变量少求解简便，可采用全截面仅一个剪切变形最大差的分析方法，但此时问题③将较为突出。当不同翼板采用各自不同的剪切变形最大差时，可基本解决问题③，但此时全截面未知变量较多，求解烦琐，同时该方法不便于拓展多室箱梁。综合比较可以认为，如果箱梁截面不同翼板之间的剪切变形差异能够科学合理地计入，采用全截面仅有一个翼板剪切变形差的抛物线型剪力滞翘曲位移函数具有求解简便、适用性好和拓展性好等优点。因此，剪力滞翘曲位移函数定义的核心问题是不同翼板间剪切变形差异的合理定义(问题③)。目前既有研究针对带悬臂薄壁箱梁截面上下不对称问题提出的翘曲位移函数修正方法，以简支梁在竖向荷载下的近似三角函数型挠曲函数为基础，缺乏严密的理论基础，所得结果并不理想。如何定义求解变量少、能全面反映剪力滞效应的基本规律的剪力滞翘曲位移函数，需进一步研究。

2) 箱梁竖向弯曲荷载下的翼板剪力流分布规律

在剪力滞分析中，由于抛物线型翘曲位移函数的计算比余弦型的简单，因此研究人员大多选用抛物线作为箱梁的翘曲位移函数，因其较高的整体计算精度而得到广泛应用。翘曲位移函数定义的关键在于如何科学合理地将箱梁截面上、下翼板不对称导致的顶板、悬臂板和底板之间的剪力滞差异表现出来。从本质上讲，箱梁翼缘板的面内剪切变形引起了剪力滞效应，因此可以从分析翼缘板的面内剪切变形的角度来合理地选取翘曲位移函数。由薄壁箱梁的弯曲理论可知，n 室箱形横截面上的剪力流计算是一个 n 次超静定问题[23]。分析闭口薄壁单箱单室截面的剪力流，可以首先在箱壁上虚构一个开口，使闭口薄壁箱梁截面变为开口截面，则在竖向荷载 Q_z 作用下顶板所产生的弯曲剪力流 $q(s)$ 的计算公式为

$$q(s) = -\frac{Q_z}{I_y}\left(S_y - \oint \frac{S_y}{t}\mathrm{d}s \bigg/ \oint \frac{1}{t}\mathrm{d}s\right) \tag{2.3}$$

式中：t 为箱梁壁厚；$S_y = \int_0^s zt\mathrm{d}s$，其中 s 为原点选在切口处的周线坐标；I_y 为箱梁截面对 y 轴的惯性矩。

为使箱梁剪力流计算简单方便,切口位置的选择至关重要,需将箱梁切口位置选在横截面对称轴上,即图 2.8(a)所示的箱梁横截面的顶板中心或底板中心处,此时剪力流的计算最简便,因为此开口情况下式(2.3)中括号内第二项为零。当计算箱梁悬臂板上的剪力流时,根据一般开口薄壁构件截面剪力流的计算即可。

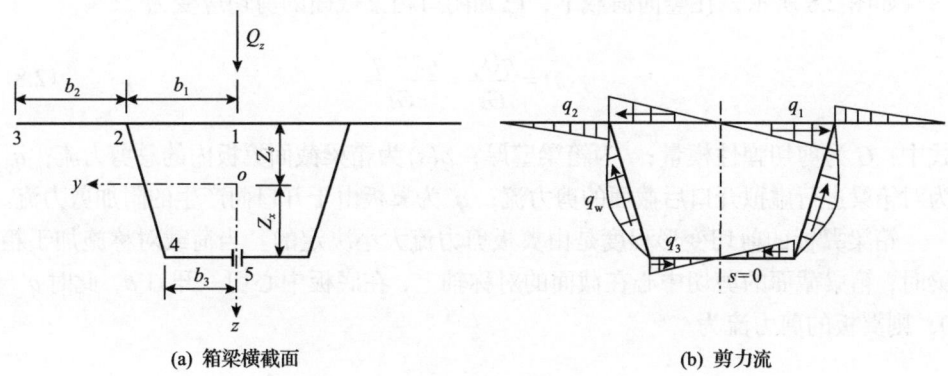

(a) 箱梁横截面　　　　　　　　(b) 剪力流

图 2.8　箱梁横截面及剪力流分布示意图

箱梁顶板的面内剪切应变 $\gamma(s)$ 为

$$\gamma(s)=\frac{\partial u}{\partial s}+\frac{\partial v}{\partial z} \tag{2.4}$$

式中:u 为顶板的纵向位移;v 为顶板的横向位移。由能量变分法求解剪力滞问题的基本假定之一可知[24],$\partial v/\partial z$ 很小,故可以省略不计,则有

$$\gamma(s)=\frac{\partial u}{\partial s}=\frac{q(s)}{Gt}=\frac{Q_z Z_s}{GI_y}s \tag{2.5}$$

式中:G 为剪切弹性模量;Z_s 为截面中心轴到顶板中心线的距离;Q_z 为竖向荷载;I_y 为箱梁截面对 y 轴的惯性矩。

式(2.5)表明 $\partial u/\partial s$ 与 s 之间为线性关系,即

$$\frac{\partial u}{\partial s}=\frac{Q_z Z_s}{GI_y}s \tag{2.6}$$

两边对 s 进行积分,可得

$$u-u_0=\frac{Q_z Z_s}{2GI_y}s^2 \tag{2.7}$$

式中:u_0 为 s 坐标起点处(顶板中心线)的纵向位移。

式(2.7)说明顶板的纵向位移沿梁桥宽度方向按二次抛物线分布。当计算箱梁悬臂板上的剪力流时,根据一般开口薄壁构件截面剪力流的计算即可。类似可得,纵向位移沿梁桥宽度方向按二次抛物线分布同样适用于箱梁悬臂板和底板。

如图 2.8 所示,在竖向荷载下,已知闭口箱梁截面的剪切应变为[25]

$$\gamma(s) = \frac{q(s)}{Gt} = \frac{q_0 + q'}{Gt} \tag{2.8}$$

式中:G 为剪切弹性模量;t 为箱梁壁厚;$q(s)$ 为箱梁截面翼板内的总剪力流;q_0 为对箱梁进行虚拟开口后截面的剪力流;q' 为翼板由于开口而产生的附加剪力流。

箱梁翼板的剪切变形程度是由翼板剪力流大小决定的。当荷载对称施加于箱梁时,箱梁截面的剪切中心在截面的对称轴上,在底板中心切一开口 a,此时 $q'=0$,则翼板的剪力流为

$$q(s) = q_0 \tag{2.9}$$

由开口薄壁构件截面的剪力流计算公式得到翼板的剪力流为

$$q(s) = \frac{Q_z}{I_y} S_y \tag{2.10}$$

式中:Q_z 为竖向荷载;I_y 为箱梁截面对 y 轴的惯性矩;S_y 为截面从起始点 0 到计算点 s_i 部分的静距,表示为

$$S_y = \int_0^{s_i} z t_i \mathrm{d}s_i \tag{2.11}$$

箱梁截面上 s_i 位置处的剪力流大小由 S_y 确定,剪力流以逆时针方向为正。

对于图 2.8(a)所示的截面关于 z 轴对称,截面组成为 2 块宽度为 b_1 的内侧顶板 1、宽度为 b_2 的悬臂板 2、腹板和宽度为 b_3 的底板。在竖向荷载 Q_z 作用下,截面各个控制点的剪力流大小可用式(2.10)算得。根据式(2.10),箱梁截面不同位置的 S_y 决定着该位置处的剪力流大小,因此以截面各个控制点处的 S_y 值反映其剪力流大小。

悬臂板在点 2 的 S_y 记为 $S_y(2_L)$,积分起点为点 3 处,终点为点 2 处,则有

$$S_y(2_L) = \int_0^{s_i} z t_i \mathrm{d}s_i = -Z_s t_2 b_2 \tag{2.12}$$

内侧顶板在点 2 的 S_y 记为 $S_y(2_R)$,积分起点为点 1 处,终点为点 2 处,则有

$$S_y(2_R) = \int_0^{s_i} zt_i ds_i = Z_s t_1 b_1 \quad (2.13)$$

腹板在点 2 的 S_y 记为 $S_y(2_S)$，根据剪力流在点 2 处的平衡可知：

$$S_y(2_S) = S_y(2_R) - S_y(2_L) = Z_s(t_1 b_1 + t_2 b_2) \quad (2.14)$$

底板在点 4 的 S_y 记为 $S_y(4)$，积分起点为点 5 处，终点为点 4 处，则有

$$S_y(4) = \int_0^{s_i} zt_i ds_i = Z_x t_3 b_3 \quad (2.15)$$

式中：t_1 为顶板厚度；t_2 为悬臂板厚度；t_3 为底板厚度；Z_s 为截面中心轴到顶板中心线的距离；Z_x 为截面中心轴到底板中心线的距离。

由以上分析可得，内侧顶板 1 和悬臂板 2 之间剪力流的比值为

$$\frac{q_1}{q_2} = \frac{S_y(2_R)}{S_y(2_L)} = \frac{t_1 b_1}{t_2 b_2} = \frac{A_1}{A_2} \quad (2.16)$$

式中：A_1 为内侧顶板 1 的面积；A_2 为悬臂板 2 的面积。因为此处主要分析剪力流的相对大小，略去负号。记 $\xi_2 = A_2/A_1$。

同理，顶板（悬臂板和内侧顶板）和底板之间剪力流的比值可通过腹板在点 2 和点 4 处的剪力流之比反映，即

$$\frac{q_w(2)}{q_w(4)} = \frac{S_y(2_S)}{S_y(4)} = \frac{Z_s(t_1 b_1 + t_2 b_2)}{Z_x t_3 b_3} = \frac{Z_s A_s}{Z_x A_x} \quad (2.17)$$

式中：A_s 为顶板面积，$A_s = A_1 + A_2$；A_x 为底板面积。记 $\xi_3 = Z_x A_x/(Z_s A_s)$。

综上所述，本章推得基于剪切变形规律的翘曲位移函数为

$$f(y,s) = \begin{cases} f_1(y,z) = -Z_s\left[1-(y/b_1)^2\right] & \text{顶板} \\ f_2(y,z) = -Z_s\left[1-(b_1+b_2-y)^2/b_2^2\right]\xi_2 & \text{悬臂板} \\ f_3(y,z) = Z_x\left[1-(y/b_3)^2\right]\xi_3 & \text{底板} \\ f_4(y,z) = 0 & \text{腹板} \end{cases} \quad (2.18)$$

以箱梁弯曲理论为基础，根据箱梁在外荷载作用下的翼板剪切变形和弯曲剪力流的分布规律，证明二次抛物线型翘曲位移函数是求解箱梁剪力滞问题的合理函数

以及箱梁翼板间剪力流的比值。

2. 变分法剪力滞控制微分方程

为分析箱梁桥在竖向弯曲荷载效应下的剪力滞分布规律，首先定义横截面的纵向位移函数。定义 $w(x)$ 为横截面任一点 (x,y,z) 的竖向挠曲位移，$w'(x)$ 为相应转角，$u(x,y,z)$ 为纵向位移，$U(x)$ 为截面广义剪力滞翘曲位移，$f(y,z)$ 为剪力滞翘曲位移函数。箱梁截面尺寸及弯曲应力如图 2.9 所示。

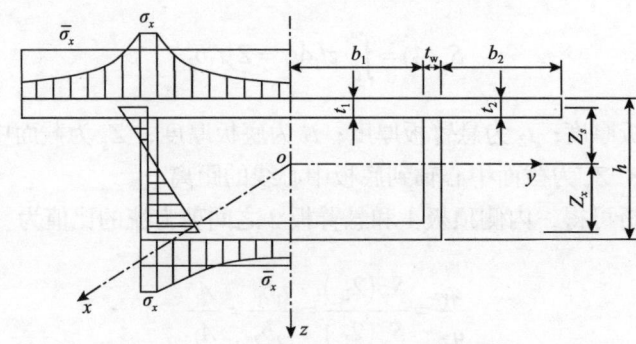

图 2.9　箱梁截面尺寸及弯曲应力

结合上述推得的基于剪切变形规律的翘曲位移函数(式(2.18))，得到箱梁横截面梁的纵向位移为

$$u(x,y,z) = -zw'(x) + f(y,z)U(x) \tag{2.19}$$

根据最小势能原理[9]，在外荷载作用下，箱梁处于平衡状态。当发生任何虚位移时，体系总势能的一阶变分为零，即

$$\delta \Pi = \delta(\bar{V} - \bar{W}) = 0 \tag{2.20}$$

式中：$\bar{V}$ 为体系的应变能；$\bar{W}$ 为外力势能。

梁在外荷载作用下弯曲时的外力势能为

$$\bar{W} = -\int M(x)\frac{\mathrm{d}^2 w}{\mathrm{d}x^2}\mathrm{d}x \tag{2.21}$$

梁体的应变能可表示为对梁体积 V 的积分，即

$$\bar{V} = \frac{1}{2}\int_V \left(E\varepsilon^2 + G\gamma^2\right)\mathrm{d}V \tag{2.22}$$

梁体的应变能包括腹板、顶板、悬臂板和底板的应变能，分别为

$$\begin{cases} \bar{V}_{\mathrm{w}} = \dfrac{1}{2}\int EI_{\mathrm{w}}\dfrac{\mathrm{d}^2 w}{\mathrm{d}x^2}\mathrm{d}x & \text{腹板} \\ \bar{V}_{\mathrm{t}} = \dfrac{1}{2}\iint t_1\left(E\varepsilon_{\mathrm{t}}^2 + G\gamma_{\mathrm{t}}^2\right)\mathrm{d}x\mathrm{d}y & \text{顶板} \\ \bar{V}_{\mathrm{c}} = \dfrac{1}{2}\iint t_2\left(E\varepsilon_{\mathrm{c}}^2 + G\gamma_{\mathrm{c}}^2\right)\mathrm{d}x\mathrm{d}y & \text{悬臂板} \\ \bar{V}_{\mathrm{b}} = \dfrac{1}{2}\iint t_3\left(E\varepsilon_{\mathrm{b}}^2 + G\gamma_{\mathrm{b}}^2\right)\mathrm{d}x\mathrm{d}y & \text{底板} \end{cases} \quad (2.23)$$

式中：E 为弹性模量；G 为剪切弹性模量；t_1 为顶板厚度；t_2 为悬臂板厚度；t_3 为底板厚度。

剪力滞翘曲位移函数选定后，可根据箱梁截面任一点的纵向位移，得到箱梁截面的弹性应变为

$$\begin{cases} \varepsilon = \dfrac{\partial u}{\partial x} = -zw''(x) + f(y,z)U'(x) \\ \gamma = \dfrac{\partial u}{\partial y} = f_y'(y,z)U(x) \end{cases} \quad (2.24)$$

结合式(2.18)、式(2.23)和式(2.24)，可得箱梁上、下翼板的应变能为

$$\begin{cases} \bar{V}_{\mathrm{t}} = \dfrac{1}{2}I_{\mathrm{st}}\int\left\{E\left[(w'')^2 + \dfrac{4}{3}w''u' + \dfrac{8}{15}(u')^2\right] + \dfrac{4G}{3b_1^2}u^2\right\}\mathrm{d}x & \text{顶板} \\ \bar{V}_{\mathrm{c}} = \dfrac{1}{2}I_{\mathrm{sc}}\int\left\{E\left[(w'')^2 + \dfrac{4}{3}\xi_2 w''u' + \dfrac{8}{15}\xi_2^2(u')^2\right] + \dfrac{4G}{3b_2^2}\xi_2^2 u^2\right\}\mathrm{d}x & \text{悬臂板} \\ \bar{V}_{\mathrm{b}} = \dfrac{1}{2}I_{\mathrm{sb}}\int\left\{E\left[(w'')^2 - \dfrac{4}{3}\xi_3 w''u' + \dfrac{8}{15}\xi_3^2(u')^2\right] + \dfrac{4G}{3b_3^2}\xi_3^2 u^2\right\}\mathrm{d}x & \text{底板} \end{cases} \quad (2.25)$$

根据式(2.21)和式(2.25)，可得箱梁总势能为

$$\varPi = \bar{V} - \bar{W} = \dfrac{1}{2}E\int_{x_1}^{x_2}\left(Iw''^2 - 2I_{\mathrm{yu}}w''U' + I_{\mathrm{u}}U'^2 + \dfrac{G}{E}A_{\mathrm{u}}U^2\right)\mathrm{d}x + \int_{x_1}^{x_2}M(x)w''\mathrm{d}x \quad (2.26)$$

对式(2.26)变分，并令 $\delta\varPi = 0$，可得微分方程及边界条件为

$$\begin{cases} EIw'' - EI_{\mathrm{yu}}U' + M(x) = 0 \\ EI_{\mathrm{u}}U'' - EI_{\mathrm{yu}}w''' - GA_{\mathrm{u}}U = 0 \\ \left(EI_{\mathrm{u}}U' - EI_{\mathrm{yu}}w''\right)\delta U\Big|_{x_1}^{x_2} = 0 \end{cases} \quad (2.27)$$

整理式(2.27)，且令

$$n = \left(\frac{I_u}{I_{yu}} - \frac{I_{yu}}{I}\right)^{-1}, \quad k = \sqrt{\frac{GA_u n}{EI_{yu}}}, \quad n_1 = -n$$

得到梁段的剪力滞控制微分方程为

$$U'' - k^2 U = \frac{n_1 Q(x)}{EI} \tag{2.28}$$

$$w'' = -\frac{M(x)}{EI} + \frac{I_{yu}}{I} U' \tag{2.29}$$

式中：$Q(x)$、$M(x)$ 分别为梁上任意截面 x 处的剪力和弯矩；I 为全截面竖向弯曲惯性矩；I_u 为全部翼板的剪力滞翘曲惯性矩；I_{yu} 为全部翼板的剪力滞翘曲惯性积；A_u 为全部翼板的剪力滞翘曲面积。

求解上述微分方程，可求得函数 $U(x)$、$w(x)$，其中微分方程(2.28)的一般解析解形式为

$$U = \frac{n_1}{EI}\left(C_1 \mathrm{sh}kx + C_2 \mathrm{ch}kx - \frac{Q(x)}{k^2}\right) \tag{2.30}$$

式中：系数 C_1 和 C_2 由边界条件确定。

根据式(2.27)中的第一式推导可得

$$w'' = -\frac{M(x)}{EI} + \frac{I_{yu}}{I} U' = -\frac{1}{EI}(M(x) + M_F) \tag{2.31}$$

$$M_F = EI_{yu} U' \tag{2.32}$$

式中：M_F 为附加弯矩，是由剪力滞效应产生的。由式(2.32)可知，M_F 为剪切转角最大差值 $U(x)$ 的一阶导数的函数。

根据式(2.31)，考虑剪力滞效应对箱梁弯曲的影响后，箱梁的曲率与弯矩的关系不仅包括初等梁理论的 $w'' = -M(x)/(EI)$ 关系，还增加了附加弯矩的修正项。剪力滞效应降低了箱梁翼板的有效刚度，导致箱梁的挠度增大。

剪力滞系数 λ 可表示为

$$\lambda = \frac{\sigma_x}{\bar{\sigma}_x} \tag{2.33}$$

根据初等梁理论，计算得到箱梁任意截面的应力为

$$\bar{\sigma}_x = \pm \frac{Z_i}{I} M(x) \tag{2.34}$$

式中：Z_i为截面形心到上(下)板的距离。

考虑剪力滞效应后翼板的弯曲正应力为

$$\sigma_x = E\frac{\partial u(x,y)}{\partial x} = \pm\left[\frac{M(x)}{I}Z_i + E\left(f(y,z) - \frac{I_{yu}}{I}Z_i\right)U'\right] \tag{2.35}$$

结合式(2.18)中$f(y,z)$的表达式可得箱梁各翼板正应力为

$$\sigma_x = \begin{cases} \pm Z_s\left[\dfrac{M(x)}{I} - E\left(1 - \dfrac{y^2}{b_1^2} + \dfrac{I_{yu}}{I}\right)U'\right] & \text{顶板} \\ \pm Z_s\left[\dfrac{M(x)}{I} - E\left(\xi_2 - \dfrac{\xi_2(b_1+b_2-y)^2}{b_2^2} + \dfrac{I_{yu}}{I}\right)U'\right] & \text{悬臂板} \\ \pm Z_x\left[\dfrac{M(x)}{I} + E\left(\xi_3 - \dfrac{\xi_3 y^2}{b_3^2} - \dfrac{I_{yu}}{I}\right)U'\right] & \text{底板} \end{cases} \tag{2.36}$$

式(2.36)中的第二项为考虑剪力滞影响的修正项，结合式(2.33)和式(2.34)可得箱梁各翼板剪力滞系数，其中纵向应力沿箱梁宽度方向按二次抛物线分布。

3. 几种桥型剪力滞效应的变分法

1) 简支梁跨间作用集中荷载

简支梁跨间作用集中荷载P如图2.10所示，沿梁纵向任意位置处的弯矩、剪力为分段函数，即

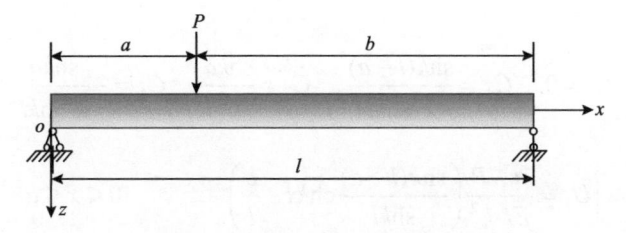

图2.10 简支梁跨间作用集中荷载

$$\begin{cases} M_1(x) = \dfrac{b}{l}Px, \ Q_1(x) = \dfrac{b}{l}P & 0 \leqslant x \leqslant a \\ M_2(x) = \dfrac{a}{l}P(l-x), \ Q_2(x) = -\dfrac{a}{l}P & a < x \leqslant l \end{cases} \quad (2.37)$$

剪力滞微分方程为

$$\begin{cases} U_1'' - k^2 U_1 = \dfrac{n_1}{EI}\dfrac{b}{l}P & 0 \leqslant x \leqslant a \\ U_2'' - k^2 U_2 = -\dfrac{n_1}{EI}\dfrac{a}{l}P & a < x \leqslant l \end{cases} \quad (2.38)$$

求解可得

$$\begin{cases} U_1 = \dfrac{n_1}{EI}P\left(C_1\text{sh}kx + C_2\text{ch}kx - \dfrac{b}{lk^2}\right) & 0 \leqslant x \leqslant a \\ U_2 = \dfrac{n_1}{EI}P\left(C_3\text{sh}kx + C_4\text{ch}kx + \dfrac{a}{lk^2}\right) & a < x \leqslant l \end{cases} \quad (2.39)$$

边界条件为

$$U_1'\big|_{x=0} = 0, \quad U_2'\big|_{x=0} = 0$$

连续条件为

$$x = a, \quad U_1 = U_2$$

变分中 x=a 点处的边界条件为

$$\left(U_1' - \dfrac{n_1 M_1(x)}{EI}\right)\bigg|_{x=a} - \left(U_2' - \dfrac{n_1 M_2(x)}{EI}\right)\bigg|_{x=a} = 0$$

解得

$$C_1 = 0, \quad C_2 = \dfrac{\text{sh}k(l-a)}{k^2\text{sh}kl}, \quad C_3 = \dfrac{\text{sh}ka}{k^2}, \quad C_4 = -\dfrac{\text{sh}ka}{k^2\text{th}kl}$$

$$\begin{cases} U_1 = \dfrac{n_1}{EI}\dfrac{P}{k^2}\left(\dfrac{\text{sh}k(l-a)}{\text{sh}kl}\text{ch}kx - \dfrac{b}{l}\right) & 0 \leqslant x \leqslant a \\ U_2 = \dfrac{n_1}{EI}\dfrac{P}{k^2}\left(\text{sh}ka \cdot \text{sh}kx - \dfrac{\text{sh}ka}{\text{th}kl}\text{ch}kx + \dfrac{a}{l}\right) & a < x \leqslant l \end{cases} \quad (2.40)$$

第 2 章 基于空间构造特性的混凝土箱梁力学行为分析

根据上述箱梁不同段纵向位移表达，将式(2.40)代入式(2.36)，可得

$$\begin{cases} \sigma(x,y,z) = \dfrac{zP}{I}\left\{\dfrac{b}{l}x + \left[\dfrac{f(y,z)}{z} - \dfrac{I_{yu}}{I}\right]\dfrac{n_1}{k}\dfrac{\mathrm{sh}k(l-a)}{\mathrm{sh}kl}\mathrm{sh}kx\right\} & 0 \leqslant x \leqslant a \\ \sigma(x,y,z) = \dfrac{zP}{I}\left\{\dfrac{a}{l}(l-x) + \left[\dfrac{f(y,z)}{z} - \dfrac{I_{yu}}{I}\right]\dfrac{n_1}{k}\left(\mathrm{sh}ka\cdot\mathrm{ch}kx - \dfrac{\mathrm{sh}ka}{\mathrm{th}kl}\mathrm{sh}kx\right)\right\} & a < x \leqslant l \end{cases} \quad (2.41)$$

当集中荷载作用于跨中时，跨中截面翼板的纵向应力为

$$\sigma\left(\dfrac{l}{2},y,z\right) = \dfrac{zP}{I}\left\{\dfrac{l}{4} + \left[\dfrac{f(y,z)}{z} - \dfrac{I_{yu}}{I}\right]\dfrac{n_1}{2k}\mathrm{th}\dfrac{kl}{2}\right\} \quad (2.42)$$

此外，将求得的 $u(x)$ 求导一次以后，代入式(2.18)，得到梁体的挠度表达式为

$$w'' = -\dfrac{M(x)}{EI} + \dfrac{I_{yu}}{I}U' = -\dfrac{1}{EI}\left[\dfrac{Px}{2} + \dfrac{I_{yu}}{I}\dfrac{nP}{2k}\dfrac{\mathrm{sh}kx}{\mathrm{ch}(kl/2)}\right] \quad (2.43)$$

进一步积两次分，得到挠度表达式为

$$w = \dfrac{P}{EI}\left[\dfrac{x^3}{12} + \dfrac{I_{yu}}{I}\dfrac{n}{2k^3}\dfrac{\mathrm{sh}kx}{\mathrm{ch}(kl/2)} + C_1 x + C_2\right] \quad (2.44)$$

结合边界条件

$$w|_{x=0} = 0, \quad w'|_{x=l/2} = 0$$

可得

$$C_1 = -\left(\dfrac{l^2}{16} + \dfrac{I_{yu}}{I}\dfrac{n}{2k^2}\right), \quad C_2 = 0$$

则挠度表达式为

$$w = \dfrac{P}{EI}\left[\dfrac{x^3}{12} - \dfrac{I_{yu}}{I}\dfrac{n}{2k^3}\dfrac{\mathrm{sh}kx}{\mathrm{ch}(kl/2)} - \left(\dfrac{l^2}{16} - \dfrac{I_{yu}}{I}\dfrac{n}{2k^2}\right)x\right] \quad (2.45)$$

当 $x = l/2$ 时，挠度最大值为

$$w = \dfrac{P}{EI}\left[\dfrac{l^3}{48} - \dfrac{I_{yu}}{I}\dfrac{n}{2k^2}\left(\dfrac{l}{2} - \dfrac{\mathrm{th}(kl/2)}{k}\right)\right] \quad (2.46)$$

根据简支在跨中集中荷载作用下的挠度表达,可知箱梁截面附加弯矩为

$$M_F = \frac{I_{yu}n_1P}{2Ik}\frac{shkx}{ch(kl/2)} \tag{2.47}$$

2) 简支梁作用满跨均布荷载

简支梁作用满跨均布荷载如图 2.11 所示,沿梁纵向任意位置处的弯矩、剪力分别为

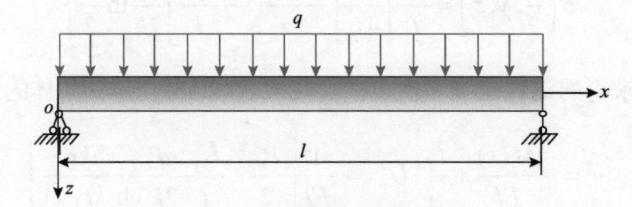

$$M(x) = \frac{q}{2}x(l-x), \quad Q(x) = \frac{q}{2}(l-2x) \tag{2.48}$$

图 2.11 简支梁作用满跨均布荷载

将式(2.48)代入式(2.28),可得剪力滞微分方程为

$$U'' - k^2U = \frac{n_1}{EI}\frac{q}{2}(l-2x) \tag{2.49}$$

求解可得

$$U = \frac{n_1}{EI}q\left(C_1 shkx + C_2 chkx - \frac{l-2x}{2k^2}\right) \tag{2.50}$$

由于 $M(x)|_{x=0} = M(x)|_{x=l} = 0$,可得 $U'|_{x=0} = U'|_{x=l} = 0$ 和剪力滞位移为

$$U = \frac{n_1}{EI}\frac{q}{k^2}\left(-\frac{1}{k}shkx + \frac{1}{k}th\frac{kl}{2}chkx - \frac{l-2x}{2}\right) \tag{2.51}$$

根据式(2.36)和式(2.51),可得应力为

$$\sigma(x,y,z) = \frac{zP}{I}\left\{\frac{x}{2}(l-x) + \left[\frac{f(y,z)}{z} - \frac{I_{yu}}{I}\right]\frac{n_1}{k^2}\left(1 - chkx + th\frac{kl}{2}shkx\right)\right\} \tag{2.52}$$

当满跨均布荷载作用时,跨中截面翼板的纵向应力为

$$\sigma(l/2,y,z) = \frac{zP}{I}\left\{\frac{l^2}{8} + \left[\frac{f(y,z)}{z} - \frac{I_{yu}}{I}\right]\frac{n_1}{k^2\mathrm{ch}(kl/2)}\left(\mathrm{ch}\frac{kl}{2} - 1\right)\right\} \quad (2.53)$$

此外，将求得的 $U(x)$ 求导一次后代入式(2.31)，得到梁体挠度为

$$w = -\frac{q}{EI}\left[\frac{x^3(2l-x)}{24} + \frac{nI_{yu}}{k^2I}\left(\frac{1}{2}x^2 - \frac{1}{k^2}\mathrm{ch}kx + \frac{1}{k^2}\mathrm{th}\frac{kl}{2}\mathrm{sh}kx\right)\right] + C_3x + C_4 \quad (2.54)$$

根据边界条件 $w|_{x=0}=0$、$w'|_{x=l/2}=0$，可得梁体挠度为

$$w = -\frac{q}{EI}\left\{\frac{x}{24}(2lx^2 - x^3 - l^3) + \frac{nI_{yu}}{k^2I}\left[\frac{x^2}{2} - \frac{lx}{2} + \frac{1}{k^2}\left(1 - \mathrm{ch}kx + \mathrm{th}\frac{kl}{2}\mathrm{sh}kx\right)\right]\right\} \quad (2.55)$$

当 $x=l/2$ 时，挠度最大值为

$$w = \frac{q}{EI}\left[\frac{5l^4}{384} + \frac{nI_{yu}}{k^2I}\left(\frac{l^3}{8} - \frac{1}{k^2} + \frac{1}{k^2\mathrm{ch}(kl/2)}\right)\right] \quad (2.56)$$

根据式(2.56)，简支梁作用满跨均布荷载时，箱梁截面附加弯矩为

$$M_F = \frac{I_{yu}n_1q}{Ik^2}\left(1 - \mathrm{ch}kx + \mathrm{th}\frac{kl}{2}\mathrm{sh}kx\right) \quad (2.57)$$

3)悬臂梁端部作用集中荷载

悬臂梁端部作用集中荷载如图2.12所示，沿梁纵向任意位置处的弯矩、剪力分别为

$$M(x) = -Px, \quad Q(x) = -P \quad (2.58)$$

将式(2.58)代入式(2.28)，可得剪力滞微分方程为

$$U'' - k^2U = -\frac{n_1}{EI}P \quad (2.59)$$

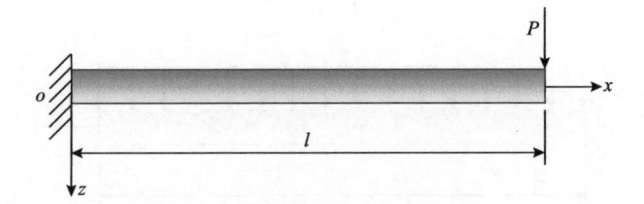

图2.12 悬臂梁端部作用集中荷载

求解可得

$$U = \frac{n_1}{EI}P\left(C_1\text{sh}kx + C_2\text{ch}kx + \frac{1}{k^2}\right) \tag{2.60}$$

结合 $M(x)|_{x=0} = 0$、$u(x)|_{x=l} = 0$，可得剪力滞位移为

$$U = \frac{n_1}{EI}\frac{P}{k^2}\left(1 - \frac{1}{\text{ch}kl}\text{ch}kx\right) \tag{2.61}$$

根据式(2.36)和式(2.61)，可得应力为

$$\sigma(x,y,z) = \frac{zP}{I}\left\{-x - \left[\frac{f(y,z)}{z} - \frac{I_{yu}}{I}\right]\frac{n_1}{k}\frac{\text{sh}kx}{\text{ch}kl}\right\} \tag{2.62}$$

将求得的 $U(x)$ 求导一次后代入式(2.31)并进行积分，可得梁体挠度为

$$w = \frac{P}{EI}\left(\frac{x^3}{6} + \frac{nI_{yu}}{k^3I}\frac{\text{sh}kx}{\text{ch}kl}\right) + C_3x + C_4 \tag{2.63}$$

根据边界条件 $w|_{x=l} = 0$、$w'|_{x=l} = 0$，可得梁体挠度为

$$w = \frac{P}{EI}\left[\frac{l^3}{6}\left(\frac{x^3}{l^3} - \frac{3x}{l} + 2\right) + \frac{nI_{yu}}{k^2I}\left(l - x - \frac{\text{sh}kl - \text{sh}kx}{k\text{ch}kl}\right)\right] \tag{2.64}$$

根据式(2.64)，悬臂梁端部作用集中荷载时，箱梁截面附加弯矩为

$$M_F = -\frac{I_{yu}n_1P}{Ik}\frac{\text{sh}kx}{\text{ch}kl} \tag{2.65}$$

4)悬臂梁作用满跨均布荷载

悬臂梁作用满跨均布荷载如图 2.13 所示。沿梁纵向任意位置处的弯矩、剪力为

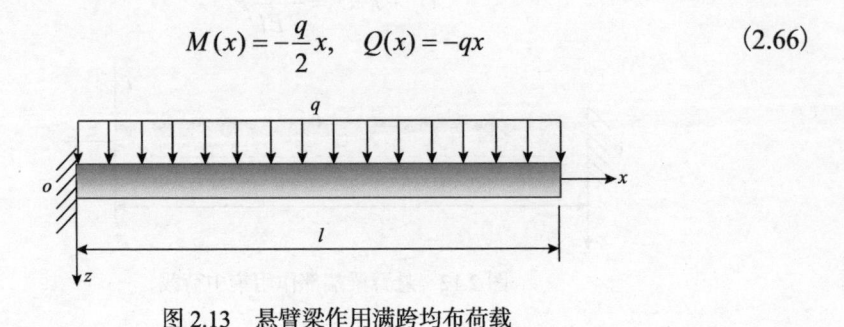

$$M(x) = -\frac{q}{2}x, \quad Q(x) = -qx \tag{2.66}$$

图 2.13 悬臂梁作用满跨均布荷载

将式(2.66)代入式(2.28)，可得剪力滞微分方程为

$$U'' - k^2 U = -\frac{n_1}{EI} qx \tag{2.67}$$

求解可得

$$U = \frac{n_1}{EI} q \left(C_1 \mathrm{sh}kx + C_2 \mathrm{ch}kx + \frac{x}{k^2} \right) \tag{2.68}$$

结合 $M(x)|_{x=0} = 0$、$U(x)|_{x=l} = 0$，可得剪力滞位移为

$$U = \frac{n_1}{EI} \frac{q}{k^3} \left[-\mathrm{sh}kx + \left(\frac{\mathrm{sh}kl}{\mathrm{ch}kl} - \frac{kl}{\mathrm{ch}kl} \right) \mathrm{ch}kx + kx \right] \tag{2.69}$$

根据式(2.36)和式(2.69)，可得应力为

$$\sigma(x,y,z) = \frac{zP}{I} \left\{ -\frac{x^2}{2} + \left[\frac{f(y,z)}{z} - \frac{I_{yu}}{I} \right] \frac{n_1}{k^2} \left[1 - \frac{\mathrm{ch}k(l-x) + kl\mathrm{sh}kx}{\mathrm{ch}kl} \right] \right\} \tag{2.70}$$

此外，将求得的 $U(x)$ 求导一次后代入式(2.18)并进行积分，可得梁体挠度为

$$w = \frac{q}{EI} \left\{ \frac{x^4}{24} - \frac{nI_{yu}}{k^2 I} \left[\frac{x^2}{2} - \frac{\mathrm{ch}kx}{k^2} + \frac{1}{k^2} \left(\mathrm{th}kl - \frac{kl}{\mathrm{ch}kl} \right) \mathrm{sh}kx \right] \right\} + C_3 x + C_4 \tag{2.71}$$

根据边界条件 $w|_{x=l} = 0$、$w'|_{x=l} = 0$，可得梁体挠度为

$$w = \frac{q}{EI} \left\{ \frac{l^4}{24} \left(\frac{x^4}{l^4} - \frac{4x}{l} + 3 \right) + \frac{nI_{yu}}{k^2 I} \left[\frac{l^2 - x^2}{2} + \frac{\mathrm{ch}k(l-x) - kl(\mathrm{sh}kl - \mathrm{sh}kx) - 1}{k^2 \mathrm{ch}kl} \right] \right\} \tag{2.72}$$

根据式(2.72)，悬臂梁作用满跨均布荷载时，箱梁截面附加弯矩为

$$M_F = -\frac{I_{yu} n_1 q}{I k^2} \left[1 - \mathrm{ch}kx + \left(\frac{\mathrm{sh}kl}{\mathrm{ch}kl} - \frac{kl}{\mathrm{ch}kl} \right) \mathrm{sh}kx \right] \tag{2.73}$$

4. 箱梁剪力滞效应的变分法的应用

已知某有机玻璃简支箱梁，计算跨度为 800mm，梁高为 80mm，弹性模量 E=3000MPa，泊松比 μ=0.385。简支梁截面尺寸如图 2.14(a)所示，跨中作用集中荷载(P=0.2722kN)如图 2.14(b)所示，满跨作用均布荷载(q=1kN/m)如图 2.14(c)

所示。

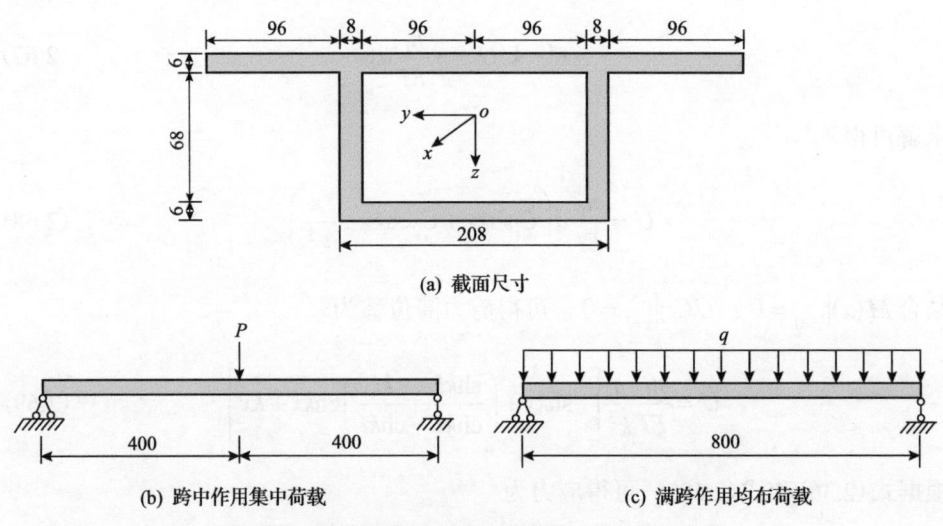

(a) 截面尺寸

(b) 跨中作用集中荷载

(c) 满跨作用均布荷载

图 2.14　简支梁截面尺寸及荷载简图(单位：mm)

1) 应力解答

根据本章推导得到的基于剪切变形规律的翘曲位移函数，应用能量变分法分析试验模型简支梁在跨中集中荷载和满跨均布荷载作用下的跨中截面顶板、底板的剪力滞效应，并与文献[9]中方法所得解(简称文献解)及 ANSYS 解进行对比，如图 2.15 和图 2.16 所示。

从图 2.15 和图 2.16 中应力结果对比可知，用本章所推得的基于剪切变形规律的翘曲位移函数的能量变分法分析简支梁分别作用跨中集中荷载和满跨均布荷载时，跨中截面上、下翼板的纵向应力分布与文献解及 ANSYS 解结果吻合良好，试验数据与本章分析结果具有较高的吻合度，说明本章所推得的翘曲位移函数是科学合理的，并且分析剪力滞效应具有较高的精度。

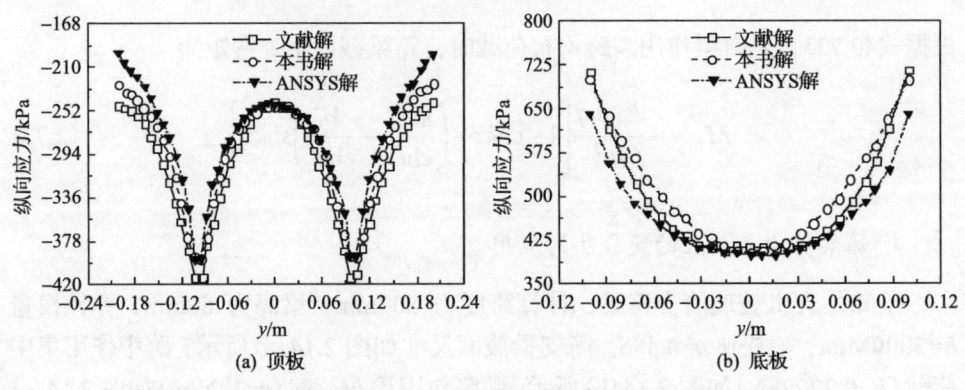

(a) 顶板

(b) 底板

图 2.15　跨中集中荷载作用下跨中截面顶板和底板的纵向应力分布

(a) 顶板

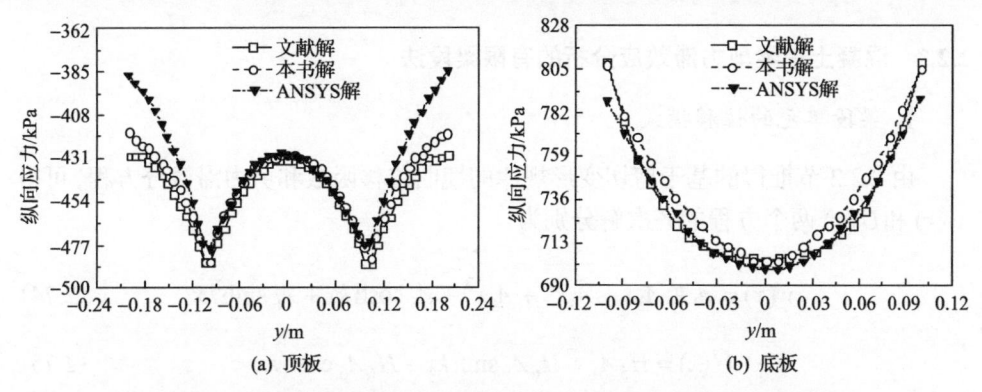

(b) 底板

图 2.16 满跨均布荷载作用下跨中截面顶板和底板的纵向应力分布

2) 挠度求解

根据本章所推导得到的基于剪切变形规律的翘曲位移函数，应用变分法分析试验模型简支箱梁在跨中集中荷载和满跨均布荷载作用下的梁体挠度。

当简支梁在跨中集中荷载 $P=0.2722\text{kN}$ 作用下，按初等梁理论计算得到的挠度(简称初等梁理论解)、按文献[9]考虑剪力滞效应计算得到的挠度(简称文献解)以及本书考虑剪力滞效应计算得到的挠度(简称本书解)绘制的挠度曲线如图2.17所示。由图分析可得，本书解与文献解对应的挠度曲线吻合良好，且均大于初等梁理论解。一方面说明本书选取基于剪切变形规律的翘曲位移函数具有较高的精度；另一方面说明剪力滞效应会降低箱梁翼板的面内抗弯刚度。在跨中集中荷载作用下，计算箱梁跨中挠度，得到本书解为0.208mm，文献解为0.213mm，两者相差0.005mm，非常接近，与初等梁理论解0.192mm相比，分别提高了8.33%和10.94%。由此说明，剪力滞效应会显著增大箱梁挠度，因此在实际工程中必须认真考虑其影响。

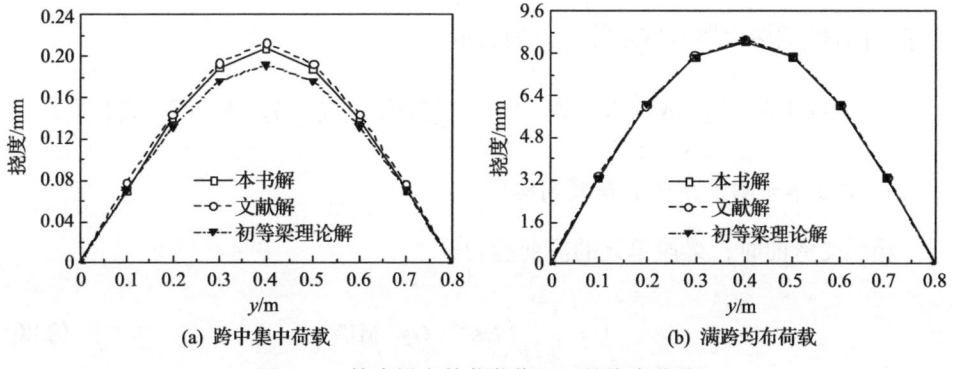

(a) 跨中集中荷载

(b) 满跨均布荷载

图 2.17 简支梁在外荷载作用下的挠度曲线

2.2.3 混凝土箱梁剪力滞效应分析的有限梁段法

1. 梁段单元的位移模式

由 2.2.2 节推得的基于剪切变形规律的翘曲位移函数和剪力滞微分方程,可得 $w(x)$ 和 $U(x)$ 两个方程的齐次解分别为

$$w(x) = A_1 + A_2 x + A_3 x^2 + A_4 x^3 + A_5 \cosh kx + A_6 \sinh kx \tag{2.74}$$

$$U(x) = H_5 A_4 + H_6 A_5 \sinh kx + H_6 A_6 \cosh kx \tag{2.75}$$

式中:$H_5 = 6n/k^2$;$H_6 = Ik/I_{yu}$;$A_1 \sim A_6$ 均为待定常数。

考虑薄壁箱梁剪力滞效应影响的梁段单元的节点位移向量可表示为

$$\{\delta\}^e = \begin{bmatrix} w_i & \theta_i & U_i & w_j & \theta_j & U_j \end{bmatrix}^T \tag{2.76}$$

当 $x=0$ 时,有

$$w(0) = w_i, \quad \theta(0) = \theta_i, \quad U(0) = U_i \tag{2.77}$$

当 $x=l$ 时,有

$$w(l) = w_j, \quad \theta(l) = \theta_j, \quad U(l) = U_j \tag{2.78}$$

因此,结合式(2.76)~式(2.78)可得

$$w(x) = [N]\{\delta\}^e, \quad U(x) = [S]\{\delta\}^e \tag{2.79}$$

式中:$[N]$ 和 $[S]$ 均为形函数矩阵,分别表示为

$$[N]=[N_1 \quad N_2 \quad N_3 \quad N_4 \quad N_5 \quad N_6], \quad [S]=[S_1 \quad S_2 \quad S_3 \quad S_4 \quad S_5 \quad S_6]$$

2. 梁段单元刚度矩阵和荷载列阵

箱梁受弯曲时,梁段单元的应变能为

$$\bar{V} = \frac{1}{2}\int_V \left(E\varepsilon^2 + G\gamma^2\right)dV \tag{2.80}$$

梁段上由 $q(x)$ 和 $M(x)$ 引起的外力势能为

$$W = -\int_{x_1}^{x_2} \{q(x)w + M(x)\theta\}\mathrm{d}x \tag{2.81}$$

则梁段的总势能为

$$\begin{aligned}\Pi &= \bar{V} + W = \frac{1}{2}E\int_0^l \left(Iw''^2 - 2I_{yu}w''\varphi' + I_u\varphi'^2 + \frac{G}{E}A_u\varphi^2\right)\mathrm{d}x - \int_0^l q(x)w(x)\mathrm{d}x \\ &\quad - \int_0^l M(x)\theta(x)\mathrm{d}x\end{aligned} \tag{2.82}$$

将式(2.79)代入式(2.82)，可得

$$\begin{aligned}\Pi &= \frac{1}{2}EI\int_0^l \{\delta\}^{\mathrm{eT}}[N'']^{\mathrm{T}}[N'']\{\delta\}^{\mathrm{e}}\mathrm{d}x - 2EI_{yu}\int_0^l \{\delta\}^{\mathrm{eT}}[N'']^{\mathrm{T}}[S']\{\delta\}^{\mathrm{e}}\mathrm{d}x \\ &\quad + EI_u\int_0^l \{\delta\}^{\mathrm{eT}}[S']^{\mathrm{T}}[S']\{\delta\}^{\mathrm{e}}\mathrm{d}x + GA_u\int_0^l \{\delta\}^{\mathrm{eT}}[S]^{\mathrm{T}}[S]\{\delta\}^{\mathrm{e}}\mathrm{d}x \\ &\quad - \int_0^l \{\delta\}^{\mathrm{eT}}[N]^{\mathrm{T}}q(x)\mathrm{d}x - \int_0^l \{\delta\}^{\mathrm{eT}}[N']^{\mathrm{T}}M(x)\mathrm{d}x\end{aligned} \tag{2.83}$$

由最小势能原理，通过变分原理可得

$$[K]^{\mathrm{e}}\{\delta\}^{\mathrm{e}} = \{P\}^{\mathrm{e}} \tag{2.84}$$

$$\begin{aligned}[K]^{\mathrm{e}} &= EI\int_0^l [N'']^{\mathrm{T}}[N'']\mathrm{d}x - EI_{yu}\int_0^l \left\{\left[N_i''\right]\left[S_j'\right] + \left[N_j''\right]\left[S_i'\right]\right\}\mathrm{d}x \\ &\quad + EI_u\int_0^l [S']^{\mathrm{T}}[S']\mathrm{d}x + GA_u\int_0^l [S]^{\mathrm{T}}[S]\mathrm{d}x\end{aligned} \tag{2.85}$$

式中：$[K]^{\mathrm{e}}$ 为单元刚度矩阵，即

$$[K]^{\mathrm{e}} = \begin{bmatrix} K_{11} & K_{12} & K_{13} & K_{14} & K_{15} & K_{16} \\ & K_{22} & K_{23} & K_{24} & K_{25} & K_{26} \\ & & K_{33} & K_{34} & K_{35} & K_{36} \\ & & & K_{44} & K_{45} & K_{46} \\ \text{对} & \text{称} & & & K_{55} & K_{56} \\ & & & & & K_{66} \end{bmatrix} \tag{2.86}$$

其中，

$$K_{ij} = F_{ij} + Q_{ij} + H_{ij} + R_{ij} \tag{2.87}$$

$$\begin{cases} F_{ij} = EI \int_0^1 [N'']^{\mathrm{T}} [N''] \mathrm{d}x \\ Q_{ij} = EI_{\mathrm{u}} \int_0^1 [S']^{\mathrm{T}} [S'] \mathrm{d}x \\ H_{ij} = GA_{\mathrm{u}} \int_0^1 [S]^{\mathrm{T}} [S] \mathrm{d}x \\ R_{ij} = -EI_{\mathrm{yu}} \int_0^1 [N_i''][S_j'] + [N_j''][S_i'] \mathrm{d}x \end{cases} \quad (2.88)$$

荷载列阵为

$$\{P\}^e = \int_0^1 \{[N]^{\mathrm{T}} q(x) + [N']^{\mathrm{T}} M(x)\} \mathrm{d}x \quad (2.89)$$

从而可得梁段应力为

$$\sigma = E\varepsilon = E(-zN'' + f(y,z)S')\{\delta\}^e \quad (2.90)$$

将式(2.90)代入式(2.33)，可得箱梁剪力滞系数。

3. 箱梁剪力滞效应分析的有限梁段法的应用

已知某箱梁，截面尺寸如图 2.18 所示。梁高 3m，顶宽 11m，顶板和底板厚度为 0.25m，腹板宽度为 0.4m，弹性模量 $E=3.1\times10^{10}$Pa，泊松比 $\mu=1/6$。在不计自重的情况下，分别在跨中作用 1000kN 的集中荷载和满跨 1000kN/m 的均布荷载。

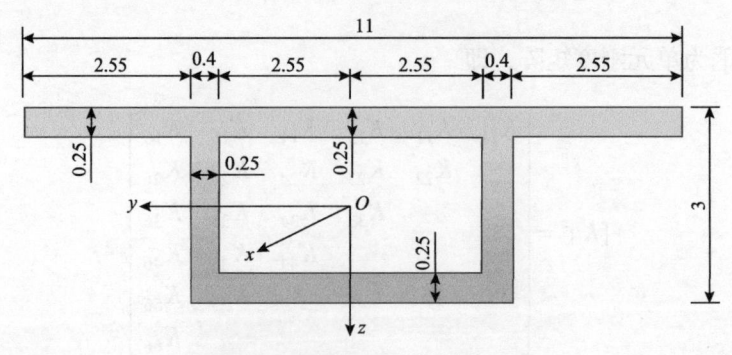

图 2.18 箱梁截面尺寸(单位：m)

通过有限梁段法计算简支箱梁在均布和集中荷载作用下的挠度，并将计算结果与初等梁理论解和变分法解析解进行对比，结果如图 2.19 所示。

(a) 均布荷载

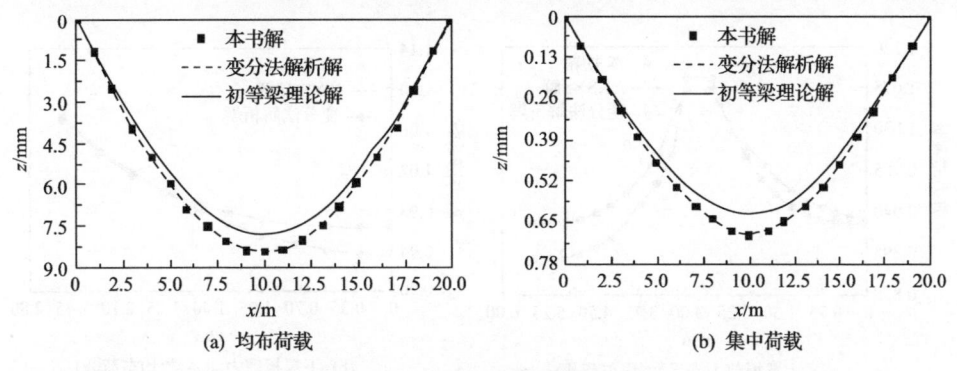

(b) 集中荷载

图 2.19　简支梁沿梁纵向的挠度

由图 2.19 可知，本书解与既有解析解几乎完全一致。与初等梁理论解相比，有限梁段法由于考虑了剪力滞的影响，在两种荷载作用下计算得到的挠度在跨中分别增大了 7.5% 和 8.6%。

基于有限梁段法计算简支梁在均布荷载和跨中集中荷载作用下的跨中截面上、下翼板的剪力滞效应，并与变分法解析解、ANSYS 解及初等梁理论解进行对比，结果如图 2.20 和图 2.21 所示。

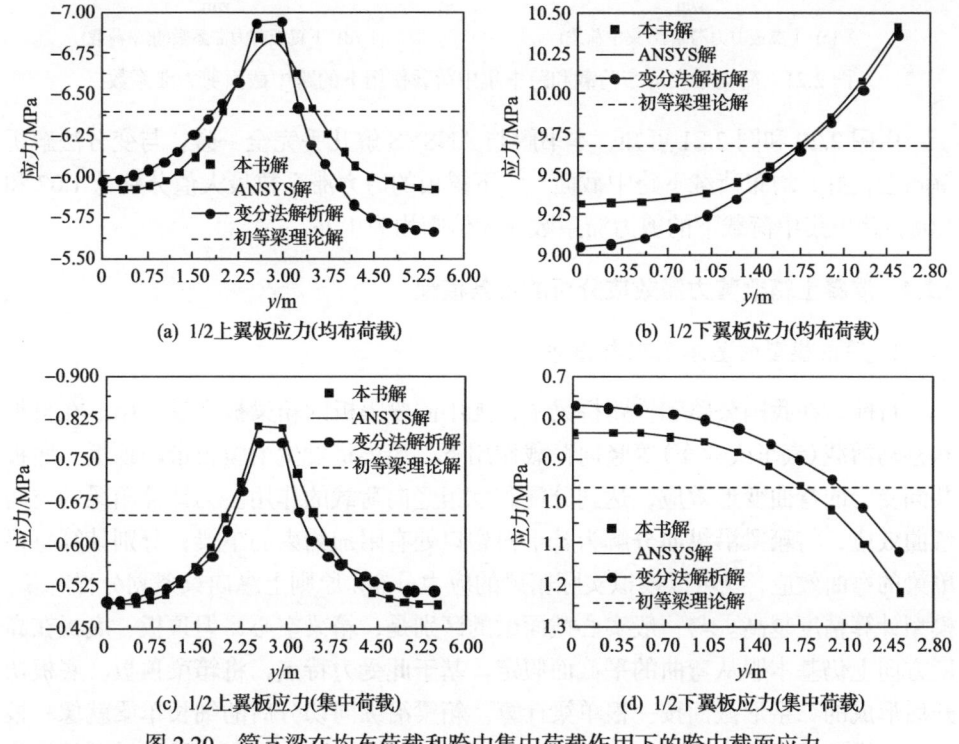

(a) 1/2 上翼板应力(均布荷载)

(b) 1/2 下翼板应力(均布荷载)

(c) 1/2 上翼板应力(集中荷载)

(d) 1/2 下翼板应力(集中荷载)

图 2.20　简支梁在均布荷载和跨中集中荷载作用下的跨中截面应力

(a) 上翼板剪力滞系数(均布荷载)

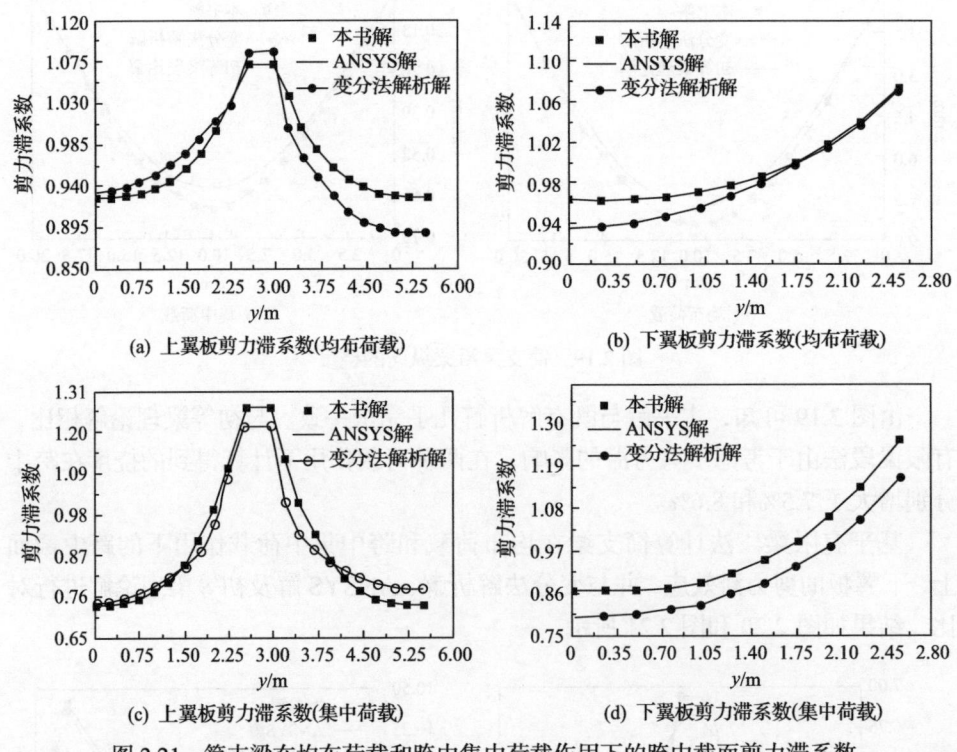

(b) 下翼板剪力滞系数(均布荷载)

(c) 上翼板剪力滞系数(集中荷载)

(d) 下翼板剪力滞系数(集中荷载)

图 2.21　简支梁在均布荷载和跨中集中荷载作用下的跨中截面剪力滞系数

由图 2.20 和图 2.21 可知，本书解与 ANSYS 解几乎完全一致，与变分法解析解吻合良好，均布荷载下跨中截面上、下翼板的剪力滞系数最大值分别为 1.07 和 1.08；跨中集中荷载下的剪力滞系数最大值则均为 1.26。

2.2.4　混凝土箱梁剪力滞效应分析的梁条模型

1. 梁条模型的基本原理与推导

目前，在我国公路和铁路桥梁中，无中间横隔板的箱梁被大量使用。在自重和移动活载(汽车或火车)等竖向荷载作用下，箱梁将发生由腹板带动顶板、底板共同受力的弯曲变形效应，达到分配和承担竖向荷载的作用。为计算箱梁的空间弯曲效应，将箱梁沿纵向分解为若干根切口处有附加约束的单梁，分别计算每根单梁的弯曲效应，就可以模拟实际箱梁的应力分布。原则上纵向梁条划分得越多，模型计算精度越高。与一般实心截面梁的区别是，箱梁空心，但顶板、底板在高度方向上仍基本服从弯曲的平截面假定。基于此受力特点，将箱梁顶板、底板切开后形成的二字形截面按一根单梁计算。箱梁沿纵向切分后的细长单梁就像一根梁条，模型是全部由单梁组成的梁条系统，因此称为梁条模型。梁条模型的简化示意图如图 2.22 所示。

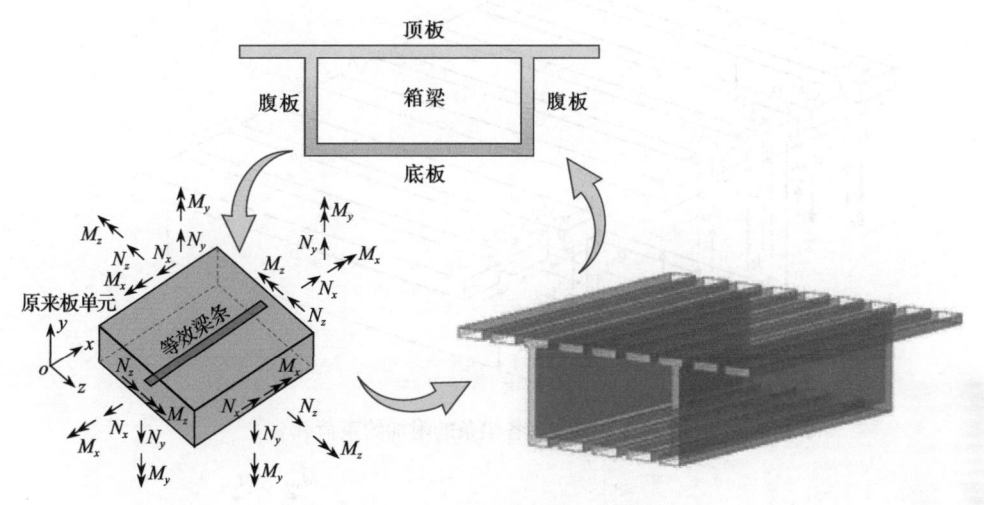

图 2.22 梁条模型的简化示意图

1)结构离散

将箱梁沿纵向离散成若干根平行的梁条，首先需要解决的问题是离散方式。梁条模型的基本原理是当箱梁与对应梁条发生相同的曲率时，两者的弯曲应力相同。依据梁单元理论有[10,26]

$$\frac{\sigma}{z} = \frac{M}{I} = \frac{E}{R} \tag{2.91}$$

式中：z 为梁条形心至截面整体形心轴的距离；I 为截面惯性矩；R 为梁条曲率半径；E 为弹性模量。

针对同一箱梁截面，不同的梁条切分方式会使各梁条的惯性矩不同，从而造成弯矩的不均匀分配。但对于梁条模型，由于箱梁横截面上的曲率与对应的梁条相同，由式(2.91)可知，比值 M/I 仍然是个常数，因此梁条的离散方式是任意的。

2)离散后各梁条的附加约束及等效荷载计算

梁条单元的形函数仍然为一维纯弯梁，结合箱梁空间受力特点，当结构发生弯曲变形时，纵向剪力十分微小，可假定忽略不计[26]。将箱梁沿纵向任意切分成 n 份时，每一梁条切口处的附加约束力有竖向力 g、水平力 q 和横向弯矩 M。离散后各梁条的附加约束荷载如图 2.23 所示。

当箱梁作用有如图 2.23 所示的集中荷载 P 时，各梁条间由竖向力 g、横向弯矩 M 和水平力 q 引起的位移如图 2.24 所示。

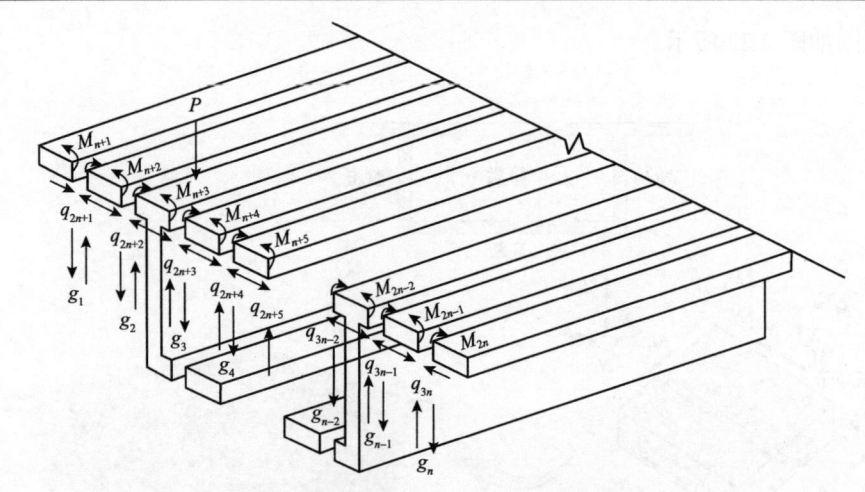

图 2.23 离散后各梁条的附加约束荷载

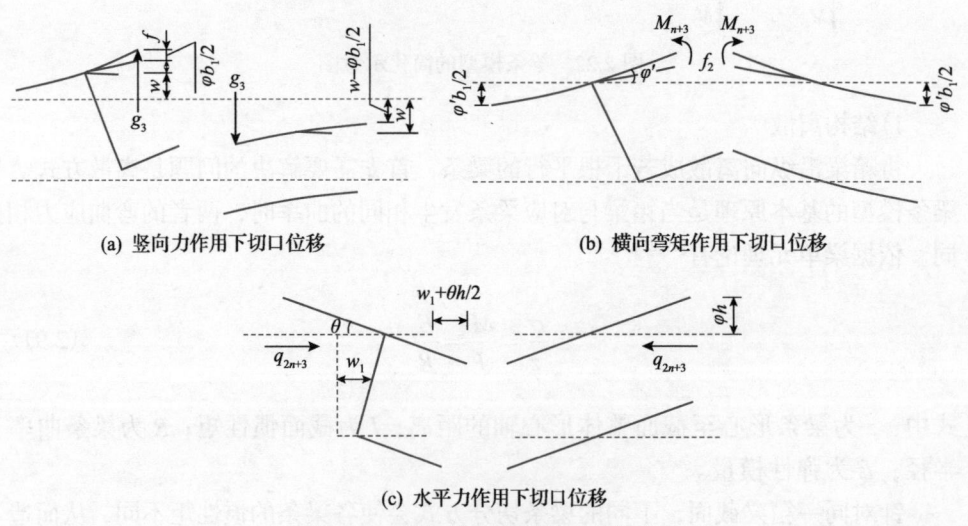

(a) 竖向力作用下切口位移

(b) 横向弯矩作用下切口位移

(c) 水平力作用下切口位移

图 2.24 附加约束荷载引起的位移

图 2.24 中，w、φ 及 f 分别为竖向力 g 作用下结构的整体竖向挠度、梁条扭转角及翼板的挠度；φ' 和 f_2 分别为由横向弯矩 M 引起的扭转角及翼板的局部挠曲位移；水平力 q 引起的横向挠度、扭转角分别为 w_1、θ。其中，竖向力 g 引起的位移为

$$\begin{cases} \delta_{1,1} = \delta_{2,2} = L = \delta_{n-1,n-1} = \delta_{n,n} = 2\left(w + f + \varphi\dfrac{b}{2}\right) \\ \delta_{1,2} = \delta_{2,3} = L = \delta_{n-2,n-1} = \delta_{n-1,n} = -\left(w - \varphi\dfrac{b}{2}\right) \end{cases} \quad (2.92)$$

由横向弯矩 M 和水平力 q 引起的梁条位移为

$$\begin{cases} \delta_{n+1,2}=\delta_{n+2,3}=\cdots=\delta_{2n-2,7}=\delta_{2n-1,8}=-\varphi \\ \delta_{n+1,n+1}=\delta_{n+2,n+2}=\cdots=\delta_{2n-1,2n-1}=\delta_{2n-2,2n-2}=2(\varphi'+f_2) \\ \delta_{1,n+2}=\delta_{2,n+3}=\cdots=\delta_{n-2,2n-1}=\delta_{n-1,2n}=\varphi \\ \delta_{n+1,n+2}=\delta_{n+2,n+3}=\cdots=\delta_{2n-2,2n-1}=\delta_{2n-1,2n}=-\varphi' \\ \delta_{2n+1,2n+1}=\delta_{2n+2,2n+2}=\cdots=\delta_{3n,3n}=\delta_{3n,3n}=2\left(w_1+\theta\dfrac{h}{2}\right) \\ \delta_{1,2n+2}=\delta_{2,2n+3}=\cdots=\delta_{n-2,3n-1}=\delta_{n-1,3n}=-\theta\dfrac{b}{2} \\ \delta_{2,2n+1}=\delta_{3,2n+2}=\cdots=\delta_{n-1,3n-2}=\delta_{n,3n-1}=\theta\dfrac{b}{2} \\ \delta_{2n+1,2n+2}=\delta_{2n+2,2n+3}=\cdots=\delta_{3n-2,3n-1}=\delta_{3n-1,3n}=-\left(w_1+\theta\dfrac{h}{2}\right) \end{cases} \quad (2.93)$$

根据梁单元荷载与位移的关系,有

$$\begin{aligned} & w=\dfrac{l^4}{\pi^4 EI},\ \varphi=\dfrac{l^2}{\pi^2 GI_T}\dfrac{b}{2},\ f=\dfrac{d^3}{3EI_1}=\dfrac{4d^3}{Eh^3},\ \tau=\dfrac{d}{EI_1}=\dfrac{12d}{Eh^3} \\ & \varphi'=\dfrac{2\varphi}{b},\ \theta=\dfrac{l^2}{\pi^2 GI_T}\dfrac{h}{2},\ w_1=\dfrac{l^4}{\pi^4 EI_2} \end{aligned} \quad (2.94)$$

式中:l 为桥梁跨径;b 为梁条的宽度;d 为翼缘板的宽度;h 为梁条厚度;I_1 为单位长度翼缘板的横向抗弯惯性矩;I_T 为截面的抗扭惯性矩;I_2 为横向抗弯惯性矩。

由相邻梁条间相对位移为 0 的变形协调条件可得

$$\begin{cases} \delta_{1,1}g_1+\delta_{1,2}g_2+\cdots+\delta_{1,n-1}g_{n-1}+\delta_{1,n}g_n+\delta_{1,p}=0 \\ \delta_{2,1}g_1+\delta_{2,2}g_2+\cdots+\delta_{2,n-1}g_{n-1}+\delta_{2,n}g_n+\delta_{2,p}=0 \\ \quad\vdots \\ \delta_{3n-1,1}g_1+\delta_{3n-1,2}g_2+\cdots+\delta_{n-1,n-1}g_{n-1}+\delta_{n-1,n}g_n+\delta_{n-1,p}=0 \\ \delta_{3n,1}g_1+\delta_{3n,2}g_2+\cdots+\delta_{n,n-1}g_{n-1}+\delta_{n,n}g_n+\delta_{n,p}=0 \end{cases} \quad (2.95)$$

将式(2.92)~式(2.94)代入式(2.95),由于图 2.23 所示的外荷载为竖向荷载,有 $\delta_{3,p}=-w$,其余外荷载位移系数均为 0。借助 MATLAB 编写式(2.95)的计算程序,求得各梁条的竖向力 g 后可进行各梁条弯曲效应的分析。对于后续其他箱梁弯曲的计算只需要输入各梁条的截面参数便可获得所有梁条的附加竖向约束荷载。同理，针对附加横向弯矩 M 及水平力 q，可依据对应的力法方程完全相同，仅将变形、外荷载分别替换为附加横向弯矩 M、水平力 q 以及在各梁条处产生的变形即可进行求解。最后，每根梁条依据力的平衡条件可分别获得各自的等效荷载。

2. 梁条弯曲效应的计算

将箱梁沿纵向离散为若干根梁条后，每根梁条的支承条件与整体结构相同，等效荷载的施加位置与外荷载 P 在原结构纵向的位置也相同。采用单梁法分别计算每根梁条的弯曲效应，再将对应位置的计算结果进行整合，就可以达到分析箱梁全截面弯曲效应的目的。

离散后各梁条的重心不在同一水平线上，梁条分别各自弯曲，导致各梁条间产生纵向相对位移，而实际采用梁单元进行变形计算时箱梁整体中性轴上并没有该项位移，因此切分后的梁条绕截面整体中性轴弯曲。为确保切分后腹板与顶板、底板组成的虚拟梁具有共同的中性轴位置，每根梁条的刚度需依据截面整体中性轴进行移轴计算。

1) 纵向弯曲的计算

横截面上的剪应力分布可以通过梁条的横向和竖向剪力流来反映。纵向正应力依据式(2.91)计算，剪应力的计算公式为

$$\tau = \frac{S_M A \bar{Z}}{I} \tag{2.96}$$

式中：A 和 $\bar{Z}$ 分别为梁条面积和梁条对整体截面形心的偏心值；S_M 为纵向弯曲在梁条内产生的垂直剪力，由式(2.97)计算：

$$S_M = \frac{\mathrm{d}M}{\mathrm{d}x} \tag{2.97}$$

需要注意，单根梁条假定宽度方向上的应力是均匀分布的，因此箱梁横截面上的梁条应力连线呈阶梯状分布，式(2.91)的应力代表每根梁条宽度方向上的平均应力。

2) 横向弯曲的计算

箱梁的横向弯曲变形如图 2.25 所示。在纵截面上横向弯曲产生横向弯曲应力，按式(2.91)进行求解。由于顶板、底板在高度方向上仍基本服从弯曲的平截面假定，则顶板、底板一致绕箱梁整体中性轴弯曲。忽略顶板、底板单独弯曲所导致的扭转变形，横向梁条单位长度惯性矩的计算公式如下：

$$i_t = h'^2 d' + h''^2 d'' = \frac{h^2 d' d''}{d' + d''} \tag{2.98}$$

式中：h' 和 h'' 分别为顶板和底板中心至截面整体中性轴的距离；d' 和 d'' 分别为顶板和底板厚度；h 为顶板与底板的中心间距。

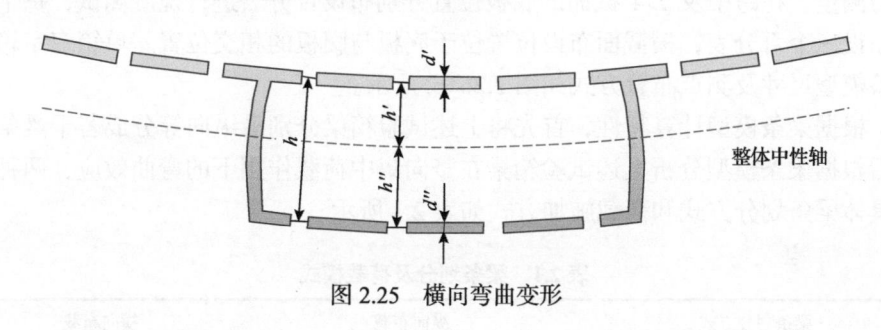

图 2.25　横向弯曲变形

3. 梁条模型验证与分析

1) 箱梁概述

为验证本章所提梁条模型的正确性和合理性，分别采用梁条模型和三维壳体单元有限元模型对不同截面形式的箱梁弯曲效应进行分析，并对梁条模型计算结果、板壳单元有限元模型计算结果以及试验结果进行对比分析。两种不同截面形式箱梁的具体情况如下。

单箱单室箱梁以文献[27]中的有机玻璃模型试验箱梁为例。模型试验箱梁跨径为80cm，并在端部设置横隔板，试验测得有机玻璃的平均弹性模量 E=3000MPa，泊松比 μ = 0.385。板中面的应变值取板上、下表面测试值的平均值。试验箱梁的截面尺寸及测点布置如图 2.26(a) 所示。

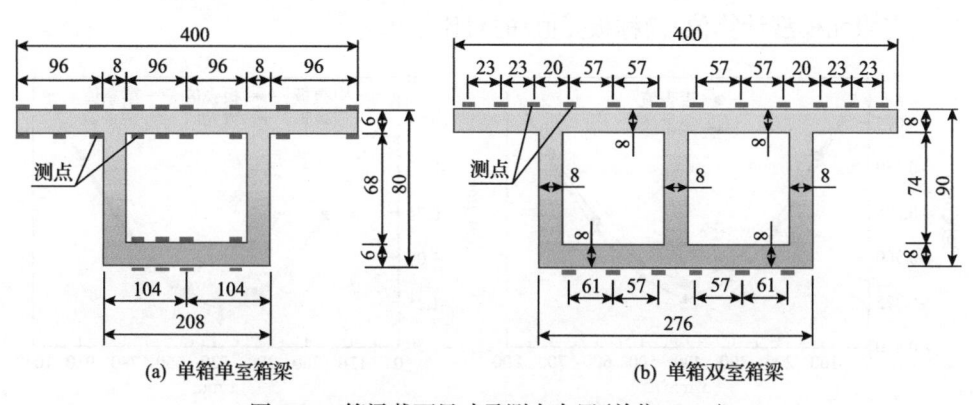

(a) 单箱单室箱梁　　(b) 单箱双室箱梁

图 2.26　箱梁截面尺寸及测点布置(单位：mm)

单箱双室箱梁采用某一有机玻璃模型试验箱梁，试验箱梁所用有机玻璃的弹性模量 E=2800MPa，泊松比 μ=0.385，跨径 L=1000mm。试验过程中，在跨中截面通过计算机控制三个施加在腹板顶部的电压千斤顶进行 500N 集中荷载的施加，为获得加载过程中单箱双室有机玻璃模型试验箱梁的应力，采用表面应变片进行应力测量。在跨中及 $L/4$ 截面的底板位置分别布设百分表进行挠度测试，每个断面布设三个百分表，横截面布设位置位于底板与腹板的相交位置。单箱双室箱梁试验模型尺寸及测点布置方式如图 2.26(b) 所示。

根据梁条模型计算特性，首先将上述试验箱梁分别沿纵向等分成若干梁条，然后根据梁条模型分析上述试验箱梁在竖向集中荷载作用下的弯曲效应，两种箱梁具体梁条划分方式和荷载施加方式如表 2.1 所示。

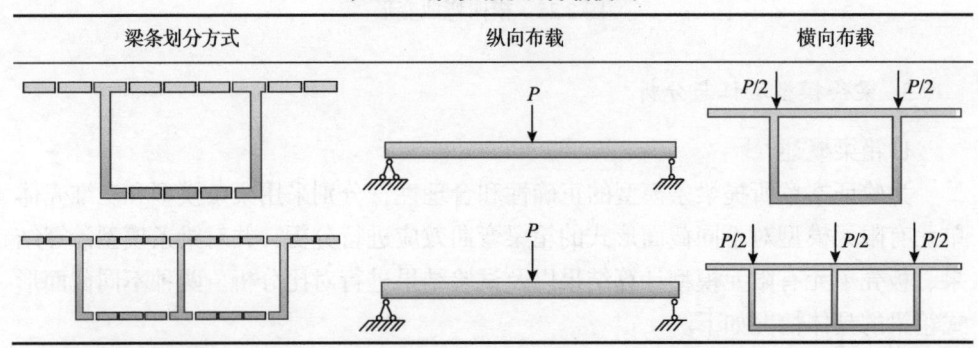

表 2.1 梁条划分及荷载模式

2)结果分析

基于上述理论，采用本章梁条模型分别计算了单箱单室箱梁和单箱双室箱梁在表 2.1 所示荷载作用下的弯曲效应。图 2.27 为利用梁条模型计算的单箱单室箱梁和单箱双室箱梁在跨中竖向集中荷载作用下的挠度(简称梁条值)、壳体单元有限元模型计算值(简称板壳值)的对比结果。

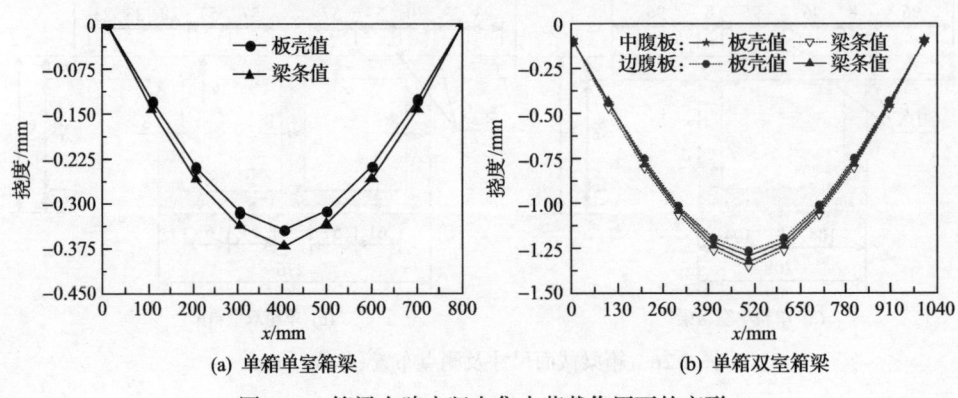

(a) 单箱单室箱梁　　(b) 单箱双室箱梁

图 2.27 箱梁在跨中竖向集中荷载作用下的变形

由图 2.27 可知，采用本章梁条模型计算的单箱单室箱梁和单箱双室箱梁沿梁纵向挠度变化规律与有限元模型计算结果保持一致，箱梁挠度从梁端向跨中逐渐增大，在跨中位置达到最大，且梁条模型计算结果总体偏大。单箱单室箱梁跨中最大梁条挠度与板壳挠度分别为−0.344mm、−0.372mm，二者相差 7.53%。单箱双室箱梁跨中边腹板最大梁条挠度与板壳挠度分别为−1.262mm、−1.322mm，二者相差 6.81%，这表明利用本章建立的基于梁单元理论的梁条模型可准确模拟结构的刚度。

图 2.28～图 2.30 分别为利用梁条模型计算的单室箱梁和双室箱梁在跨中竖向集中荷载作用下的顶板、底板和腹板的纵向应力、试验值以及有限元模型计算值的对比结果。

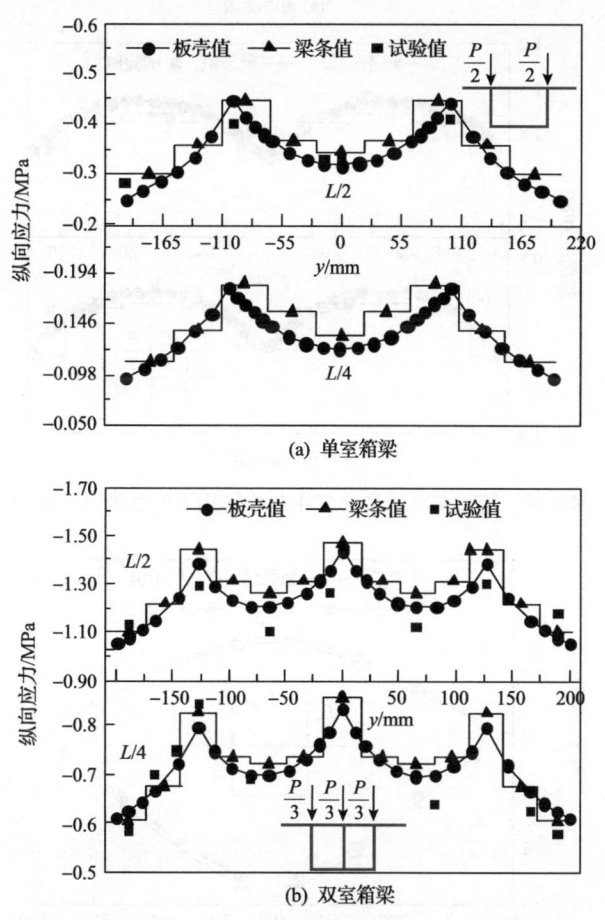

图 2.28 箱梁在跨中竖向集中荷载作用下的顶板纵向应力

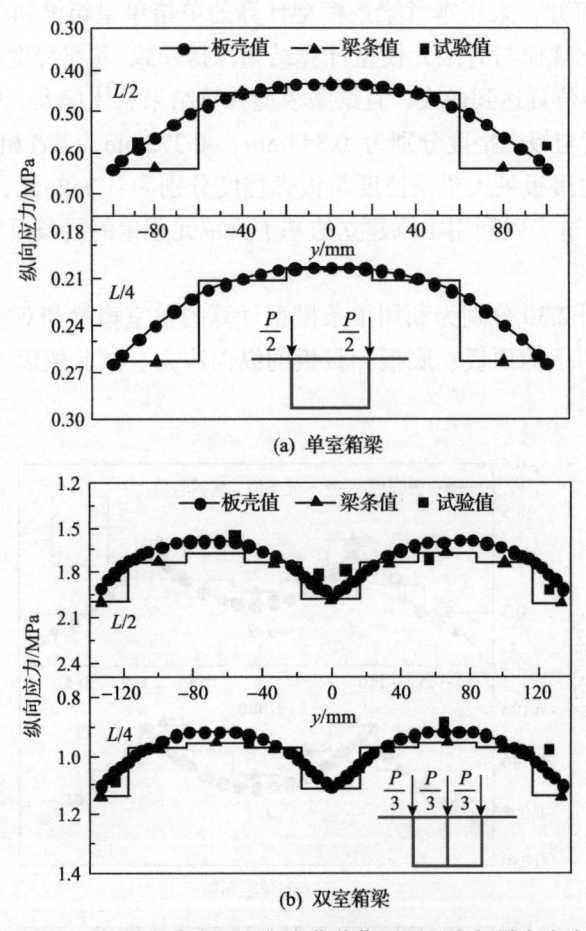

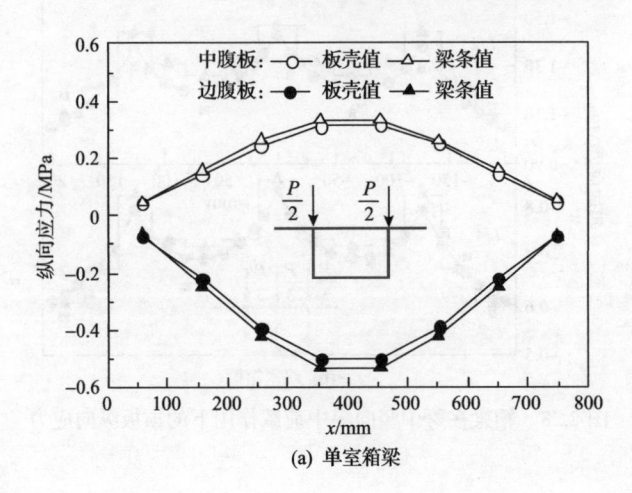

图 2.29 箱梁在跨中竖向集中荷载作用下的底板纵向应力

(a) 单室箱梁

(b) 双室箱梁

(b) 双室箱梁

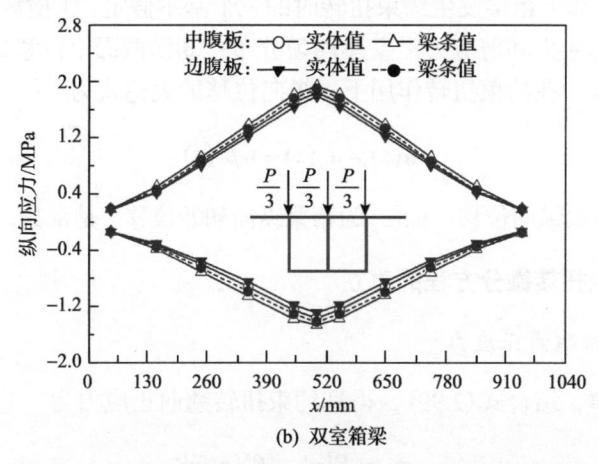

图 2.30　箱梁在跨中竖向集中荷载作用下的腹板纵向应力

由图 2.28～图 2.30 可知，梁条模型的应力在横截面上呈台阶状分布，按照梁条法计算的箱梁应力与试验值和有限元模拟值基本吻合，梁条模型计算结果总体上略大于板壳值。单箱单室箱梁在 $L/4$ 截面，箱梁顶板的梁条峰值应力解与板壳解相差最大，分别为 –0.183MPa、–0.165MPa，二者最大偏差为 9.84%。在单箱双室箱梁 $L/2$ 截面处，顶板应力的梁条值与板壳值相差最大，分别为 –1.47MPa、–1.36MPa，二者相差 7.81%。两者最大偏差不超过 10%，表明基于梁单元理论的梁条模型能够用于分析混凝土箱梁的剪力滞效应。

综上可知，梁条法的弯曲应力值总体偏大，可能原因是数值模型弯曲效应值是结构在荷载作用下的总体变形结果，而梁条模型将相应的等效荷载全部用于弯曲正应力及挠度的计算。

2.3　箱梁约束扭转基本理论

箱梁在偏心荷载作用下除了发生纵向的弯曲作用，还会发生扭转和畸变。扭转按纵向有无约束分为自由扭转与约束扭转，约束扭转的分析方法主要有解析法和有限元法。在实际工程中，箱梁在大偏心荷载作用下，其横截面会因约束扭转而发生明显变形，危害桥梁结构安全。

约束扭转指箱梁在扭转时因纵向位移受限而使截面产生扭转翘曲正应力和剪应力。通常非圆柱形结构扭转时，同一横截面上的各点受约束程度不同而产生翘曲变形。乌式第二理论是一种较为简单且实用的约束扭转计算方法[10]。乌式第二理论认为约束扭转与自由扭转的纵向位移的规律基本一致，但应引入表示翘曲程度的 β，而 β 是关于沿箱梁纵向 z 的待求函数。为便于分析，结合箱梁自由扭转基本假定，定义如下箱梁发生约束扭转时的三个基本假定：①横截面周边不变形；②横截面上法向应力和剪应力沿壁厚均匀分布；③横截面上位移的分布规律与自由扭转时的一样。在约束扭转作用下，纵向位移的表达式为

$$u(z) = u_0(z) - \bar{w}\beta'(z) \tag{2.99}$$

式中：$u(z)$ 为箱梁纵向位移；$u_0(z)$ 为箱梁纵向初始位移，是常数；$\bar{w}$ 为扇性坐标。

2.3.1 箱梁约束扭转微分方程的建立

1. 约束扭转翘曲正应力

由胡克定律，结合式(2.99)，得到约束扭转翘曲正应力为

$$\sigma_w = E[u_0' - \beta''(z)\bar{w}] \tag{2.100}$$

u_0' 未知，假设外荷载仅有扭矩 M_k，由静力平衡条件，截面纵向正应力以及这些力对 x 轴、y 轴的弯矩也为零，即

$$\begin{cases} \sum N = \oint \sigma_w dA = 0 \\ \sum M_y = \oint \sigma_w x dA = 0 \\ \sum M_x = \oint \sigma_w y dA = 0 \end{cases} \tag{2.101}$$

将式(2.100)代入式(2.101)，解得 $\oint \bar{w}dA = \oint \bar{w}xdA = \oint \bar{w}ydA = 0$，则式(2.100)简化为 $\sigma_w = -E\beta''(z)\bar{w}$，即在满足 $\oint \bar{w}dA = 0$ 的条件下，箱梁截面上的约束扭转翘曲正应力的分布与扇性坐标 $\bar{w}$ 成正比。通常，公式中不含微分变量，因此引入约束扭转双力矩 $B_{\bar{w}}$，令 $dB_{\bar{w}} = \sigma \bar{w}dA$，则 $B_{\bar{w}}$ 可改写为

$$B_{\bar{w}} = \oint \sigma_w \bar{w} dA = -E\beta''(z) \oint \bar{w}^2 dA = -EI_w \beta''(z) \tag{2.102}$$

式中：I_w 为广义主扇性惯性矩。

将式(2.102)代入式(2.100)，得到约束扭转翘曲正应力为

$$\sigma_w = \frac{B_{\bar{w}}}{I_w} \bar{w} \tag{2.103}$$

不难发现，约束扭转翘曲正应力的公式与弯曲梁正应力公式在数学形式上一致，但各变量代表的含义不同。

2. 约束扭转剪应力

取箱壁为微元体,由于各截面处的翘曲正应力不同,由整个微元体平衡可知截面内必有剪力流与正应力差进行平衡。以纵向为 z 向、竖向为 s 向,如图 2.31 所示,则正应力与剪应力的微分关系为

$$\frac{\partial \sigma_w}{\partial z} + \frac{\partial \tau_w}{\partial s} = 0 \tag{2.104}$$

与式(2.100)联立,可得约束扭转剪应力为

$$\tau_w = \tau_0 + \frac{E\beta''(z)}{t} S_{\bar{w}} \tag{2.105}$$

式中:$S_{\bar{w}} = \int_0^s \overline{w} \mathrm{d}A$,为广义扇性静矩;$\tau_0$ 为约束扭转剪应力初始值。

约束扭转剪应力初始值 τ_0 可以根据图 2.32,利用静力平衡方程求得

$$\tau = G\left(\frac{\partial u}{\partial s} + \rho \varphi'(z)\right) \tag{2.106}$$

$$M_k = \oint \tau \rho t \mathrm{d}s = \oint \tau_0 + \frac{E\beta''(z)}{t} S_{\bar{w}} \rho t \mathrm{d}s \tag{2.107}$$

将式(2.107)与式(2.105)联立,即可得到约束扭转剪应力为

$$\tau_w = \frac{M_k}{t\Omega} + \frac{E\beta''(z)}{t} \bar{S}_{\bar{w}} \tag{2.108}$$

式中:Ω 为箱壁面积;$\bar{S}_{\bar{w}} = S_{\bar{w}} - \frac{1}{\Omega}\oint S_{\bar{w}} \mathrm{d}w$,为折算主扇性静矩。

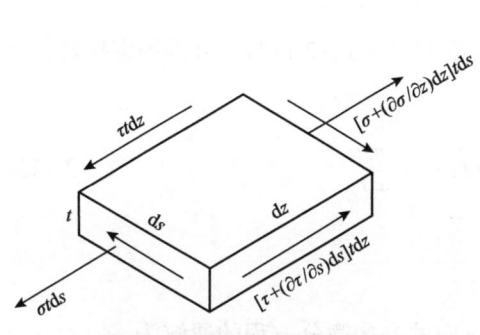

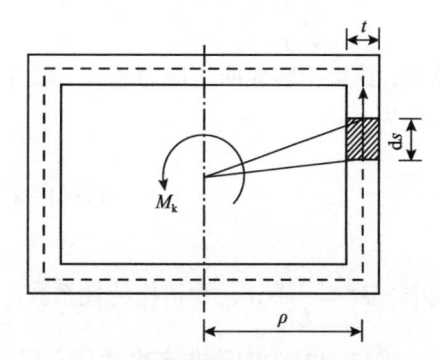

图 2.31 箱壁隔离体示意图　　图 2.32 截面内外力矩平衡示意图

由式(2.108)可知,约束扭转剪应力一部分为自由扭转剪应力,另一部分为因

平衡约束扭转翘曲正应力沿纵向变化而引起的剪应力。

3. 约束扭转微分方程

对扭转双力矩沿整个箱梁截面进行微分，微分值以 $M_{\bar{w}}$ 来表示，即

$$\frac{dB_{\bar{w}}}{dt} = M_{\bar{w}} = -EI_w\beta''(z) \tag{2.109}$$

将式(2.109)代入式(2.108)，得到不带微分形式的约束扭转剪应力公式为

$$\tau_w = \frac{M_k}{t\Omega} + \frac{M_{\bar{w}}\bar{S}_{\bar{w}}}{I_w t} \tag{2.110}$$

不难发现，约束扭转剪应力公式的第二项与弯曲梁剪应力公式在数学形式上一致，但各变量代表的含义不同。

由以上公式可以发现，约束扭转双力矩 $B_{\bar{w}}$、弯扭矩 $M_{\bar{w}}$、扭转翘曲正应力 σ_w 和扭转剪应力 τ_w 与翘曲变形函数 $\beta(z)$ 息息相关。因此，建立变形挠曲微分方程，如式(2.111)所示，并利用结构的边界条件求得 $\beta(z)$ 值，再进一步求得 σ_w 和 τ_w。

$$EI_{\bar{w}}\beta'''(z) - \varphi''(z)GI_d = -m \tag{2.111}$$

式中：$m = dM_k(z)/dz$；β 和 φ 为未知函数，利用考虑剪切变形影响的剪应力公式(式(2.106))，结合静力平衡方程 $M_k = \oint \tau\rho dA$，得到 β 和 φ 的转换式如下：

$$\varphi'(z) = \frac{M_k}{GI_\rho} + \beta'(z)\left(1 - \frac{I_d}{I_\rho}\right) \tag{2.112}$$

式中：$I_d = \dfrac{\Omega^2}{\oint \dfrac{ds}{t}}$；$I_\rho = \oint \rho^2 dA$；令 $\mu = \left(1 - I_d/I_\rho\right)$，箱梁截面的高宽比越大，$\mu$ 值越大，约束扭转翘曲正应力越大。联立式(2.111)和式(2.112)，可得约束扭转微分方程为

$$\varphi'''(z) - k^2\varphi''(z) = -\frac{m\mu}{EI_{\bar{w}}} \tag{2.113}$$

式中：$k^2 = \dfrac{GI_d}{EI_w}\mu$，为弯扭特性系数。

式(2.113)为四阶非齐次微分方程，对应的齐次微分方程的通解为

$$\varphi(z) = C_1 + C_2 z + C_3 \sinh kz + C_4 \cosh kz \tag{2.114}$$

4. 边界条件

为了求解扭转微分方程(2.114)的特解，必须结合边界约束情况，对应的边界条件为

$$\begin{cases} \varphi=0, \ \sigma_w=0 & \text{简支梁} \\ \varphi=0, \ \varphi'=0 & \text{固定端} \\ \varphi=0, \ \varphi'''=0 & \text{自由端} \end{cases} \quad (2.115)$$

2.3.2 基于初参数法的箱梁约束扭转微分方程的求解

对于图2.33所示的跨内作用外加集中扭转力矩和均布扭转力矩m_t的混凝土箱梁，可采用初参数法来求解约束扭转微分方程(2.114)，选$z=0$处的扭转角、翘曲位移、翘曲双力矩和扭矩作为四个初参数，可得不同荷载作用下任意截面处的四个参数：

$$\begin{cases} \varphi(z)=\varphi_0+\dfrac{\mu}{k}\beta'_0\sinh kz+\dfrac{B_0}{GI_d}(1-\cosh kz)+\dfrac{T_0}{KGI_d}(kz-\mu\sinh kz)-\bigg\|_b \dfrac{\widetilde{T}_0}{KGI_d}[k(z-b) \\ \qquad -\mu\sinh k(z-b)]-\bigg\|_c \dfrac{m_t}{k^2 GI_d}\bigg[\mu+\dfrac{k^2}{2}(z-c)^2-\mu\cosh k(z-c)\bigg] \\ \beta'(z)=\dfrac{T_0}{GI_d}(1-\cosh kz)-\dfrac{kB_0}{\mu GI_d}\sinh kz-\bigg\|_b\dfrac{\widetilde{T}_0}{GI_d}[1-\cosh k(z-b)]-\bigg\|_c\dfrac{m_t}{GI_d}(z-c)\bigg(1-\dfrac{1}{k}\bigg) \\ \qquad +\beta'_0\cosh kz \\ B_{\bar{w}}(z)=B_0\cosh kz+\dfrac{\mu}{K}\sinh kz\big(T_0-GI_d\beta'_0\big)-\bigg\|_b\dfrac{\mu\widetilde{T}_0}{k}\sinh k(z-b)+\bigg\|_c\dfrac{\mu m_t}{k^2}[1-\cosh k(z-c)] \\ M_{\bar{w}}(z)=T_0-\big\|_b\widetilde{T}_0-\big\|_c m_t(z-c) \end{cases}$$

(2.116)

式中，符号$\|_b$表示只有$z>b$时才计入集中力的影响，符号$\|_c$表示只有$z>c$时才计入均布荷载的影响。根据式(2.116)和相应的箱梁约束扭转的边界条件就可求解任意荷载作用下箱梁的约束扭转效应。

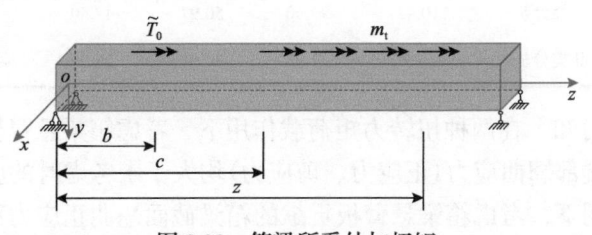

图2.33 箱梁所受外加扭矩

2.3.3 箱梁约束扭转算例分析

已知某混凝土简支箱梁桥，计算跨径为30m，沿梁长方向等截面，其截面尺寸如图2.34所示。材料的弹性模量$E=3.4\times10^4$MPa，剪切弹性模量$G=1.445\times10^4$MPa，泊松比$\mu=0.176$。荷载分别为满跨均布扭转力矩荷载23.5kN·m/m和跨中集中扭转力矩荷载705kN·m。为对比分析悬臂板的贡献，分别按照考虑和不考虑悬臂板两种工况分析。为便于讨论，把由只采用闭口截面积分I_p得到的翘曲应力和内力称为第Ⅰ类分析；把采用全截面积分得到的翘曲应力和内力称为第Ⅱ类分析。选取截面内部分位置为控制点，各个控制点的位置如图2.34所示。

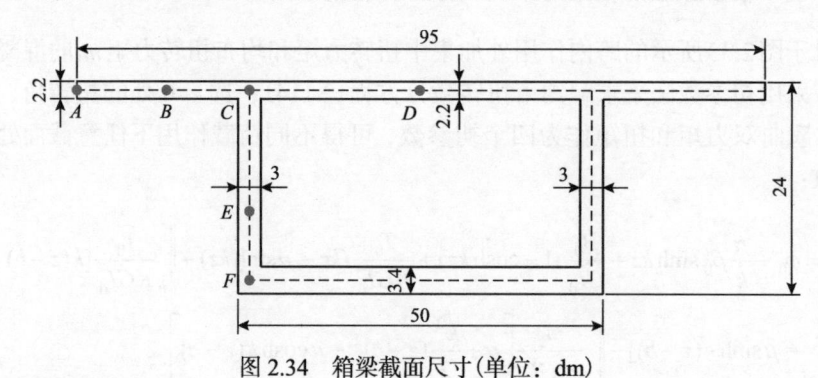

图2.34 箱梁截面尺寸(单位：dm)

1. 翘曲应力分析

基于上述理论，分别按照Ⅰ类分析和Ⅱ类分析，得到在均布和集中扭转力矩荷载作用下跨中截面各控制点翘曲应力分布结果，如表2.2所示。

表2.2 两种荷载作用下跨中截面各控制点翘曲应力 （单位：kPa）

荷载类型	方法	翘曲正应力			翘曲剪应力		
		A点	C点	F点	B点	D点	E点
均布荷载	Ⅰ类分析	11.41	−9.60	5.32	4.79	−5.66	4.47
	Ⅱ类分析	11.17	−9.43	5.15	3.74	−4.42	3.49
集中荷载	Ⅰ类分析	110.42	−93.30	50.97	47.30	−55.95	44.16
	Ⅱ类分析	86.48	−73.08	39.91	28.90	−34.18	26.97

由表2.2可知，在两种扭转力矩荷载作用下，考虑箱梁悬臂板贡献的箱梁跨中截面悬臂板端部翘曲应力(正应力、剪应力)均大于未考虑时的应力；在均布扭转力矩荷载作用下，考虑箱梁悬臂板贡献的箱梁截面翘曲正应力和剪应力分别是

未考虑的 103.3%和 128%；在集中扭转力矩荷载作用下，考虑箱梁悬臂板贡献的箱梁截面翘曲正应力和剪应力分别是未考虑的 127.7%和 163.7%，表明箱梁悬臂板对箱梁跨中集中扭转荷载作用下的约束扭转效应的影响大于均布荷载，在箱梁结构设计时应予以考虑。

2. 截面内力分析

为了和梁弯曲时截面内力的表述相对应，在箱梁发生约束扭转时分别用 B 和 M_w 来描述截面内力的变化情况，其中 B 为翘曲双力矩，M_w 为约束扭转扭矩。图 2.35 和图 2.36 分别为集中荷载和均布荷载作用下箱梁截面内力的变化情况。

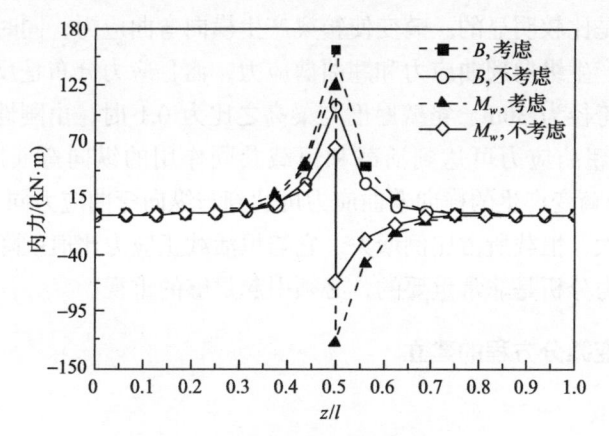

图 2.35　集中荷载作用下箱梁截面内力

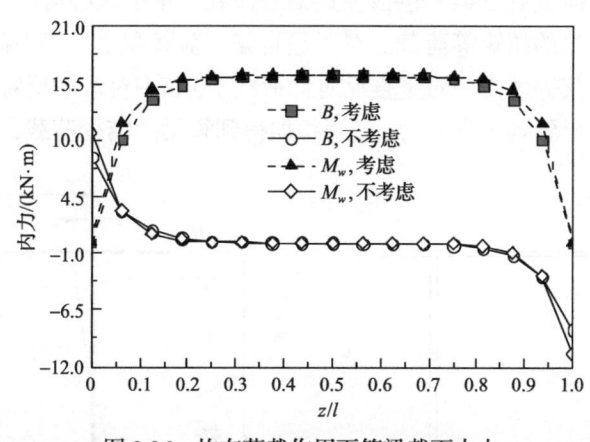

图 2.36　均布荷载作用下箱梁截面内力

由图 2.35 可知，考虑箱梁悬臂板贡献的箱梁各截面约束扭转翘曲内力大于未考虑时的内力；在集中扭矩作用处，箱梁的约束扭转力矩和翘曲双力矩达到最大，且向梁端部迅速衰减，表明集中扭矩作用处箱梁截面翘曲应力较大，而远离集中扭矩作用位置几乎不会产生翘曲应力。

由图 2.36 可知，两种计算方式只对距离梁端 0.3l 范围内的内力值存在影响，而对其他范围内箱梁截面内力值无影响。在该范围内，箱梁截面翘曲双力矩的值逐渐减小，而截面约束扭转力矩逐渐增大。

2.4 混凝土箱梁畸变效应分析

箱梁截面在扭转荷载作用下，除了产生刚周边扭转变形，还会产生截面畸变，即周边变形。箱梁畸变产生的变形和内力都是反对称的。对于无横隔板的薄壁箱梁，这种变形是比较明显的。畸变使箱梁产生横向弯曲应力，同时导致箱梁截面沿纵向翘曲，产生纵向翘曲应力和翘曲剪应力，而且应力分布是反对称的。根据有关资料，当跨径为 30m、箱壁厚度与梁高之比为 0.1 时，由刚性扭转和截面畸变产生的纵向翘曲应力可达到活载和恒载共同作用的纵向弯曲应力的 24%～26%，而由截面畸变产生的横向弯曲应力可达到与纵向弯曲应力同一数量级水平，但随着跨度增大，恒载所占比例增大，它与恒活载正应力比值就降至 10%以内，可见畸变的应力分析是非常重要的，必须引起足够的重视。

2.4.1 箱梁畸变微分方程的建立

1. 畸变荷载

引起畸变的荷载有三类，包括竖直偏心荷载、水平偏心荷载以及在自重作用下由支点倾侧产生的扭矩等荷载。对于竖直偏心荷载和水平偏心荷载可以通过力矩等效的原则将其等效为一对竖直反对称荷载 P_V 和一对水平反对称荷载 P_H，然后通过荷载分解得到各荷载分力，最后相加得到箱梁的畸变荷载，如图 2.37 所示。

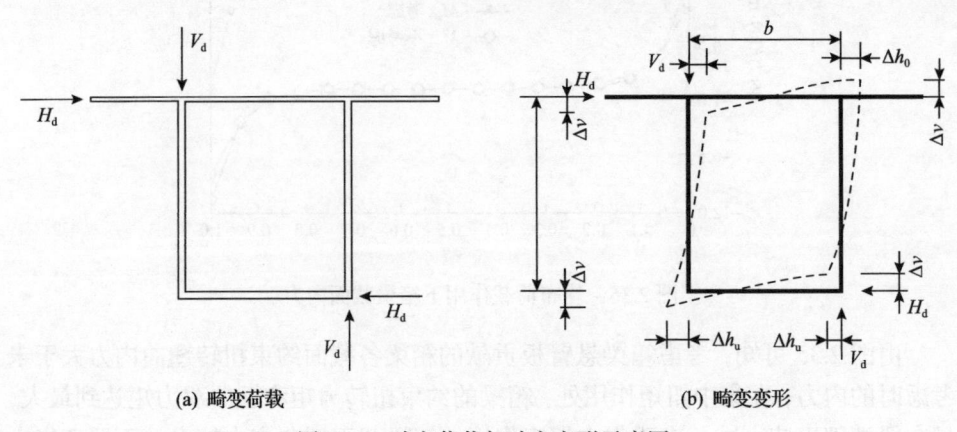

(a) 畸变荷载　　　　　　　　　　　(b) 畸变变形

图 2.37 畸变荷载与畸变变形示意图

畸变荷载竖直分力为

$$V_\mathrm{d} = V_\mathrm{d1} + V_\mathrm{d2} = \frac{P_\mathrm{V}}{2} + \frac{P_\mathrm{H} h}{2b} \tag{2.117}$$

式中：h 为高度。

畸变荷载水平分力为

$$H_\mathrm{d} = H_\mathrm{d1} + H_\mathrm{d2} = \frac{P_\mathrm{V} b}{2h} + \frac{P_\mathrm{H}}{2} \tag{2.118}$$

2. 畸变微分方程

箱梁在畸变荷载作用下的箱室各板元将在横向产生横向挠曲变形，在纵向产生翘曲变形。通常，将上述两种变形单独考虑，横向挠曲变形对应于各板元的平面外力系受箱形截面横向框架刚度的约束，而翘曲变形对应于各板元的平面内力系受箱形截面翘曲刚度的约束，下面分别对这两种力系进行计算。畸变位移的几何变化如图 2.37 所示，由此可知畸变角 γ 和畸变变形量的关系为

$$\gamma = \alpha + \beta = \frac{2\Delta v}{b} + \frac{2\Delta h}{h} \tag{2.119}$$

式中：α 为竖向畸变角；β 为水平畸变角。

对于平面板元内力系，沿纵向取一微段箱梁分析，由于畸变荷载是自相平衡的，因而产生的内力也能在各自截面自相平衡。由静力平衡方程可导出箱梁腹板与顶板交接点处的翘曲应力 σ_DWA 和与底板交接点处的翘曲应力 σ_DWB 的比值 β 为

$$\beta = \frac{\sigma_\mathrm{DWA}}{\sigma_\mathrm{DWB}} = \frac{3 + \alpha_\mathrm{u}^3 \dfrac{b t_\mathrm{u}}{h t_\mathrm{c}}}{3 + \alpha_0^3 \dfrac{b t_0}{h t_\mathrm{c}}} = \frac{3 + \alpha_\mathrm{u}'}{3 + \alpha_0'} \tag{2.120}$$

式中：t_0、t_u、t_c 分别为顶板、底板和腹板的厚度。

将箱梁各板面分割，由顶板、腹板和底板的平衡可得微分方程：

$$\frac{\mathrm{d}^2 M_\mathrm{c}}{\mathrm{d} z^2} + \frac{h}{2b} \left(\frac{\mathrm{d}^2 M_0}{\mathrm{d} z^2} + \frac{\mathrm{d}^2 M_\mathrm{c}}{\mathrm{d} z^2} \right) + V_\mathrm{d} + H_\mathrm{d} \frac{h}{b} - \left(q_y + q_x \frac{h}{b} \right) = 0 \tag{2.121}$$

式中：M_c 为腹板分割点处的弯矩值；M_0 为顶板分割点处的弯矩值；q_x 为顶板、底板横向剪力流；q_y 为腹板纵向剪力流。

考虑到顶板、底板与腹板交接点处的翘曲应力相同，由材料力学中的受弯应力公式即可得各角点的挠曲应力为

$$\begin{cases}\sigma_{\mathrm{DWA}}=\dfrac{b}{2I_0}M_0 & \text{顶板} \\ \sigma_{\mathrm{DWB}}=\dfrac{b}{2I_{\mathrm{u}}}M_{\mathrm{u}} & \text{底板} \\ \dfrac{\sigma_{\mathrm{DWA}}+\sigma_{\mathrm{DWB}}}{2}=\dfrac{b}{2I_{\mathrm{c}}}M_{\mathrm{c}} & \text{腹板}\end{cases} \qquad (2.122)$$

式中：M_{u} 为底板分割点处的弯矩值；I_0、I_{u}、I_{c} 分别为顶板、底板和腹板在各自平面内的惯性矩。

将式(2.122)代入式(2.121)，得到微分方程为

$$-\dfrac{bEI_{\mathrm{c}}}{4}\gamma''''+\dfrac{3+2(\alpha_0'+\alpha_{\mathrm{u}}')}{6+\alpha_0'+\alpha_{\mathrm{u}}'}\times 2+V_{\mathrm{d}}+H_{\mathrm{d}}\dfrac{h}{b}-\left(q_y+q_x\dfrac{h}{b}\right)=0 \qquad (2.123)$$

式中，q_x 与 q_y 可以利用各板元之间横向挠曲位移和翘曲位移之间的关系求得。对于平面板元外力系，由于箱梁翼缘不影响横向框架刚度，因此不予以考虑。沿纵向取一箱梁的微段，将各板元拆分，各板元隔离体都将受到角点弯矩与剪力的作用。各板元保持自相平衡，由静力平衡方程即可推得顶板、底板横向剪力流 q_x 与腹板纵向剪力流 q_y 的关系为

$$q_x=q_y\dfrac{b}{h} \qquad (2.124)$$

一般情况下，畸变荷载作用下的内力反对称于箱梁截面对称轴，取半分析。分别令顶板、底板与左腹板交接点的横向应力为 m_{AD}、m_{BC}，由横向弯矩与横向挠曲位移的关系即可得到二者的表达式分别为

$$m_{\mathrm{AD}}=\dfrac{-EI_{\mathrm{D}}\gamma}{2(1+\eta_{\mathrm{m}})} \qquad (2.125)$$

$$m_{\mathrm{BC}}=\dfrac{-\eta_1 EI_{\mathrm{D}}\gamma}{2(1+\eta_{\mathrm{m}})} \qquad (2.126)$$

式中：

$$EI_{\mathrm{D}}\gamma=q_y b, \quad I_{\mathrm{D}}=\dfrac{24I_{\mathrm{c}}}{\eta_1 h}, \quad \eta_1=1+\dfrac{2\dfrac{b}{h}+3\dfrac{I_0+I_{\mathrm{u}}}{I_{\mathrm{c}}}}{\dfrac{I_0+I_{\mathrm{u}}}{I_{\mathrm{c}}}+6\dfrac{I_0 I_{\mathrm{u}} h}{bI_{\mathrm{c}}^2}}, \quad \eta_{\mathrm{m}}=1+\dfrac{3+\dfrac{bI_{\mathrm{c}}}{hI_0}}{3+\dfrac{bI_{\mathrm{c}}}{hI_{\mathrm{u}}}}$$

由式(2.125)、式(2.126)可推得各板元的横向挠曲应力,即顶板横向挠曲应力为

$$\sigma_{s0} = \frac{m_{AD}t_0}{2I_0} \quad (2.127)$$

底板横向挠曲应力为

$$\sigma_{su} = \frac{m_{BC}t_u}{2I_u} \quad (2.128)$$

腹板横向挠曲应力为

$$\sigma_{sc} = \frac{\max(m_{BC}, m_{AD})t_c}{2I_c} \quad (2.129)$$

3. 单箱室矩形箱梁的畸变微分方程

将式(2.124)代入式(2.123),经整理得到关于畸变角与畸变荷载的畸变微分方程为

$$EI_{DW}\gamma'''' + EI_D\gamma = V_d b \quad (2.130)$$

式中:I_{DW} 为畸变翘曲刚度,$I_{DW} = \frac{Eb^2 I_c}{4} \frac{3 + 2(\alpha_0' + \alpha_u') + \alpha_0'\alpha_u'}{6 + \alpha_0' + \alpha_u'}$。

由式(2.130)可以解得畸变角 γ,代入式(2.125)、式(2.126),可以得到横向应力 m_{AD}、m_{BC}。为便于表达畸变翘曲正应力,引入畸变双力矩 B_{DW},令 B_{DW} 为

$$B_{DW} = -EI_{DW}\gamma'' \quad (2.131)$$

截面翘曲正应力为

$$\sigma_{DWA} = \frac{B_{DW}}{I_{DW}} \frac{\beta}{1+\beta} \frac{bh}{4} = \frac{B_{DW}}{I_{DW}} \hat{w}_A \quad (2.132)$$

$$\sigma_{DWB} = \frac{B_{DW}}{I_{DW}} \frac{\beta}{1+\beta} \frac{bh}{4} = \frac{B_{DW}}{I_{DW}} \hat{w}_B \quad (2.133)$$

2.4.2 基于初参数法的箱梁畸变微分方程的求解

弹性地基梁挠曲微分方程为[9]

$$EIy'''' + ky = q \quad (2.134)$$

即可发现弹性地基梁挠曲微分方程与式(2.130)的畸变微分方程的数学意义相同,

但参数的意义不同。因此可以沿用求解弹性地基梁挠曲微分方程的初参数法来分析箱梁的畸变效应，则式(2.130)的畸变微分方程对应的齐次方程的通解为

$$\gamma = \gamma_0 \varphi_1 + \gamma_0' \frac{1}{2\lambda}\varphi_2 - B_{DW0}\frac{1}{2\lambda^2 EI_{DW}}\varphi_3 - Q_{DW0}\frac{1}{4\lambda^3 EI_{DW}}\varphi_4 \quad (2.135)$$

$$B_{DW} = 2\lambda^2 \gamma_0 EI_{DW}\varphi_3 + \gamma_0' \lambda EI_{DW}\varphi_4 + B_{DW0}\varphi_1 + Q_{DW0}\frac{1}{2\lambda}\varphi_2 \quad (2.136)$$

$$Q_{DW} = 2\lambda^3 \gamma_0 EI_{DW}\varphi_2 + 2\gamma_0' \lambda^2 EI_{DW}\varphi_3 + B_{DW0}\lambda\varphi_4 + Q_{DW0}\varphi_1 \quad (2.137)$$

式中：λ 为畸变特征系数，$\lambda = \sqrt[4]{I_D/(4I_{DW})}$；$\gamma_0$ 为跨中截面畸变角；B_{DW0} 为跨中截面双力矩；Q_{DW0} 为跨中截面剪力；φ_1、φ_2、φ_3 和 φ_4 定义为

$$\begin{cases} \varphi_1 = \cosh \lambda z \cos \lambda z \\ \varphi_2 = \cosh \lambda z \sin \lambda z + \sinh \lambda z \cos \lambda z \\ \varphi_3 = \sinh \lambda z \sin \lambda z \\ \varphi_4 = \cosh \lambda z \sin \lambda z - \sinh \lambda z \cos \lambda z \end{cases} \quad (2.138)$$

当跨中截面作用单位畸变荷载时，按照初参数法，无限长梁($\lambda_z \geqslant 4$)的跨中截面的畸变角 $\gamma(z)$ 与畸变双力矩 B_{DW} 分别为

$$\gamma(z) = \frac{\lambda}{2EI_R}e^{-\lambda}(\cos \lambda x + \sin \lambda x), \quad B_{DW} = \frac{1}{4\lambda}e^{-\lambda}(\cos \lambda x + \sin \lambda x) \quad (2.139)$$

有限长梁($\lambda_4 < 4$)的跨中截面的畸变角 γ、畸变双力矩 B_{DW} 和截面剪力可分别表示如下：

$$\begin{aligned} &\gamma = \gamma_0 \varphi_1 - B_{DW0}\frac{1}{2\lambda^2 EI_{DW}}\varphi_3 - Q_{DW0}\frac{1}{4\lambda^3 EI_{DW}}\varphi_4 \\ &B_{DW} = 2\gamma_0 \lambda^2 EI_{DW}\varphi_3 + B_{DW0}\varphi_1 + Q_{DW0}\frac{1}{2\lambda}\varphi_2 \\ &Q_{DW} = 2\gamma_0 \lambda^3 EI_{DW}\varphi_2 - B_{DW0}\lambda\varphi_4 + Q_{DW0}\varphi_1 \end{aligned} \quad (2.140)$$

对于简支梁，跨中截面作用单位畸变荷载时该截面的剪力 Q_{DW0} 为 0.5。而 γ_0、B_{DW0} 由支座的边界条件决定，几种常见的边界条件有[28]

$$\begin{cases} \gamma = 0, \ B_{DW0} = 0 & \text{简支支座} \\ B_{DW0} = 0, \ Q_{DW} = \gamma k & \text{弹性支座} \\ \gamma = 0, \ \gamma' = 0 & \text{固定支座} \end{cases} \quad (2.141)$$

2.4.3 时速250km铁路双线箱梁畸变效应分析

以我国时速 250km 客运专线 32m 标准跨度混凝土简支箱梁为例,跨中截面尺寸如图 2.38 所示。桥梁设计标准为双线,线间距为 4.6m。轨道结构采用双块式无砟轨道,桥面板上直接铺设无砟轨道底座板。梁体采用 C50 混凝土,其弹性模量按规范取值,即 $E=3.55×10^4$MPa。荷载采用 ZK 活载中的特种活载,加载方式按最不利位置加载,如图 2.39 所示。

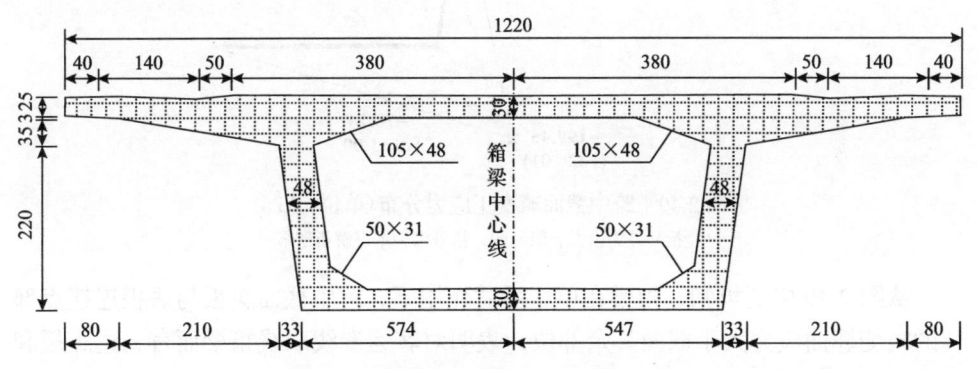

图 2.38 箱梁跨中截面尺寸(单位: cm)

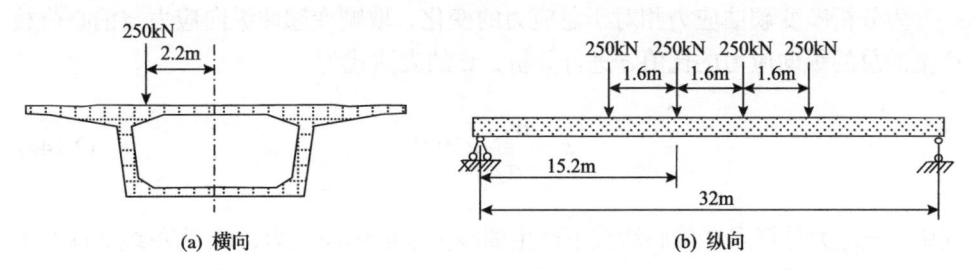

图 2.39 荷载的施加

基于上述理论,采用初参数法对上述箱梁畸变效应进行求解,通过计算得到跨中截面的纵向翘曲正应力分布,并与 ANSYS 板壳有限元计算结果进行对比,如图 2.40 所示。

由图 2.40 可知,由解析方法得到的跨中截面畸变翘曲应力值与 ANSYS 有限元算出的结果在数值大小和变化趋势方面均较为接近,表明有限元法可以模拟箱梁空间力学特性中的畸变效应。由于传统解析解是建立在理想的一维欧拉梁理论上的解析方法,应力结果为理想直线规律,这与实际箱梁空间受力特性存在一定偏差。这是因为 ANSYS 板壳有限元可以反映出空间箱梁的真实受力特点,与实际情况较为接近。而用传统的解析方法进行计算时对实际情况进行简化处理(如忽略了剪切变形等),导致其计算结果有一定的偏差。

77.29
(105.20)

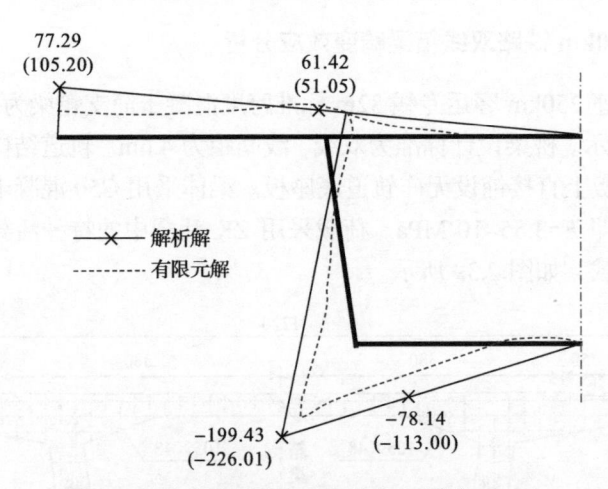

61.42
(51.05)

—×— 解析解
----- 有限元解

−199.43
(−226.01)

−78.14
(−113.00)

图 2.40 跨中截面畸变正应力分布(单位：kPa)
括号外为板壳有限元解，括号内为本书解析解

从图 2.40 中还可知，箱梁在单线活载作用下，跨中截面腹板与底板连接点部位的畸变翘曲应力大于截面其余部位，表明对客运专线双线箱梁而言，边腹板和底板相连部位是畸变效应最突出的部位。

为分析畸变翘曲应力相对于总应力的变化，取畸变翘曲纵向应力与偏心荷载产生的总的纵向应力的比值 ξ 进行分析，ξ 的表达式为

$$\xi = \frac{\sigma_{dw}}{\sigma_x} \times 100\% \tag{2.142}$$

式中：σ_{dw} 为计算点在偏心活载下产生的畸变翘曲纵向应力；σ_x 为单线活载产生的包括畸变翘曲在内的总的纵向应力。可以看出，翘曲比例系数 ξ 反映由活载畸变效应产生的纵向应力占总的纵向应力的百分比。

为反映箱梁截面不同部位的畸变程度，将箱梁跨中截面顶板、底板、腹板沿各自板块均匀分成 10 等份，分析翘曲比例系数 ξ 的规律，结果如图 2.41 所示。

由图 2.41 可知，双线铁路箱梁在仅单线活载最不利作用时，跨中截面顶板及底板翘曲比例系数 ξ 越远离截面中心越大，且沿板箱梁中线向两侧近似线性增大，顶板翘曲比例系数略大于底板。腹板翘曲比例系数整体大于顶板、底板，这是由于腹板以传递剪应力为主，因此式(2.142)中分母较小，数值偏大。

数值表明，翘曲比例系数 ξ 最大的点为：①顶板翼缘板端部，翘曲比例系数 ξ 最大达 11.6%；②腹板与底板相交处，翘曲比例系数 ξ 最大达 13.9%；③腹板上靠近截面形心位置处，翘曲比例系数 ξ 最大达 15.1%。

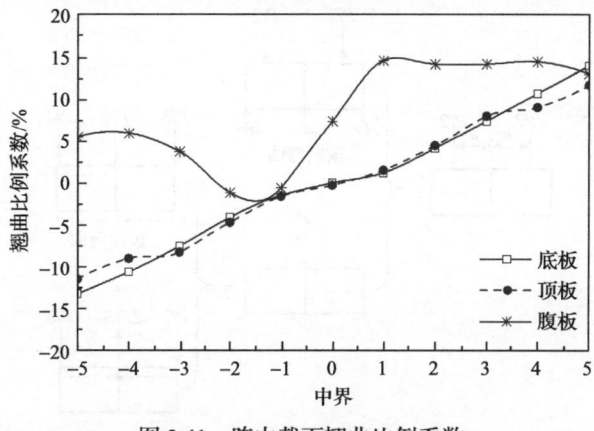

图 2.41　跨中截面翘曲比例系数

2.5　多室箱梁在竖向对称荷载下的局部扭转效应分析

2.5.1　多室箱梁对称弯曲时的弯扭组合受力模式

1. 对称弯曲的变形模式

根据初等梁理论，对于截面几何与物理特性均对称于梁的纵对称面的梁，如图 2.42(a) 所示，当外荷载也对称作用于梁的纵对称面时，梁仅发生对称弯曲变形（亦称纵向弯曲），梁体将产生纵向弯曲正应力和剪应力[29]。

对于工程中的单箱单室箱梁，当竖向荷载对称作用于截面上时，根据箱梁空间受力的等效分解原则，箱梁将有纵向弯曲和横截面内的弯曲变形效应（亦称横向弯曲）两种模式，如图 2.42(b) 所示。

对于单箱多室截面梁，当竖向荷载对称作用于截面上时，通过对竖向荷载的横向等效分解，梁体变形不仅有纵向弯曲和横向弯曲（与单室箱梁相同），还将出现一种新的变形模式——扭转变形，如图 2.42(c) 所示。

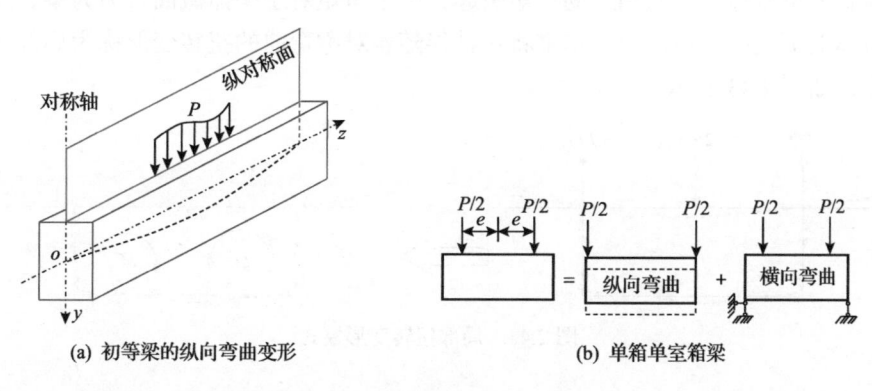

(a) 初等梁的纵向弯曲变形

(b) 单箱单室箱梁

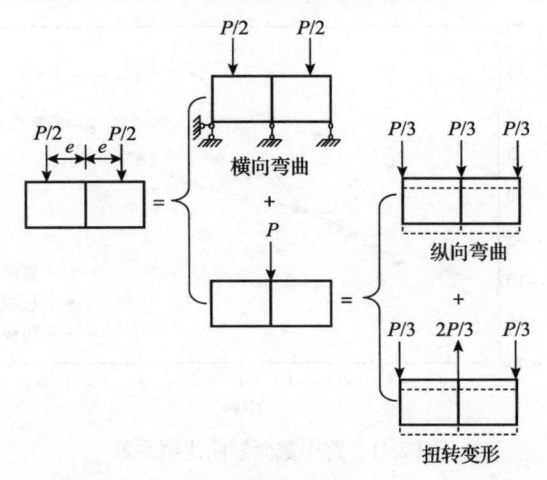

(c) 单箱双室箱梁

图 2.42 对称弯曲变形及其分解

多室箱梁的纵向弯曲与单室箱梁相同，主要产生剪力滞效应，可以采用基于变分法等分析方法求解[30,31]；横向弯曲效应可以采用基于梁段的框架分析方法求解[1]；而这种扭转变形在以往的研究中未予考虑，这也是本章着重解决的问题。

2. 对称弯曲与扭转变形组合受力机理

由图 2.42(c) 中箱梁荷载的分解过程可以看出，这种扭转变形是由多室箱梁各腹板分担的竖向荷载不均匀引起的。其机理是：箱梁作为一个整体来承受纵向对称荷载，但与实心截面梁不同的是，组成多室箱梁的多块腹板通过剪切变形承担竖向荷载。当竖向荷载在横截面上不是均匀地分配于各腹板时，腹板之间竖向弯曲的幅度存在差异，并出现腹板竖向的相互剪切错动。当腹板的竖向错动变形受到顶、底板的约束时，在截面产生扭翘变形。

区别于一般梁体的扭转变形，多室箱梁对称弯曲时产生扭转变形由一组绕截面纵轴大小相等、方向相反的扭矩引起，由于扭矩对于整体截面合力为零，故截面整体上不具有扭转效应，本书将这种伴随着对称弯曲的扭转变形称为局部扭转变形，如图 2.43 所示。

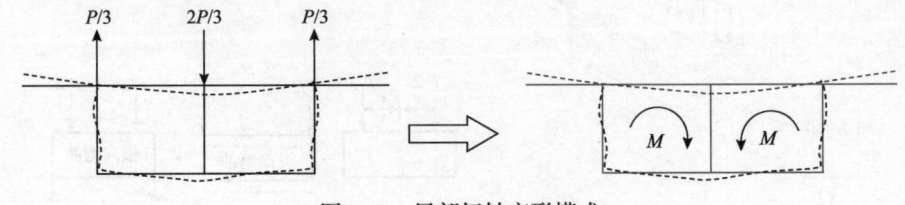

图 2.43 局部扭转变形模式

2.5.2 多室箱梁对称弯曲时的局部扭转荷载分析

由前述箱梁竖向荷载分解可知，局部扭转效应产生的主要原因是腹板间竖向传力的不均匀。局部扭转属于截面自平衡扭转变形，不改变截面整体的静力平衡。而从箱梁截面受力的角度考虑，腹板的传力规律和大小可以通过截面的剪力流分布来反映。因此，本节由箱梁剪力流分布来分析局部扭转效应。

1. 单箱双室箱梁的截面剪力流分布

对于图 2.42(c)中的多室箱梁，在对称弯曲荷载作用下，假设梁体弯曲时在截面上分布着竖向弯曲剪力 Q_y，则截面弯曲剪应力 τ_x 的计算公式为[2]

$$\tau_x = \frac{Q_y}{b_1 I_x} \int_0^s y \mathrm{d}A = \frac{Q_y S_x}{b I_x} \tag{2.143}$$

式中：b_1 为计算剪应力处的梁宽；$S_x = \int_0^s y \mathrm{d}A$，为自由表面积分至计算剪应力处包含截面积对 x 轴的截面静矩；I_x 为截面对 x 轴的惯性矩。

对于闭口的箱梁截面，剪应力求解属于内部超静定问题，通过在式(2.143)的基础上补充截面变形协调条件进行计算。

为了计算简便，以不带悬臂的单箱双室矩形截面箱梁为例，其截面尺寸如图 2.44(a)所示。假设箱梁顶板、底板宽的壁厚为 t_1、两侧边腹板壁厚为 t_2、中腹板壁厚为 t_3。可以分别在各室右上角将截面切口，变为开口截面，此时在每一开口箱室内由剪力 Q_y 产生的剪力流记为 q_{0i}，也称为静定剪力流。由于原截面并没有切口，假定切口将在每个箱室内分别附加一个未知剪力流 q_i'，也称为超静定剪力流。因此，闭口截面上每个箱室的总剪力流为

$$q_i = q_{0i} + q_i', \quad i = 1, 2 \tag{2.144}$$

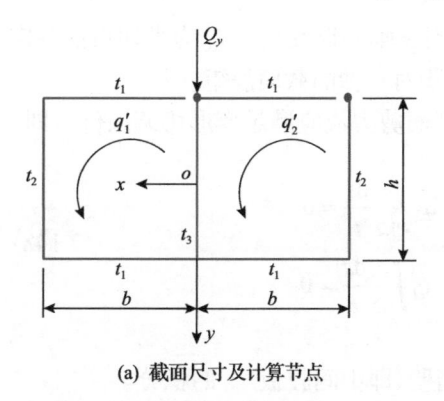

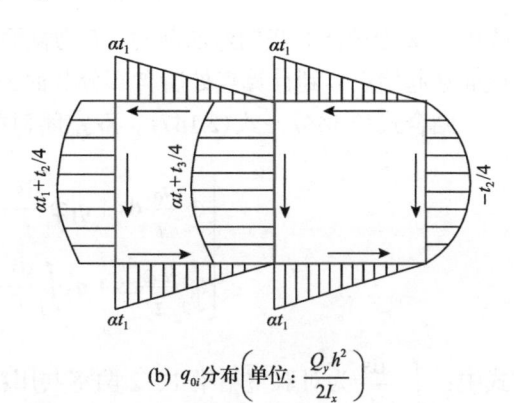

(a) 截面尺寸及计算节点

(b) q_{0i} 分布$\left(\text{单位：} \dfrac{Q_y h^2}{2I_x}\right)$

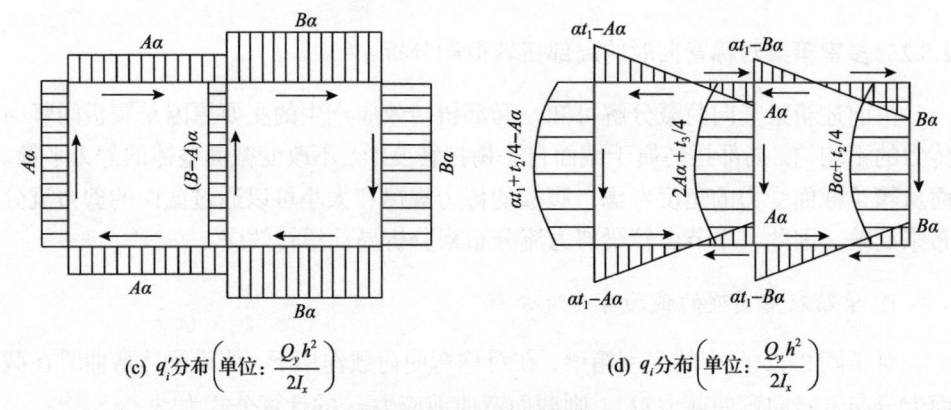

(c) q_i' 分布$\left(\text{单位：}\dfrac{Q_y h^2}{2I_x}\right)$ (d) q_i 分布$\left(\text{单位：}\dfrac{Q_y h^2}{2I_x}\right)$

图 2.44　截面剪力流计算

由于原截面是闭口的，因此在每个箱室假定的切口处，相对剪切变形为 0，即

$$\oint_{si} \gamma_q \mathrm{d}s = 0 \tag{2.145}$$

式中：$\mathrm{d}s$ 为沿截面周边量取的微分长度；$\oint_{si}$ 为沿第 i 个箱室截面周边积分一圈；γ_q 为剪应变，其表达式为

$$\gamma_q = \dfrac{q_i}{Gt} \tag{2.146}$$

式中：q_i 为总剪力流；G 为截面材料的剪切弹性模量；t 为截面壁厚。

由开口截面剪力流计算方法可知

$$q_{0i} = -\dfrac{Q_y}{I_x} S_{x0}, \quad i = 1, 2 \tag{2.147}$$

式中：Q_y 为截面的竖向弯曲剪力；I_x 为截面对 x 轴的惯性矩；S_{x0} 为带切口的静定截面从起始点 0 到计算点处所含部分截面面积对 x 轴的截面静矩。

结合式(2.144)~式(2.147)，双室闭口截面剪力流应满足变形协调条件，即

$$\begin{cases} \oint_1 \dfrac{q_{01}}{t}\mathrm{d}s + q_1' \oint_1 \dfrac{\mathrm{d}s}{t} - q_2' \int_{1,2} \dfrac{\mathrm{d}s}{t} = 0 \\ \oint_2 \dfrac{q_{02}}{t}\mathrm{d}s + q_2' \oint_2 \dfrac{\mathrm{d}s}{t} - q_1' \int_{1,2} \dfrac{\mathrm{d}s}{t} = 0 \end{cases} \tag{2.148}$$

式中：$\int_{1,2} \dfrac{\mathrm{d}s}{t}$ 为对双室箱梁 1、2 两室共用箱壁（即中间腹板）上的积分。

结合图2.44(a)截面尺寸，根据开口截面剪力流计算方法，可求出q_{0i}，如图2.44(b)所示，进一步可得出式(2.148)对应的方程为

$$\begin{cases} \left(\alpha+\dfrac{t_1}{t_2}-\dfrac{t_1}{t_3}\right)\dfrac{1}{2}\alpha h^3\dfrac{Q_y}{I_x}+\left(\dfrac{2\alpha}{t_1}+\dfrac{1}{t_2}+\dfrac{1}{t_3}\right)q_1h-q_2\dfrac{h}{t_3}=0 \\ \left(\alpha+\dfrac{t_1}{t_3}\right)\dfrac{1}{2}\alpha h^3\dfrac{Q_y}{I_x}+\left(\dfrac{2\alpha}{t_1}+\dfrac{1}{t_2}+\dfrac{1}{t_3}\right)q_2h-q_1\dfrac{h}{t_3}=0 \end{cases} \quad (2.149)$$

式中：$\alpha=b/h$。

引入截面参数 A、B，其表达式为

$$A=\dfrac{\left(\dfrac{2\alpha}{t_1}+\dfrac{1}{t_2}+\dfrac{1}{t_3}\right)\left(\alpha+\dfrac{t_1}{t_2}-\dfrac{t_1}{t_3}\right)+\dfrac{1}{t_3}\left(\alpha+\dfrac{t_1}{t_3}\right)}{\dfrac{1}{t_3^2}-\left(\dfrac{2\alpha}{t_1}+\dfrac{1}{t_2}+\dfrac{1}{t_3}\right)^2} \quad (2.150)$$

$$B=\dfrac{\left(\dfrac{2\alpha}{t_1}+\dfrac{1}{t_2}+\dfrac{1}{t_3}\right)\left(\alpha+\dfrac{t_1}{t_3}\right)+\dfrac{1}{t_3}\left(\alpha+\dfrac{t_1}{t_2}-\dfrac{t_1}{t_3}\right)}{\dfrac{1}{t_3^2}-\left(\dfrac{2\alpha}{t_1}+\dfrac{1}{t_2}+\dfrac{1}{t_3}\right)^2} \quad (2.151)$$

在式(2.149)求解中引入式(2.150)和式(2.151)，可求得超静定剪力流表达式为

$$\begin{cases} q_1'=-\dfrac{1}{2}\alpha Ah^2\dfrac{Q_y}{I_x} \\ q_2'=-\dfrac{1}{2}\alpha Bh^2\dfrac{Q_y}{I_x} \end{cases} \quad (2.152)$$

截面超静定剪力流的分布如图 2.44(c)所示。进一步结合式(2.152)、式(2.144)及图 2.44(b)中的q_{0i}分布，可求出双室截面总剪力流，如图 2.44(d)所示。

2. 基于剪力流平衡的等效荷载计算

考虑局部扭转的自平衡性，无法从整体截面平衡的条件中获得解答，本书基于截面的剪力流平衡条件，将双室箱梁剖分为两个单独受力的单室，获得局部扭转的等效荷载。计算思路如下：

(1)将单箱双室截面从中腹板处左右对称剖分，则每个单室将分配原截面 1/2 的剪力流，如图 2.45(a)所示。

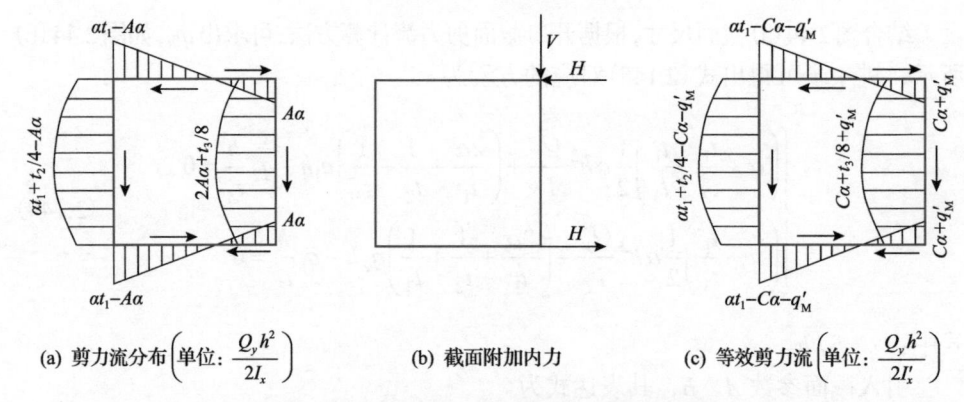

(a) 剪力流分布 $\left(\text{单位：}\dfrac{Q_y h^2}{2I_x}\right)$ (b) 截面附加内力 (c) 等效剪力流 $\left(\text{单位：}\dfrac{Q_y h^2}{2I'_x}\right)$

图 2.45 基于剪力流平衡的等效荷载分解

(2) 剖分前后截面的弯曲剪力流应保持相等，在剖开部位应有附加内力，即竖向力 V 和水平力 H，如图 2.45(b) 所示。

(3) 按照单室箱梁求解在 V 和 H 作用下的等效剪力流，如图 2.45(c) 所示，图中，$I'_x = I_x/2$，$q'_M = I'_x/(2h^3) - HI'_x/(bh^2V)$，$C = (\alpha + t_1/t_2)\bigg/\left(\dfrac{2\alpha}{t_1} + \dfrac{1}{t_2} + \dfrac{1}{t_3}\right)$。

(4) 根据剖分前后剪力流不变的条件，图 2.45(a) 与图 2.45(c) 中各对应部位的剪力流应相等。

由顶板的剪力流平衡条件得

$$\frac{1}{2}h^2 \frac{Q_y}{I_x}(\alpha t_1 - A\alpha) = \frac{1}{2}h^2 \frac{V}{I'_x}(\alpha t_1 - C\alpha - q'_M) \tag{2.153}$$

由中腹板的剪力流平衡条件得

$$\frac{1}{2}h^2 \frac{Q_y}{I_x}\left(\frac{t_3}{8} + A\alpha\right) = \frac{1}{2}h^2 \frac{V}{I'_x}\left(\frac{t_3}{4} + C\alpha + q'_M\right) \tag{2.154}$$

联立式 (2.153) 和式 (2.154) 即可解得

$$\begin{cases} V = \dfrac{Q_y}{2} \\ H = \dfrac{Q_y}{2}\left[\dfrac{\alpha}{2} - (A - C)\dfrac{b^2 h}{I_x}\right] \end{cases} \tag{2.155}$$

3. 局部扭转的扭转和畸变荷载计算

对于截开后的单室截面，在竖向力 V 和水平力 H 的作用下，可分别按照箱梁受力的荷载分解方法，获得扭转和畸变的等效荷载。

1) 竖向力 V 作用

当单室截面作用有竖向力 V 时，根据箱梁荷载分解理论，箱梁变形模式为纵向弯曲(剪力滞效应)、约束扭转和畸变的组合。由箱梁荷载分解原理，在竖向力 V 作用下满足荷载等效原则的三种变形模式对应的荷载如图 2.46 所示。

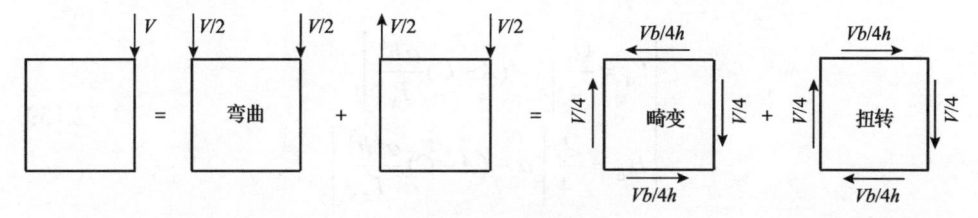

图 2.46 竖向力分解

2) 水平力 H 作用

当单室截面作用有水平力 H 时，根据箱梁荷载分解理论，箱梁变形模式为刚性扭转和畸变的组合。由箱梁荷载分解原理，在水平力 H 作用下满足荷载等效原则的两种变形模式对应的荷载如图 2.47 所示。

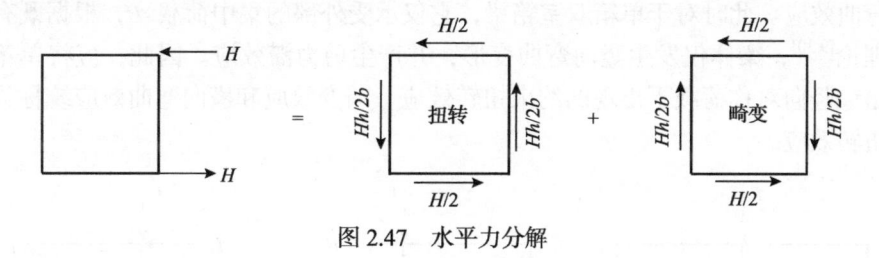

图 2.47 水平力分解

综合竖向力 V 和水平力 H 作用下的变形模式和荷载，并结合式(2.155)，可以确定出截开后的单室箱梁扭转和畸变的荷载。

综合的扭转荷载为

$$M_N = (A-C)\alpha^2 h^4 \frac{Q_y}{2I_x} \tag{2.156}$$

在单箱双室箱梁剖分为两个单室后，单室截面的剪切中心与原双室截面的剪切中心不重合，因此在单室截面上产生相对其自身剪切中心的附加扭矩，表达式为

$$M'_N = V x_{oo'} \tag{2.157}$$

式中：$x_{oo'}$ 为单室截面剪切中心到原双室截面剪切中心的距离。

联立式(2.156)和式(2.157),得出单室截面总扭矩为

$$M_\mathrm{N} = \frac{Q_y}{2}\left[(A-C)\frac{\alpha^2 h^4}{I_x}+x_{oo'}\right] \tag{2.158}$$

综合的畸变竖向荷载 V_d 和水平荷载 H_d 为

$$\begin{cases} V_\mathrm{d} = \dfrac{Q_y}{4}\left[1-(A-C)\dfrac{\alpha h^3}{I_x}\right] \\ H_\mathrm{d} = \dfrac{Q_y}{4}\left[\alpha-(A-C)\dfrac{\alpha^2 h^3}{I_x}\right] \end{cases} \tag{2.159}$$

4. 双室箱梁局部扭转效应的计算

对于如图 2.48(a) 中仅承受竖向对称集中力的单箱双室箱梁,可以利用前述基于截面的静力平衡条件,将双室箱梁剖分为两个单室箱梁,并进一步获得剖分后单室箱梁的变形模式,即竖向弯曲的剪力滞效应、约束扭转效应、畸变效应和横向弯曲效应。此时对于单箱双室箱梁,它仅承受外部的集中荷载 P,根据既有研究理论[9,30],梁体仅发生竖向弯曲变形,并产生剪力滞效应。因此,应将单箱双室箱梁竖向对称荷载下出现的约束扭转效应、畸变效应和横向弯曲效应统称为局部扭转效应。

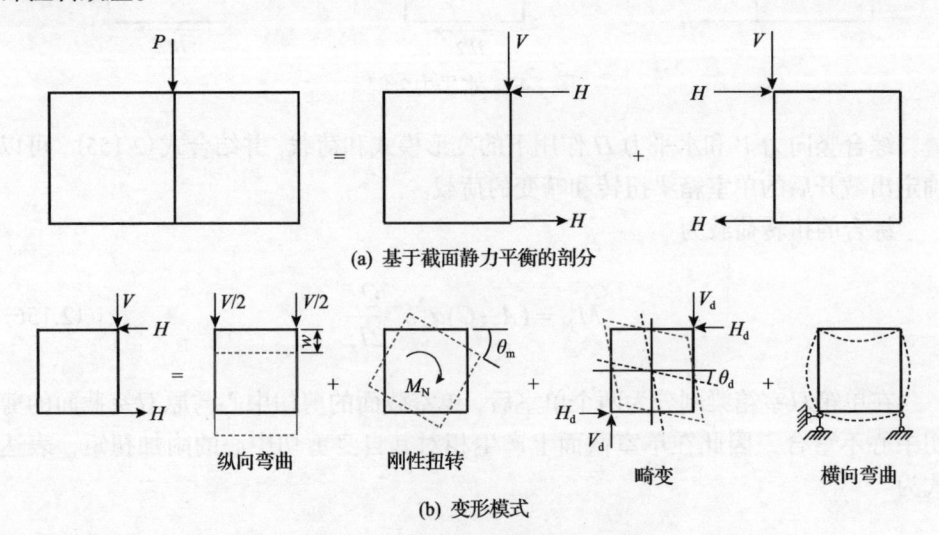

(a) 基于截面静力平衡的剖分

纵向弯曲　　刚性扭转　　畸变　　横向弯曲
(b) 变形模式

图 2.48　单箱双室箱梁的变形模式

双室箱梁在对称荷载下的变形模式及其求解方法可逐一进行计算。

1) 剪力滞效应

剪力滞效应对应双室箱梁的整体纵向弯曲变形，梁体内仅产生纵向弯曲的正应力和剪应力。由前述双室箱梁剖开后的荷载分解可以看出，剪力滞效应是由竖向力 V 产生的，其荷载模式如图 2.48(b) 中的纵向弯曲所示。此时剪力滞效应引起纵向弯曲应力 σ_M 的计算方法可以按照传统的变分法等求解[10,30-33]。

$$\sigma_M = \frac{yM(z)}{I_x} + \left(f(x) - \frac{I_{xu}y}{I_x}\right)EU'(z) \quad (2.160)$$

式中：$M(z)$ 为计算截面 z 处的弯矩；$f(x)$ 为剪力滞翘曲位移函数；I_{xu} 为箱梁截面翼板的剪力滞翘曲惯性积；$U'(z)$ 为截面剪力滞翘曲位移的一阶导数。

2) 约束扭转效应

双室箱梁分解为两个单室箱梁后，总扭矩如式 (2.158) 所示，荷载模式如图 2.48(b) 中的刚性扭转所示，扭转产生的梁体纵向正应力可按薄壁箱梁扭转理论获得[9]，即

$$\sigma_W = \frac{B_{\bar{\omega}}}{I_{\bar{\omega}}}\bar{\omega} \quad (2.161)$$

式中：$\bar{\omega}$ 为截面计算点的广义扇性坐标；$I_{\bar{\omega}}$ 为截面广义扇性惯性矩；$B_{\bar{\omega}}$ 为约束扭转双力矩。

3) 畸变效应

双室箱梁分解为两个单室箱梁后，畸变竖向荷载如式 (2.159) 所示，荷载模式如图 2.48(b) 中的畸变所示。畸变产生的梁体纵向正应力可按单室箱梁畸变理论计算[9]，即

$$\sigma_{DW} = \frac{B_{DW}}{\hat{I}}\hat{\omega} \quad (2.162)$$

式中：$\hat{\omega}$ 为畸变翘曲率；B_{DW} 为畸变双力矩；$\hat{I}$ 为截面的畸变翘曲惯性矩。

4) 横向弯曲效应

受畸变效应的影响，截开后的单室箱梁也会引起横向弯曲变形，其变形模式如图 2.48(b) 中的横向弯曲所示，在截面上产生横向角点弯矩及横向弯曲正应力，其表达式为[10,33]

$$\sigma_{Dt} = \frac{m}{I}\frac{t}{2} \quad (2.163)$$

式中：m 为截面上各角点的弯矩；I 为单位长度的各板元横向抗弯惯性矩；t 为

各板元的厚度。

5) 总应力计算

双室箱梁在竖向对称荷载下的变形是前述四种基本变形模式的叠加，分别沿截面纵、横两个方向产生叠加正应力。横向应力 σ_x 主要由畸变引起的横向弯曲产生，纵向应力 σ_z 由梁的纵向弯曲(含剪力滞效应)、扭转和畸变共同产生。截面的横向应力、纵向应力表达式为

$$\begin{cases} \sigma_x = \sigma_{Dt} \\ \sigma_z = \sigma_M + \sigma_W + \sigma_{DW} \end{cases} \tag{2.164}$$

由式(2.164)可知，以上应力除了一般对称弯曲产生的应力，其余均为由局部扭转产生的应力。因此，多室箱梁在对称弯曲时仅由局部扭转产生的横向应力、纵向应力表达式为

$$\begin{cases} \sigma_x^W = \sigma_{Dt} \\ \sigma_z^W = \sigma_W + \sigma_{DW} \end{cases} \tag{2.165}$$

2.5.3 单箱双室简支箱梁的局部扭转试验

1. 荷载工况

对于单箱双室箱梁段，当仅在纵向对称面内承受集中荷载 P(可以是集中力或者均布荷载)时，如图 2.49(a)所示，当按照一维初等梁理论计算时，沿梁长任意 x 处截面的弯曲正应力为

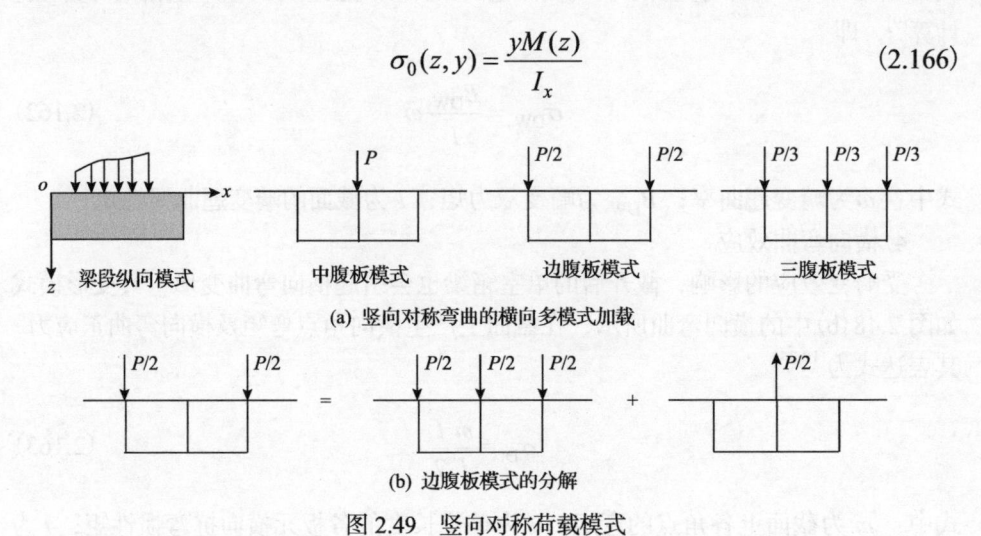

$$\sigma_0(z, y) = \frac{yM(z)}{I_x} \tag{2.166}$$

(a) 竖向对称弯曲的横向多模式加载

(b) 边腹板模式的分解

图 2.49 竖向对称荷载模式

对于单箱双室箱梁,按照箱梁竖向弯曲时的荷载分解,与式(2.165)相对应的纵向对称加载,在横截面上有三种荷载分配模式,如图 2.49(a)所示。图 2.49(a)的中腹板模式由前述分析直接计算;图 2.49(a)的边腹板模式可进一步按照荷载等效分解为图 2.49(b)中的剪力滞效应和中腹板加载模式。由此可总结出,单箱双室箱梁的三种竖向对称荷载模式中,除三腹板模式为竖向对称弯曲变形外,其余两种均会发生竖向对称弯曲和局部扭转变形。因此,对单箱双室箱梁局部扭转效应的研究主要按以下两种工况进行。

(1)工况一:在简支梁跨中截面,仅对中腹板部位施加集中荷载 P 的工况;

(2)工况二:在简支梁跨中截面,对两边腹板部位各施加集中荷载 P 的工况。

根据前述理论,双室箱梁在以上两种工况下的受力将是纵向弯曲、横向弯曲、扭转和畸变的复合状态,其中横向弯曲、扭转和畸变均由局部扭转引起。由式(2.164)可知,为了获得局部扭转效应,需将竖向弯曲效应从复合变形模式中分离开来,因此在试验中除按照前述两种加载工况外,还设计了单独的竖向弯曲工况,即三腹板模式工况。

2. 模型设计

试验采用跨度为 1000mm 的单箱双室箱梁简支梁,截面尺寸如图 2.50(a)所示。模型采用有机玻璃进行制作,用胶水黏结而成,有机玻璃板厚度均为 8mm,实测有机玻璃弹性模量 E=3000MPa,泊松比 μ=0.385。

试验在单箱双室箱梁模型的跨中和四分之一跨长截面处贴有纵向和横向的应变片,两个截面各布置 40 片(包括纵向 20 片和横向 20 片),且布置位置相同,如图 2.50(b)所示,图中 Yz-1~Yz-20 为纵向应变片编号,Yx-1~Yx-20 为横向应变片编号。

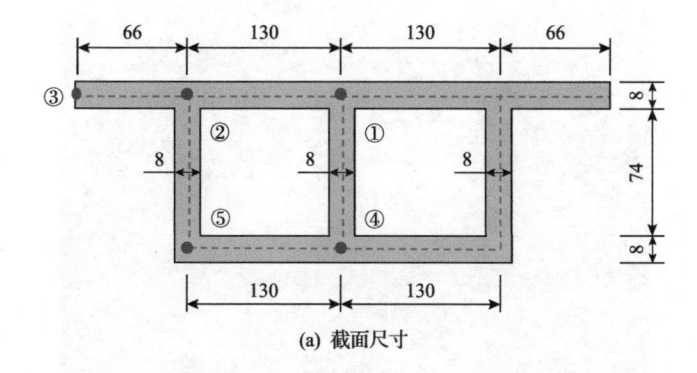

(a) 截面尺寸

(b) 截面应变片布置(1/2)

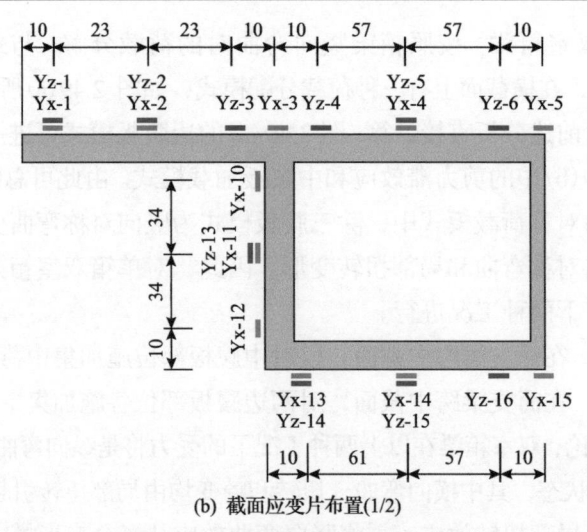

图 2.50　模型截面图(单位：mm)

3. 试验加载

1) 加载系统

模型试验时，开发了用于多室箱梁力学加载的同步自控加载系统。试验加载采用额定最大荷载 400kg 的电动推杆加载。为实现多室箱梁在不同腹板部位同时加载的方便性和精确性，在每个电动推杆末端安装力传感器，并基于 Visual Basic(VB)系统开发设计了电动控制系统，实现了每个电动推杆均可单独控制加载力大小，确保了电动推杆实际加载力值能够与预期一致。试验加载系统如图 2.51 所示。

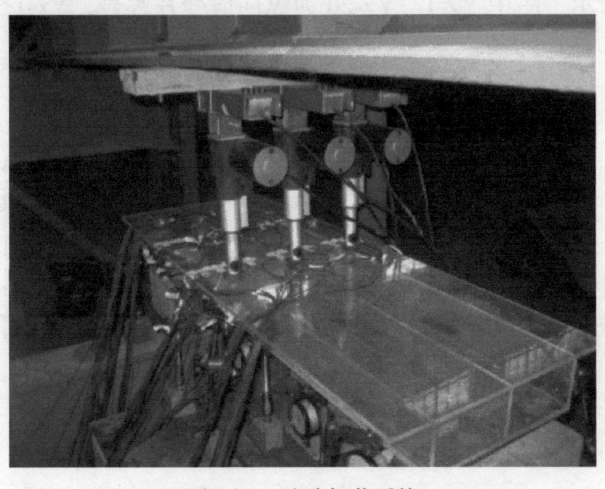

图 2.51　试验加载系统

2) 加载模式

共采用四种加载模式,分别如下。①模式一:中腹板模式,在简支梁跨中截面,仅对中腹板施加大小为 600N 的集中力;②模式二:边腹板模式,在简支梁跨中截面,对两边腹板各施加大小为 600N 的集中力;③模式三:三腹板模式,在简支梁跨中截面,三块腹板各施加大小为 200N 的集中力;④模式四:三腹板模式,在简支梁跨中截面,三块腹板各施加大小为 400N 的集中力。

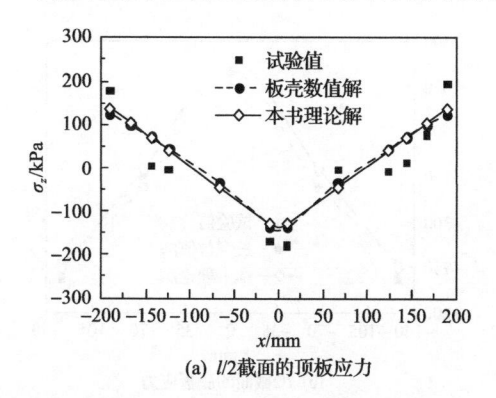

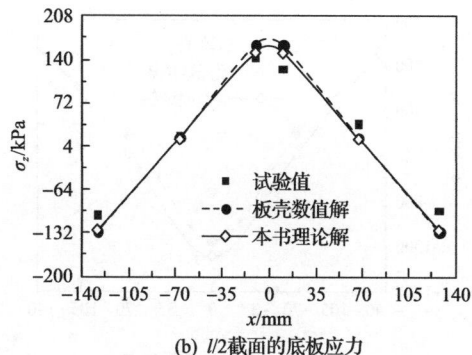

由图 2.48 和式(2.164)、式(2.165)可知,工况一下因局部扭转产生的纵向应力需从模式一的纵向应力中减去模式三的纵向应力而得出,因局部扭转产生的横向应力可直接由模式一得到。同理,工况二下因局部扭转产生的纵向应力需从模式二的纵向应力中减去模式四的纵向应力而得出,因局部扭转产生的横向应力可直接由模式二得到。

2.5.4 局部扭转试验结果及其分析

1. 仅中腹板作用集中力的局部扭转效应

仅中腹板作用集中力对应于研究工况一,按照式(2.165)可计算局部扭转产生的应力(简称本书理论解),由 2.5.3 节试验加载模式可获得试验应力(简称试验值),采用 ANSYS 有限元软件的 SHELL63 单元建立的有限元同步分析模型模拟分析得到应力数值(简称板壳数值解),通过相互校验试验值、板壳数值解和本书理论解,揭示单箱双室箱梁在竖向对称荷载下的局部扭转效应。

1) 由局部扭转产生的纵向应力

在工况一下,局部扭转效应在箱梁跨中($l/2$)和 $l/4$ 截面上产生的纵向应力的试验值、板壳数值解、本书理论解如图 2.52 所示。

由图 2.52 可以看出,在中腹板模式下,由局部扭转效应产生的纵向正应力在横截面呈折线分布。本书理论解与试验值和板壳数值解吻合良好,证明本书提出的箱梁局部扭转理论解方法具有较好的精度。

(a) $l/2$ 截面的顶板应力

(b) $l/2$ 截面的底板应力

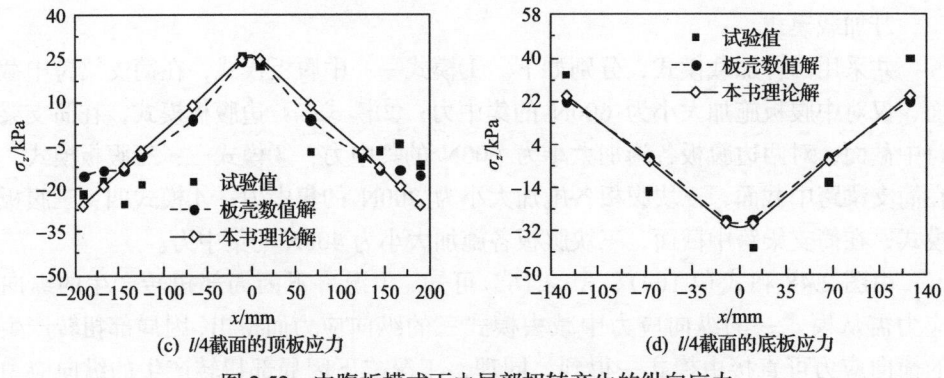

(c) l/4截面的顶板应力   (d) l/4截面的底板应力

图 2.52　中腹板模式下由局部扭转产生的纵向应力

对于工况一，若由材料力学初等梁理论计算，竖向荷载仅产生弯曲纵向应力，且为截面上缘受压、下缘受拉。对于算例单箱双室箱梁，由于截面局部扭转效应，l/2 截面的顶板上靠近中腹板部位为压应力，靠近悬臂部位为拉应力；底板与顶板规律相反，靠近中腹板部位为拉应力，靠近边腹板部位为压应力。l/4 截面的总体规律与 l/2 截面相反。

综上可知，对于单箱双室箱梁，仅在 l/2 截面的中腹板作用集中力时，其局部扭转效应改变了截面整体纵向弯曲应力的分布规律，截面顶板、底板纵向应力在荷载作用的中腹板部位与初等梁理论具有一致的趋势，而靠近边腹板和悬臂侧与中腹板趋势相反。在 l/4 截面上，应力值小于跨中截面，应力趋势规律与跨中截面相反，因此从桥梁长度方向整体上表现出扭转特性。

2) 由局部扭转产生的横向应力

仅中腹板作用集中力时，由局部扭转产生的横向应力试验值、板壳数值解和本书理论解如图 2.53 所示。

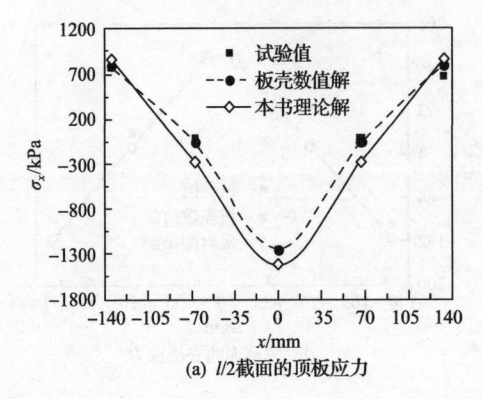

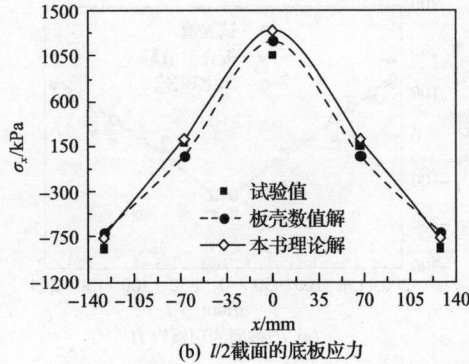

由图 2.53 可知，在中腹板模式下，由局部扭转产生的横向正应力沿横截面呈折线分布。本书理论解与试验值和板壳数值解吻合良好，证明本书提出的箱梁局部扭转理论解方法具有较好的精度。

(a) l/2截面的顶板应力   (b) l/2截面的底板应力

(c) $l/4$ 截面的顶板应力

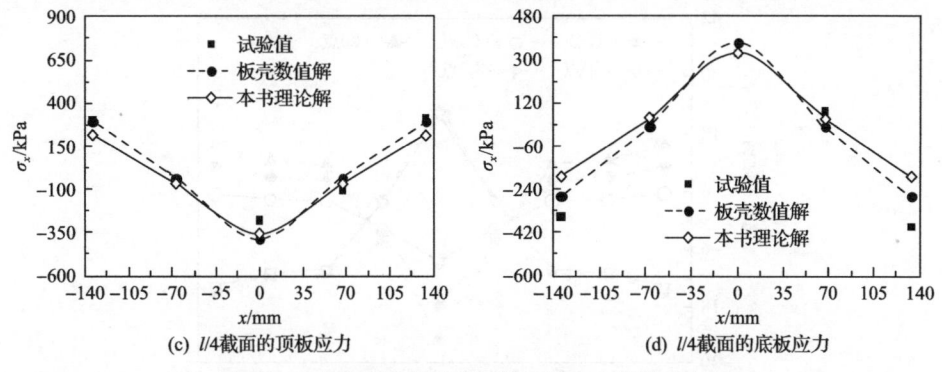

(d) $l/4$ 截面的底板应力

图 2.53 中腹板模式下由局部扭转产生的横向应力

从应力分布趋势可以看出：①仅中腹板作用集中力时，在 $l/2$ 截面因局部扭转产生的横向应力在顶板靠近中腹板部位为压应力，靠近悬臂部位为拉应力，底板与顶板的应力趋势相反；②在 $l/4$ 截面顶板上，靠近中腹板部位为压应力，靠近悬臂部位为拉应力，底板应力与顶板应力趋势相同；③比较应力数值大小可知，跨中部位的横向应力远大于 $l/4$ 截面的，由此反映出横向应力沿梁长方向快速衰减的特性。

3) 翘曲系数研究

为了量化反映由局部扭转产生的纵向应力大小，定义翘曲系数 ψ，其表达式为

$$\psi = \frac{\sigma_z^{\mathrm{W}}}{\sigma_0} \times 100\% \tag{2.167}$$

式中：σ_z^{W} 为截面上由局部扭转产生的纵向应力，如式(2.165)所示；σ_0 为按照初等梁理论计算所得的截面弯曲纵向应力，也是当前该类型结构设计中的计算应力，采用式(2.166)计算。因此，翘曲系数反映了由局部扭转产生的纵向应力与初等梁弯曲纵向应力的相对大小，可直观反映局部扭转的相对大小。

选取箱梁截面上顶板与中腹板、边腹板的交接点，悬臂端点，底板与中腹板、边腹板的交接点共 5 个点作为应力代表点，具体位置编号如图 2.50(a)所示，研究代表点的翘曲系数沿全跨的变化规律，如图 2.54 所示。从翘曲系数的分布趋势可以看出：

(1) 在本研究工况下，横截面上靠近中腹板的①点和④点总体趋势相同。在梁端的 0~400mm 范围内，翘曲系数为负值，表明由局部扭转产生的纵向应力与初等梁弯曲纵向应力反号，局部扭转可减小截面的纵向应力。在靠近跨中部位的 400~600mm 范围内，翘曲系数为正值，表明局部扭转可增大截面的纵向应力。

(2) 横截面上远离中腹板的②、③、⑤点趋势相同，在梁端的 0~400mm 范围内，翘曲系数为正值，表明局部扭转纵向应力与初等梁弯曲纵向应力同号，局部

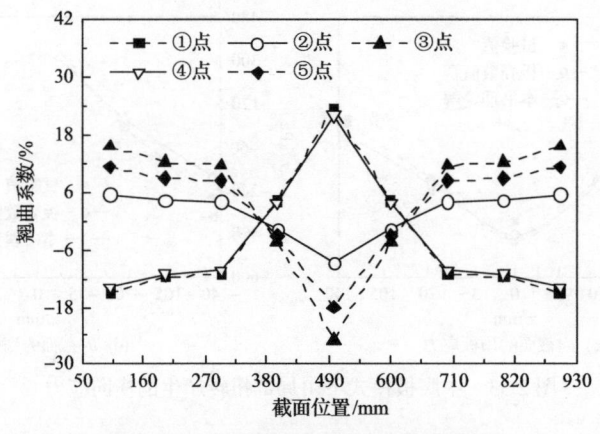

图 2.54 仅中腹板加载时的翘曲系数

扭转可增大截面的纵向应力。在靠近跨中部位的 400~600mm 范围内，翘曲系数为负值，表明局部扭转可减小截面的纵向应力。

(3) 跨中部位是翘曲系数总体最大的部位，也是变化较大的部位，说明沿梁长荷载作用部位附近局部扭转最为突出。在横截面悬臂端部的③点，翘曲系数绝对值最大，为 25%；其次为顶板靠近中腹板的①点，为 24%；底板靠近中腹板的④点也较大，为 22%；绝对值最小的为顶板靠近边腹板部位的②点，为 9%。

2. 边腹板作用集中力的局部扭转效应

1) 由局部扭转产生的纵向应力

算例简支梁在研究工况二下，由局部扭转效应引起的箱梁 $l/2$ 和 $l/4$ 截面的纵向应力试验值、板壳数值解、本书理论解如图 2.55 所示。

由图 2.55 可知，在单箱双室箱梁跨中两边腹板作用集中力时，$l/2$ 截面的顶板、底板由局部扭转效应引起的纵向应力在边腹板至悬臂板部位与初等梁理论计算所得应力趋势一致，靠近中腹板部位的应力趋势相反。$l/4$ 截面上的应力较

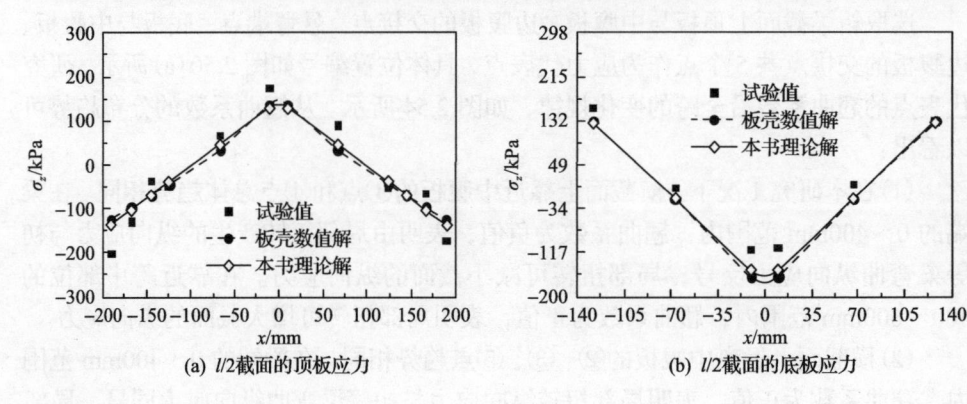

(a) $l/2$ 截面的顶板应力

(b) $l/2$ 截面的底板应力

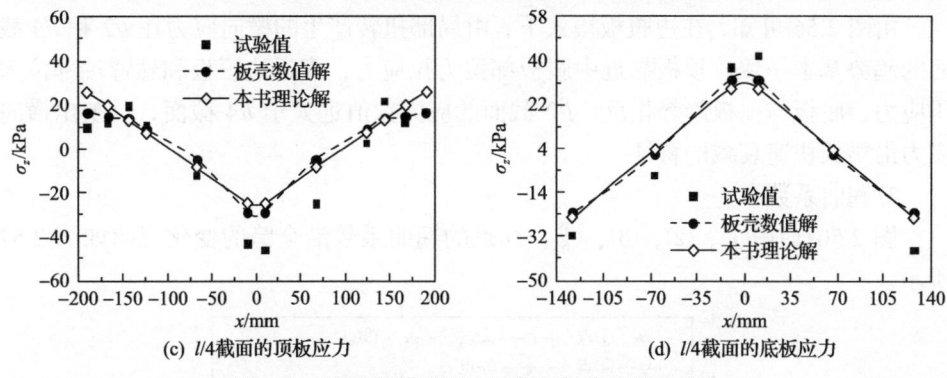

(c) l/4截面的顶板应力　　　　　　(d) l/4截面的底板应力

图 2.55　边腹板模式下由局部扭转产生纵向应力

小，顶板、底板靠近中腹板部位为压应力，靠近边腹板和悬臂板部位为拉应力，与 l/2 截面趋势不同。

2) 由局部扭转产生的横向应力

在边腹板模式下，由局部扭转产生的横向应力试验值、板壳数值解、本书理论解如图 2.56 所示。

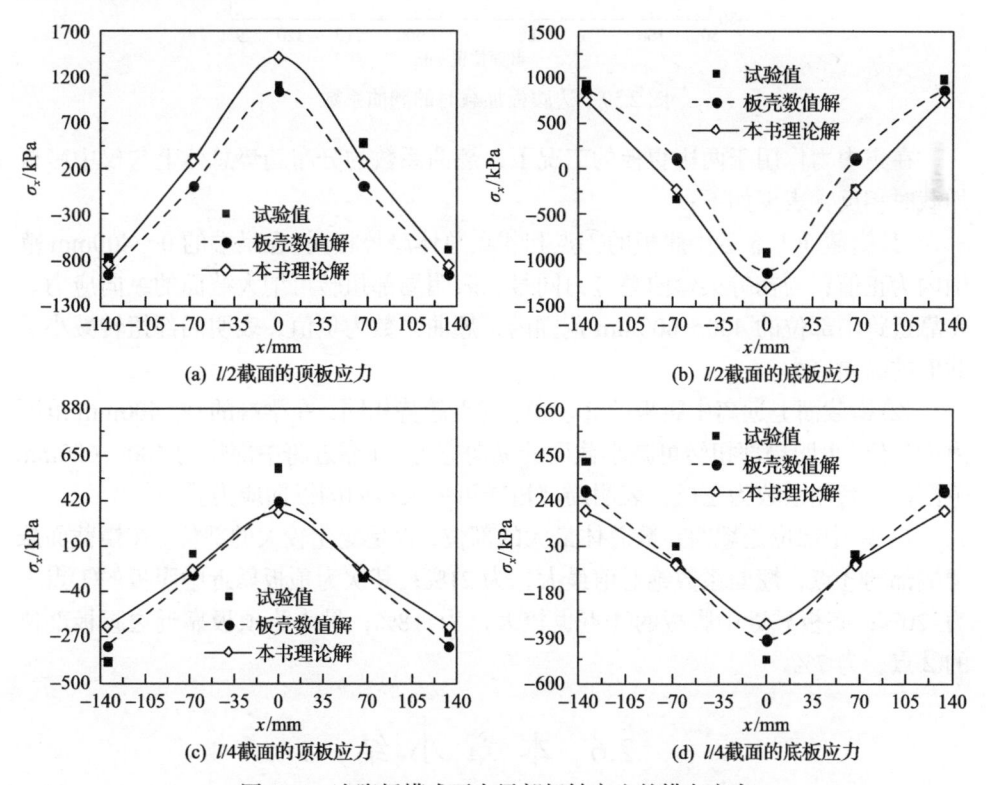

(a) l/2截面的顶板应力　　　　　　(b) l/2截面的底板应力

(c) l/4截面的顶板应力　　　　　　(d) l/4截面的底板应力

图 2.56　边腹板模式下由局部扭转产生的横向应力

由图 2.56 可知，在边腹板模式下，由局部扭转产生的横向应力在 $l/2$ 和 $l/4$ 截面的趋势基本一致。顶板靠近中腹板部位为拉应力，靠近边腹板和悬臂端部位为压应力，底板与顶板趋势相反。$l/2$ 截面的应力数值远大于 $l/4$ 截面，反映出横向应力沿梁长快速衰减的特征。

3) 翘曲系数

图 2.50(a)中①、②、③、④、⑤点的翘曲系数沿全跨的变化规律如图 2.57 所示。

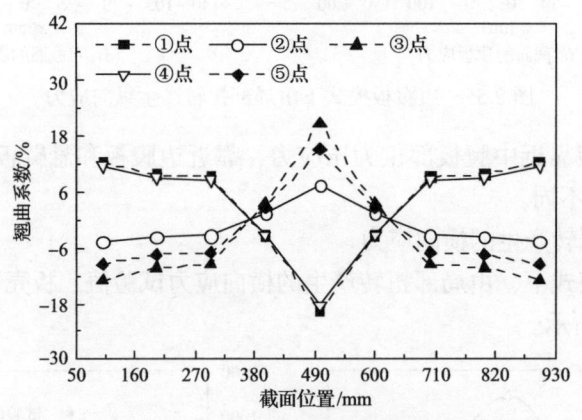

图 2.57 边腹板加载时的翘曲系数

在集中力作用于两边腹板的工况下，翘曲系数的分布趋势总体上与仅中腹板加载时相反，表现如下：

(1) 横截面上靠近中腹板的①点和④点总体趋势相同。在梁端的 0~400mm 范围内为正值，与初等梁弯曲总应力同号，表明局部扭转可增大截面的纵向应力。在靠近跨中部位的 400~600mm 范围内，翘曲系数为负值，表明局部扭转减小了截面的纵向应力。

(2) 横截面上远离中腹板的②、③、⑤点趋势相同，在梁端的 0~400mm 范围内为负值，表明局部扭转可减小截面的纵向应力。在靠近跨中部位的 400~600mm 范围内，翘曲系数为正值，表明局部扭转可增大截面的纵向应力。

(3) 跨中部位是翘曲系数总体最大的部位，也是变化较大的部位。在横截面悬臂端部的③点，翘曲系数绝对值最大，为 21%；其次为顶板靠近中腹板的①点，为-20%；底板靠近中腹板的④点也较大，为-18%；最小为顶板靠近边腹板部位的②点，为 7%。

2.6 本章小结

本章首先介绍了在竖向弯曲荷载作用下混凝土箱梁截面的四种空间变形模式

和相应的应力分布特点。基于能量变分法和初参数法推导了箱梁剪力滞效应、约束扭转效应、畸变效应的控制微分方程，并结合相应边界条件，给出了相应控制方程的解析解。通过算例分析，明晰了混凝土箱梁在竖向荷载作用下的剪力滞效应、扭转效应与畸变效应的趋势与规律，并通过与 ANSYS 解、文献解等进行对比，对上述理论解进行了验证。结果表明，本书解与文献解和 ANSYS 解吻合良好。在竖向弯曲荷载作用下，箱梁截面呈现出明显的剪力滞效应，箱梁顶板正应力整体呈 M 形，且在与腹板交界处应力达到最大，剪力滞效应会降低箱梁翼板的面内抗弯刚度，增大箱梁挠度。箱梁扭转和畸变均会在截面上产生翘曲应力和剪应力。箱梁腹板与顶板相交部位约束扭转翘曲应力最大，且考虑箱梁悬臂板贡献的箱梁各截面约束扭转翘曲内力大于未考虑时的内力。箱梁腹板与底板相交部位畸变翘曲应力最大，在箱梁设计、分析时需注意腹板与顶板、底板的交界部位。

本章针对单箱双室箱梁在对称竖向荷载下出现的受力特征，基于横截面荷载的等效原理与分解，获得了单箱双室箱梁对称弯曲时的局部扭转效应。基于截面的剪力流平衡和箱室受力分解，得到了局部扭转的等效荷载及其应力分布规律。研究发现，对于横截面左右对称的单箱双室箱梁，当竖向荷载仅作用于中腹板或相等的竖向荷载同时作用于两边腹板时，箱梁也会出现竖向对称弯曲与局部扭转的组合变形模式。局部扭转使截面发生约束扭转、畸变和横向弯曲复合变形，并产生纵向应力和横向应力。

参 考 文 献

[1] 龚昌游. 桥梁工程中连续箱型梁设计探析[J]. 交通标准化, 2013, 41(21): 88-91.

[2] 《中国公路学报》编辑部. 中国桥梁工程学术研究综述·2021[J]. 中国公路学报, 2021, 34(2): 1-97.

[3] 蔺鹏臻. 混凝土箱梁剪力滞效应的分析理论与应用研究[D]. 兰州: 兰州交通大学, 2011.

[4] 蔺鹏臻, 孙理想, 杨子江, 等. 单箱双室简支箱梁的剪力滞效应研究[J]. 铁道工程学报, 2014, 31(1): 59-63, 112.

[5] 彭友松, 强士中. 公路混凝土箱梁三维温度应力计算方法[J]. 交通运输工程学报, 2007, 7(1): 63-67.

[6] 卢文良, 季文玉, 杜进生. 铁路混凝土箱梁温度场及温度效应[J]. 中国铁道科学, 2006, 27(6): 49-54.

[7] 陈千书, 黄文龙, 杨孟刚. 大翼缘宽箱梁矮塔斜拉桥施工阶段剪力滞效应分析[J]. 铁道科学与工程学报, 2018, 15(12): 3158-3164.

[8] Hidayat N H, Purnomo H. Cracks evaluation at a pier of a curved box girder bridge during its balanced cantilever construction sequence[J]. IOP Conference Series: Earth and Environmental

Science, 2023, 1173(1): 012005.

[9] 项海帆. 高等桥梁结构理论[M]. 2版. 北京: 人民交通出版社, 2013.

[10] 郭金琼, 房贞政, 郑振. 箱形梁设计理论[M]. 2版. 北京: 人民交通出版社, 2008.

[11] 蔺鹏臻, 刘凤奎, 杨军, 等. 箱梁剪滞翘曲位移函数的定义及其应用[J]. 计算力学学报, 2012, 29(5): 789-794.

[12] Reissner E. Analysis of shear lag in box beams by the principle of minimum potential energy[J]. Quarterly of Applied Mathematics, 1946, 4(3): 268-278.

[13] 郭金琼, 房贞政, 罗孝登. 箱形梁桥剪滞效应分析[J]. 土木工程学报, 1983, 16(1): 1-13.

[14] Chang S T. Shear lag effect in simply supported prestressed concrete box girder[J]. Journal of Bridge Engineering, 2004, 9(2): 178-184.

[15] 罗旗帜, 吴幼明, 刘光栋. 变高度薄壁箱梁的剪力滞[J]. 铁道学报, 2003, 25(5): 81-87.

[16] Dezi L, Mentrasti L. Nonuniform bending-stress distribution (shear lag)[J]. Journal of Structural Engineering, 1985, 111(12): 2675-2690.

[17] 韦成龙, 曾庆元, 刘小燕. 薄壁箱梁剪力滞分析的多参数翘曲位移函数及其有限元法[J]. 铁道学报, 2000, 22(5): 60-64.

[18] 张元海, 李乔. 箱形梁剪滞效应分析中的广义力矩研究[J]. 铁道学报, 2007, 29(1): 77-81.

[19] 倪元增, 钱寅泉. 弹性薄壁梁桥分析[M]. 北京: 人民交通出版社, 2000.

[20] 蔺鹏臻, 周世军, 刘凤奎. 抛物线型剪滞翘曲位移函数引起的附加轴力分析[J]. 工程力学, 2010, 27(8): 90-93, 119.

[21] 张元海, 林丽霞. 薄壁箱梁剪力滞效应分析的初参数法[J]. 工程力学, 2013, 30(8): 205-211.

[22] 马兆云, 张元海. 薄壁箱梁剪滞效应一维有限元分析[J]. 兰州交通大学学报, 2006, 25(4): 5-9.

[23] 张元海, 白昕, 林丽霞. 箱形梁剪力滞效应的改进分析方法研究[J]. 土木工程学报, 2012, 45(11): 153-158.

[24] 张士铎, 邓小华, 王文州. 箱形薄壁梁剪力滞效应[M]. 北京: 人民交通出版社, 1998.

[25] 蔺鹏臻, 周世军. 基于剪切变形规律的箱梁剪力滞效应研究[J]. 铁道学报, 2011, 33(4): 100-104.

[26] 程翔云. 梁桥理论与计算[M]. 北京: 人民交通出版社, 1990.

[27] 罗旗帜. 薄壁箱形梁剪力滞计算的梁段有限元法[J]. 湖南大学学报, 1991, 18(2): 33-38, 55.

[28] 张士铎, 刘吉柱. 单室薄壁梯形箱梁的畸变应力[J]. 北京工业大学学报, 1987, 13(1): 79-92.

[29] Hibbeler R C. Mechanics of Materials[M]. 8th ed. 北京: 机械工业出版社, 2013.

[30] 雒敏, 蔺鹏臻, 孙理想. 单箱双室箱梁的剪力滞效应分析[J]. 力学与实践, 2013, 35(6): 70-74.

[31] 张元海, 李琳, 林丽霞, 等. 以附加挠度作为广义位移时薄壁箱梁剪力滞效应的梁段有限

元分析[J]. 土木工程学报, 2013, 46(10): 100-107.
[32] 程翔云. 双室箱梁顶板的横向计算研究[J]. 中国公路学报, 1996, 9(4): 65-69.
[33] 蔺鹏臻, 阳放, 雒敏, 等. 单箱双室箱梁对称弯曲时的局部扭转效应[J]. 建筑结构学报, 2017, 38(7): 68-77.

第3章 基于空间多维侵蚀特性的混凝土箱梁碳化机理

混凝土结构耐久性因涉及结构安全、适应性和耐久性,已成为工程界关注的重点问题。影响混凝土结构耐久性的最突出问题是钢筋的锈蚀,而在一般大气环境条件下,碳化是引起钢筋锈蚀的主要原因。一旦碳化,混凝土中微细孔及微裂缝中溶液的 pH 会降低到阈值,混凝土中的钢筋将脱钝锈蚀。钢筋锈蚀不仅减小了钢筋的有效面积,生成的锈蚀产物还会使钢筋体积膨胀,引起保护层开裂或脱落,进而导致黏结力减小,发生结构耐久性和承载力降低等一系列不良后果。

与实心截面梁不同,箱梁是由顶板、底板和腹板构成的空间薄壁结构,大气中的 CO_2 等从箱梁外壁和内壁向箱梁各混凝土板的内部扩散时,外界环境因素(温度、湿度等)在混凝土箱梁外侧和内壁不同部位存在显著差异,使 CO_2 在箱梁内外的分布和侵入具有多维性和多向性。采用传统的以实心构件或结构建立的理论模型和分析方法无法考虑箱梁特殊的构造形式对侵蚀劣化的影响。因此,本章以我国公路和铁路中常见的混凝土箱梁为例,进行混凝土箱梁碳化规律分析,开展基于空间多维侵蚀特性的混凝土箱梁碳化机理研究,这对混凝土箱梁结构的耐久性研究具有重要意义。

3.1 混凝土碳化的基本理论

3.1.1 混凝土碳化机理

碳化指空气中的 CO_2 等酸性气体与混凝土中的液相碱性物质发生反应,造成混凝土碱性下降和混凝土中化学成分改变的中性化反应过程。由于混凝土是一种多孔材料,其内部存在大小不同的毛细管、孔隙、气泡,甚至缺陷,空气中的 CO_2 气体渗透到混凝土的孔隙中,与孔隙中的可碳化物质发生化学反应。混凝土的碳化可用下列化学方程式表示:

$$CO_2 + H_2O \longrightarrow H_2CO_3 \tag{3.1}$$

$$Ca(OH)_2 + H_2CO_3 \longrightarrow CaCO_3 + 2H_2O \tag{3.2}$$

$$3Ca \cdot 2SiO_2 \cdot 3H_2O \longrightarrow 3CaCO_3 + 2SiO_2 + 6H_2O \tag{3.3}$$

$$2CaO \cdot SiO_2 \cdot 4H_2O + H_2CO_3 \longrightarrow 2CaCO_3 + 2SiO_2 + 6H_2O \tag{3.4}$$

碳化反应进程可分为三个步骤，第一步是 CO_2 溶于孔隙水形成碳酸，第二步是碳酸与水化物质反应生成碳酸钙，第三步是固体 $Ca(OH)_2$ 溶出。其具体过程如图 3.1 所示。混凝土碳化的速度主要取决于化学反应的速度、CO_2 向混凝土内扩散的速度和 $Ca(OH)_2$ 的扩散速度，其中 CO_2 向混凝土内扩散的速度是主要因素。

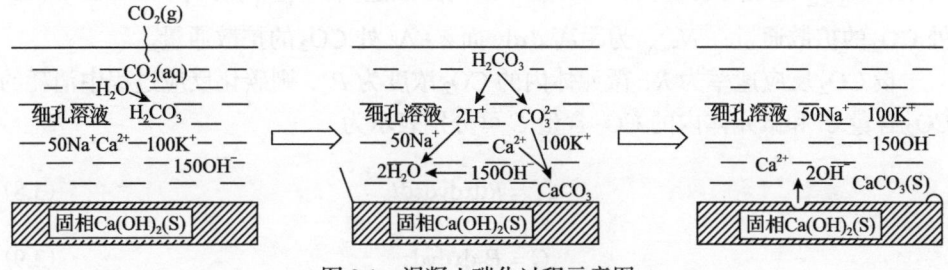

图 3.1 混凝土碳化过程示意图

3.1.2 碳化控制微分方程

对于图 3.2 所示的混凝土碳化侵蚀问题，根据质量守恒定律，取一碳化微元体（图 3.3）进行分析，假设微元体各边边长分别为 dx、dy、dz，则有

$$C = C_{in} + C_{out} + C_r \tag{3.5}$$

式中：C 为通过微元体内的 CO_2 含量；C_{in} 为进入微元体的 CO_2 含量；C_{out} 为流出微元体的 CO_2 含量；C_r 为消耗的 CO_2 含量。

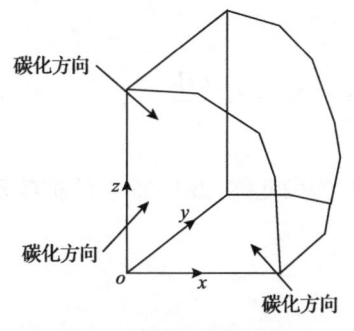

图 3.2 混凝土碳化示意图   图 3.3 混凝土微元体

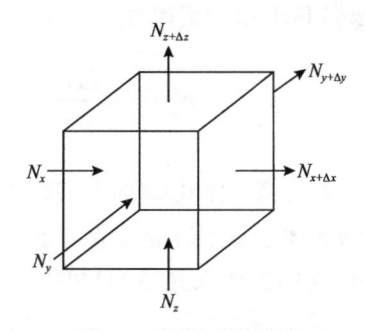

当假定 CO_2 在混凝土各表面的扩散通量为 N_x、N_y、N_z 后，进入混凝土微元体内的 CO_2 含量可进一步表示为

$$C_{in} = C_x + C_y + C_z = N_x \mathrm{d}y\mathrm{d}z\mathrm{d}t + N_y \mathrm{d}x\mathrm{d}z\mathrm{d}t + N_z \mathrm{d}x\mathrm{d}y\mathrm{d}t \tag{3.6}$$

式中：N_x 为距离 $dydz$ 面 x 处 CO_2 的扩散通量；N_y 为距离 $dzdx$ 面 y 处 CO_2 的扩散通量；N_z 为距离 $dxdy$ 面 z 处 CO_2 的扩散通量。

同理，流出微元体的 CO_2 含量也可以表示为

$$C_{out} = C_{x+\Delta x} + C_{y+\Delta y} + C_{z+\Delta z} = N_{x+\Delta x}dydzdt + N_{y+\Delta y}dxdzdt + N_{z+\Delta z}dxdydt \tag{3.7}$$

式中：$N_{x+\Delta x}$ 为距离 $dydz$ 面 $x+\Delta x$ 处 CO_2 的扩散通量；$N_{y+\Delta y}$ 为距离 $dzdx$ 面 $y+\Delta y$ 处 CO_2 的扩散通量；$N_{z+\Delta z}$ 为距离 $dxdy$ 面 $z+\Delta z$ 处 CO_2 的扩散通量。

设 CO_2 反应速率为 R，微元体内的 CO_2 浓度为 P_C，则碳化反应过程中消耗的 CO_2 含量 C_r 和微元体内的 CO_2 含量 C 可分别表示为

$$C_r = Rdxdydzdt \tag{3.8}$$

$$C = P_C dxdydz \tag{3.9}$$

将式(3.6)~式(3.8)代入式(3.5)，整理得

$$\frac{dP_C}{dt} = \frac{N_x - N_{x+\Delta x}}{dx} + \frac{N_y - N_{y+\Delta y}}{dy} + \frac{N_z - N_{z+\Delta z}}{dz} - R \tag{3.10}$$

用微分形式表示为

$$\frac{\partial P_C}{\partial t} = \frac{\partial N_x}{\partial x} + \frac{\partial N_y}{\partial y} + \frac{\partial N_z}{\partial z} - R \tag{3.11}$$

根据 Fick 第一定律有

$$N_x = D_x \frac{\partial P_C}{\partial x}, \quad N_y = D_y \frac{\partial P_C}{\partial y}, \quad N_z = D_z \frac{\partial P_C}{\partial z} \tag{3.12}$$

式中：D_x 为微元体 $dydz$ 面上的扩散系数；D_y 为微元体 $dxdz$ 面上的扩散系数；D_z 为微元体 $dxdy$ 面上的扩散系数。

将式(3.12)代入式(3.11)可得

$$\frac{\partial P_C}{\partial t} = D_x \frac{\partial^2 P_C}{\partial x^2} + D_y \frac{\partial^2 P_C}{\partial y^2} + D_z \frac{\partial^2 P_C}{\partial z^2} - R \tag{3.13}$$

假设将混凝土材料近似为均匀体，此时 CO_2 在混凝土内的扩散可视为各向同性，于是有 $D_x = D_y = D_z = D$，因此式(3.13)可进一步简化为

$$\frac{\partial P_C}{\partial t} = D\left(\frac{\partial^2 P_C}{\partial x^2} + \frac{\partial^2 P_C}{\partial y^2} + \frac{\partial^2 P_C}{\partial z^2}\right) - R \tag{3.14}$$

引入拉普拉斯算子,即

$$\nabla = \frac{\partial^2}{\partial x^2} + \frac{\partial^2}{\partial y^2} + \frac{\partial^2}{\partial z^2} \tag{3.15}$$

此时,式(3.14)可以简化为

$$\frac{\partial P_C}{\partial t} = D\nabla P_C - R \tag{3.16}$$

结合式(3.16),根据混凝土结构所处的环境条件,可由混凝土内部 CO_2 的分布特征研究混凝土碳化锋面的 CO_2 浓度,计算混凝土内部的碳化情况,进而确定混凝土的碳化深度。

3.1.3 混凝土碳化模型

混凝土碳化过程是一个复杂的变化过程,受各种内外环境条件的影响[1-3]。因此,为了能准确分析混凝土碳化过程,需要进行大量的碳化试验,并通过试验找到各影响因素与混凝土碳化之间的影响关系,进而对混凝土碳化深度进行合理、准确的预测。近年来,国内外学者通过大量的理论和试验研究,提出了大量关于混凝土碳化深度的预测模型[4-6]。其中,有基于扩散理论建立的理论模型;有基于混凝土特征的经验模型,如水灰比模型和强度模型等;有基于扩散理论和试验结果的碳化模型等。

目前的研究一般认为混凝土碳化深度与碳化时间的平方根成正比,即有

$$X_c = K\sqrt{t} \tag{3.17}$$

式中:X_c 为碳化深度;K 为碳化系数;t 为碳化时间,年。

在式(3.17)的基础上,进一步考虑碳化的其他影响因素,构成了新的预测模型。

1. 理论修正模型

比较经典的模型有基于 Fick 定律的碳化模型和 Papadakis 碳化理论模型。基于 Fick 定律的碳化模型表达式为

$$X_c = K\sqrt{t} = \sqrt{\frac{2D_e C_0}{m_0}}\sqrt{t} \tag{3.18}$$

式中:X_c 为碳化深度,mm;K 为碳化系数;t 为碳化时间,年;D_e 为 CO_2 在混凝

土中的有效扩散系数；C_0 为环境中 CO_2 的浓度；m_0 为单位体积混凝土吸收 CO_2 的量。

式(3.18)定义了反应扩散能力的有效扩散系数和单位吸收量，但实际参数 D_e 和 m_0 定义不明且计算过程复杂，该类模型一般只用于理论方面的研究。

Papadakis 碳化理论模型表达式如下：

$$X_c = \sqrt{\frac{2D_e^c C_0}{C_{Ca(OH)_2} + 3C_{CSH} + 3C_{C_3H} + 2C_{C_2S}}} \sqrt{t} \tag{3.19}$$

式中：C_0 为环境中 CO_2 的浓度；$C_{Ca(OH)_2}$ 为 $Ca(OH)_2$ 中可碳化物质的浓度；C_{CSH} 为 CSH 中可碳化物质的浓度；C_{C_3H} 为 C_3H 中可碳化物质的浓度；C_{C_2S} 为 C_2S 中可碳化物质的浓度。

当采用普通硅酸盐水泥时，式(3.19)可进一步简化为

$$X_c = \sqrt{\frac{2D_e(C_0/100)}{0.33CH + 0.214CSH}} \sqrt{t} \tag{3.20}$$

式中：CH 为 $Ca(OH)_2$ 的含量；CSH 为水化硅酸钙的含量。

该简化式对普通硅酸盐水泥混凝土碳化深度的计算比较适用，对于其他品种水泥的计算尚需修正与扩展。

2. 基于水灰比的经验模型

基于水灰比的经验模型中比较有代表性的是日本混凝土配合比设计规范模型，其表达式为

$$x = \sqrt{\frac{(w/c - 0.25)^2}{0.3(1.15 + 3w/c)^{t_0}}} \sqrt{t} \tag{3.21}$$

式中：t_0 为混凝土养护龄期；w/c 为材料水灰比。

由于混凝土水灰比与碳化的物理及化学过程有着直接的联系，碳化速度与水灰比相关性很高，这一模型有一定的工程实用价值。但在实际中，水灰比不能全面反映混凝土的质量，实际效用有限；而且在实际工程应用中，水灰比很难确切测得。

3. 基于混凝土抗压强度的碳化模型

基于混凝土抗压强度的碳化模型有牛获涛模型和中国科学院模型。牛获涛模型的表达式为

$$X(t) = 2.56 K_{mc} K_j K_{CO_2} K_p K_s \sqrt[4]{T}(1-RH) \cdot RH \left(\frac{57.94}{f_{cu}} m_c - 0.76\right) \sqrt{t} \tag{3.22}$$

式中：K_{mc}为计算模式不定性随机变量；K_j为角部修正系数；K_{CO_2}为CO_2浓度修正系数；K_p为浇筑面修正系数；K_s为工作应力修正系数；T为年平均温度；RH为环境相对湿度；f_{cu}为混凝土立方体抗压强度标准值，MPa；m_c为混凝土立方体抗压强度平均值和标准值的比值。

4. 基于扩散理论和试验结果的碳化模型

同济大学的张誉和刘亚芹各自结合了理论与试验结果，在一定程度上弥补了上述模型的不足。张誉的模型如式(3.23)所示：

$$X_c = 839(1-\text{RH})^{1.1}\sqrt{\frac{W/(\gamma_C C)-0.34}{\gamma_{HD}\gamma_C C}}C_0\sqrt{t} \tag{3.23}$$

式中：RH为环境相对湿度，当RH>55%时有效；W为水含量；C为每立方米水泥用量；γ_C为水泥影响系数；γ_{HD}为环境相对湿度对碳化影响系数。

刘亚芹的模型为

$$X_c = 839K_{RH}K_{CO_2}K_T K_S(1-\text{RH})^{1.1}\sqrt{\frac{W/C-0.34}{C}}\sqrt{t} \tag{3.24}$$

式中：K_{RH}为环境湿度的影响系数；K_{CO_2}为CO_2浓度修正系数；K_T为环境温度的影响系数；K_S为混凝土应力状态的影响系数。

3.2 基于大样本多元非线性回归分析的混凝土箱梁碳化预测模型

3.2.1 不同湿度区间对应的碳化系数表达式建立

1. 碳化系数变量的选择及数据处理

采用多元非线性回归分析碳化系数时，碳化系数为因变量，能够影响混凝土耐久性的因素有熟料含量、水灰比(水胶比)、固化条件、温度、相对湿度、CO_2浓度、坍落度、28d抗压强度、固化时间、压实方式、是否暴露于盐类环境、暴露环境等级以及是否有防雨水措施等。

针对上述自变量，考虑到建模的需要，除温度、CO_2浓度等的数据可以直接使用外，有些自变量需经过编码后才能使用。其中，正常压实和自密实混凝土分别编码为1和-1；如果暴露的混凝土有雨水保护措施，则编码为1，否则编码为-1；《混凝土第1部分：规范、性能、生产和符合性》(BS-EN 206-1：2000)对碳化环境的作用等级分为四类，如表3.1所示。建模时依次将环境暴露等级编码为1~4。

表 3.1 EN206-1-2000 对碳化环境作用的划分

环境类别	作用等级	环境情况	依据
碳化腐蚀	XC1	干燥或静水永久浸没	干湿交替、含水状态
	XC2	潮湿,很少干燥	
	XC3	中等潮湿	
	XC4	干湿交替	

共调查统计了 1834 组无应力状态下的实测数据[7-24],其中 965 组为暴露于自然条件下的碳化数据。在所有选取的数据中,剔除异常值后,CO_2 的最低、最高浓度分别为 0.03%、20%;相对湿度介于 46%～83%;28d 抗压强度为 7.72～68.9MPa;粉煤灰的最大掺量为 50%;压实方式有正常压实和自密实两种;混凝土的最短、最长固化时间分别为 1d、169d;环境作用等级的编码范围为 1～4。

由于每篇文献的研究内容不尽相同,完整的试验数据针对另一项研究时部分信息可能会缺失,常用的处理方法是个案剔除法,优点是所有数据均为原始数据,若缺失值所占比例在 5%以下,该方法将十分有效,缺点是要减少样本量来换取完备信息。当缺失数据较多时,个案剔除法将不再适用,可以通过均值替换法,用所有数据的均值来填充缺失变量值,该方法的缺点是会导致变量的方差和标准差变小。其他复杂插补方法可能会在统计学意义上获得更为理想的效果,但针对碳化系数的回归分析,可能会造成数据的扭曲而导致拟合结果失真。本章数据不全的样本占 7.08%,因此采用均值替换法补全样本。为确保统计数据的真实合理,需要删除明显异常的数据,针对本章的研究内容,认为标准差与均值的偏差超过 3 的数据存在异常,需删除,共占整个样本的 13.72%。

荷载作用下的碳化试验数据共 181 组[25-29](其中拉应力状态下的数据有 123 组,压应力状态下的数据有 58 组),应力比介于 0.05～0.8。其中拉、压应力比的均值分别为 0.442、0.409。为确保统计数据的真实合理,将标准差与均值偏差超过 0.1 的数据删除。最终删除的拉、压应力数据分别占整个样本的 25%、13.7%。

混凝土的孔隙溶液是发生碳化的场所,其液相环境的形成与混凝土暴露条件的相对湿度直接相关。当空气相对湿度低时,孔隙水的饱和度不足,从而促进了 CO_2 的迁移。若相对湿度较高,饱和度较大的孔隙水阻碍了 CO_2 的扩散,减缓了混凝土的碳化速率,da Silva 等[23]发现混凝土在饱和溶液中几乎不会被碳化。因此,理论上湿度的存在能够使碳化速率达到最大的极值点。文献[30]表明,70%是碳化的最佳湿度。为了使获得的混凝土碳化系数估算模型更具有鲁棒性,可依据混凝土暴露环境中的相对湿度将碳化系数的统计分析划分为两个区间段。将暴露于相对湿度低于 70%的混凝土认为处在碳化速率增长区,反之则认为处于下降区。

2. 相对湿度低于70%时混凝土碳化系数表达式

表 3.2 给出了相对湿度低于 70%时变量特征统计。

表 3.2　相对湿度低于 70%的变量特征统计表

项目	CO₂浓度/%	相对湿度/%	温度/℃	水灰比	28d 抗压强度/MPa	固化天数/d
均值	5.72	67.24	17.98	0.52	38.81	31.15
范围	0.02～20	40～70	13～45	0.35～0.96	9.3～66	1～191

项目	粉煤灰掺量/%	压实方式	暴露于盐类	有无防水	暴露等级
均值	10	1	−1	−1	2
范围	0～70	−1～1	−1～1	−1～1	1～4

通过曲线估计分析了各自变量与因变量的拟合度，并依据产生最大 R^2 的线形确定碳化系数模型中对应自变量的方次。结果表明，能够对混凝土碳化系数 K 产生较大影响的变量分别为 CO_2 浓度 C_0、28d 抗压强度 f_c、相对湿度 RH、环境作用等级 X、固化天数 D、温度 T 以及粉煤灰掺量 FA，各自变量与碳化系数 K 的最大相关性如图 3.4 所示。

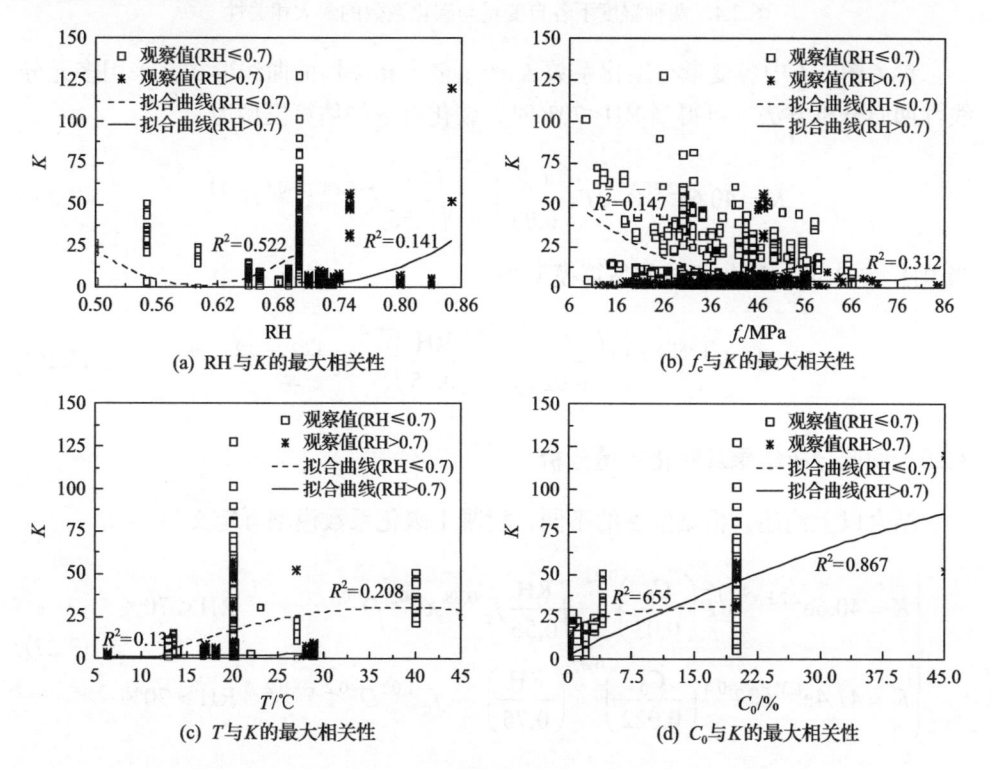

(a) RH 与 K 的最大相关性

(b) f_c 与 K 的最大相关性

(c) T 与 K 的最大相关性

(d) C_0 与 K 的最大相关性

· 92 ·　　　　　　　　　　　混凝土箱梁的力学特性与耐久性

(e) FA 与 K 的最大相关性

(f) X 与 K 的最大相关性

(g) D 与 K 的最大相关性

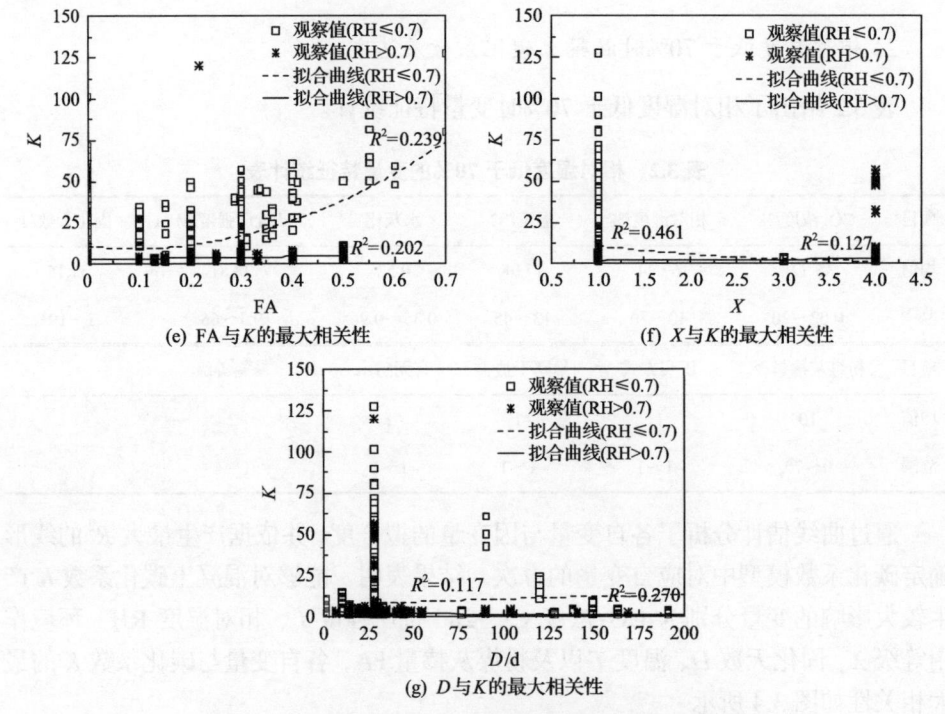

图 3.4　两种湿度下各自变量与碳化系数的最大相关性

参考图 3.4 中各变量与碳化系数 K 产生最大相关性的曲线形式,采用多元分线性回归分析方法,可得当 RH<70% 时,碳化系数的估算模型为

$$K = 40.6\mathrm{e}^{2.2\mathrm{FA}^2}\sqrt{T}\left(\frac{C_0}{0.03}\right)^{0.23}\sqrt{\frac{\mathrm{RH}}{0.56}}f_\mathrm{c}^{-0.88}X^{-0.5}D^{-0.1} \tag{3.25}$$

当 RH≥70% 时,碳化系数的估算模型为

$$K = 41.4\mathrm{e}^{1.35\mathrm{FA}}T^{0.4}\left(\frac{C_0}{0.022}\right)^{0.42}\left(\frac{\mathrm{RH}}{0.75}\right)^{-0.2}f_\mathrm{c}^{-1.02}D^{-0.2}X^{-0.2} \tag{3.26}$$

3.2.2　回归分析结果及碳化定量分析

结合以上论述,根据湿度的不同,混凝土碳化系数模型可定义为

$$\begin{cases} K = 40.6\mathrm{e}^{2.2\cdot\mathrm{FA}^2}\sqrt{T}\left(\dfrac{C_0}{0.03}\right)^{0.23}\sqrt{\dfrac{\mathrm{RH}}{0.56}}f_\mathrm{c}^{-0.88}X^{-0.5}D^{-0.1} & \mathrm{RH}\leqslant 70\% \\ K = 41.4\mathrm{e}^{1.35\mathrm{FA}}T^{0.4}\left(\dfrac{C_0}{0.022}\right)^{0.42}\left(\dfrac{\mathrm{RH}}{0.75}\right)^{-0.2}f_\mathrm{c}^{-1.02}D^{-0.2}X^{-0.2} & \mathrm{RH}>70\% \end{cases} \tag{3.27}$$

结合式(3.27)，混凝土的碳化寿命估算模型可表达为

$$X_c = K\sqrt{t} \tag{3.28}$$

为了定量分析各参数在碳化中的具体作用，引入碳化贡献系数 $K_i=m_i$，以 RH 为例，该变量的混凝土碳化贡献系数 K_i 可表达为

$$\begin{cases} K_i = \sqrt{RH/0.56} & RH \leqslant 70\% \\ K_i = \dfrac{1}{(RH/0.75)^{0.2}} & RH > 70\% \end{cases} \tag{3.29}$$

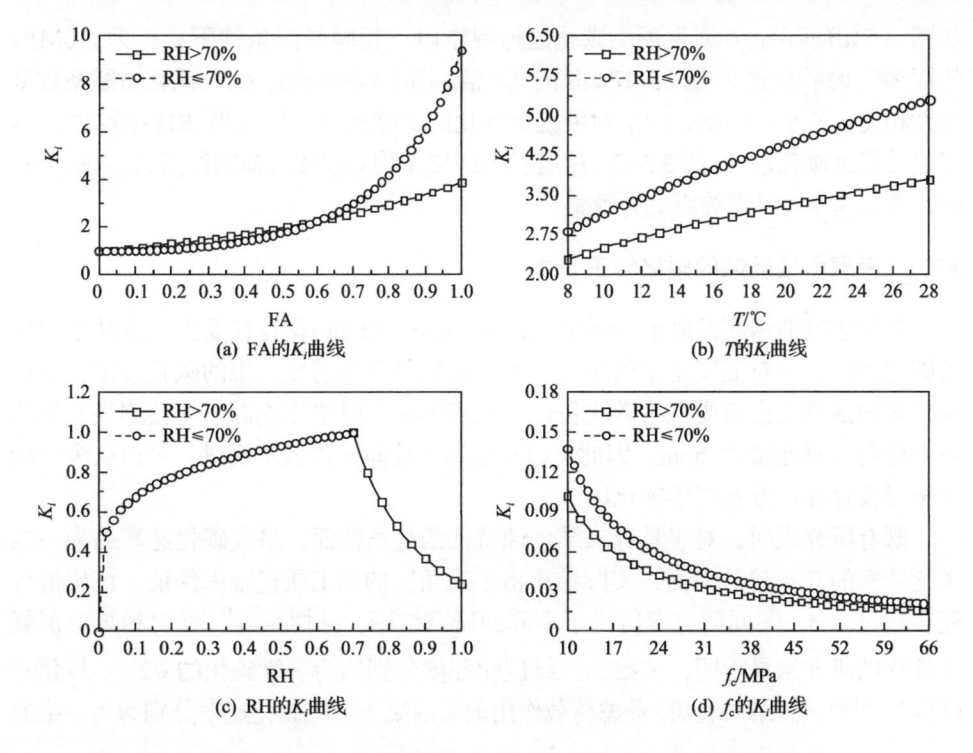

图 3.5 为各变量碳化贡献系数 K_i 的影响曲线。由图可知，FA、T、RH、f_c、C_0、D 和 X 均可对混凝土碳化产生重大影响。图 3.5(a)表明，FA 对碳化贡献系数的影响曲线呈指数分布，碳化贡献系数随 FA 的增大逐渐增大。当 RH ≤ 70% 时，碳化贡献系数对 FA 的变化更敏感；当 FA 小于 0.2 时，该参数几乎对碳化没有影响。由图 3.5(b)可知，T 对暴露在高 RH 和低 RH 环境下的碳化影响具有相同的促进作用，28℃时的碳化速率为 8℃的 1.41~1.82 倍。图 3.5(c)表明，低 RH 对碳化的影响非常敏感，当 RH 为 70% 时，相同结构的碳化速率比 RH 为 10% 时快约 1.5 倍；当 RH 高于 75% 时，湿度将抑制碳化；混凝土碳化的最佳 RH 在 56%~75%。

(a) FA 的 K_i 曲线

(b) T 的 K_i 曲线

(c) RH 的 K_i 曲线

(d) f_c 的 K_i 曲线

(e) C_0 的 K_i 曲线

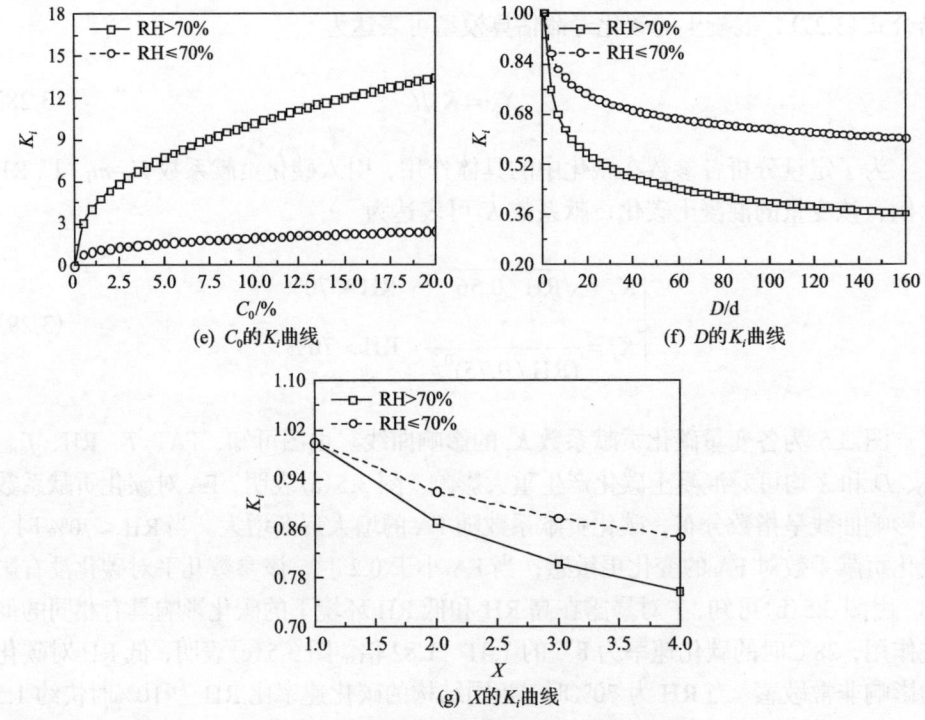

(f) D 的 K_i 曲线

(g) X 的 K_i 曲线

图 3.5 各变量碳化贡献系数 K_i 的影响曲线

如图 3.5(d)所示，f_c 对混凝土碳化起抑制作用。相同暴露条件下，f_c 为 10MPa 的混凝土的碳化速率是 65MPa 时的 4.9 倍。图 3.5(e)表明，C_0 与碳化贡献系数呈线性相关，若 RH≤70%，C_0 对混凝土碳化的贡献有限，但是当 RH>70%时，C_0 将显著促进碳化速率。图 3.5(f)、(g)表明，D 与 X 均对碳化起抑制作用，当 RH>70%时，碳化速率对暴露等级更为敏感。

3.2.3 考虑多维侵蚀的碳化修正公式

实际服役的钢筋混凝土(reinforced concrete, RC)结构往往受到二维甚至三维的碳化侵蚀。针对混凝土箱梁结构，角部区域通常会遭受二维的碳化侵蚀，而梁端角区的混凝土会遭受三维碳化侵蚀，但实际施工时梁体端部一般会刷满聚氨酯防水涂料，厚度超过 2mm。因此，CO_2 在梁体轴向的扩散不明显，可以认为混凝土箱梁仅存在一维及二维碳化区。

既有研究表明，对于具有二维侵蚀特征的直角截面，最大碳化速率约为一维碳化速率的 1.4 倍。然而，实际结构由于边角区的施工质量难以保证，该比值可能会超过 1.4。不同研究者得出了不同的研究结论，陈树东等[31]针对粉煤灰混凝土碳化的研究结果表明，二维、三维碳化深度分别约为一维碳化的 $\sqrt{2}$、$\sqrt{3}$ 倍；阮欣等[32]的试验结果表明，考虑荷载作用前后混凝土二维碳化速率分别约为一维的

1.5、1.625 倍；张云升等[33]发现粉煤灰混凝土角区二维、三维的最小碳化值分别为一维的 1.18、1.61 倍；Pan 等[34]通过研究发现，二维碳化速率为一维的 1～1.27 倍；Saetta 等[35]的研究表明，二维碳化深度约为一维的 1.4 倍；Steffens 等[36]发现二维碳化深度为一维的 1.42 倍；屈文俊等[37]、Song 等[38]研究表明，混凝土的二维碳化速率约为一维的 $\sqrt{2}$ 倍。

由此可见，国内外学者的研究结果普遍认为混凝土的二维碳化速率约为一维的 1.4 倍。因此，本章在计算二维碳化区的侵蚀深度时，通过在原有一维模型的基础上乘以 1.4 的系数来获得二维碳化模型，如式(3.30)所示：

$$X_c = 1.4K\sqrt{t} \tag{3.30}$$

综上，考虑荷载及多维侵蚀的混凝土碳化寿命计算模型如表 3.3 所示。

表 3.3 混凝土碳化寿命计算公式汇总表

分类	计算式	备注
一维碳化	$X_c = K\sqrt{t}$ (式 3.28)	X_c 为碳化深度；K 为碳化系数；t 为碳化时间(年)
二维碳化	$X_c = 1.4K\sqrt{t}$ (式 3.30)	

3.2.4 模型验证

为了验证上述建立的碳化寿命计算模型的准确性，开展了 C50 混凝土箱梁快速碳化试验。试验梁长度为 60cm，梁顶宽 45cm，梁底宽 22cm，梁高 20cm，试验箱梁截面尺寸和测点布置如图 3.6 所示。混凝土材料组成及配合比如表 3.4 所示。

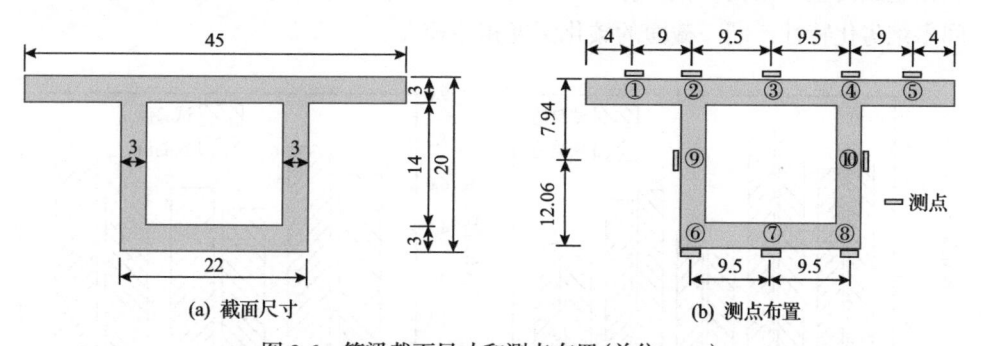

(a) 截面尺寸 (b) 测点布置

图 3.6 箱梁截面尺寸和测点布置(单位：cm)

表 3.4 混凝土材料组成及配合比

强度等级	水灰比	砂率/%	减水剂/%	各材料组成/(kg/m³)			
				水	水泥	砂子	碎石
C50	0.37	28	0.5	190	527	484	1245

依据上述材料配合比，设计制作了一批混凝土箱梁模型，模型成型过程如图3.7所示。将成型后的C50混凝土箱梁放置于湿度、温度和二氧化碳浓度分别为70%、20℃和20%的碳化箱内进行混凝土箱梁碳化试验，碳化时间为40d。

(a) 模板制作　　(b) 混凝土拌制　　(c) 浇筑　　(d) 成型

图3.7　模型制作与养护

结合上述混凝土箱梁碳化试验结果，图3.8给出了混凝土箱梁顶板、底板各测点的碳化深度试验值和表3.3中所列公式模型预测值的对比结果。从图3.8(a)中可知，箱梁顶板模型预测值与试验值偏差为0.28～0.54mm。顶板③号点(一维扩散点)的碳化深度最小；②号点及④号点处的二维扩散区较多，相对于③号点，碳化深度最大增加了57.4%。从图3.8(b)中可知，箱梁顶板模型预测值与试验值偏差分别为0.94mm、0.69mm和0.73mm，一维扩散区⑦号点的碳化深度最小，与二维扩散区⑥号点及⑧号点的碳化深度最大相差27.1%。从箱梁顶板、底板碳化深度试验值与预测值之间的偏差对比可知，底板预测值与试验值之间的偏差大于箱梁顶板，但最大偏差不超过1mm，表明本章建立的预测模型在模拟混凝土碳化方面精度较高。从箱梁各部位碳化深度分布结果可知，箱梁是由顶板、底板以及腹板组成的空间结构，截面存在大量角部二维扩散区，箱梁的碳化深度呈现出空间多维劣化特性，同一截面的碳化深度相差较大。

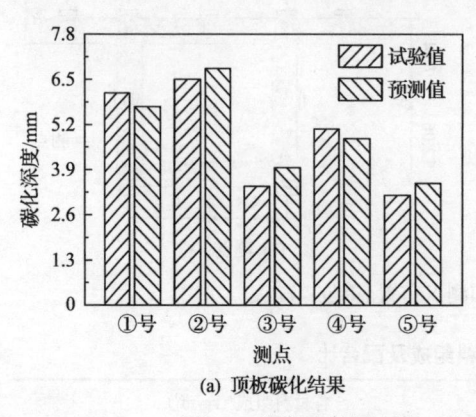

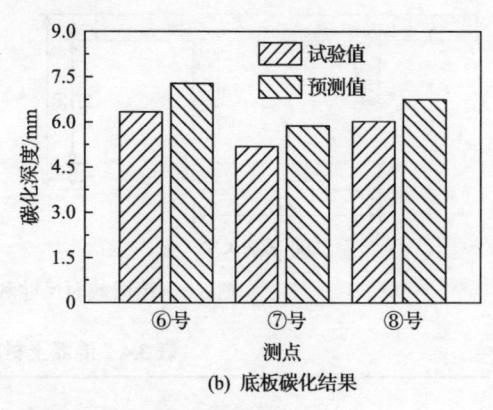

(a) 顶板碳化结果　　(b) 底板碳化结果

图3.8　混凝土箱梁顶板、底板碳化深度试验值与预测值对比

3.3 混凝土箱梁碳化试验

3.3.1 试验模型制作

在 CO_2 浓度相对较高的环境中，碳化腐蚀是混凝土结构破坏的主要原因之一。碳化作用同时会改变混凝土的微观结构，加速氯离子的扩散，使处于海洋大气环境中的混凝土结构加速腐蚀，使用寿命大大降低。在现有的国内外混凝土耐久性能研究中，涉及箱梁等复杂结构碳化问题的研究较少。与实心截面梁相比，箱梁碳化的特征具有几何和力学的空间多维性，为了研究混凝土箱梁碳化的侵蚀和劣化问题，本节设计了一系列模型碳化试验，以反映混凝土箱梁碳化后的劣化机理，即根据模型在不同 CO_2 浓度和不同碳化时间共同作用下的碳化深度，分析浓度和碳化时间对箱梁结构的碳化深度的影响，为后续荷载作用下的箱梁碳化研究提供理论支持与参考依据。

1. 试验材料的配合比

水泥是混凝土胶凝材料中最重要的组成部分，混凝土的质量在很大程度上取决于水泥浆的质量，试验时应按照规范及具体环境条件选择合适的水泥品种和强度等级。本项目试验所使用的水泥为甘肃祁连山水泥集团有限公司生产的 32.5 级普通硅酸盐水泥，其各项性能如表 3.5 所示，均满足标准要求。

表 3.5 32.5 级普通硅酸盐水泥性能指标

比表面积/ (m^2/kg)	安定性	细度/%	氯离子 含量/%	氧化镁 含量/%	凝结时间/min		抗压强度/MPa	
					初凝	终凝	3d	28d
320	合格	4	0.06	5	90	210	10	33

试验中所使用的砂子为天然河砂，细度模数为 2.15，级配良好，含泥量为 1.5%，表观密度为 2623kg/m^3，堆积密度为 1515kg/m^3，符合我国规范《建设用砂》(GB/T 14684—2022) 的规定。所使用的粗集料为质地坚固、线膨胀系数小的洁净碎石，考虑到设计的试验箱梁壁厚较小，采用粒径小于 5mm 的碎石，压碎指标为 7.0%，堆积密度为 1493kg/m^3。本试验采用的水为实验室普通自来水。

本试验设计箱梁采用的混凝土强度等级为 C30，使用 FDN 减水剂，掺量为水泥用量的 0.5%，经过试配试拌，混凝土配合比如表 3.6 所示。

表 3.6 混凝土配合比

水灰比	砂率/%	减水剂/%	各材料组成/(kg/m^3)			
			水	水泥	砂子	碎石
0.35	38	0.5	157	450	670	1095

2. 试验模型的设计、制备与养护

考虑到碳化试验箱体积较小（内部空间约为 83cm×62cm×60cm），同时参考实际工程中的箱梁，通过计算确定箱梁模型尺寸，如图 3.9 所示。以此为依据制作模板和浇筑模型，制作模板时，考虑到加工的便捷性和防止浇筑时模板发生变形，采用厚度为 15mm 的合成木板，制作成模板以供浇筑箱梁。将制作的混凝土箱梁依次编号为 1#、2#、3#、4#。

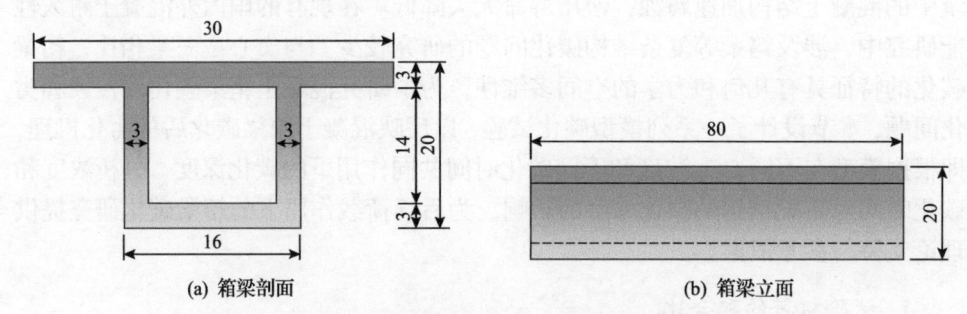

(a) 箱梁剖面　　　　　　(b) 箱梁立面

图 3.9　箱梁模型尺寸(单位：cm)

选用符合《混凝土试验用搅拌机》（JG 244—2009）规范的强制式搅拌机拌制混凝土。将砂子、水泥、碎石按上述的配合比准确称量，放入搅拌机中干拌 2min，然后加入拌和水搅拌 2min，制成混凝土拌合物。经过测量，新拌混凝土的坍落度和扩展度均在规定范围内，流动性较好。同时，参照《混凝土物理力学性能试验方法标准》（GB/T 50081—2019）规范，对按上述试验步骤制作的试验模型采用标准养护，成型后用聚乙烯塑料薄膜覆盖表面，静置两昼夜。拆模后放入温度为 (20±2)℃、相对湿度为 95%以上的标准养护室中养护 28d。待养护至加载龄期后进行混凝土箱梁碳化试验。

3.3.2　快速碳化试验

1. 试验工况

将试件分别碳化至 3d、7d、14d 及 28d 时取出，测量其碳化深度。考虑到本试验所用箱梁壁厚较小，当碳化时间较短时，碳化深度变化相对较小，测量所得结果的相对误差较大。为减小该误差，采用 14d 和 28d 作为碳化时间，同时设置 10%和 20%两种浓度，以此组合出四种试验工况，各参数如表 3.7 所示。

表 3.7　各工况试验参数

工况	湿度/%	反应时间/d	CO_2 浓度/%
工况 1	68	14	10

第3章 基于空间多维侵蚀特性的混凝土箱梁碳化机理

续表

工况	湿度/%	反应时间/d	CO_2浓度/%
工况2	68	28	10
工况3	68	14	20
工况4	68	28	20

将制作的混凝土箱梁1#、2#、3#和4#按试验要求依次放入北京首瑞测控技术有限公司生产的CCB-70F型混凝土碳化试验箱，对应上述四种工况并参照表3.4设置好设定试验参数。待箱梁达到反应时间后，将其从碳化试验箱中取出，分别从1/2跨与1/4跨处切割箱梁模型，清理切面使其保持平整及清洁；随后喷涂1%酚酞-酒精溶液指示剂，观察显色情况。

2. 碳化深度测量

测量时选择箱梁截面上具有代表性的一组点作为测点，如顶板、腹板中点和内外角部等，测点布置位置如图3.10所示。所有测点可分为一维碳化和二维碳化两类，用来研究混凝土在普通一维碳化作用下过渡到多维碳化作用下的反应情况。使用精度为0.2mm的游标卡尺在相应测点上量取碳化深度。

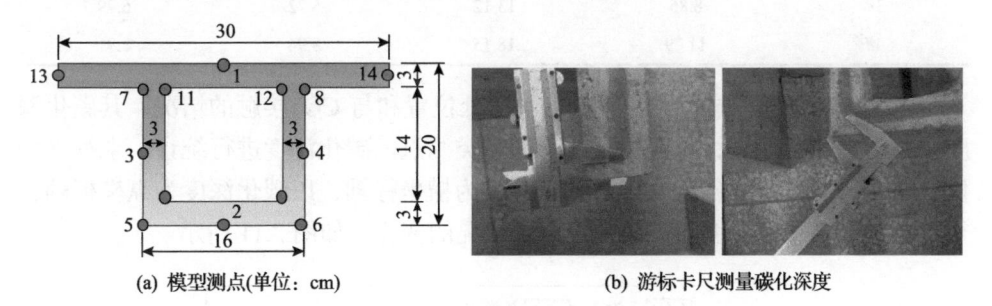

(a) 模型测点(单位：cm)　　　(b) 游标卡尺测量碳化深度

图3.10 箱梁模型尺寸及测点

根据箱梁截面不同位置及其扩散特性，将截面上各点的碳化数据归纳为如下4类。

(1) Ⅰ类点：各板中点(测点①、②、③、④)；
(2) Ⅱ类点：腹板-底板相交处外侧角部(测点⑤、⑥)；
(3) Ⅲ类点：顶板-腹板相交处外侧角部(测点⑦、⑧)；
(4) Ⅳ类点：箱梁内角部(测点⑨、⑩、⑪、⑫)。

待上述混凝土箱梁浸泡到试验终止时刻后，按照上述试验步骤，测量和统计所有混凝土箱梁不同时刻、不同位置的碳化深度试验数据。

3.3.3 结果整理与分析

当箱梁整体碳化程度较低时,顶板、底板和腹板只在单一方向受到 CO_2 的影响,可视为一维碳化。根据角部的混凝土表面与 CO_2 接触的情况以及对碳化深度所属区间显然可以看出,II 类点实际属于外角部,III、IV 类点属于内角部,这是因为试验时箱梁两端未封闭,CO_2 气体可以自由进入箱梁内部。另外,结合本试验具体情况,由于未施加荷载,1/2 跨与 1/4 跨处截面各部位的碳化情况在统计意义上没有显著差别。因此,可对 1/2 跨与 1/4 跨的测量数据求平均值,对测量结果进行统计分析。

1. 箱梁截面上各部位碳化深度对比

通过对上述试验进行统计分析与整理,得到了混凝土箱梁各部位平均碳化深度的试验值,结果如表 3.8 所示。

表 3.8 箱梁各部位的平均碳化深度　　　　　　(单位: mm)

箱梁编号	I 类点	II 类点	III 类点	IV 类点
1#	7.33	11.7	5.57	5.69
2#	9.52	14.72	7.40	7.40
3#	8.86	13.12	6.72	6.79
4#	11.79	18.15	8.94	8.91

由表 3.8 可知,这四类测点根据其所处位置和与 CO_2 接触的情况,其碳化深度呈现出规律性差异,将四种工况下的各类测点的碳化深度进行统计,求得平均值。将测得的数据以各工况以及测点分类为横坐标轴,以碳化深度为纵坐标轴,得到箱梁平均碳化深度随不同部位以及工况的变化,如图 3.11 所示。

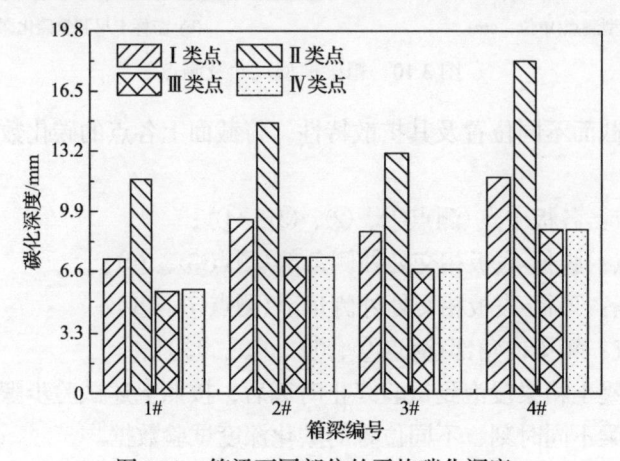

图 3.11 箱梁不同部位的平均碳化深度

由图 3.11 可知，箱梁外阳角部位碳化程度最高，碳化深度最大；阴角部位碳化程度最低，碳化深度最小；箱梁内倒角部位与外阴角部位的碳化程度较为接近。实际上，这是由于外阳角部位处于二维碳化状态，在两个方向都受到 CO_2 的影响，碳化程度较高；阴角部位在 45°斜方向上受 CO_2 作用相对较小，碳化程度较低。以各板中心处所测结果(一维碳化)的平均值作为基准数值，其余各部位试验结果与该基准值的比值如表 3.9 所示。

表 3.9　各部位碳化深度与基准值的比值

箱梁编号	Ⅱ类:Ⅰ类	Ⅲ类:Ⅰ类	Ⅳ类:Ⅰ类	Ⅱ类:Ⅲ类
1#	1.594	0.759	0.775	2.1
2#	1.556	0.782	0.782	1.99
3#	1.512	0.774	0.782	1.953
4#	1.581	0.779	0.776	2.03
平均值	1.56	0.77	0.78	2.02

由表 3.9 可以看出，该试验中外阳角部位的碳化深度与基准情况下的比值约为 1.56，略高于二维碳化的理论值 $\sqrt{2}$，这说明当混凝土构件在受到多维碳化时，产生的作用不是简单的几何叠加，之间还存在一定的交互作用；箱梁外阳角部位与阴角部位碳化深度的比值约为 2；箱梁内倒角部位与外阴角部位区域碳化深度基本相等。

2. CO_2 浓度对碳化深度的影响

在碳化反应中，CO_2 浓度在很大程度上影响着碳化速度，CO_2 浓度越高，相应的碳化速率就越大，理论上碳化速率与 CO_2 浓度的平方根成正比。在试验中，受到扩散系数、材料种类和操作过程的影响，浓度对速率的影响会在一定范围内波动。

对比箱梁模型 1#与 3#、2#与 4#，将 14d 和 28d 两段反应时间内 CO_2 浓度对碳化深度的影响列入表 3.10，同时表中给出了两种 CO_2 浓度作用下的碳化深度的比值。

表 3.10　CO_2 浓度对碳化深度的影响

测点	14d 碳化深度			28d 碳化深度		
	1#梁(10%)	3#梁(20%)	3#梁/1#梁	2#梁(10%)	4#梁(20%)	4#梁/2#梁
Ⅰ类点	7.33mm	8.86mm	1.21	9.52mm	11.79mm	1.24
Ⅱ类点	11.7mm	13.12mm	1.12	14.72mm	18.15mm	1.23

续表

测点	14d 碳化深度			28d 碳化深度		
	1#梁(10%)	3#梁(20%)	3#梁/1#梁	2#梁(10%)	4#梁(20%)	4#梁/2#梁
Ⅲ类点	5.57mm	6.72mm	1.21	7.4mm	8.94mm	1.21
Ⅳ类点	5.69mm	6.79mm	1.19	7.4mm	8.91mm	1.2
平均值			1.18			1.22

由表 3.10 可得，当反应时间为 14d 时，在 CO_2 浓度从 10%增大到 20%的情况下，碳化深度的增大倍数在 1.12～1.21，均值为 1.18；当反应时间为 28d 时，该倍数在 1.2～1.24，均值为 1.22。这是由于各类点的区别仅为所处部位不同，而当反应浓度和时间变化时，相应的碳化深度变化规律相似。

3. 碳化时间对碳化深度的影响

随着碳化反应的进行，混凝土中的 $Ca(OH)_2$ 等物质与 CO_2 发生反应，使混凝土局部收缩，孔隙率降低，而此时 CO_2 的扩散速度降低，相应的碳化过程减缓。箱梁模型 1#与 2#对比、3#与 4#对比，分别反映了 10%和 20%两种 CO_2 浓度下反应时间对碳化深度的影响。表 3.11 给出了两阶段碳化时间作用下碳化深度的比值。

表 3.11 碳化时间对碳化深度的影响

测点	CO_2 浓度为 10%			CO_2 浓度为 20%		
	1#梁(14d)	2#梁(28d)	2#梁/1#梁	3#梁(14d)	4#梁(28d)	4#梁/3#梁
Ⅰ类点	7.33mm	9.52mm	1.30	8.86mm	11.79mm	1.33
Ⅱ类点	11.70mm	14.72mm	1.26	13.12mm	18.15mm	1.38
Ⅲ类点	5.57mm	7.40mm	1.33	6.72mm	8.94mm	1.33
Ⅳ类点	5.69mm	7.40mm	1.30	6.79mm	8.91mm	1.31
平均值			1.30			1.34

由表 3.11 可知，在 CO_2 浓度为 10%的情况下，箱梁模型反应时间从 14d 增加到 28d 时，碳化深度的增大倍数在 1.26～1.33，平均值为 1.30；在 CO_2 浓度为 20%的情况下，该增大倍数在 1.31～1.38，平均值为 1.34；由一般碳化深度计算公式中深度与时间的平方根成正比可得该比值应为 $\sqrt{2}$，试验值比理论值略低。这一数值相对于浓度对深度的影响要大一些，表明在该快速碳化试验中碳化时间对碳化深度的影响大于浓度的影响。

3.4 基于热传导理论的碳化数值模拟

3.4.1 ANSYS 热分析过程的基础理论

1. ANSYS 热分析模块简介

ANSYS 是集结构、热分析、流体、电场、磁场、声场分析于一体的大型通用有限元分析软件。它的分析计算模块包括结构分析(可进行线性分析、非线性分析和高度非线性分析)、热分析、流体动力学分析、电磁场分析、声场分析、压电分析以及多物理场的耦合分析，可模拟多种物理介质的相互作用，具有灵敏度分析及优化分析能力。

ANSYS 中热传导问题的求解是对微分方程及其相关边界条件的有限元求解。热分析用于计算一个系统或部件的温度分布及其他热物理参数，如热量的获取或损失、热梯度、热流密度(热通量)等。ANSYS 热分析基于能量守恒原理的热平衡方程，用有限元法计算各节点的温度，并导出其他热物理参数。对于封闭的系统，根据热力学第一定律有

$$Q_H - W = \Delta U + \Delta KE + \Delta PE \tag{3.31}$$

式中：Q_H 为热量；W 为功；ΔU 为系统内能；ΔKE 为系统动能；ΔPE 为系统势能。

对于一般工程问题，通常系统不考虑动能和势能，因此对于稳态热分析，有 $Q_H = \Delta U = 0$，即在一个系统中出入的热量是守恒的；对于瞬态热分析，有 $q_r = dU/dt$，即系统的热传递速率 q_r 等于系统内能的变化。

对于一般的问题，利用瞬态热分析方法分析其温度场变量，$T(x,y,z,t)$ 满足微分方程：

$$\rho c \frac{\partial T}{\partial t} = \frac{\partial}{\partial x}\left(k_x \frac{\partial T}{\partial x}\right) + \frac{\partial}{\partial y}\left(k_y \frac{\partial T}{\partial y}\right) + \frac{\partial}{\partial z}\left(k_z \frac{\partial T}{\partial z}\right) + f \tag{3.32}$$

式中：ρ 为材料密度；c 为材料比热容；t 为时间；k_x、k_y、k_z 分别为材料沿 x、y、z 方向的热传导系数；f 为物体内部的热源。

初始条件：当 $t=0$ 时，$T=T_0$ 在整个区域上；边界条件：$T = \bar{T}$ 在整个边界上，其中 T_0 为物体初始温度，$\bar{T}$ 为边界上的已知温度。

由式(3.32)可知，物体升温所需要的热量与流入的热量及物体内部产热相平衡，等式左边是升温需要的热量，等式右边各项分别为由 x、y、z 方向流入的热量内部热源热量。

假设传热过程各向同性，即 $k_x = k_y = k_z = k$，则式(3.32)可简化为

$$\frac{\partial T}{\partial t} = a^2 \nabla T + f(x, y, z, t) \tag{3.33}$$

式中：∇ 为拉普拉斯算子；$a^2 = k/(c\rho)$，为导热系数，其中 k 为热传导系数。

2. ANSYS 稳态与瞬态传热分析

ANSYS 热分析分类包括：稳态传热和瞬态传热。稳态传热是指系统的温度场不随时间变化；瞬态传热是指系统的温度场随时间有明显变化。

热稳态问题需满足条件：

$$Q_{in} + Q_{gen} - Q_{out} = 0 \tag{3.34}$$

稳态分析的平衡方程化为矩阵形式为

$$[K]\{T\} = \{Q\} \tag{3.35}$$

式中：$[K]$ 为传导矩阵，包含导热系数、对流系数、辐射率及形状系数；$\{T\}$ 为节点温度列阵；$\{Q\}$ 为节点热流量向量。ANSYS 可通过模型相应的参数和边界条件生成 $[K]$、$\{T\}$ 和 $\{Q\}$。

瞬态传热过程一般指一个系统的加热或冷却过程。根据能量守恒原理，瞬态热分析的能量平衡矩阵表达式为

$$[C]\{\dot{T}\} + [T]\{T\} = \{Q\} \tag{3.36}$$

式中：$[T]$ 为比热矩阵；$\{\dot{T}\}$ 为温度矩阵的导数列阵，可根据材料热性能和几何参数等生成。

3. 热分析一般步骤

ANSYS 热分析模块共提供了约 40 种单元，其中包括热辐射单元、对流单元、特殊单元及耦合单元等，常用的热分析单元有 PLANE55 四节点四边形单元和 PLANE35 六节点三角形单元等。

ANSYS 热分析一般可分为以下步骤：①前处理建模；②施加荷载；③求解和后处理。计算完毕后将分析所得结果写入"*.rht"文件，文件包含的数据有节点温度、节点及单元的热流密度、节点及单元的热梯度、单元热流率、节点的反作用热流率等。可采用 POST1 后处理器，通过云图显示等方式查看结果。

3.4.2 碳化与热传导过程的相似性分析

根据混凝土碳化控制方程分析，混凝土碳化过程分析与热传导分析方程的各个物理量所表示的意义不同，但是在形式上十分接近。假设 CO_2 浓度为物体的温度，CO_2 的含量类比为热量，当物体间存在温度差异时，一般而言其热量将由温度较高的物体转移到温度较低的物体，直到二者温度相同。类比 CO_2 在混凝土中扩散的现象，CO_2 在混凝土表面聚集，初始时刻混凝土内部的 CO_2 浓度为 0，这样就会形成浓度差，CO_2 开始由边界向内部不断扩散。类比这两个方程，规定如下：

$$D = a^2 = \frac{k}{c\rho}, \quad -r = f(x,y,z,t) \tag{3.37}$$

式中：D 为 CO_2 反应速率；r 为扩散系数。则两个方程在形式上就可以统一起来，各系数对应关系如表 3.12 所示。

表 3.12 碳化过程控制方程与热传导方程对比表

碳化过程控制方程	热传导方程
$\frac{\partial P}{\partial t} = D\nabla P - r$	$\frac{\partial T}{\partial t} = a^2 \nabla T + f(x,y,z,t)$
P	T
$-r$	$f(x,y,z,t)$
D	$a^2 = \frac{k}{c\rho}$
t	t
P_0	$\overline{T}$
0	T_0

由表 3.12 可看出，二者表达式相似性很高，可采用 ANSYS 热分析模块对混凝土结构碳化过程进行计算机仿真模拟。

3.4.3 基于热传导理论的混凝土箱梁碳化模拟

1. 基本假定

以快速碳化试验中的箱梁模型作为研究对象，进行数值模拟分析，将结果与试验结果进行对照分析。建模前假定：①箱梁结构在长度方向上均匀分布；②CO_2 的扩散为各向同性；③边界 CO_2 浓度不随时间变化。

根据上述假定,箱梁的碳化完全可以简化成普通的二维平面问题。PLANE55 单元适用于二维稳态和瞬态热分析,有四个节点,每个节点上都只有一个温度自由度。当有两个节点发生重合时,能够形成三角形单元,不影响求解的结果。

2. 材料特性参数和初始条件的取值

参数取值主要注意两方面的内容,即材料特性参数和系统的初始条件参数。

1) 材料特性参数

根据前面混凝土碳化过程与热传导过程的相似性分析,混凝土材料密度和比热容 c 取值为 1。

CO_2 扩散系数的确定参照 Saetta 等[35]的研究成果,其表达式为

$$D_c = D_{c,0} F_1(T) F_2(H) F_3(\eta_c) \tag{3.38}$$

$$D_{c,0} = 8 \times 10^{-7} \left(\frac{w}{c} - 0.34 \right) (1 - H_r)^{2.2} \tag{3.39}$$

$$F_1 = \exp\left[\frac{E}{R} \left(\frac{1}{T_r} - \frac{1}{T} \right) \right] \tag{3.40}$$

$$F_2(H) = (1 - H)^{2.5} \tag{3.41}$$

$$F_3(\eta_c) = \begin{cases} 1 - 1.8/\eta & 0 < \eta_c \leqslant 0.9 \\ 0.5 & 0.9 < \eta_c \leqslant 1.0 \end{cases} \tag{3.42}$$

式中:H_r 为参照相对湿度;w/c 为水灰比;R 为摩尔气体常数,8.314J/(mol·K);T 为温度;T_r 为参考温度;H 为环境湿度;η_c 为结构碳化程度。

CO_2 反应速率 r 的取值要考虑温度、湿度和气体浓度等相关因素的影响,表达式为

$$r = r_0 f_1(T) f_2(H) f_3(C_0) f_4(\eta_c) \tag{3.43}$$

$$f_1(T) = e^{[-E/(RT)]} \tag{3.44}$$

$$f_2(H) = \begin{cases} 0 & 0 \leqslant H \leqslant 0.5 \\ 2.5(H - 0.5) & 0.5 < H \leqslant 0.9 \\ 1 & 0.9 < H \leqslant 1.0 \end{cases} \tag{3.45}$$

$$f_3(C_0) = \frac{C_0}{C_{\max}} \tag{3.46}$$

$$f_4(\eta_c) = 1 - \eta_c \tag{3.47}$$

式中：E 为碳化活化能，取 91.52kJ/mol；R 为摩尔气体常数，取 8.314kJ/(mol·K)；H 为环境湿度；C_0 为混凝土内自由 CO_2 浓度；$C_{\max}$ 为 CO_2 浓度最大值；η_c 为结构碳化程度。

2）初始条件参数

碳化过程的数值模拟计算需确定相应的边界条件，才可以实现对混凝土碳化反应过程的计算，主要的参数为环境中的 CO_2 浓度、温度和湿度。将 CO_2 浓度转换为质量浓度，由理想气体状态方程可得二者之间的关系为

$$n_{[CO_2]} = \frac{P_{[CO_2]}}{R_h T} \tag{3.48}$$

式中：$P_{[CO_2]}$ 为 CO_2 气体分压，常压取值为 $101325C_v$，其中 C_v 为 CO_2 气体体积百分比。

将各数值代入式(3.48)，得出温度为 273.5K 时 $n_{[CO_2]} = 44.6C_v$，代入 CO_2 的摩尔质量分数，得出 CO_2 标准大气压 101325Pa 时的质量浓度为

$$C_0 = n_{[CO_2]} 0.044 = 1.962 C_v \tag{3.49}$$

计算可得标准状态下（CO_2 浓度为 20%）质量浓度为 0.392kg/m^3。

使用有限元软件 ANSYS 对碳化试验中所使用的箱梁模型进行数值模拟，结合快速碳化的结果综合分析，作为对照以及模型校准。首先，需要计算碳化锋面的浓度，采用以下拟合公式：

$$\begin{cases} \overline{C} = \overline{C}_0 f(T) f(h) \\ f(T) = -0.042T + 1.789 \\ f(h) = -16.9h^2 + 20.5h - 4.74 \end{cases} \tag{3.50}$$

碳化锋面浓度是与温度、相对湿度有关系的参量，根据 3.3 节中的混凝土箱梁碳化试验，碳化箱设定的环境参数为温度(20 ± 2)℃、相对湿度(68 ± 2)%，通过计算得到本试验条件下碳化锋面浓度为 0.00125kg/m^3。通常所说的 CO_2 浓度为体积浓度，数值模拟时需要换算成质量浓度，因此上述试验条件下的 CO_2 浓度为 $0.18 \text{kg/m}^3 (10\%)$、$0.36 \text{kg/m}^3 (20\%)$。

3.4.4 混凝土箱梁数值模拟结果

根据上述的参数设置和相应边界条件，对 3.3 节中的混凝土箱梁模型进行数值模拟，模拟结果如图 3.12 所示。由图 3.12 可知，碳化反应是从混凝土与空气的接触面到混凝土的内部逐渐进行的。因为 CO_2 浓度在混凝土与空气的接触面上最大，并向着混凝土的内部逐渐减小，形成浓度梯度。从图 3.12 中还可以看到，随着时间的推移，反应程度会越来越大，碳化深度也会越来越大。碳化反应是逐渐向内部进行的。由图 3.12(d)易知，受二维碳化作用的 6 个角点，是整个箱梁截面上碳化反应程度最大的部位。

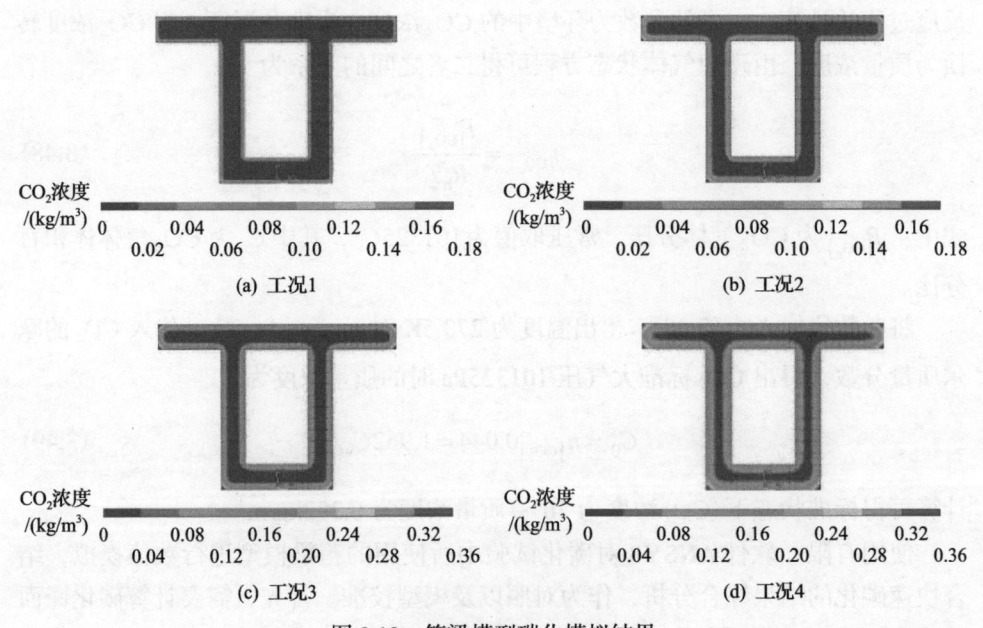

图 3.12 箱梁模型碳化模拟结果

图 3.13 为不同工况下箱梁各部位碳化深度数值模拟结果。对比图 3.11 和图 3.13 可知，数值模拟得出的各规律与碳化试验的统计规律基本一致。不同之处在于，由混凝土碳化试验结果可知，工况 2(10%+28d)与工况 3(20%+14d)的结果存在明显差异，而在数值模拟中，它们的碳化深度非常接近，这与相关理论的结论是相符的。由图 3.13 还可知，Ⅲ类、Ⅳ类点的碳化深度在数值模型里是完全一样的，而该两点的结果在试验中略有差别。在相同碳化时间、不同 CO_2 浓度的情况下，碳化结果的比值在 1.31~1.47，均值为 1.38。在相同 CO_2 浓度、不同碳化时间的情况下，该比值在 1.29~1.42，均值为 1.35，与一些文献中的范围相符，均略小于理论值 $\sqrt{2}$。

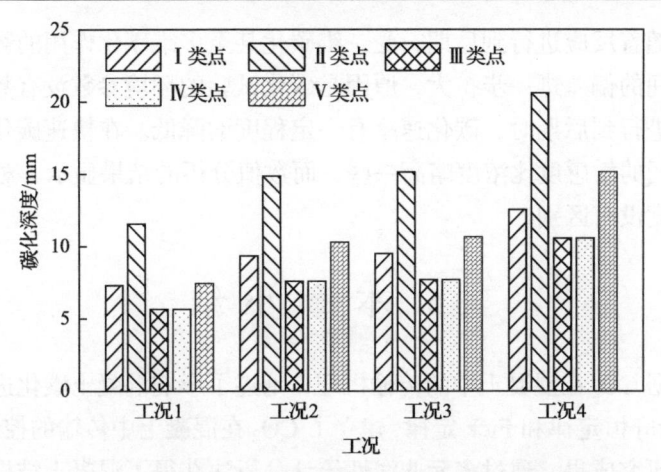

图 3.13　不同工况下箱梁各部位碳化深度数值模拟结果

图 3.14 为不同工况下箱梁各部位碳化深度数值模拟值与试验值的对比结果。由图可知，箱梁模型碳化深度碳化试验值与数值模拟值的相对偏差介于−1.20%～21.84%，四种工况下全部测点的偏差平均值为 8.1%。具体表现为，随着反应时间增加、CO_2 浓度增大，相对偏差也相应增大。此外，通过对比箱梁截面 V 类点的

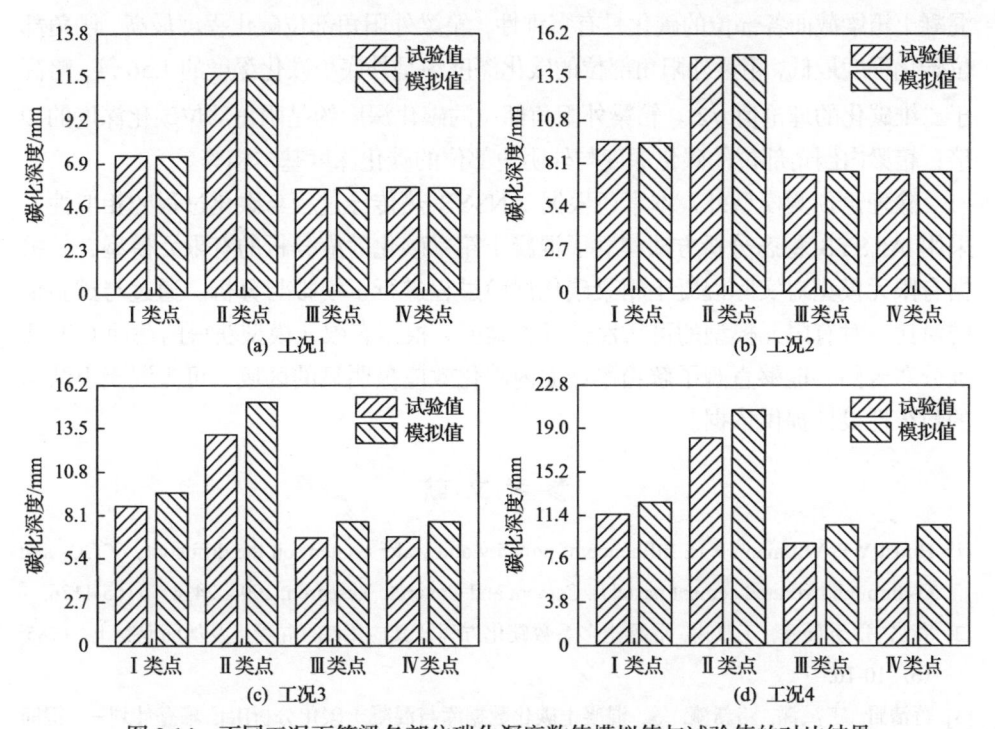

图 3.14　不同工况下箱梁各部位碳化深度数值模拟值与试验值的对比结果

数据可知，随着反应进行到后期，受二维碳化甚至多维碳化作用的影响，试验值与模拟值之间的偏差进一步扩大，原因是碳化试验的环境参数没有数值模拟那么理想，反应进行到后期时，碳化速率有一定程度的降低。在快速碳化试验中，碳化深度对时间的敏感度比浓度略高一些，而数值分析的结果显示，对CO_2浓度和时间的敏感度没有区别。

3.5 本章小结

本章根据CO_2在混凝土中的传输机理，阐述了影响混凝土碳化进程的影响因素。根据质量守恒定律和Fick定律，建立了CO_2在混凝土中传输的控制微分方程，并结合既有研究成果，通过多元非线性统计分析法获得了混凝土结构碳化寿命计算模型。根据试验数据回归结果，对影响混凝土碳化的各因素进行了定量分析，并在此基础上，进一步考虑混凝土箱梁的空间薄壁构造特征，对回归的碳化寿命计算模型进行了修正，建立了混凝土箱梁碳化修正模型。

基于混凝土箱梁室内加速碳化试验，对混凝土箱梁碳化规律进行了分析。通过箱梁碳化修正模型预测值与试验值的对比，对模型的可靠性进行了验证。结果表明，混凝土箱梁截面各部位的碳化具有多维性，箱梁外阳角部位碳化程度最高，阴角部位碳化程度最低，箱梁外阳角部位的碳化深度约是外底板碳化深度的1.56倍，略高于二维碳化的理论值$\sqrt{2}$。箱梁外阳角部位的碳化深度约是阴角部位碳化深度的2倍；箱梁内倒角部位的碳化深度与外阴角部位的碳化深度基本相等。

除理论预测模型外，本章还根据ANSYS热传导过程与碳化过程的相似性，采用ANSYS稳态分析方法建立了混凝土箱梁碳化效应分析的有限元模型，并根据有限元模型对实际混凝土箱梁碳化试验过程进行了模拟与分析。通过与试验值的对比，对有限元模型的可靠性进行了验证。根据有限元模型获得的截面CO_2浓度分布云图，能够直观了解箱梁截面内碳化效应最明显的区域，可为混凝土结构的耐久性设计提供依据。

参 考 文 献

[1] Houst Y F, Wittmann F H. Influence of porosity and water content on the diffusivity of CO_2 and O_2 through hydrated cement paste[J]. Cement and Concrete Research, 1994, 24(6): 1165-1176.

[2] 龚洛书, 苏曼青, 王洪琳. 混凝土多系数碳化方程及其应用[J]. 混凝土及加筋混凝土, 1985, (6): 10-16.

[3] 蒋清野, 王洪深, 路新瀛, 等. 混凝土碳化数据库与混凝土碳化分析[R]. 攀登计划——钢筋锈蚀与混凝土冻融破坏的预测模型, 1997年度研究报告, 1997.

[4] 李果, 袁迎曙, 耿欧. 气候条件对混凝土碳化速度的影响[J]. 混凝土, 2004, (11): 49-51, 53.

[5] 宋华, 牛荻涛, 李春晖. 矿物掺合料混凝土碳化性能试验研究[J]. 硅酸盐学报, 2009, 37(12): 2066-2070.

[6] 王培铭, 朱艳芳, 计亦奇, 等. 掺粉煤灰和矿渣粉大流动度混凝土的碳化性能[J]. 建筑材料学报, 2001, 4(4): 305-310.

[7] Sha H W. Causes of carbonation of fly ash concrete and corrosion of steel bars and preventive measures[J]. Industrial Construction, 1989, 27: 7-11.

[8] Jiang L H, Lin B Y, Cai Y B. A model for predicting carbonation of high-volume fly ash concrete[J]. Cement and Concrete Research, 2000, 30(5): 699-702.

[9] Jones M R, Dhir R K, Newlands M D. A study of the CEN test method for measurement of the carbonation depth of hardened concrete[J]. Materials and Structures, 2000, 33(226): 135-142.

[10] Jones M R, Newlands M D, Abbas A M O, et al. Comparison of 2 year carbonation depths of common cement concretes using the modified draft CEN test[J]. Materials and Structures, 2001, 34(7): 396-403.

[11] Chang C F, Chen J W. The experimented investigation of concrete carbonation depth[J]. Cement and Concrete Research, 2006, 9(36): 1760-1767.

[12] 潘洪科, 牛季收, 杨林德, 等. 地下工程砼结构基于碳化作用的耐久性劣化模型[J]. 工程力学, 2008, 25(7): 172-178.

[13] 王立久, 孙炳全. 混凝土碳化深度时依性无损测试方法探讨[J]. 建筑材料学报, 2008, 11(5): 626-630.

[14] 杜应吉, 黄春霞. 大掺量粉煤灰混凝土碳化深度预测模型探讨[J]. 长江科学院院报, 2011, 28(3): 68-71.

[15] 马荷姣, 刘海峰, 刘宁, 等. C40 沙漠砂混凝土抗碳化性能[J]. 广西大学学报 (自然科学版), 2017, 42(4): 1541-1547.

[16] 蒋利学, 张誉, 刘亚芹, 等. 混凝土碳化深度的计算与试验研究[J]. 混凝土, 1996, (4): 12-17.

[17] Ribeiro A B, Santos T, Gonçalves A. Performance of concrete exposed to natural carbonation: Use of the k-value concept[J]. Construction and Building Materials, 2018, 175: 360-370.

[18] Shah V, Bishnoi S. Carbonation resistance of cements containing supplementary cementitious materials and its relation to various parameters of concrete[J]. Construction and Building Materials, 2018, 178: 219-232.

[19] Huy Vu Q, Pham G, Chonier A, et al. Impact of different climates on the resistance of concrete to natural carbonation[J]. Construction and Building Materials, 2019, 216: 450-467.

[20] Carević V, Ignjatović I, Dragaš J. Model for practical carbonation depth prediction for high volume fly ash concrete and recycled aggregate concrete[J]. Construction and Building

Materials, 2019, 213: 194-208.

[21] Behfarnia K, Rostami M. An assessment on parameters affecting the carbonation of alkali-activated slag concrete[J]. Journal of Cleaner Production, 2017, 157: 1-9.

[22] Han S H, Park W S, Yang E I. Evaluation of concrete durability due to carbonation in harbor concrete structures[J]. Construction and Building Materials, 2013, 48: 1045-1049.

[23] da Silva S R, de Oliveira Andrade J J. Investigation of mechanical properties and carbonation of concretes with construction and demolition waste and fly ash[J]. Construction and Building Materials, 2017, 153: 704-715.

[24] Duprat F, Vu N T, Sellier A. Accelerated carbonation tests for the probabilistic prediction of the durability of concrete structures[J]. Construction and Building Materials, 2014, 66: 597-605.

[25] 郑建岚, 黄利频. 拉压应力下自密实混凝土碳化性能试验研究[J]. 建筑材料学报, 2013, 16(1): 115-120.

[26] 田浩, 李国平, 刘杰, 等. 受力状态下混凝土试件碳化试验研究[J]. 同济大学学报(自然科学版), 2010, 38(2): 200-204, 213.

[27] 王健, Pui-Lam N G, 苏瀚, 等. 混凝土应力状态对碳化深度的影响[J]. 建筑结构学报, 2018, 39(S1): 397-404.

[28] Wang J, Su H, Du J S. Influence of coupled effects between flexural tensile stress and carbonation time on the carbonation depth of concrete[J]. Construction and Building Materials, 2018, 190: 439-451.

[29] Wang W, Lu C F, Li Y X, et al. Effects of stress and high temperature on the carbonation resistance of fly ash concrete[J]. Construction and Building Materials, 2017, 138: 486-495.

[30] Silva A, Neves R, de Brito J. Statistical modelling of carbonation in reinforced concrete[J]. Cement and Concrete Composites, 2014, 50: 73-81.

[31] 陈树东, 孙伟, 张云升, 等. 混凝土二维、三维碳化的研究[J]. 混凝土, 2006, (1): 3-5, 22.

[32] 阮欣, 刘栩, 陈艾荣. 考虑应力状态的二维混凝土碳化过程数值模拟[J]. 同济大学学报(自然科学版), 2013, 41(2): 191-196.

[33] 张云升, 孙伟, 陈树东, 等. 粉煤灰混凝土 2D 和 3D 碳化试验[J]. 东南大学学报(自然科学版), 2006, 36(4): 562-567.

[34] Pan Z C, Chen A R, Ma R J, et al. Three-dimensional lattice modeling of concrete carbonation at meso-scale based on reconstructed coarse aggregates[J]. Construction and Building Materials, 2018, 192: 253-271.

[35] Saetta A V, Schrefler B A, Vitaliani R V. 2D model for carbonation and moisture/heat flow in porous materials[J]. Cement and Concrete Research, 1995, 25(8): 1703-1712.

[36] Steffens A, Dinkler D, Ahrens H. Modeling carbonation for corrosion risk prediction of concrete structures[J]. Cement and Concrete Research, 2002, 32(6): 935-941.

[37] 屈文俊,郭猛. 混凝土截面角区双向碳化的计算模型与试验研究[J]. 工业建筑, 2005, 35(S1): 687-690.
[38] Song H W, Kwon S J, Byun K J, et al. Predicting carbonation in early-aged cracked concrete[J]. Cement and Concrete Research, 2006, 36(5): 979-989.

第4章 基于空间多维侵蚀特性的混凝土箱梁受氯离子侵蚀机理

除第 3 章介绍的碳化作用外,氯离子侵蚀也是导致混凝土中钢筋锈蚀的主要因素之一。当环境中的氯化物通过混凝土孔隙结构和微裂缝通道进入混凝土后,钢筋表面的保护层会受到破坏。随着时间的推移,一旦钢筋周围的氯离子浓度超过某一阈值,混凝土中的钢筋将开始锈蚀,进而造成混凝土结构的破坏。氯离子侵蚀除与水泥类型、水泥组成、养护条件等有关外,主要与混凝土的环境温度、湿度以及氯离子浓度等有关。目前,国内外学者通过室内外试验、腐蚀模型建立、腐蚀数值模型模拟等研究,在氯离子侵蚀混凝土的预测方面取得了大量的研究成果,有力支持了新的混凝土结构的耐久性设计和既有混凝土结构的耐久性评估。但既有研究主要针对混凝土小尺寸实心构件,本章对于当前公路、铁路和市政桥梁中常见的混凝土箱梁,在考虑箱梁截面大尺寸、截面外壁和内腔存在环境差异的情况下,研究了氯离子在混凝土箱梁截面中的侵蚀机理,建立了相应的氯离子传输模型,阐述了氯离子在混凝土中的传输规律,为混凝土箱梁的耐久性设计和工程应用提供了科学依据。

4.1 氯离子在混凝土中的传输机理

4.1.1 混凝土中氯离子传输过程

氯离子侵入混凝土有两种途径:一种是掺入,即搅拌混凝土时由骨料和外加剂带入的氯离子,如用海水搅拌或用未经过充分处理的海砂、含有氯化物的速凝剂、早强剂、抗冻剂等;另一种是渗入,即由外界环境侵入的氯离子,如海洋环境、除了冰盐环境及盐湖地区等。氯离子侵入混凝土腐蚀钢筋的机理可以概括为以下四个方面[1]。

1) 破坏钝化膜

水泥水化过程中产生的强碱性环境(pH ≥ 12.6)会使钢筋表面生成一层致密的钝化膜,对钢筋有很强的保护能力。然而,这种钝化膜只有在高碱性环境中才是稳定的。研究与实践表明,当 pH<11.5 时,钝化膜就开始不稳定;当 pH<9.88 时,钝化膜生成困难或已经生成的钝化膜逐渐破坏,从而失去对钢筋的保护作用。氯离子进入混凝土中并到达钢筋表面,当它吸附于局部钝化膜处时,可使该处的 pH

迅速降低，使钢筋表面 pH 降低到 4 以下，从而使钢筋表面的钝化膜遭到了破坏，钢筋开始锈蚀[2]。

2) 形成腐蚀电池

由于钢筋表面具有一定的粗糙度，当氯离子作用于钢筋局部区域时，这些部位露出铁基体，与完好的钝化膜区域之间构成电位差，铁基体作为阳极、大面积的钝化膜区作为阴极而形成腐蚀电池。在腐蚀电池作用下，钢筋表面产生点蚀，由于大阴极对应小阳极，空蚀发展十分迅速。空蚀的深度可达平均锈蚀深度的 10 倍，因而危害更大。如果在大量氧化物存在的条件下，锈蚀大规模蔓延开来，就可能发生全面的锈蚀[3]。

3) 导电作用

腐蚀电池的要素之一是要有离子通路，混凝土中氯离子的存在强化了离子通路，降低了阴阳极之间的欧姆电阻，提高了腐蚀电池的效率，从而加速了电化学腐蚀过程。在正常条件下，由于混凝土孔隙中溶液的碱性，钢筋表面形成稳定的钝化膜，钢筋不会发生锈蚀。但是当保护层碳化或氯离子侵入时，钢筋表面钝化膜遭到破坏，会造成钢筋电化学腐蚀。钢筋锈蚀以后，锈蚀产物体积膨胀，在钢筋周围的混凝土中产生锈胀力。这个锈胀力最终使钢筋周围混凝土开裂，随着锈胀力的增加，裂缝进一步扩展，如果裂缝扩展到表面，则会产生混凝土保护层破坏或剥落的现象。

4) 去极化作用

在形成腐蚀电池后，生成的阳极产物若不及时搬运走而聚集在阳极表面，则阳极反应就会因此受阻。氯离子将阳极产物及时搬运走，使阳极过程顺利进行甚至加速进行。氯离子只起到搬运作用，几乎是不被消耗的，也就是说，凡是进入混凝土中的氯离子，会周而复始地起到破坏作用，这正是氯离子危害的特点之一。因此，钢筋锈蚀会促使混凝土保护层的破坏，而混凝土保护层的破坏又反过来促使钢筋加速锈蚀破坏，这两个过程相互促进，恶性循环，直至混凝土保护层全面脱落。

4.1.2 氯离子在混凝土中的传输过程分析

混凝土中氯离子的传输实际上是带电粒子在孔隙液中进行跨膜传输的过程。这个过程受孔隙液中粒子化学位场的分布、电场的作用以及孔隙液的流动所驱动。这些因素对应于传输过程中所发生的基本物理化学过程，包括扩散、电迁移和对流等。因此，混凝土中氯离子的传输过程可以分解为多个基本子过程[2]。

1. 扩散作用

扩散过程是混凝土中氯离子传输过程的一个基本子过程[4,5]。它是指氯离子在混凝土中由高浓度处向低浓度处自发移动的过程。混凝土中的扩散过程通常是一个时间演化过程，这个过程的速度取决于氯离子的浓度梯度，与孔隙液的流动无关。根据氯离子在混凝土中的状态，扩散过程可分为稳态扩散和非稳态扩散。

1) 稳态扩散

稳态扩散指的是在时间和空间上都达到了平衡状态的扩散过程，即扩散通量不随时间和空间坐标的变化而变化，扩散速率可以通过 Fick 定律精确计算。单位时间内通过垂直于扩散方向参考平面的物质的量称为离子的扩散通量 J。扩散通量 J 除与扩散物质的本性及温度和压力等环境条件有关外，还与物质的浓度分布和时间有关。假设在扩散力 F_d 作用下，扩散通量 J 达到稳定值，此时扩散通量 J 与 F_d 的关系可表示为[6]

$$J = \left(a + bF_d + cF_d^2 + dF_d^3 + \cdots\right)C \tag{4.1}$$

式中：a、b、c、d 均为常数；C 为氯离子浓度。在扩散力较小的情况下可以省略高次项，并通过边界条件得到 $a=0$，于是

$$J = bCF_d \tag{4.2}$$

在扩散力为 F_d 的情况下，1mol 化学物质在扩散迁移时所做的功可表示为

$$F_d = -\frac{d\mu}{dx} \tag{4.3}$$

式中：μ 为体系的化学位。

将式(4.3)代入式(4.2)，并考虑氯离子浓度 C 可得

$$J = -bC\frac{d\mu}{dx} \tag{4.4}$$

在稀溶液中，当化学物质的浓度为 C_i 时，其化学位为[7]

$$\mu_i = \mu_i^* + RT\ln C_i \tag{4.5}$$

式中：R 为摩尔气体常数；T 为温度。将式(4.5)两边求导后代入式(4.4)可得

$$J = -bC\frac{RT}{C}\frac{dC}{dx} = -bRT\frac{dC}{dx} \tag{4.6}$$

由式(4.6)可知，在恒定温度下，扩散通量与浓度梯度成正比，令 $D = bRT$，则式(4.6)可改写为

$$J = -D\frac{dC}{dx} \tag{4.7}$$

1855年，Fick发现了式(4.7)这个定律，因此式(4.7)也被称为Fick第一定律。

2) 非稳态扩散

非稳态扩散指的是扩散过程还没有达到平衡状态，扩散通量随时间和空间位置的变化而变化。在混凝土中，通常初始时的扩散就是非稳态扩散，此时扩散率较高，但随着时间的推移，扩散通量逐渐降低，最终稳定在稳态扩散时的值。通常情况下，氯离子的扩散通量J是一个随时间和空间变化的函数[8]，即

$$\Delta J = \frac{\partial J}{\partial x}dx = \frac{\partial C}{\partial t}dx \tag{4.8}$$

将Fick第一定律代入式(4.8)，可得

$$\frac{\partial C}{\partial t} = \frac{\partial}{\partial x}\left(D\frac{\partial C}{\partial x}\right) \tag{4.9}$$

式(4.9)为氯离子扩散问题中采用最为广泛的Fick第二定律。

2. 对流作用

对流是指氯离子随着载体溶液发生整体迁移的现象。单位时间内通过垂直于溶液渗流方向参考平面的离子对流通量J_c可表示为

$$J_c = Cv \tag{4.10}$$

式中：v为混凝土孔隙溶液渗流速度。氯离子在混凝土中发生的对流主要是由于孔隙溶液在压力、毛细吸附力以及电场作用下发生的定向渗流。

1) 压力作用

在外界压力作用下，混凝土中孔隙发生的渗流现象实质上是液体在压力差作用下在多孔介质中发生的定向流动，其过程符合达西定律[2]，即

$$Q_c = -\frac{k}{\eta_c}\frac{dp}{dx} \tag{4.11}$$

式中：Q_c为孔隙溶液体积流速；k为渗透系数；η_c为液体的黏滞性系数；p为压力水头。

在饱和渗流过程中，k是解决压力渗流问题的核心参数，Mehta[9]通过试验回归的方法，建立水泥基材料的基础参数(孔隙度、胶凝材料水化程度h_y、压汞法试验中孔隙体积-半径曲线的拐点所对应的半径r_c)与渗透系数k之间的关系，即

$$k = \exp(3.8V_1 + 0.2V_2 + 0.56\times10^{-6}r_c + 8.09\phi/h_y - 2.53) \quad (4.12)$$

式中：ϕ 为孔隙度；V_1 和 V_2 分别为孔隙半径 r>1320Å 和 1320Å>r>290Å 范围内的孔隙的累计体积，其中 Å 为粒子物理长度单位。

2) 毛细作用

由于液体表面张力的存在，为达到毛细管内液面两侧压力的平衡而发生液体整体流动的现象称为毛细作用。混凝土桥墩水位以上区域中发生氯离子侵蚀的原因就在于"灯芯"效应导致海水渗透进入水面以上位置，而"灯芯"效应的实质就是毛细作用。如图 4.1 所示，取毛细管中的微液面作为研究对象，为保持液面稳定，液面外的空气压力 p_g 和液体内部压力 p_1 之差必须与液体表面张力 γ 产生的支撑力相平衡[10]，即

$$(p_g - p_1)\pi R_a R_b = \gamma\pi\cos\theta(R_a + R_b) \quad (4.13)$$

由式(4.13)可以得到拉普拉斯方程：

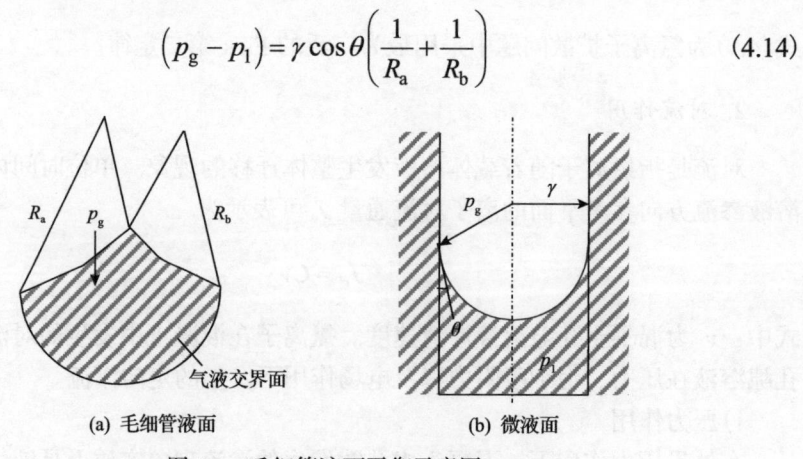

$$(p_g - p_1) = \gamma\cos\theta\left(\frac{1}{R_a} + \frac{1}{R_b}\right) \quad (4.14)$$

(a) 毛细管液面　　(b) 微液面

图 4.1　毛细管液面平衡示意图

通常将 p_g-p_1 称为毛细孔负压，毛细孔负压随孔隙半径的减小而迅速增加，在混凝土孔隙半径分布范围内，孔隙负压力可以达到相当高的数量级。毛细作用在计算上等效于压力渗流，同样可以用达西定律表述，即

$$Q_c = -\frac{k(s)}{\eta_c}\frac{dp}{dx} \quad (4.15)$$

3. 电迁移过程

混凝土孔隙溶液中的离子在电场加速条件下定向迁移的过程称为电迁移过

程。氯离子在混凝土中的电迁移是氯离子传输的重要组成部分。电解质溶液中电荷迁移的最基本理论[6]是将离子看成刚性的带电球体，将溶剂作为连续介质，离子在电场力的作用下在连续介质中迁移，在离子迁移过程中受到黏滞阻力的作用。离子在电场中受到的电场力 f_e 为

$$f_e = z_i e E_c \tag{4.16}$$

式中：z_i 为离子电价；e 为离子电量；E_c 为电场强度。

离子在连续介质中所受的黏滞阻力为

$$f_b = K_i v_i \tag{4.17}$$

式中：K_i 为离子的黏滞性系数；v_i 为离子的迁移速度。

综合式(4.16)和式(4.17)，可以得到离子加速运动的方程为

$$m_i a_i = f_e - f_b = z_i e E_c - K_i v_i \tag{4.18}$$

式中：a_i 为离子加速度；m_i 为离子质量。于是可得

$$m_i \frac{dv_i}{dt} = z_i e E_c - K_i v_i \tag{4.19}$$

式中：t 为时间。经过积分后，可得

$$v_i = \frac{z_i e E_c}{K_i} \left[1 - \exp\left(-\frac{K_i t}{m_i}\right)\right] \tag{4.20}$$

在数值上，黏滞性系数 K_i 比 m_i 大得多，在很短时间内离子的迁移速度 v_i 就趋于稳定：

$$v_i = \frac{z_i e E_c}{K_i} \tag{4.21}$$

在连续介质中，浓度为 C_i 的离子发生电迁移所产生的离子流量 J_i 可以表示为

$$J_i = \frac{z_i}{K_i} C_i E_c F \tag{4.22}$$

式中：F 为渗透系数之比。

为了与扩散方程统一形式，同样假设离子流量 J_i 与所受的力成正比，比例系数 $b = 1/K_i = D_i/(RT)$，则式(4.22)可转化为[11]

$$J_i = \frac{z_i E_c F}{RT} D_i C_i \tag{4.23}$$

4.2 氯离子在混凝土中的扩散模型

对于处于海洋环境中的混凝土结构，由于混凝土长期浸水，一般处于饱和状态，此时氯离子在混凝土表面与内部存在浓度梯度，为求达到平衡，氯离子发生扩散。因此，氯离子在饱和状态下的传输以扩散为主。

4.2.1 一维氯离子扩散模型

1. 扩散方程

对于图4.2所示的一维半无限大体混凝土，氯离子在该混凝土中的传输过程可看成一维扩散过程，即氯离子只能沿着 x 方向进行扩散，在 y 和 z 方向上氯离子浓度不发生变化。当假定该混凝土表面处的外界氯离子浓度为 C_s 时，截面Ⅰ和截面Ⅱ处氯离子浓度分别为 C_i 和 C_j。以截面Ⅰ和截面Ⅱ围成的体积作为研究对象，则单位时间内进入单位体积内的氯离子通量 J_1 与流出单位体积的氯离子通量 J_2 之差 ΔJ 等于该单位体积内氯离子总量的变化量，即

$$\Delta J = \frac{\partial J}{\partial x}\mathrm{d}x = \frac{\partial C}{\partial t}\mathrm{d}x \tag{4.24}$$

式中：C 为某一时刻截面内某一位置氯离子浓度；J 为氯离子扩散通量；t 为氯离子扩散时间；x 为距混凝土表面的距离。

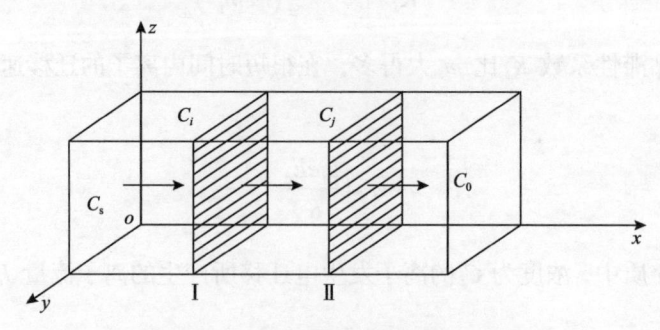

图4.2 一维半无限大体混凝土示意图

根据Fick第一定律，氯离子扩散通量 J 与氯离子浓度 C 之间存在以下关系，即

$$J = -D\nabla C \tag{4.25}$$

式中：D 为氯离子扩散系数。

将式(4.25)代入式(4.24)，可得到氯离子在混凝土中的一维扩散方程，其表达式为

$$\frac{\partial C}{\partial t} = \nabla \cdot (\nabla C) = \frac{\partial}{\partial x}\left(D\frac{\partial C}{\partial x}\right) \tag{4.26}$$

这就是经典的 Fick 第二定律，当不考虑氯离子扩散系数随时间和位置的变化，即认为扩散系数为常数时，Fick 第二定律的二阶偏微分方程可以进一步描述为以下线性方程，即

$$D\frac{\partial C^2}{\partial x^2} = \frac{\partial C}{\partial t} \tag{4.27}$$

2. 基本解答

假定边界条件与初始条件为

$$C|_{x=0} = C_s, \quad C|_{t=0, x>0} = C_0, \quad C|_{x=\infty} = C_0 \tag{4.28}$$

根据以上边界条件和初始条件，通过对式(4.21)进行拉普拉斯变换，可以得到混凝土中一维氯离子扩散方程的解析解为

$$C_f = C_0 + (C_s - C_0)\left[1 - \mathrm{erf}\left(\frac{x}{2\sqrt{Dt}}\right)\right] \tag{4.29}$$

式中：erf( )为误差函数，其表达式为 $\mathrm{erf}(x) = \frac{2}{\sqrt{\pi}}\int_0^x \exp(-x^2)\mathrm{d}x$；$C_f$ 为混凝土中任意位置氯离子浓度；C_0 为混凝土内部初始氯离子浓度。

式(4.29)常用来解答氯盐环境下混凝土中一维氯离子浓度的分布规律，可以实现对现有混凝土结构中一维氯离子侵蚀过程的模拟。

4.2.2 二维氯离子扩散模型

1. 扩散方程

对于图 4.3 所示的二维 1/4 无限大体混凝土，当假定混凝土为各向同性材料后，氯离子在混凝土中的侵蚀过程将不再是一维侵蚀过程，而是沿着 x 和 y 方向的二维扩散过程，此时氯离子扩散方程(4.29)将不再适用。为此，本章在一维氯离子扩散方程的基础上，进一步得到了氯离子在混凝土中扩散时的二维扩散方程。

首先，在图 4.3 中取出一个二维混凝土微元体，如图 4.4 所示。根据 Fick 第一定律，在单位时间内通过垂直于扩散方向的单位截面积的流量 Q 与该截面的浓度梯度成正比，即

$$dQ = -d(x,y)\frac{\partial C}{\partial s} \tag{4.30}$$

式中：$d(x,y)$ 为各个方向的氯离子扩散系数；负号为氯离子在混凝土中的扩散方向；$\partial C/\partial s$ 为氯离子浓度梯度。

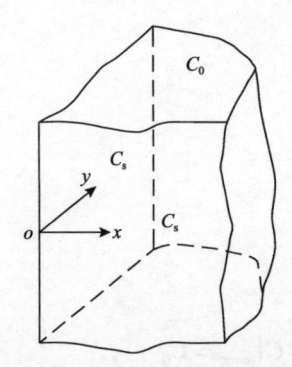

图 4.3　二维 1/4 无限大体混凝土示意图　　图 4.4　二维混凝土微元体

根据质量守恒定律，在单位时间内，混凝土微元体内氯离子而产生的流量变化量 dQ 就等于混凝土中各个方向氯离子浓度变化量之和。假定氯离子在单位时间内沿 x 方向流入和流出微元体的流量分别为 Q_1 和 Q_2；沿 y 方向流入和流出微元体的流量分别为 Q_3 和 Q_4，根据式(4.30)，其可进一步表示为

$$Q_1 = -d(x,y)\left(\frac{\partial C}{\partial x}\right)_x \Delta t \tag{4.31}$$

$$Q_2 = -d(x,y)\left(\frac{\partial C}{\partial x}\right)_{x+dx} \Delta t = \Delta t\left[Q_1 + \frac{\partial}{\partial x}\left(-d(x,y)\frac{\partial C}{\partial x}\right)_{dx}\right] \tag{4.32}$$

$$Q_3 = -d(x,y)\left(\frac{\partial C}{\partial y}\right)_y \Delta t \tag{4.33}$$

$$Q_4 = \Delta t\left[Q_3 + \frac{\partial}{\partial y}\left(-d(x,y)\frac{\partial C}{\partial y}\right)_{dy}\right] \tag{4.34}$$

式中：$\partial C/\partial x$ 和 $\partial C/\partial y$ 分别为沿 x 和 y 方向氯离子浓度梯度。

根据质量守恒定律，混凝土微元体内氯离子流量变化量可以进一步描述为

$$dQ = Q_1 - Q_2 + Q_3 - Q_4 \tag{4.35}$$

将式(4.31)~式(4.34)代入式(4.35)中，整理得

$$dQ = \Delta t \left[\frac{\partial}{\partial x}\left(-d(x,y)\frac{\partial C}{\partial x}\right)_{dx} + \frac{\partial}{\partial y}\left(-d(x,y)\frac{\partial C}{\partial y}\right)_{dy} \right] \qquad (4.36)$$

又因为在时间 Δt 范围内，混凝土微元体内氯离子浓度的变化量 dQ 也可以描述为

$$dQ \cdot \Delta t = \Delta C \cdot \Delta t \qquad (4.37)$$

从而联立式(4.36)和式(4.37)，整理得

$$\frac{\partial C}{\partial t} = \frac{\Delta C}{\Delta t} = \frac{\partial}{\partial x}\left(-d(x,y)\frac{\partial C}{\partial x}\right)_{dx} + \frac{\partial}{\partial y}\left(-d(x,y)\frac{\partial C}{\partial y}\right)_{dy} \qquad (4.38)$$

当假定氯离子扩散系数 $d(x,y)$ 为常数 D 时，式(4.38)可进一步简化为

$$\frac{\partial^2 C}{\partial x^2} + \frac{\partial^2 C}{\partial y^2} = \frac{1}{D}\frac{\partial C}{\partial t} \qquad (4.39)$$

2. 基本解答

假定边界条件与初始条件分别为

$$C\big|_{t>0,x=0,y=0} = C_s, \quad C\big|_{t=0,x>0,y>0} = C_0 \qquad (4.40)$$

根据上述边界条件和初始条件，通过对式(4.39)进行拉普拉斯变换，可得到二维氯离子扩散方程的解析解为

$$C_f = C_0 + (C_s - C_0)\left[1 - \mathrm{erf}\left(\frac{x}{2\sqrt{Dt}}\right)\mathrm{erf}\left(\frac{y}{2\sqrt{Dt}}\right)\right] \qquad (4.41)$$

式中：C_f 为混凝土中任意位置氯离子浓度；C_0 为混凝土内部初始氯离子浓度；C_s 为表面氯离子浓度；erf( ) 为误差函数；x、y 为氯离子扩散深度。

4.2.3 三维氯离子扩散模型

1. 扩散方程

上述建立的混凝土结构一维、二维氯离子扩散方程只能解决一般意义上的平面氯离子腐蚀问题，而不能模拟复杂的空间腐蚀过程。为了避免氯离子扩散方程

在应用上的局限性，本章利用扩散过程与热传导的相似性，通过利用三维热传导的基本传热方程，推导得到三维氯离子在混凝土中的扩散方程，模拟实际工程结构在酸碱盐等腐蚀性环境下结构中氯离子的空间腐蚀特性，为指导结构耐久性设计和使用寿命预测提供了参考依据。

对于图 4.5 所示的三维氯离子热传导问题，根据质量守恒定律，满足能量守恒定律，即

$$E_\mathrm{i} + E_\mathrm{g} = E_\mathrm{o} + E_\mathrm{e} \tag{4.42}$$

式中：E_i 为流入系统的能量；E_g 为系统内产生的能量；E_o 为流出系统的能量；E_e 为系统内能的变化。

根据上述能量守恒定律，对于图 4.6 所示的微元体，其各边长分别为 $\mathrm{d}x$、$\mathrm{d}y$ 和 $\mathrm{d}z$，假定不考虑热源强度对热传导方程的影响，即热源恒定，则其能量平衡方程可以进一步表示为

$$q_x\mathrm{d}t + q_y\mathrm{d}t + q_z\mathrm{d}t = q_{x+\mathrm{d}x}\mathrm{d}t + q_{y+\mathrm{d}y}\mathrm{d}t + q_{z+\mathrm{d}z}\mathrm{d}t + \rho c \mathrm{d}T \mathrm{d}x\mathrm{d}y\mathrm{d}z \tag{4.43}$$

式中：q 为热流速率，根据热传导速率方程，可以表示为

$$q = -k_\mathrm{r} A \frac{\partial T}{\partial n} \tag{4.44}$$

式中：k_r 为材料的导热系数；A 为热流通过截面的截面面积；T 为温度；n 为热流传输方向的长度。

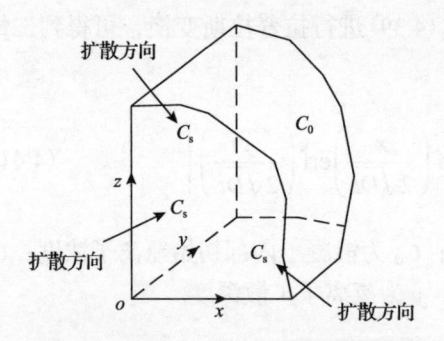

图 4.5 混凝土三维氯离子扩散示意图

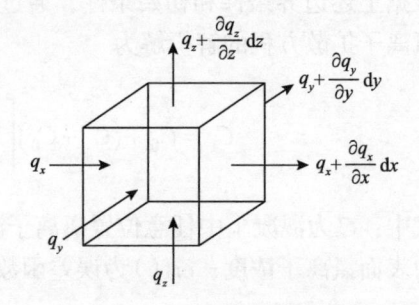

图 4.6 三维混凝土微元体

如图 4.6 所示的微元体，沿 x 方向流入和流出的流量可以分别表示为

$$q_x = -k_x A_x \frac{\partial T}{\partial x} = -k_x \frac{\partial T}{\partial x} \mathrm{d}y\mathrm{d}z \tag{4.45}$$

$$q_{x+\mathrm{d}x} = q_x + \frac{\partial q_x}{\partial x}\mathrm{d}x = -k_x\frac{\partial T}{\partial x}\mathrm{d}y\mathrm{d}z - \frac{\partial}{\partial x}\left(k_x\frac{\partial T}{\partial x}\mathrm{d}y\mathrm{d}z\right)\mathrm{d}x$$
$$= -k_x\frac{\partial T}{\partial x}\mathrm{d}y\mathrm{d}z - \frac{\partial}{\partial x}\left(k_x\frac{\partial T}{\partial x}\right)\mathrm{d}x\mathrm{d}y\mathrm{d}z \tag{4.46}$$

同理,可得到 y、z 方向流入和流出微元体的流量,即

$$q_y = -k_y A_y \frac{\partial T}{\partial y} = -k_y \frac{\partial T}{\partial y}\mathrm{d}x\mathrm{d}z \tag{4.47}$$

$$q_{y+\mathrm{d}y} = -k_y \frac{\partial T}{\partial y}\mathrm{d}x\mathrm{d}z - \frac{\partial}{\partial y}\left(k_y\frac{\partial T}{\partial y}\right)\mathrm{d}x\mathrm{d}y\mathrm{d}z \tag{4.48}$$

$$q_z = -k_z A_z \frac{\partial T}{\partial z} = -k_z \frac{\partial T}{\partial z}\mathrm{d}x\mathrm{d}y \tag{4.49}$$

$$q_{z+\mathrm{d}z} = -k_z \frac{\partial T}{\partial z}\mathrm{d}x\mathrm{d}y - \frac{\partial}{\partial z}\left(k_z\frac{\partial T}{\partial z}\right)\mathrm{d}x\mathrm{d}y\mathrm{d}z \tag{4.50}$$

把式(4.45)~式(4.50)代入式(4.43),整理得

$$\frac{\partial}{\partial x}\left(k_x\frac{\partial T}{\partial x}\right) + \frac{\partial}{\partial y}\left(k_y\frac{\partial T}{\partial y}\right) + \frac{\partial}{\partial z}\left(k_z\frac{\partial T}{\partial z}\right) = \rho c \frac{\partial T}{\partial t} \tag{4.51}$$

式(4.51)即为解决三维热传导问题的热传导控制微分方程。根据扩散和热传导问题的相似性,通过类比可得到三维氯离子侵蚀过程的扩散控制微分方程为

$$\frac{\partial}{\partial x}\left(d_x\frac{\partial C}{\partial x}\right) + \frac{\partial}{\partial y}\left(d_y\frac{\partial C}{\partial y}\right) + \frac{\partial}{\partial z}\left(d_z\frac{\partial C}{\partial z}\right) = \frac{1}{\alpha}\frac{\partial C}{\partial t} \tag{4.52}$$

式中:C 为氯离子浓度;d_x、d_y、d_z 为沿各个方向氯离子扩散系数;α 为类比系数。

当假定氯离子在混凝土中的扩散系数 d_x、d_y、d_z 为常数时,式(4.52)可进一步简化为

$$\frac{\partial}{\partial x}\left(\frac{\partial C}{\partial x}\right) + \frac{\partial}{\partial y}\left(\frac{\partial C}{\partial y}\right) + \frac{\partial}{\partial z}\left(\frac{\partial C}{\partial z}\right) = \frac{1}{D}\frac{\partial C}{\partial t} \tag{4.53}$$

式(4.53)即为氯离子在混凝土中三维扩散控制微分方程。

2. 基本解答

对于截面正交的混凝土结构,所对应的边界条件为

$$C|_{t>0,x=0,y>0,z>0} = C_s, \quad C|_{t>0,x>0,y=0,z>0} = C_s, \quad C|_{t>0,x=0,y=0,z>0} = C_s \quad (4.54)$$

初始条件为

$$C|_{t=0,x>0,y>0,z>0} = C_0 \quad (4.55)$$

根据上述边界条件和初始条件，通过对式(4.53)进行拉普拉斯变换，可得到三维氯离子扩散方程的解析解为

$$C_f = C_0 + (C_s - C_0)\left[1 - \mathrm{erf}\left(\frac{x}{2\sqrt{Dt}}\right)\mathrm{erf}\left(\frac{y}{2\sqrt{Dt}}\right)\mathrm{erf}\left(\frac{z}{2\sqrt{Dt}}\right)\right] \quad (4.56)$$

式中：C_f 为混凝土中任意位置氯离子浓度；C_0 为混凝土内部初始氯离子浓度；C_s 为表面氯离子浓度；x、y、z 为氯离子扩散深度。

4.3 影响混凝土中氯离子传输的主要因素

通过大量的试验和理论研究发现，对于实际的混凝土工程结构，在腐蚀性环境中，氯离子在混凝土中的扩散过程不是一成不变的，而是与水灰比、温度、应力等因素有关的变化过程。本章在上述建立的一维氯离子扩散模型的基础上，通过在模型中引入各个因素对扩散系数的影响来考虑多因素耦合作用下混凝土中氯离子的侵蚀过程和扩散效应。

当综合考虑材料水灰比、时间依赖性参数、混凝土结合能力、外界环境温度以及外加荷载对氯离子扩散效应的影响时，氯离子在混凝土中的一维扩散方程(4.29)可以描述为

$$C_f = C_0 + (C_s - C_0)\left[1 - \mathrm{erf}\left(\frac{x}{2\sqrt{K_m K_R K_T D_0 t}}\right)\right] \quad (4.57)$$

式中：D_0 为混凝土放置 28d 时的氯离子扩散系数；K_m 为时间依赖性参数对氯离子扩散效应影响的相关系数；K_R 为混凝土结合能力对氯离子扩散效应的影响参数；K_T 为温度对氯离子扩散影响的相关系数。

根据式(4.57)可以进一步得到，当混凝土保护层厚度 d 处的氯离子浓度达到钢筋锈蚀的临界氯离子浓度 C_{cr} 时，混凝土结构的耐久性服役寿命 t_{cr} 的计算表达式为

$$t_{\text{cr}} = \frac{1}{\text{erf}^{-2}\left(\dfrac{C_{\text{s}} - C_{\text{cr}}}{C_{\text{s}} - C_0}\right)} \frac{d^2}{4K_m K_R K_T f(\eta) D_0} \tag{4.58}$$

式中：t_{cr} 为混凝土结构达到耐久性使用极限状态所需的最小时间，即结构服役寿命；d 为混凝土保护层厚度；C_{cr} 为钢筋锈蚀的临界氯离子浓度；η 为应力水平。

由式(4.58)可知，混凝土结构的耐久性服役寿命主要取决于混凝土保护层厚度、时间依赖性参数、混凝土结合能力、临界氯离子浓度、环境温度。为了研究这些影响因素对混凝土结构耐久性服役寿命的影响规律，以下将从理论上对这些影响因素进行逐一讨论。

4.3.1 水灰比对氯离子扩散效应的影响

水灰比是反映混凝土密实度的重要指标。水灰比增大使混凝土内部孔隙率增大，密实度降低，氯离子扩散系数增大，进而使氯离子更容易进入混凝土内部。许多学者研究表明，氯离子扩散系数与水灰比呈良好的对应关系，混凝土结构抗氯离子侵蚀的耐久性寿命随水灰比的减小而增加。有研究给出采用不同胶凝材料时，混凝土放置28d时的氯离子扩散系数 D_0 和水灰比 w/c 的关系，如式(4.59)所示[12]：

$$D_0 = 1 \times 10^{(-12.06 + 2.4w/c)} \tag{4.59}$$

结合式(4.58)和式(4.59)，可以得到材料水灰比对混凝土中氯离子扩散效应的影响的变化规律，如图 4.7 所示。

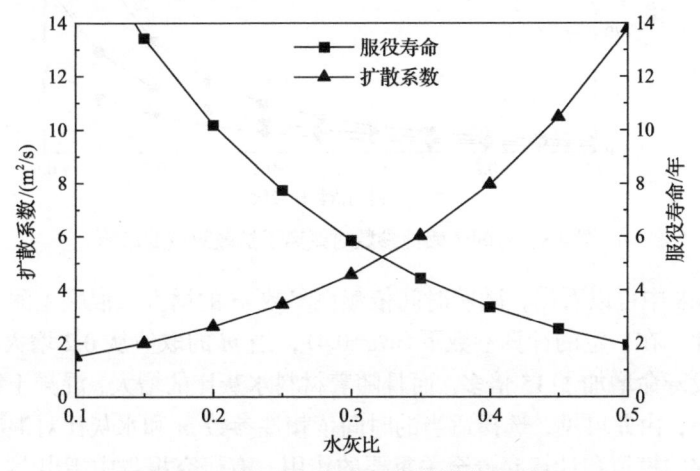

图 4.7 水灰比对氯离子扩散效应的影响

由图 4.7 可知，随着水灰比的增大，混凝土扩散系数逐渐增大。在给定计算参数下，当材料水灰比由 0.1 增大到 0.5 时，氯离子扩散系数增大了 9 倍多。因此，当结构耐久性要求较高时，应尽量采用较小的水灰比。从曲线的走势来看，混凝土达到临界浓度所需的时间随着材料水灰比的增大而减小，表明对于耐久性使用年限要求较高的结构，应尽量采用水灰比较小的混凝土，以便满足结构耐久性使用要求。

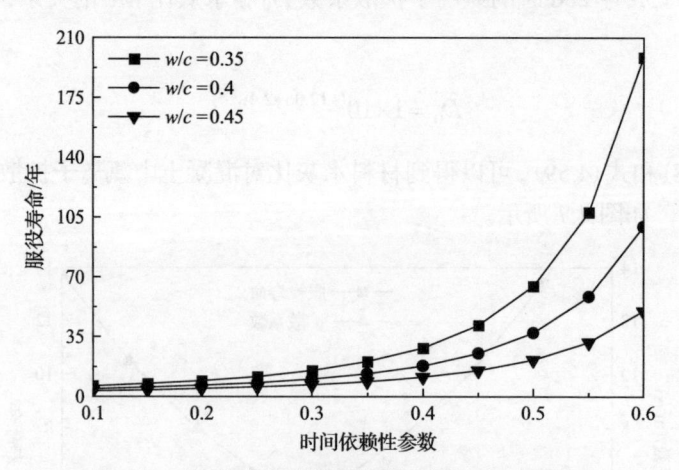

4.3.2 时间依赖性参数对氯离子扩散效应的影响

Thomas 等[12]根据试验研究，发现随着氯离子扩散作用的进行，氯离子扩散系数不是一成不变的，而是随扩散时间的推移逐渐减小。从其试验结果可知，扩散系数随时间增加而减小的规律能较好地用幂函数来拟合[13,14]，即

$$D_t = D_0 \left(t_{28}/t\right)^m \tag{4.60}$$

式中：D_0 为混凝土放置 28d 时的氯离子扩散系数；m 为时间依赖性参数。

在式(4.57)的基础上，结合式(4.59)和式(4.60)可得在考虑水灰比、时间依赖性参数后的氯离子扩散新方程。在假定计算参数 C_{cr}=0.1%、C_s=0.9%、d=60mm 的情况下，时间依赖性参数对氯离子扩散效应的影响如图 4.8 所示。

图 4.8 时间依赖性参数对氯离子扩散效应的影响

从图 4.8 中可以看出，随着时间依赖性参数 m 的增大，混凝土耐久性服役寿命逐渐增加。在一定的计算参数下(w/c=0.4)，当 m 的取值从 0.2 增大到 0.6 时，混凝土服役寿命增加了 15 倍多。而且随着材料水灰比的增大，混凝土结构服役寿命急剧减小，由此可见，选择适当的时间依赖性参数 m 和水灰比对混凝土中氯离子侵蚀过程的模拟和计算起着至关重要的作用。有研究报告中指出[15]，影响混凝土氯离子侵蚀的时间依赖性参数 m 不仅与混凝土本身的胶凝材料有关，还与结构服役的环境有关。同时，报告中还给出了不同胶凝材料和环境条件下时间依赖性参数 m 的取值，结果如表 4.1 所示。

表 4.1 时间依赖性参数 m 的取值

环境条件	胶凝材料			
	硅酸盐水泥	粉煤灰	矿渣	硅粉
水下区	0.30	0.69	0.71	0.62
潮汐、浪溅区	0.37	0.93	0.60	0.39
大气区	0.65	0.66	0.85	0.79

Mangat 等[16]从材料水灰比出发，给出了考虑材料水灰比后，混凝土扩散系数的时间依赖性参数随水灰比的变化关系为

$$m = \frac{2.5w}{c} - 0.6 \tag{4.61}$$

4.3.3 混凝土结合能力对氯离子扩散效应的影响

根据氯盐在混凝土中的传输机理及钢筋锈蚀规律，混凝土中自由形态的氯离子是导致混凝土中钢筋锈蚀的直接原因，其他形式存在的氯离子都不会直接导致钢筋发生锈蚀[17-19]。因此，在氯离子扩散过程中，进入混凝土内部的氯离子被结合得越多，达到钢筋表面的氯离子就越少，也就意味着钢筋越不容易锈蚀。

混凝土结合理论是指在一定的温度作用下，混凝土中自由氯离子浓度与混凝土中被结合掉的氯离子浓度之间的关系，常采用界面化学中的等温吸附理论来描述，主要包括以下几种方式[20-22]。

1) 线性结合理论

根据研究结果，在氯离子浓度较小时，混凝土中自由氯离子浓度与被结合的氯离子浓度之间可以更好地用线性结合理论来分析，即自由氯离子浓度与被结合氯离子浓度之间成正比[23,24]：

$$C_b = RC_f \tag{4.62}$$

式中：R 为混凝土结合能力，$R = \dfrac{\partial C_b}{\partial C_f}$。考虑混凝土结合能力情况下的氯离子扩散系数表达式为

$$D_e = \frac{D}{1+R} = K_R D$$

其中，K_R为混凝土结合能力对氯离子扩散系数的影响参数。

2) Temkin 结合理论

与线性结合理论相比，Temkin 结合理论同样也适用于低浓度范围内的氯离子结合问题，是一种非线性吸附理论，认为混凝土中被结合的氯离子浓度随截面内自由氯离子浓度的增大而增大，即

$$C_b = \alpha_1 \ln C_f + \beta_1 \tag{4.63}$$

式中：α_1和β_1为与混凝土种类有关的非线性吸附系数。而考虑混凝土结合能力情况下的氯离子扩散系数和混凝土结合能力对氯离子扩散系数的影响参数分别为

$$R_{te} = \frac{\partial C_b}{\partial C_f} = \frac{\alpha_1}{C_f}, \quad D_e = \frac{D}{1+\alpha_1/C_f}$$

3) 朗缪尔 (Langmuir) 结合理论

朗缪尔结合理论可表示为如下公式：

$$C_b = \frac{\alpha_2 C_f}{1+\beta_2 C_f}, \quad \frac{\partial C}{\partial C_f} = \frac{\alpha_2}{(1+\beta_2 C_f)^2}, \quad D_e = \frac{D}{1+\dfrac{\alpha_2}{\omega_e(1+\beta_2 C_f)^2}} = \frac{D}{1+\dfrac{\partial C}{\omega_e \partial C_f}} \tag{4.64}$$

式中：α_2和β_2为与混凝土种类有关的非线性吸附系数；ω_e为可蒸发水占混凝土的体积百分比，%。根据线性结合理论，混凝土结合能力对氯离子扩散系数的影响可以表示为[25]

$$D = K_R \cdot D_0 \tag{4.65}$$

根据以上论述，在假定各计算参数 $C_{cr}=0.1\%$、$C_s=0.9\%$、$d=60mm$、$m=0.6$ 的情况下，得到混凝土结合能力对氯离子扩散效应的影响规律，结果如图4.9所示，该图同时也准确地反映了混凝土结合能力对结构耐久性服役寿命的影响。

由图4.9可以看出，混凝土结构耐久性服役寿命随着结合能力的提高而延长，主要是因为混凝土结合能力延长了混凝土中某一位置处的自由氯离子浓度达到导致钢筋锈蚀的临界氯离子浓度所需的时间，从而提高了混凝土抗锈蚀能力。因此，如何提高混凝土结合能力，将对今后结构的耐久性设计以及后期的维修加固具有一定的现实意义。

施慧生等[26]直接从混凝土结合能力对氯离子扩散系数影响的角度出发，结合朗缪尔结合理论，根据实际工程调研和试验研究结果，给出了混凝土结合能力对氯离子扩散系数的影响参数 K_R 的取值范围，如表4.2所示。

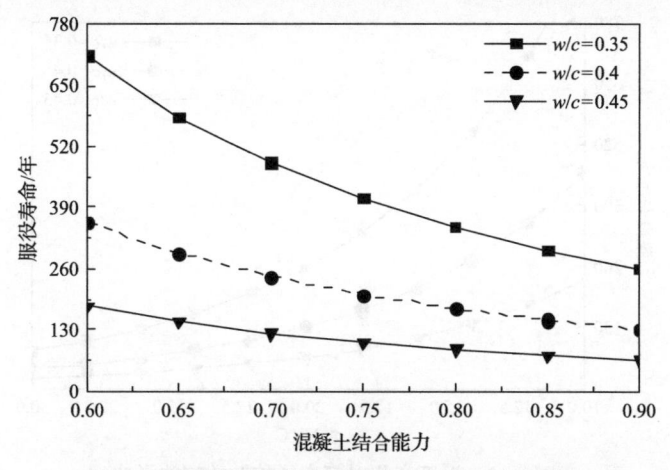

图 4.9 混凝土结合能力对氯离子扩散效应的影响

表 4.2 K_R 的取值范围

类别		水泥	水泥+渣粉	水泥+粉煤灰	水泥+砖灰	水泥+渣粉+粉煤灰	水泥+渣粉+粉煤灰+砖灰
取值	最小值	0.70	0.60	0.60	0.70	0.60	0.60
	最大值	0.90	0.70	0.70	0.80	0.70	0.70

4.3.4 外界环境温度对氯离子扩散效应的影响

Violetta[27]研究发现，结构所处环境温度的变化对氯离子扩散系数存在很大的影响。结果表明，温度对扩散系数的影响参数 D_T 的变化规律可进一步描述为

$$D_T = D_0 \cdot \exp\left[\frac{U}{R}\left(\frac{1}{T_0} - \frac{1}{T}\right)\right] \quad (4.66)$$

式中：D_T 为温度为 T 时的氯离子扩散系数；U 为氯离子扩散过程的活化能，取为 35000J/mol；R 为摩尔气体常数，取为 8.314J/(K·mol)；T_0 为养护时的绝对温度，取为 293K；T 为绝对温度。

为研究温度变化对氯离子扩散作用的影响，本章在上述基础上，假定各计算参数 C_{cr}=0.1%、C_s=0.9%、d=60mm、m=0.6、K_R=0.9，得到结构达到耐久性服役寿命随温度的变化情况，结果如图 4.10 所示。

从图 4.10 中可以看出，温度变化对混凝土中氯离子扩散作用有显著的影响，降低温度可以有效抑制氯离子的扩散速度。结果表明，结构达到耐久性极限状态所需的时间随着温度的升高而逐渐缩短。这表明氯离子的扩散系数随着温度的升高而增大。因此，在混凝土结构耐久性分析与设计中，应充分考虑温度的变化对扩散效应的影响。

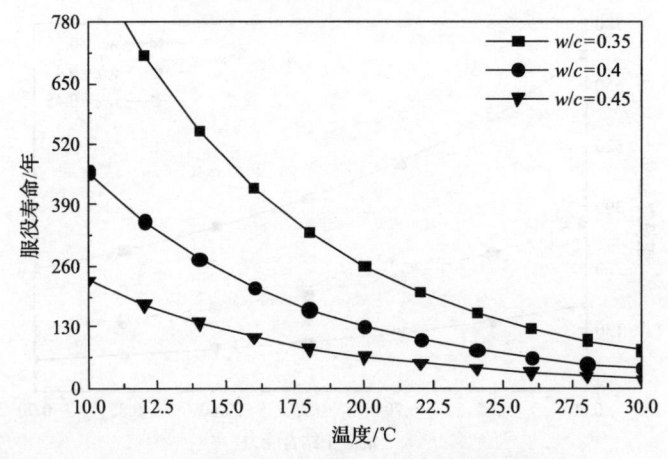

图 4.10　温度变化对氯离子扩散效应的影响

4.3.5　保护层厚度对氯离子扩散效应的影响

从混凝土氯离子扩散方程(4.57)中可以看出，混凝土钢筋保护层厚度对结构耐久性有一定的影响。为分析混凝土结构耐久性服役寿命与钢筋保护层厚度之间的关系，本章在上述影响因素分析的基础上，假定各计算参数 C_{cr}=0.1%、C_s=0.9%、m=0.6、T=293K，得到结构中氯离子浓度达到钢筋锈蚀临界浓度所需的时间随保护层厚度的变化情况，即结构达到耐久性极限状态所需的时间与保护层厚度的关系，结果如图 4.11 所示。

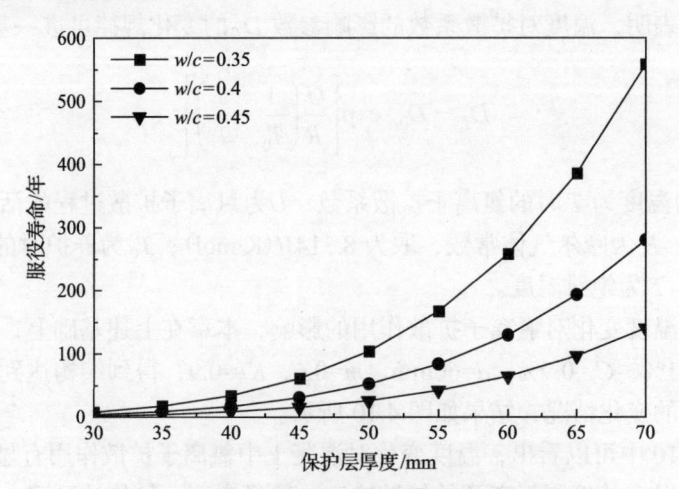

图 4.11　保护层厚度对氯离子扩散效应的影响

由图 4.11 可以看出，混凝土保护层越厚，结构达到耐久性使用极限所需时间越长，即结构的服役寿命越长，主要是因为混凝土保护层越厚，混凝土表面氯离子距离钢筋表面位置越远,氯离子达到钢筋锈蚀临界氯离子浓度所需的时间就越长[28]。从图中曲线的变化情况来看,随着保护层厚度的增加,曲线的斜率逐渐增加,意味着结构的服役寿命增长很快,表明钢筋保护层厚度是决定混凝土结构耐久性使用极限寿命的关键因素。但是,混凝土保护层厚度过厚很容易引起混凝土结构开裂,同时还有可能降低构件的承载能力,同样也很容易造成结构耐久性降低。因此,只有合理确定保护层厚度的取值,才能有效延缓混凝土中钢筋的锈蚀,增强结构的耐久性。

《铁路混凝土结构耐久性设计规范》(TB 10005—2010)[29]中规定,我国桥涵混凝土结构钢筋的混凝土保护层厚度应符合表 4.3 中的规定。

表 4.3 桥涵混凝土结构钢筋的混凝土保护层最小厚度

作用等级	L1	L2	L3
保护层厚度/mm	45	50	60

胡春燕[30]通过文献统计,给出了不同结构形式下,混凝土保护层厚度的统计值,结果如表 4.4 所示。

表 4.4 混凝土保护层厚度统计值

结构形式	分布形式	均值/mm	变异系数
钢筋混凝土隧道	正态分布	50.95	0.083
钢筋混凝土桥梁	正态分布	41.30	0.090
钢筋混凝土桥面	正态分布	45.00	0.178
高性能混凝土试验	对数正态分布	50.00	0.200
混凝土梁试验	对数正态分布	30.00	0.150

4.4 混凝土箱梁中氯离子扩散 CA 模型

4.4.1 CA 理论基础

1. CA 理论的形成与发展

早在 20 世纪 50 年代,美国著名的计算机科学家冯·诺依曼(von Neumann,计算机之父)为了设计出能够解决复杂问题的计算机,根据自然界中生物的自我繁殖原理,组织设计了可自我复制的计算机,首次提出了 CA 的概念与模型,但一直没有引起学术界的广泛关注。

沃尔多·托伯勒(Tobler)在 20 世纪 70 年代,认识到 CA 在处理与模拟复杂问题方面的优势，首次将 CA 的概念引入地理学研究中，并用 CA 模型模拟了当时美国底特律等城市的发展。这使 CA 又一次登上了历史的舞台。1970 年，由于科学技术的发展，尤其是计算机技术的发展，英国剑桥大学约翰·何顿·康威设计了一款叫"生命游戏"的计算机游戏。虽然游戏的规则比较简单，但是游戏的设计思路非常复杂，从最初的模型构造出发，得到了一些非常复杂的动力学行为，显示了 CA 在模拟复杂系统时的优越性，从而引起了学术界和科学家们的广泛关注。

20 世纪 80 年代初，物理学家 Wolfram 等对 CA 进行了进一步的研究，从动力学角度出发，对初等 CA 的 256 种模型演变的规则进行了深入研究，并用熵来描述其 CA 的演化行为，将 CA 进行了分类，分为平稳型、周期型、混沌型和复杂型。这对 CA 的研究是一个非常突出的贡献。

20 世纪 80 年代末，伴随着一些如混沌、分形、计算机、图形学和复杂理论等有关学科的兴起，CA 理论逐渐快速地变成了非线性前沿科学的一个重要分支，在更多的学科中得到了应用和发展。

2. CA 概述及组成

CA 也称为细胞自动机、格子自动机，是一种随机数学模型，具有模拟复杂系统时空演化过程的能力。与其他数学模型相比，CA 不是一种简单的动力学模型，不能用一些简单的物理及数学方程来表示，而是由一系列模型的规则构成的。凡是能够满足这些规则的问题都可以用 CA 方法来解决，因此，CA 不是指一种具体的数学模型，而是一类模型的总称。CA 通过局部进化规则，来推测下一时刻元胞状态的这种方法可以使事物之间的复杂关系变得更加规律化和简单化。

CA 是把研究对象定义成一个由离散、有限状态的元胞空间，按照一定的局部进化规则，在使用计算机进行计算的基础上，通过与其他相关理论的结合，在离散的时间维度上进化的动力网格系统。CA 主要由元胞、元胞空间、元胞邻域、局部进化规则、元胞状态、边界条件和初始条件等构成[31]，其相互关系如图 4.12 所示。

(1)元胞：元胞是 CA 的基本组成单位，是由分布在一维、二维等欧几里得空间网格上的格点构成的。

(2)元胞空间：当用 CA 来模拟实际问题时，应对研究对象进行网格划分。每个网格代表一个元胞，元胞所分布的网格中所有元胞的集合构成了 CA 的元胞空间[32]。根据所属问题复杂程度及维数的不同，可以有不同的网格划分方式。例如，二维 CA 的元胞空间网格划分方式主要有三角形网格、四边形网格与六边形网格三种，如图 4.13 所示。

(3)元胞邻域：在运用 CA 原理来求解问题之前，必须定义一定的邻域规则，确定元胞邻域的类型。对于不同类型的元胞空间，应当采用不同维度的邻域类型。

根据文献[33]，对于一维元胞空间，常采用如图 4.14 所示的元胞邻域；对于二维元胞空间，常采用如图 4.15 所示的元胞邻域。

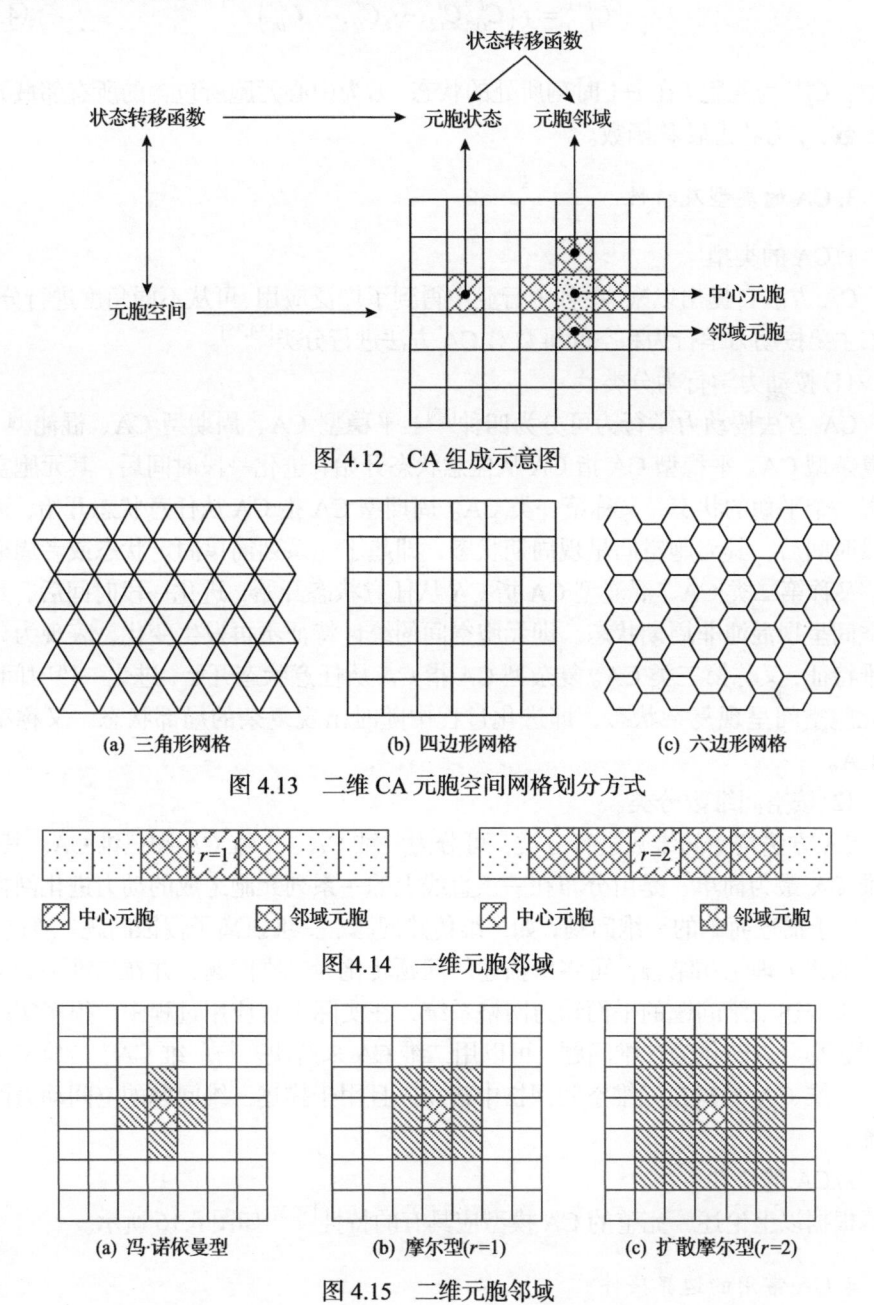

图 4.12 CA 组成示意图

(a) 三角形网格　　(b) 四边形网格　　(c) 六边形网格

图 4.13 二维 CA 元胞空间网格划分方式

图 4.14 一维元胞邻域

(a) 冯·诺依曼型　　(b) 摩尔型($r=1$)　　(c) 扩散摩尔型($r=2$)

图 4.15 二维元胞邻域

(4) 局部进化规则：局部进化规则是一个状态转移函数，根据中心元胞在某一

时刻(t)的状态以及邻域元胞的状态来分析下一时刻(t+1)该元胞状态的函数,即

$$C_i^{t+1} = f\left(C_{i1}^t, C_{i2}^t, \cdots, C_{ij}^t, \cdots, C_{in}^t\right) \tag{4.67}$$

式中:C_i^{t+1}为元胞 i 在 t+1 时刻所处的状态;n 为中心元胞所包含的所有邻域元胞的个数;f 为状态转移函数。

3. CA 的类型及特性

1) CA 的类型

CA 方法自提出以来,在各个行业中得到了广泛应用,可从不同角度进行分类。本书主要按动力学行为和空间维数对 CA 方法进行分类[34,35]。

(1) 按动力学行为分类。

CA 方法按动力学行为可分为四种[35]:平稳型 CA、周期型 CA、混沌型 CA 和复杂型 CA。平稳型 CA 指 CA 从任意状态开始,进化一段时间后,其元胞空间呈现一个平稳的状态,又称第一类 CA。周期型 CA 指 CA 从任意状态开始,进化一段时间后,其元胞空间呈现周期状态,即趋于一系列简单固定状态或者周期状态,又称第二类 CA。混沌型 CA 指 CA 从任意状态开始,进化一段时间后,其元胞空间呈现混沌非周期状态,即元胞空间的统计特征不再发生变化,表现为分形分维特征,又称第三类 CA。复杂型 CA 指 CA 从任意状态开始,进化一段时间后,其元胞空间呈现复杂状态,即进化过程中随时出现复杂的局部状态,又称第四类 CA。

(2) 按空间维数分类。

CA 方法按空间维数进行分类,可分为一维 CA、二维 CA 和三维 CA。其中,一维 CA 最为简单,是由分布在一条直线上的一系列元胞组成的动力进化网格系统,用于描述简单的一维问题,如一维传热问题、一维氯离子侵蚀问题。通过 CA 与其他相关理论相结合,可将所描述的问题转化为二维问题,并在二维平面上建立用于描述二维问题的平面动力网格系统,在实际工程应用过程中,很多实际工程问题都可以转化为二维问题,可以用二维 CA 来解决。与一维 CA、二维 CA 一样,三维 CA 是指在三维空间网格中建立,且用于描述三维问题的空间动力网格系统。

2) CA 的特性

根据以上论述,完整的 CA 模型应具有的特性[36,37]如图 4.16 所示。

4. CA 常用的边界条件

理论上 CA 模型可用于分析和计算无限大边界的相关问题,但在实际工程应

用中，这是基本上不可能实现的或往往由于边界太过于理想化而导致无法计算。为便于分析这些边界部位元胞的元胞状态，通常考虑在边界处扩展一层元胞，构成整个系统的边界条件。常用边界条件主要有周期边界、固定边界、绝热边界和映射边界四种[38]，如图 4.17 所示。其中，周期边界是指将 CA 的相对边界相互连接而形成的元胞空间；固定边界是指将 CA 扩展后的元胞取固定常数而形成的元胞空间；绝热边界是指将 CA 扩展后的元胞与其邻域元胞的状态保持一致而形成的元胞空间；映射边界是指将 CA 扩展后的元胞经镜面反射后而形成的元胞空间。

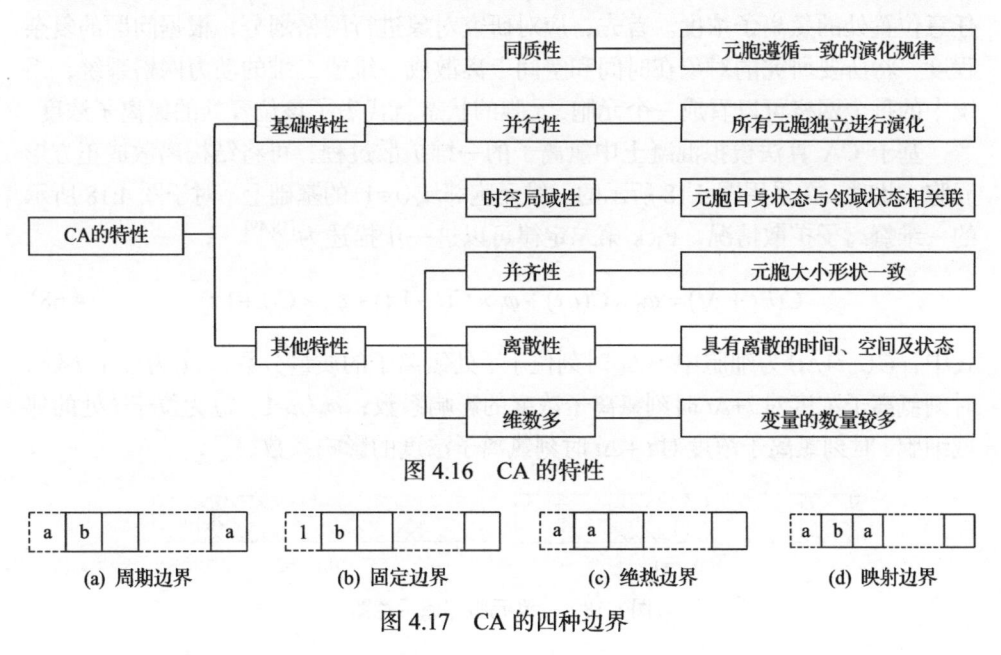

图 4.16　CA 的特性

图 4.17　CA 的四种边界

(a) 周期边界　(b) 固定边界　(c) 绝热边界　(d) 映射边界

4.4.2　一维氯离子扩散 CA 模型

1. 模型建立

自从 Collepardi 等[39]利用 Fick 第二定律建立了混凝土中氯离子扩散模型以来，国内外研究工作者在这方面进行了大量的研究[40-44]，发表了很多论文，但论文大多都是从 Fick 第二定律出发建立的氯离子扩散模型，而 Fick 第二定律的求解往往要求的边界条件太理想化，实际工程中遇到的边界条件往往太复杂，而且氯离子扩散过程是一个时间、温度、湿度等变化的过程，因此模型得到的结果往往与实际工程情况存在误差。虽然有很多研究工作者在这方面进行了大量的试验研究，模型试验常常所需试验周期太长，而且试验费用高，采集样本数据有限[45-47]。

为了避免高次微分方程的求解和模型试验带来的误差，本章基于 CA 原理，建立了在氯盐等腐蚀性环境下混凝土中氯离子扩散的 CA 模型，并通过 MATLAB

软件编写了计算程序,分析了混凝土中氯离子的扩散过程,计算了在不同时刻、不同位置截面各个部位的氯离子浓度,并与试验值进行对比,为预测结构耐久性极限寿命提供参考依据。

目前,对于混凝土中氯离子扩散规律的研究基本都是基于 Fick 第二定律来描述的,但 Fick 第二定律的二阶偏微分方程在求解时往往比较复杂。为此,Biondini 等[48]提出了用 CA 方法来模拟混凝土结构中氯离子的扩散过程。

利用 CA 方法来模拟混凝土结构中氯离子的扩散规律,获得结构内任意时刻、任意位置处的氯离子浓度。首先,应对研究对象进行网格划分,根据问题的复杂程度,将所要研究的对象在时间和空间上离散成一维或二维的动力网格系统,系统中的每个网格可以看成一个元胞,元胞的状态就代表了该位置处的氯离子浓度。

基于 CA 算法模拟混凝土中氯离子的一维扩散过程,可将结构离散成正方形元胞。此时,在采用图 4.18 所示的一维元胞邻域($r=1$)的基础上,对于图 4.18 所示的一维氯离子扩散情况,Fick 第二定律可以进一步描述为[48,49]

$$C(i,t+\Delta t) = \varphi_0 \times C(i,t) + \varphi_1 \times C(i-1,t) + \varphi_2 \times C(i+1,t) \tag{4.68}$$

式中:$C(i, t+\Delta t)$ 为细胞中 $t+\Delta t$ 时刻位于 i 处氯离子的质量分数;φ_0 为位于 i 处 t 时刻氯离子浓度对 $t+\Delta t$ 时刻氯离子浓度的影响系数;φ_n($n=1$、2)为位于 i 处的邻域细胞 t 时刻氯离子浓度对 $t+\Delta t$ 时刻氯离子浓度的影响系数。

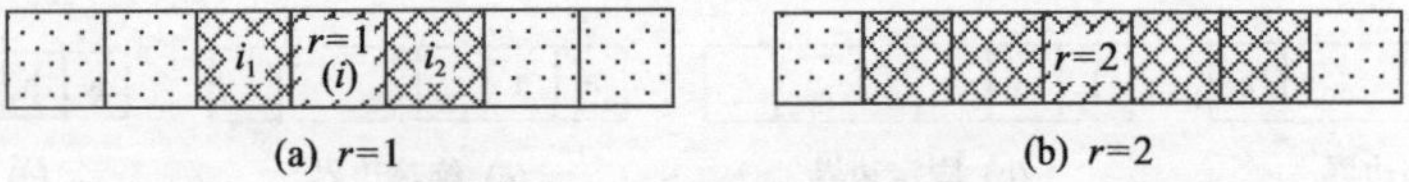

图 4.18 一维元胞邻域示意图

根据氯离子扩散过程中的质量守恒定律,各影响系数需满足以下条件,即

$$\varphi_0 + \varphi_1 + \varphi_2 = 1 \tag{4.69}$$

同时,当仅仅考虑氯离子在混凝土中的扩散时,可以近似地将混凝土看成各向同性材料,为保证氯离子在扩散过程中满足各向同性,令各项系数之间存在以下关系:

$$\varphi_1 = \varphi_2 \tag{4.70}$$

从而式(4.68)可简化为

$$\Delta C = -\varphi_1[(C(i,t) - C(i+1,t)) + (C(i,t) - C(i-1,t))] \tag{4.71}$$

式中:ΔC 为混凝土内部某一位置 $t+\Delta t$ 时刻与 t 时刻的氯离子浓度差。

选用一维正方形元胞网格,其中心元胞与邻域元胞之间的演化关系采用半径

$r=1$ 的一维元胞邻域模型,如图 4.18(a) 所示。其中,i 表示中心元胞,i_1、i_2 表示元胞 i 周围的两个邻域元胞。用 x 坐标值表示中心元胞 i 的坐标,用 $x+\Delta x$ 和 $x-\Delta x$ 分别表示邻域元胞 i_1 和 i_2 的位置坐标,其中 Δx 为各元胞中心之间的距离。从而式(4.71)可进一步描述为

$$\Delta C = -\varphi_1 \left[\Delta x \frac{(C(i,t)-C(i+1,t))}{\Delta x} + \Delta x \frac{(C(i,t)-C(i-1,t))}{\Delta x} \right] \quad (4.72)$$

根据 Fick 第一定律,可以得到

$$J_n = -D \frac{\partial C}{\partial n} \quad n=1,2 \quad (4.73)$$

式中:J_n 为由氯离子扩散而产生的流量,以法线方向为正;∂C 为中心元胞与邻域元胞之间的氯离子浓度变化量。从而式(4.72)可整理为

$$\Delta C = \frac{\varphi_1}{D}(J_1+J_2)\Delta x \quad (4.74)$$

假设中心元胞 i 在 t 时刻的氯离子质量分数为 $m(i)$,根据氯离子质量守恒定律,则氯离子浓度必须满足:

$$\Delta C \times A = \Delta m \quad (4.75)$$

$$\Delta m = (J_1+J_2)\Delta x \Delta t \quad (4.76)$$

式中:Δm 为 t 时刻氯离子质量分数;A 为元胞扩散时的面积。

把式(4.75)和式(4.76)代入式(4.74)中,经整理可得

$$\varphi_1 = \varphi_2 = \frac{D\Delta t}{A} \quad (4.77)$$

利用式(4.77),可以进一步得到主影响系数 φ_0 为

$$\varphi_0 = 1 - 2\frac{D}{A}\Delta t \quad (4.78)$$

从而根据式(4.68)、式(4.77)、式(4.78),就可建立混凝土中氯离子扩散的一维 CA 模型,即

$$C(i,t+\Delta t) = \left(1-2\frac{D}{A}\Delta t\right) \times C(i,t) + \frac{D}{A}\Delta t [C(i-1,t)+C(i+1,t)] \quad (4.79)$$

假定所有元胞形状为大小相等的正方形，即边长为 δ，则式(4.79)可进一步简化为

$$C(i,t+\Delta t)=\left(1-2\frac{D}{\delta^2}\Delta t\right)\times C(i,t)+\frac{D}{\delta^2}\Delta t[C(i-1,t)+C(i+1,t)] \quad (4.80)$$

通过式(4.80)即可建立氯离子在混凝土中一维扩散的 CA 模型。

2. 计算流程

基于上述理论公式，本章借助 MATLAB 软件，编写了混凝土中氯离子扩散的一维 CA 模型的计算程序，流程图如图 4.19 所示。

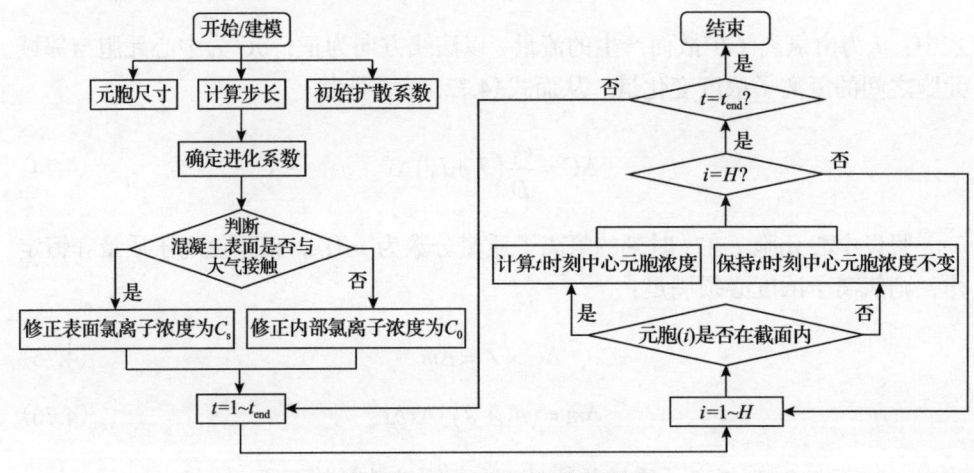

图 4.19 一维 CA 模型流程图

3. 算例分析

对于图 4.20(a)所示的钢筋混凝土结构，当其置于浓度为 2%的氯盐环境中时，由于板面尺寸远大于其厚度，因此氯离子在其混凝土内的侵蚀可以近似为在板横截面内由板表面沿厚度方向相向扩散，可采用一维 CA 模型模拟，其边界条件如图 4.20(b)所示。

模型中的参数可分别采用：扩散系数为 $2.6352\times10^{-6}\text{m}^2/\text{s}$；影响系数 φ_0 和 φ_1 分别为 0.5 和 0.25；模型网格尺寸 $\Delta x=1\text{mm}$；通过式(4.77)计算得到元胞进化步长 Δt。通过 CA 模型计算了氯离子在试件横截面内扩散经历 10 年和 20 年后，距离截面表面不同位置氯离子浓度(即质量分数)，结果如图 4.21 所示。根据模型可进一步得到截面保护层厚度处氯离子浓度随时间的变化规律，结果如图 4.22 所示。为便于比较，图 4.21 与图 4.22 同时给出了根据 Fick 第二定律得到的解析解。同时，

根据程序得到的氯离子扩散过程，氯离子浓度分布图如图 4.23 所示，该图真实地反映了氯离子在混凝土中的扩散过程和变化规律。

(a) 钢筋混凝土板截面形式

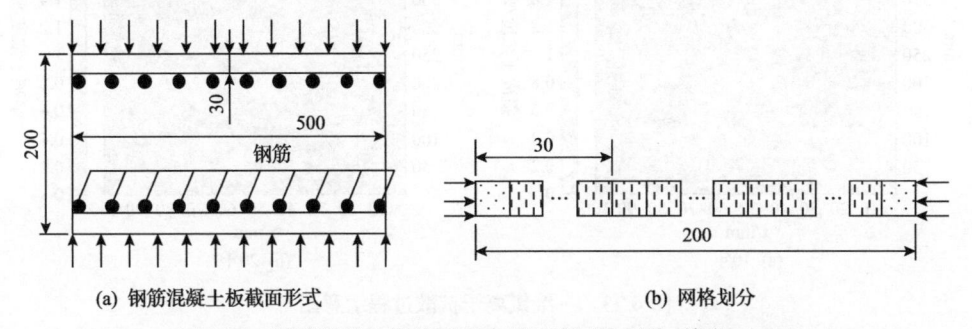

(b) 网格划分

图 4.20　钢筋混凝土板截面形式及元胞网格划分(单位：mm)

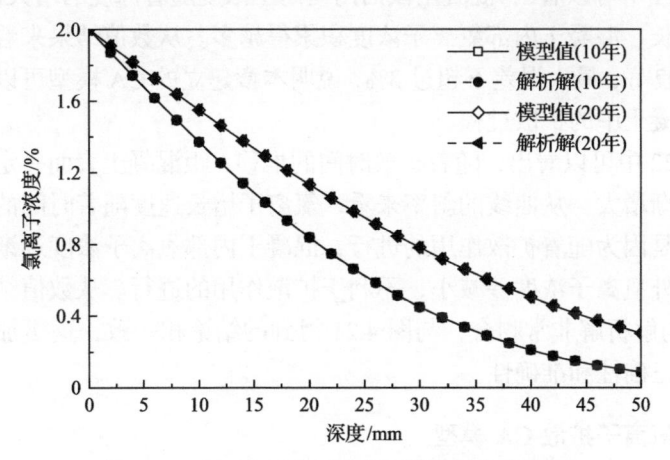

图 4.21　截面内氯离子浓度随深度的变化规律

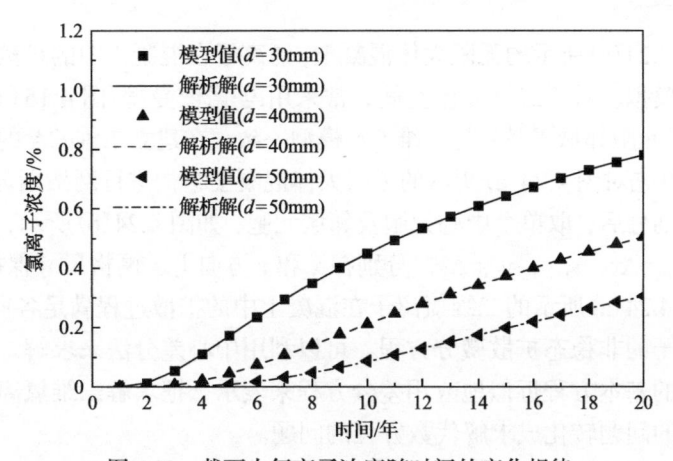

图 4.22　截面内氯离子浓度随时间的变化规律

(a) 10年

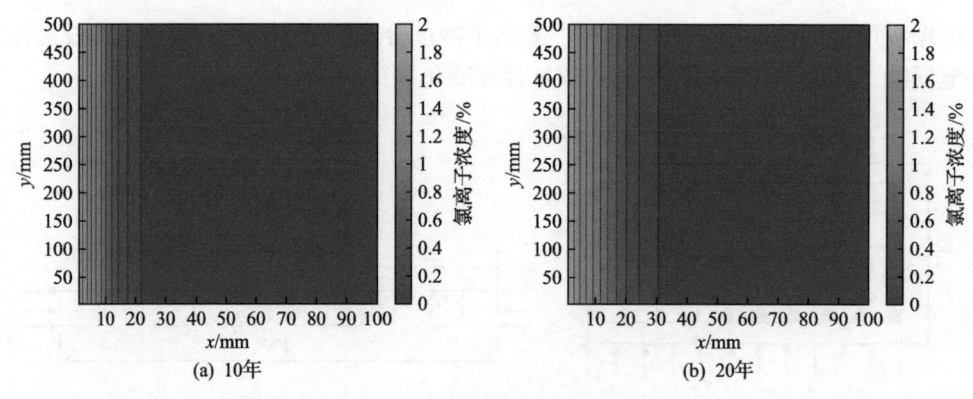

(b) 20年

图 4.23　一维氯离子扩散过程示意图

从图 4.21 中可以看出,混凝土截面内氯离子浓度随着深度的增大而逐渐减小,扩散时间越长,混凝土内部氯离子浓度积累得越多。从数值结果来看,模型值与解析解吻合良好,最大误差不超过 3%,说明本章建立的 CA 模型可以有效地模拟氯离子在混凝土中的扩散过程。

从图 4.22 中可以看出,随着扩散时间的推移,距混凝土表面一定深度处的氯离子浓度逐渐增大。从曲线的斜率来看,氯离子增长速度随着时间的推移逐渐减小。这主要是因为随着扩散作用的进行,混凝土内部氯离子浓度逐渐增大,从而使混凝土内外氯离子浓度差减小,不利于扩散作用的进行。从数值结果来看,其 CA 模型值与解析解非常吻合,与图 4.21 得到的结论相一致,这更加说明了本章所建模型的正确性和准确性。

4.4.3　二维氯离子扩散 CA 模型

1. 模型建立

对于图 4.24(a) 所示的无限大体混凝土,氯离子在混凝土中的扩散可以采用二维 CA 模型模拟。对于二维元胞空间,常采用冯·诺依曼型(图 4.15(a))和摩尔型(图 4.15(b))元胞邻域[33,50]。与一维 CA 模型一致,在建立二维 CA 的氯离子扩散模型之前,首先对图 4.24(a) 所示的无限大体混凝土结构进行网格划分。将研究对象进行网格划分后,取单个中心元胞及邻域元胞,如图 4.24(b) 所示,网格尺寸分别为 $x_{i+1,j}-x_{i,j}=\Delta x$、$y_{i+1,j}-y_{i,j}=\Delta y$,分别在 x 和 y 方向上,网格尺寸保持一致。

假定图 4.24(a) 所示的二维氯离子在混凝土中的扩散过程满足各向同性,则对于二维氯离子的非稳态扩散微分方程,可以利用中心差分法来求解。中心差分法是把所求解的基本方程近似地改用差分方程来表示,把求解二维氯离子非稳态扩散微分方程的问题转化成求解代数方程的问题。

根据中心差分法,可得

$$\frac{\partial^2 C}{\partial x^2} \approx \frac{C_{(i-1,j)} + C_{(i+1,j)} - 2C_{(i,j)}}{(\Delta x)^2} \tag{4.81}$$

$$\frac{\partial^2 C}{\partial y^2} \approx \frac{C_{(i,j-1)} + C_{(i,j+1)} - 2C_{(i,j)}}{(\Delta y)^2} \tag{4.82}$$

$$\frac{\partial C}{\partial t} = \frac{C_{(i,j)}^{t+\Delta t} - C_{(i,j)}^{t}}{\Delta t} \tag{4.83}$$

式中：C 为氯离子浓度；Δx 为元胞沿 x 方向的尺寸；Δy 为元胞沿 y 方向的尺寸；Δt 为氯离子扩散的时间步长。

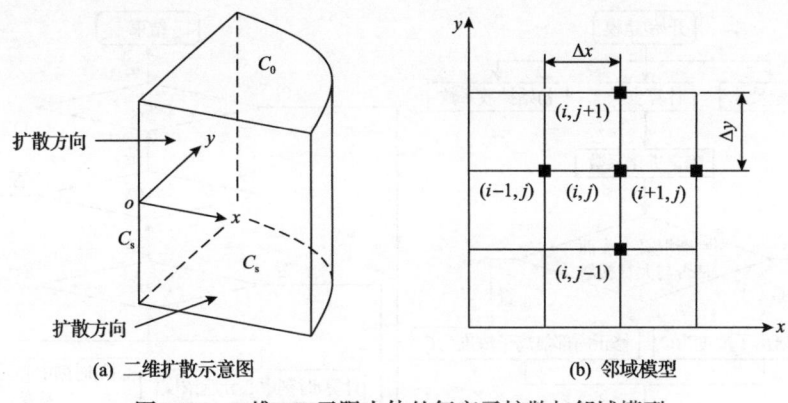

(a) 二维扩散示意图 (b) 邻域模型

图 4.24 二维 1/4 无限大体的氯离子扩散与邻域模型

结合氯离子扩散方程(4.39)，将式(4.81)～式(4.83)代入式(4.39)中，经整理可得

$$\frac{C_{(i,j)}^{t+\Delta t} - C_{(i,j)}^{t}}{\Delta t} \frac{1}{D} = \frac{C_{(i-1,j)} + C_{(i+1,j)} - 2C_{(i,j)}}{(\Delta x)^2} + \frac{C_{(i,j-1)} + C_{(i,j+1)} - 2C_{(i,j)}}{(\Delta y)^2} \tag{4.84}$$

假定在划分网格时所有元胞形状大小相等，即 $\Delta x = \Delta y$，则式(4.84)可进一步简化为

$$C_{(i,j)}^{t+\Delta t} = \lambda_0 C_{(i,j)}^{t} + \lambda_1 \left(C_{(i-1,j)}^{t} + C_{(i+1,j)}^{t} + C_{(i,j-1)}^{t} + C_{(i,j+1)}^{t} \right) \tag{4.85}$$

其中，

$$\lambda_0 = \left[1 - 4D\Delta t/(\Delta x)^2 \right] \tag{4.86}$$

$$\lambda_1 = D\Delta t/(\Delta x)^2 \tag{4.87}$$

式中：λ_0 为位于 (i,j) 处的中心元胞 t 时刻氯离子浓度对 $t+\Delta t$ 时刻中心元胞氯离子浓度的影响系数；λ_1 为位于 (i,j) 处的邻域元胞 t 时刻氯离子浓度对 $t+\Delta t$ 时刻中心元胞氯离子浓度的影响系数。

式(4.87)为氯离子在混凝土中扩散的浓度传递公式，即可通过 t 时刻中心元胞以及领域元胞的氯离子浓度得到下一时刻 $t+\Delta t$ 该中心元胞的浓度。通过式(4.87)就可以建立氯离子在混凝土中扩散的二维 CA 模型。

2. 计算流程

基于上述理论公式，本章借助 MATLAB 软件，编写了混凝土中氯离子扩散的二维 CA 模型的计算程序，该程序流程图如图 4.25 所示。

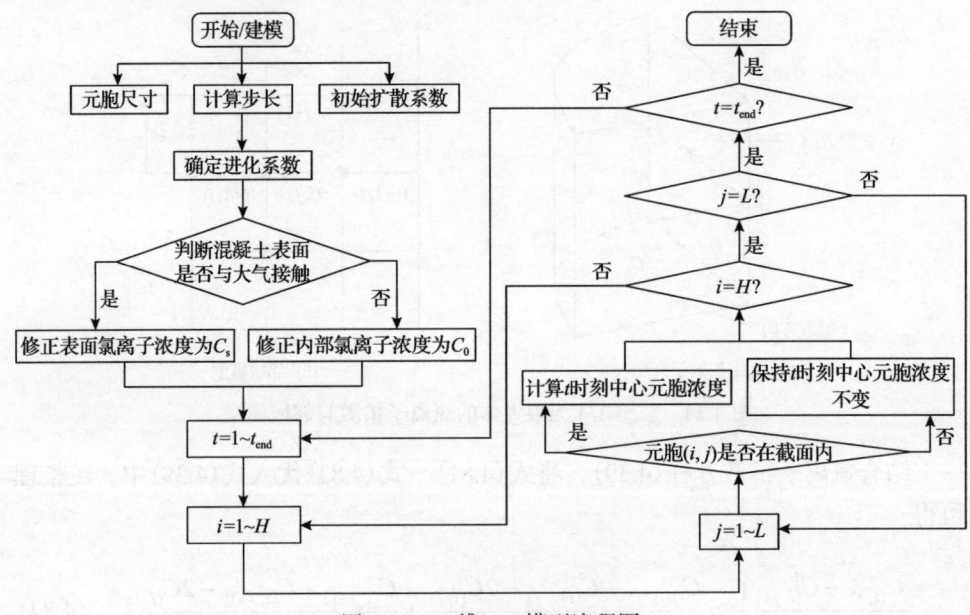

图 4.25 二维 CA 模型流程图

H 为单元行数；L 为单元列数

3. 算例分析

基于上述理论，采用二维 CA 模型分析计算了钢筋混凝土试件在浓度为 1.0%的氯盐溶液中的扩散过程。试件的尺寸为 1.5m×1.5m×1.5m，保护层厚度为 50mm。选取立方体试件的中心截面，由于中心截面距离截面端部较远，因此氯离子在其截面内的扩散可以近似地认为是二维扩散。假设不考虑龄期对氯离子扩散的影响，认为氯离子扩散系数为常数，为 $1.0623×10^{-6}\text{m}^2/\text{s}$。模型计算中采用的参数分别如下：影响系数 λ_0 和 λ_1 分别为 0.5 和 0.125；模型网格尺寸 Δx=1mm；元胞进化步长

第 4 章 基于空间多维侵蚀特性的混凝土箱梁受氯离子侵蚀机理 · 145 ·

Δt=1.3619d。通过 CA 模型计算氯离子在试件横截面内扩散经历 10 年和 20 年后，距离截面表面不同深度处氯离子的质量分数，得到不同位置氯离子浓度随深度和时间的变化规律，结果分别如图 4.26 和图 4.27 所示。为便于比较，图 4.26 和图 4.27 同时给出了根据 Fick 第二定律得到的解析解。同时，根据程序还得到了二维氯离子扩散过程示意图，如图 4.28 所示，该图真实地反映了氯离子在混凝土中的扩散过程和变化规律。

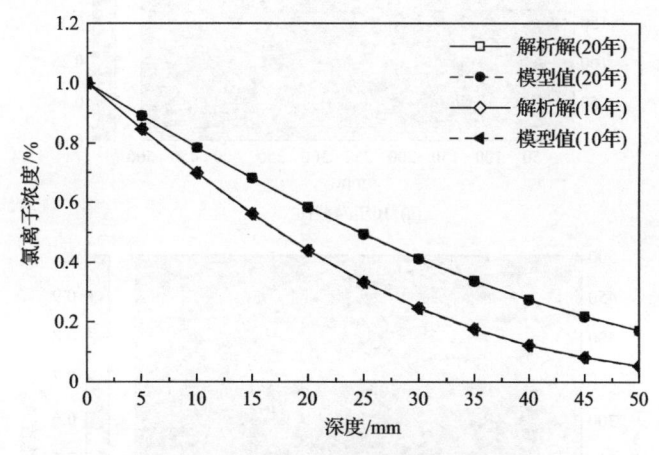

图 4.26 二维氯离子浓度随深度的变化

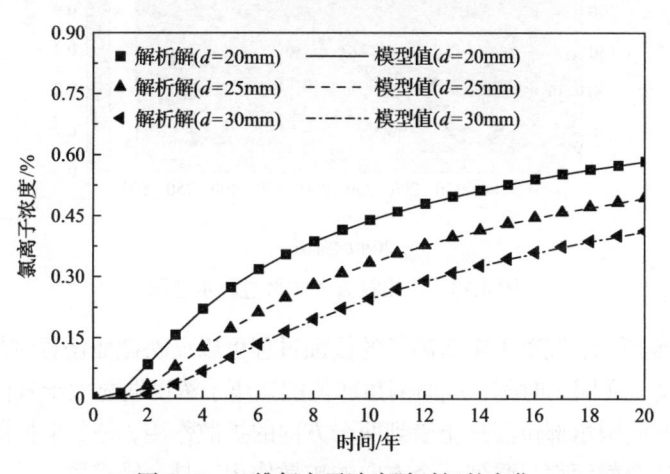

图 4.27 二维氯离子浓度随时间的变化

由图 4.26 和图 4.27 可知，随着扩散作用的进行，氯离子浓度随着深度的增大而逐渐减小；同一深度氯离子浓度随着时间的推移，氯离子浓度逐渐增大。从图中的数值结果来看，CA 模型值与解析解完全吻合，说明本章建立的 CA 模型能够有效地模拟混凝土中氯离子的扩散过程且精度较高。

(a) 10年l/4截面

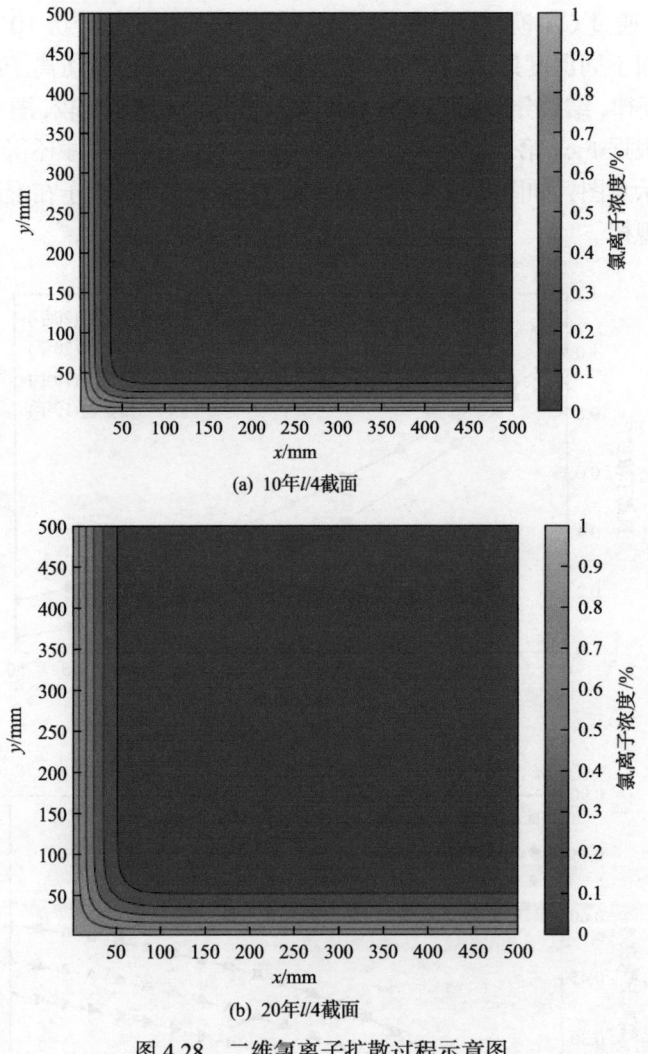

(b) 20年l/4截面

图 4.28 二维氯离子扩散过程示意图

如图 4.28 所示，混凝土中氯离子的侵蚀过程可以反映截面任意时刻、任意位置的氯离子浓度；在同一时刻，截面倒角部位的氯离子浓度明显大于其他位置，这主要是因为在截面倒角部位混凝土受到两个方向的扩散作用，是二维扩散；除截面倒角部位外，其余截面都只受到一个方向的扩散作用，是一维扩散。

4.4.4 三维氯离子扩散 CA 模型

1. 模型建立

由于二维模型只采用了 E_1、E_2、E_3、E_4 四个邻域元胞，因此只能模拟氯离子在平面中的扩散过程，无法对整体结构中氯离子的扩散过程进行模拟。根据氯离子在混凝土中的实际扩散特点，氯离子在混凝土中的三维扩散过程同样可以用三维 CA 来模拟。为此，基于 CA 原理，在二维冯·诺依曼型元胞邻域类型基础上，通过在 z 轴方向引入两个邻域元胞 E_5 和 E_6，建立三维 CA 邻域类型，其组成关系如图 4.29(a) 所示。

根据质量守恒定律，在三维元胞邻域类型中，元胞 (i,j,k) 氯离子含量 M 与各方向氯离子扩散通量 J_h ($h=1,\cdots,6$) (图 4.29(b)) 可以表示为

$$M_{(i,j,k)}^{t+\Delta t} = M_{(i,j,k)}^t - \Delta t \sum_{h=1}^{6} A_h J_h \tag{4.88}$$

式中：$M_{(i,j,k)}^{t+\Delta t}$ 和 $M_{(i,j,k)}^t$ 分别为 $t+\Delta t$ 时刻和 t 时刻元胞 (i,j,k) 中的氯离子含量。

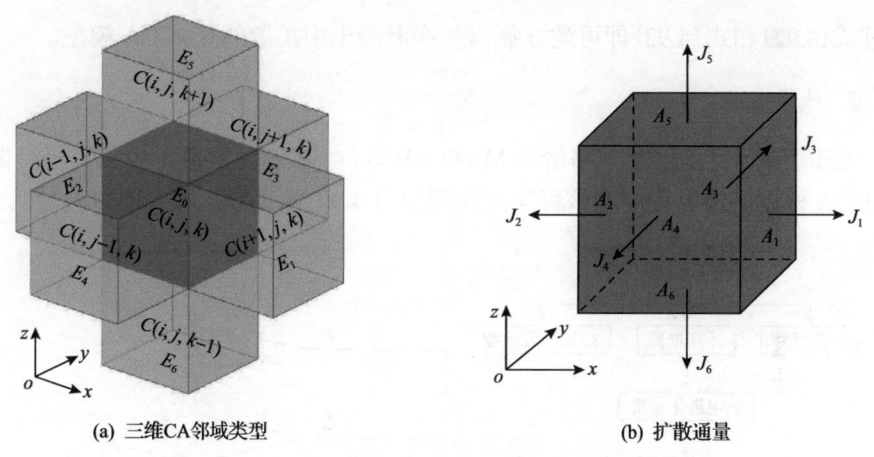

(a) 三维CA邻域类型　　　　　　(b) 扩散通量

图 4.29　三维 CA 邻域类型及中心元胞扩散通量示意图

根据 Fick 第一定律，各方向氯离子扩散通量与氯离子浓度之间的关系可以表示为

$$J_h = D_{(i,j)} \left(C_{(i,j)}^t - C_{(i+i_h, j+j_h)}^t \right) \Big/ \delta_h \tag{4.89}$$

结合式 (4.88)，三维元胞中氯离子含量与氯离子浓度之间的关系可进一步表示为

$$M_{(i,j,k)}^{t+\Delta t} = M_{(i,j,k)}^t - \Delta t D \sum_{h=1}^{6} \left[A_h \left(C_{(i,j,k)}^t - C_{(i+i_h, j+j_h, k+k_h)}^t \right) \Big/ \delta_h \right] \tag{4.90}$$

式中：

$$\begin{bmatrix} i_h \\ j_h \\ k_h \end{bmatrix}_{h=1,\cdots,6} = \begin{bmatrix} 1 & -1 & 0 & 0 & 0 & 0 \\ 0 & 0 & 1 & -1 & 0 & 0 \\ 0 & 0 & 0 & 0 & 1 & -1 \end{bmatrix}$$

在元胞体积一定的情况下，元胞(i,j,k)中氯离子含量与氯离子浓度之间的关系可以表示为

$$M_{(i,j,k)}^t = C_{(i,j,k)}^t \times V = \delta_0^3 C_{(i,j,k)}^t \tag{4.91}$$

结合式(4.90)和式(4.91)，可以得到氯离子在混凝土中扩散的三维 CA 模型为

$$C_{(i,j,k)}^{t+\Delta t} = \varphi_0 C_{(i,j,k)}^t + \varphi_1 \sum_{g=1}^{6} C_{(i+i_g, j+j_g, k+k_g)}^t \tag{4.92}$$

$$\varphi_0 = 1 - 6\Delta t D / \delta_0^2, \quad \varphi_1 = \Delta t D / \delta_0^2 \tag{4.93}$$

通过式(4.92)和式(4.93)即可建立氯离子在混凝土中扩散的三维 CA 模型。

2. 计算流程

基于上述理论公式，本书借助 MATLAB 软件，编写了混凝土中氯离子扩散的三维 CA 模型的计算程序，该程序流程图如图 4.30 所示。

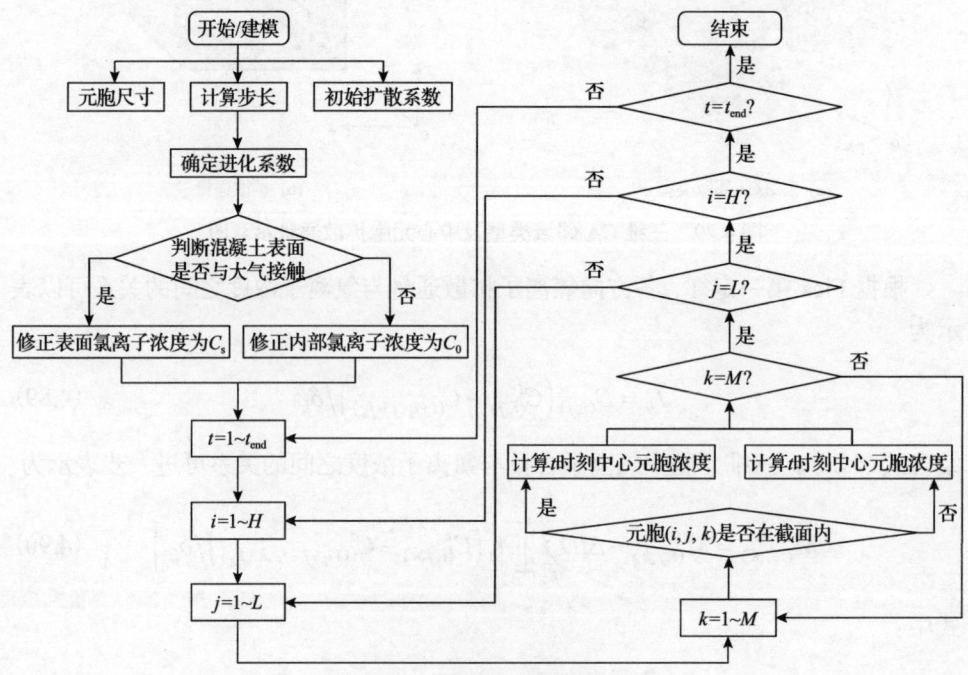

图 4.30 三维 CA 模型流程图

H 为单元行数；L 为单元列数；M 为单元层数

3. 算例分析

为了验证上述建立的三维 CA 模型的正确性和准确性,利用 CA 模型对图 4.31 所示的混凝土立方体试块中氯离子的扩散过程进行模拟与分析,试件的尺寸为 100mm×100mm×100mm。从图 4.31 中可以看出,混凝土表面不同位置处的侵蚀程度不同,为了研究氯离子在混凝土中的三维侵蚀过程,本章以距离各个表面相同位置处的点为参考点,即混凝土对角点连线上的点,具体如图 4.32 所示。对角面上氯离子扩散作用呈现出多维特征,为便于描述,进行区域划分:A 部位氯离子浓度只受到一个方向的扩散作用,认为是一维扩散;B 部位氯离子浓度受到两个方向的扩散作用,认为是二维扩散;C 部位氯离子浓度受到三个方向的扩散作用,认为是三维扩散,具体如图 4.32 所示。

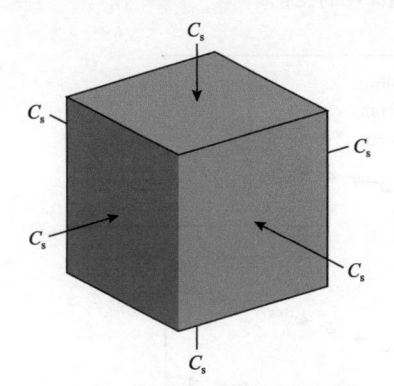

图 4.31　三维氯离子扩散示意图

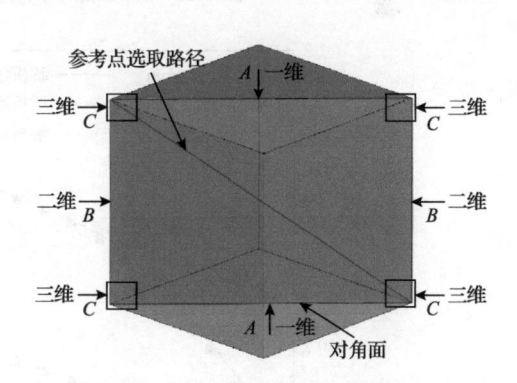

图 4.32　参考点选取示意图

当采用 CA 模型模拟与分析混凝土中氯离子的侵蚀过程时,模型扩散系数为 $5.208 \times 10^{-12} \text{m}^2/\text{s}$,影响系数 λ_0 和 λ_1 分别为 0.5 和 0.125,模型网格尺寸 Δx 为 1mm,进化步长 Δt 为 0.1582d。通过程序分别计算氯离子在试件横截面内扩散经历 30d、45d、60d 后各参考点处氯离子的质量分数,得到各位置氯离子浓度随对角线深度和时间的变化规律,结果如图 4.33 和图 4.34 所示。为便于比较,图 4.33 和图 4.34 同时给出了根据 Fick 第二定律得到的解析解。同时,根据程序还得到了该立方体试块中的三维氯离子扩散过程示意图,如图 4.35 所示,该图真实地反映了氯离子在混凝土中的扩散过程和变化规律。

从图 4.33 中可以看出,当扩散进行到某一时刻时,混凝土内部氯离子浓度随着扩散深度的增大而逐渐减小,其减小速度呈现出先稳定后增加再稳定的趋势,且随着扩散时间的推移,氯离子浓度随深度减小的速度逐渐变缓,主要是因为随着扩散作用的进行,混凝土内部浓度逐渐增大,导致混凝土内外氯离子浓度差减小,从而使扩散作用减弱。从图中数值结果可以看出,本章 CA 模型值与解析解

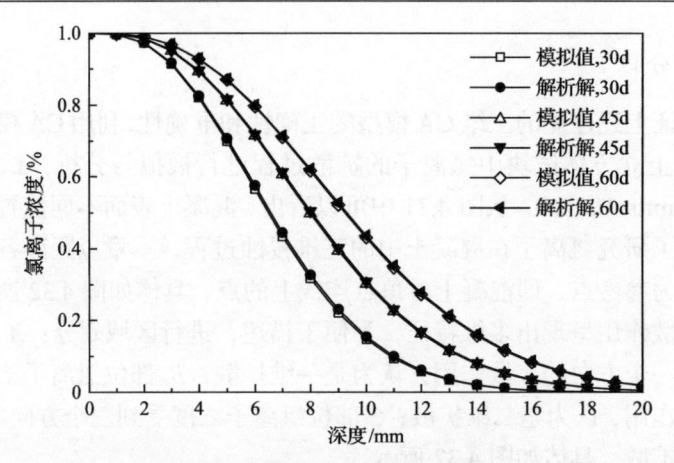

图 4.33 三维氯离子浓度随深度的变化

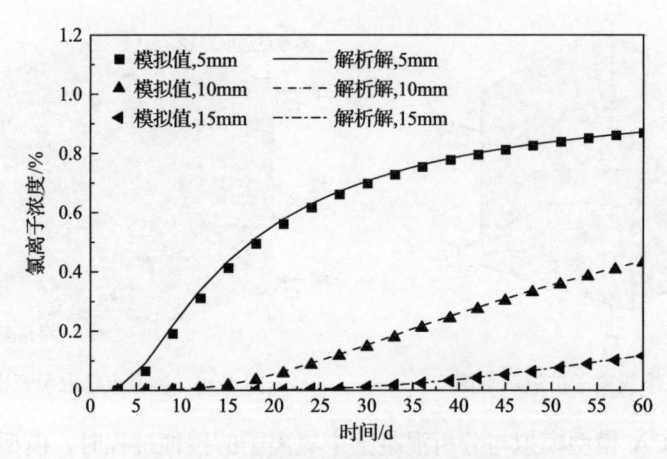

图 4.34 三维氯离子浓度随时间的变化

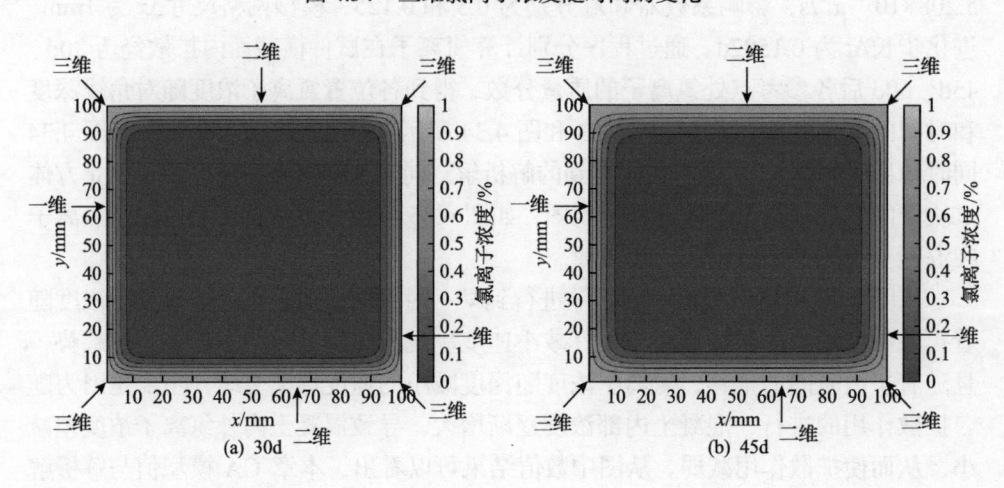

(a) 30d

(b) 45d

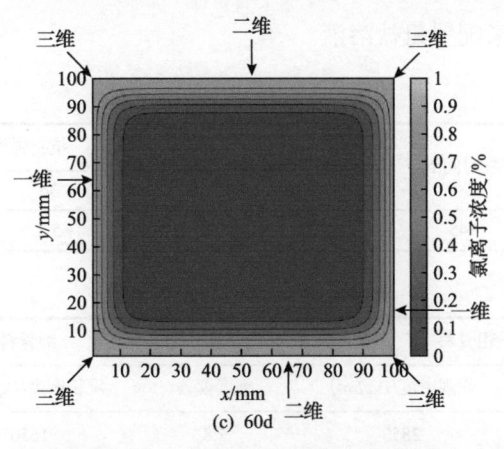

第 4 章 基于空间多维侵蚀特性的混凝土箱梁受氯离子侵蚀机理 · 151 ·

图 4.35 三维氯离子扩散过程示意图

吻合良好,说明本章建立的 CA 模型能有效地模拟混凝土中氯离子的扩散过程且精度较高。

从图 4.34 中可以看出,随着扩散时间的推移,混凝土内部氯离子浓度逐渐增大,当保护层厚度处的氯离子浓度达到钢筋锈蚀的临界浓度时,钢筋就会锈蚀。从数值结果来看,本章 CA 模型值与解析解吻合良好,这与图 4.33 中得到的结论相一致,进一步论证了本章 CA 模型的正确性和准确性。

图 4.35 反映了各个时刻混凝土立方体试块对角面中氯离子的扩散过程,更加直观地反映了混凝土内部氯离子浓度随时间逐渐增大的过程。从图 4.35 中可以看出,立方体试块三维部位氯离子浓度最大,二维部位次之,一维部位最小,这与最开始区域划分的分布规律一致。同时,从图中可以进一步得到混凝土任意时刻、任意位置处氯离子浓度的大小,可以为混凝土耐久性设计与加固提供参考依据。

4.5 混凝土受氯离子多维侵蚀试验与模型验证

4.5.1 试验材料与方案设计

1. 试验材料

本章采用的水泥为甘肃祁连山水泥集团有限公司生产的 P.O 42.5 级普通硅酸盐水泥,比表面积为 $348m^2/kg$,氯离子含量为 0.012%,其主要质量指标如表 4.5 所示;试验用到的粗骨料为连续级配碎石,其主要参数如表 4.6 所示;细骨料采用通用河砂,其主要参数如表 4.6 所示;除上述混凝土材料外,试验用到的水采用实验室自来水;用不同浓度的氯化钠溶液来模拟氯盐侵蚀环境,采用化学纯氯化钠，通过蒸馏水来配置氯盐溶液。

表 4.5 水泥的主要质量指标

比表面积/(m²/kg)	初凝时间/min	终凝时间/min	氯离子含量/%	抗折强度/MPa		抗压强度/MPa	
				3d	28d	3d	28d
348	145	220	0.012	5.5	7.6	21.6	48.7

表 4.6 粗、细骨料主要参数

指标	粗骨料		细骨料		
	粒径/mm	表观密度/(kg/m³)	细度模数	堆积密度/(kg/m³)	含泥量/%
数值	5~20	2850	2.8	1650	2.1

为了验证上述 CA 模型的合理性，设计了几种不同配合比的混凝土试件在相同氯盐环境下的氯离子侵蚀试验，配合比如表 4.7 所示。

表 4.7 混凝土配合比

编号	水胶比	各材料含量/(kg/m³)			
		水泥	水	粗骨料	细骨料
A	0.5	430	215	1083	722
B	0.45	478	215	1054	703
C	0.4	450	180	1092	728

2. 方案设计

为了研究氯离子在混凝土中的侵蚀过程，按照表 4.7 中的配合比分别制作了一批混凝土立方体试块。混凝土浇筑成型后，每个混凝土试块表面用保鲜膜进行覆盖密封，以防止混凝土内部水分的蒸发，带膜养护 24h 后进行脱模。将脱模后的混凝土试块放入湿度≥90%、温度为(20±2)℃的标准养护室进行养护。养护 28d 后进行氯离子侵蚀试验，试验用 5%的氯化钠溶液来模拟外界氯离子侵蚀环境。溶液配置过程中通过盐度检测仪(测量范围为 0%~100%)来精确地调节溶液的浓度，这种盐度检测仪具有结构防震、操作简单、携带方便、视野清晰和精度高等优点。

3. 氯离子侵蚀试验过程

将试块浸泡到指定时间后，沿混凝土扩散路径方向进行切割取样，将收集后的混凝土粉末用 0.63mm 的筛子进行筛分，并将筛分后的混凝土粉末放入烘箱中进行烘干，待冷却后用感量为 0.01g 的电子秤称取 20g 粉末，记为 G，放入密闭容器内并加入 200mL 的蒸馏水，记为 V_1，塞紧瓶盖后剧烈振荡 1~2min，然后静止浸泡 24h 进行充分沉淀，并在沉淀后进行过滤。

将上述过滤后的滤液用滴定管分别吸取 20mL，记为 V_2，置于两个三角烧瓶中，各加入 2 滴酚酞试剂，振荡使其溶液呈现微红色，然后用稀硫酸中和至无色后，向溶液中各加入 10 滴铬酸钾指示剂，之后立即用硝酸银溶液将其滴至砖红色，记录下所消耗硝酸银的量，记为 V_3，为了防止硝酸银溶液加入过量，在滴定的过程中应边滴边摇晃。此时，根据消耗的硝酸银溶液的量就可以确定样品中水溶性氯离子的含量，整个测定过程如图 4.36 所示。

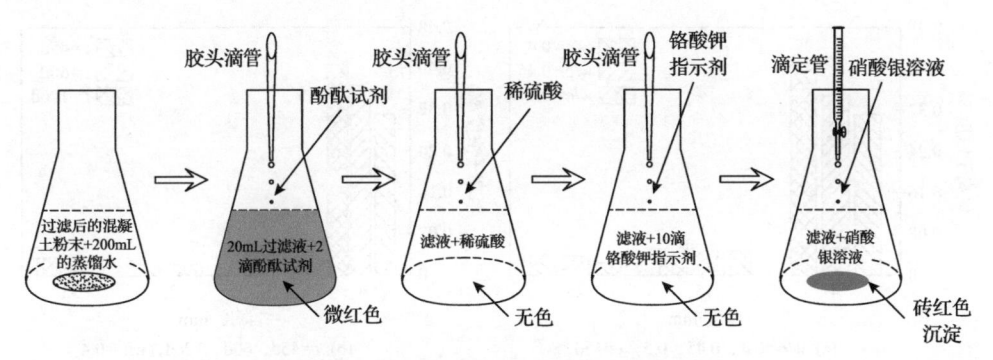

图 4.36 水溶性氯离子含量测定过程示意图

根据以上论述，溶液中水溶性氯离子浓度可以按式(4.94)计算：

$$C_d = \frac{C_A V_3 \times 0.03545}{GV_2/V_1} \tag{4.94}$$

式中：C_d 为溶液中水溶性氯离子浓度，%；C_A 为硝酸银标准溶液的浓度，mol/L；G 为称取的混凝土粉末量，g；V_1 为浸泡混凝土粉末时的蒸馏水的量，mL；V_2 为滴定时提取的滤液量，mL；V_3 为滴定时消耗的硝酸银溶液的量，mL。

4.5.2 一维氯离子侵蚀试验结果分析与模型验证

1. 试验结果分析

在测试之前，为了消除由于混凝土表面凹凸不平对氯离子扩散效应的影响，首先对三组混凝土试块的表面进行打磨。同时，为了模拟氯离子在混凝土中的一维侵蚀过程，将试块的五个表面用石蜡进行密封，只保留一个表面来研究海洋腐蚀环境下混凝土中氯离子的侵蚀过程。将处理后的混凝土试块浸泡在 5%的氯化钠溶液中，浸泡时间分别为 45d、60d、106d，试验浸泡期间，为保持氯化钠溶液浓度不变，每隔 3d 就用盐度检测仪对溶液浓度进行检测并进行调整。

考虑切割机刀片的厚度后,将浸泡后的混凝土试块按垂直于氯离子扩散面方向进行切割并取样,分别为:距混凝土表面 0~8mm 为第一层;距混凝土表面 12~18mm 为第二层;距混凝土表面 22~28mm 为第三层;距混凝土表面 32~38mm 为第四层,共计 4 层。待混凝土试块达到预定浸泡时间后,采用上述取样方式对混凝土试块进行切割,并进行磨粉。

采用上述检测方法对取样后的混凝土粉末进行滴定,以测定混凝土不同位置的氯离子含量。滴定后根据式(4.94)计算该取样点位置的氯离子浓度,结果如图 4.37 所示。由图可知,在浸泡时间相同的情况下,截面氯离子浓度随着材料水灰比的

(a) w/c=0.4、0.45、0.5, t=45d

(b) t=45d、60d、106d, w/c=0.4

(c) w/c=0.4、0.45、0.5, t=60d

(d) t=45d、60d、106d, w/c=0.45

(e) w/c=0.4、0.45、0.5, t=106d

(f) t=45d、60d、106d, w/c=0.5

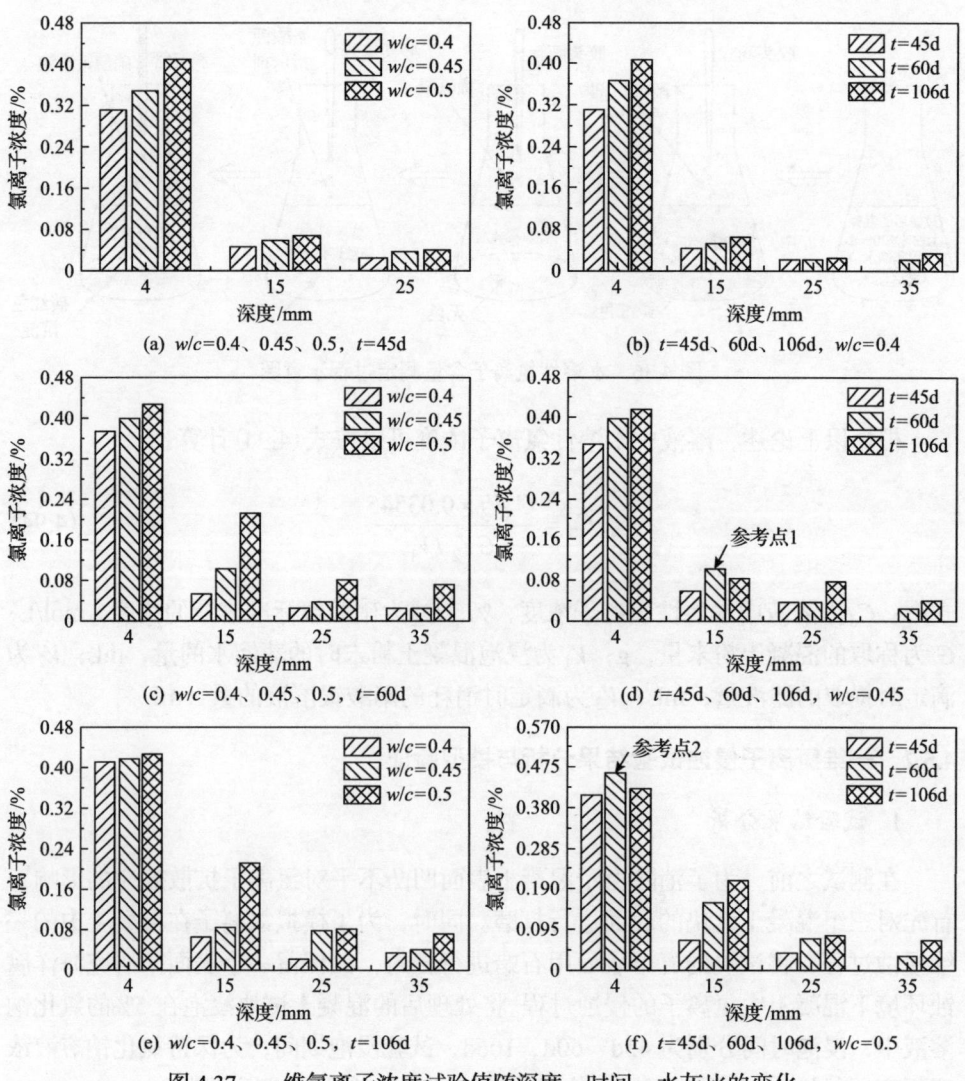

图 4.37 一维氯离子浓度试验值随深度、时间、水灰比的变化

增大而增大。这主要是因为材料水灰比决定了混凝土结构内部的初始孔结构，水灰比越大，混凝土内部初始孔隙率就越大，而氯离子在混凝土中的扩散主要通过混凝土内部的孔隙进行，因此水灰比在一定程度上决定了氯离子在混凝土中的扩散速度，水灰比越大，氯离子在混凝土中的扩散速度就越快，浓度就越大。

由图 4.37 还可知，除参考点 1 和参考点 2 氯离子浓度出现偏差外，在材料水灰比相同的情况下，截面同一位置氯离子浓度随着扩散时间的推移而逐渐增大。这是因为在扩散作用初始时刻，混凝土表面氯离子浓度最大，截面内部氯离子浓度最小，使混凝土内外形成了浓度差，进一步导致了氯离子扩散作用的发生，使得截面同一位置氯离子浓度随时间的推移而逐渐增大。

2. 模型验证

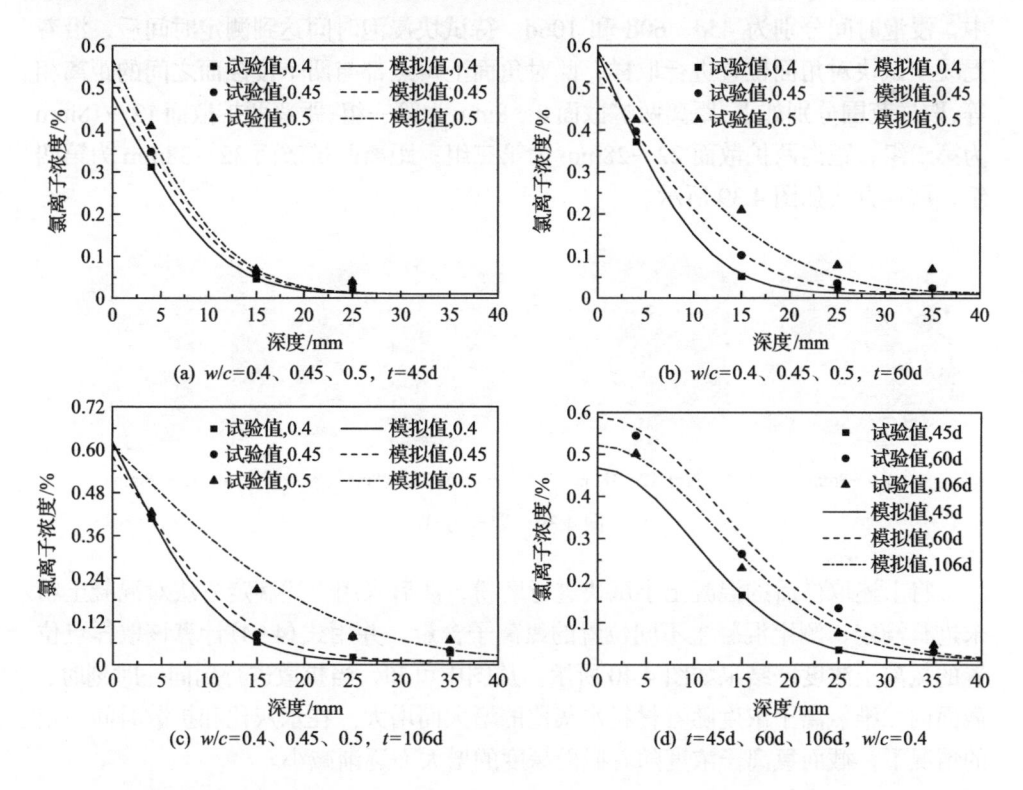

图 4.38 为利用一维 CA 模型计算的不同工况下氯离子浓度模拟值和试验值随深度、时间、水灰比的变化。由图可知，在浸泡时间与水灰比相同的情况下，截面任意位置氯离子浓度的试验值都在模拟值的左右变化，且变化幅度不大，模拟值与试验值基本吻合，说明本章所建的一维 CA 模型能够模拟混凝土中氯离子的扩散过程，且具有一定的合理性和适用性。

(a) w/c=0.4、0.45、0.5, t=45d

(b) w/c=0.4、0.45、0.5, t=60d

(c) w/c=0.4、0.45、0.5, t=106d

(d) t=45d、60d、106d, w/c=0.4

(e) t=45d、60d、106d，w/c=0.45   (f) t=45d、60d、106d，w/c=0.5

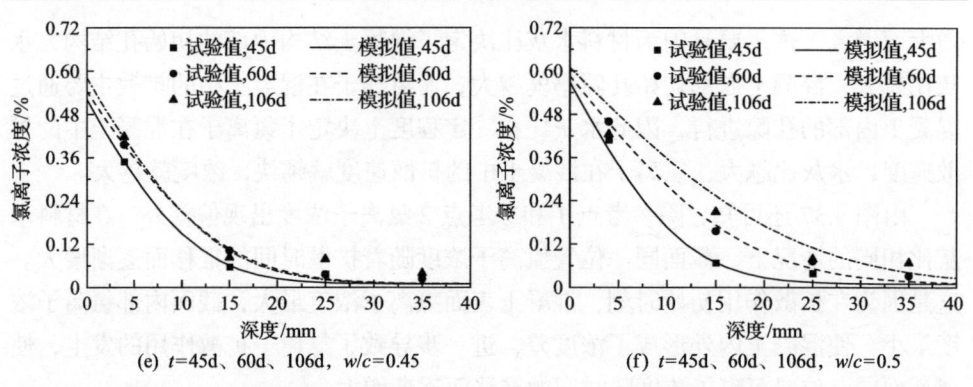

图 4.38 利用一维 CA 模型计算的氯离子浓度模拟值与试验值随深度、时间、水灰比的变化

4.5.3 二维氯离子侵蚀试验结果分析与模型验证

1. 数据整理与分析

为了模拟氯离子在混凝土中的二维扩散过程，设计制作了一批混凝土试块，对试块其他四个面用石蜡进行密封，只保留两个倒角截面来研究海洋腐蚀环境下混凝土中氯离子的二维侵蚀过程。将处理后的混凝土试块浸泡在 5%的氯化钠溶液中，浸泡时间分别为 45d、60d 和 106d。待试块浸泡时间达到测定时间后，沿着混凝土试块对角面位置进行取样，此对角面上每点都与两个侵蚀面之间的距离相等，取样范围分别如下：距离两扩散面 0~8mm 为第一组；距离两扩散面 12~18mm 为第二组；距离两扩散面 22~28mm 为第三组；距离两扩散面 32~38mm 为第四组，取样方式如图 4.39 所示。

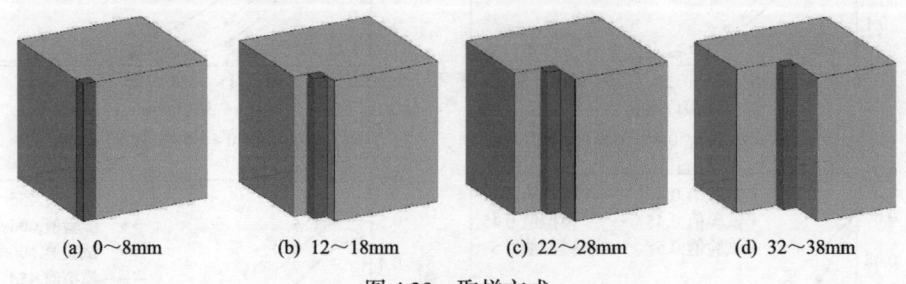

(a) 0~8mm   (b) 12~18mm   (c) 22~28mm   (d) 32~38mm

图 4.39 取样方式

将上述取样后的混凝土小试块进行磨粉，然后采用上述滴定方法对混凝土粉末进行滴定，测定混凝土不同位置的氯离子含量，并用式(4.94)计算该取样点位置的氯离子浓度，结果如图 4.40 所示。从图中可知，当扩散进行到同一时刻时，截面内二维氯离子浓度随着材料水灰比的增大而增大。在水灰比和扩散时间一定的情况下，截面氯离子浓度随着截面深度的增大而逐渐减小。

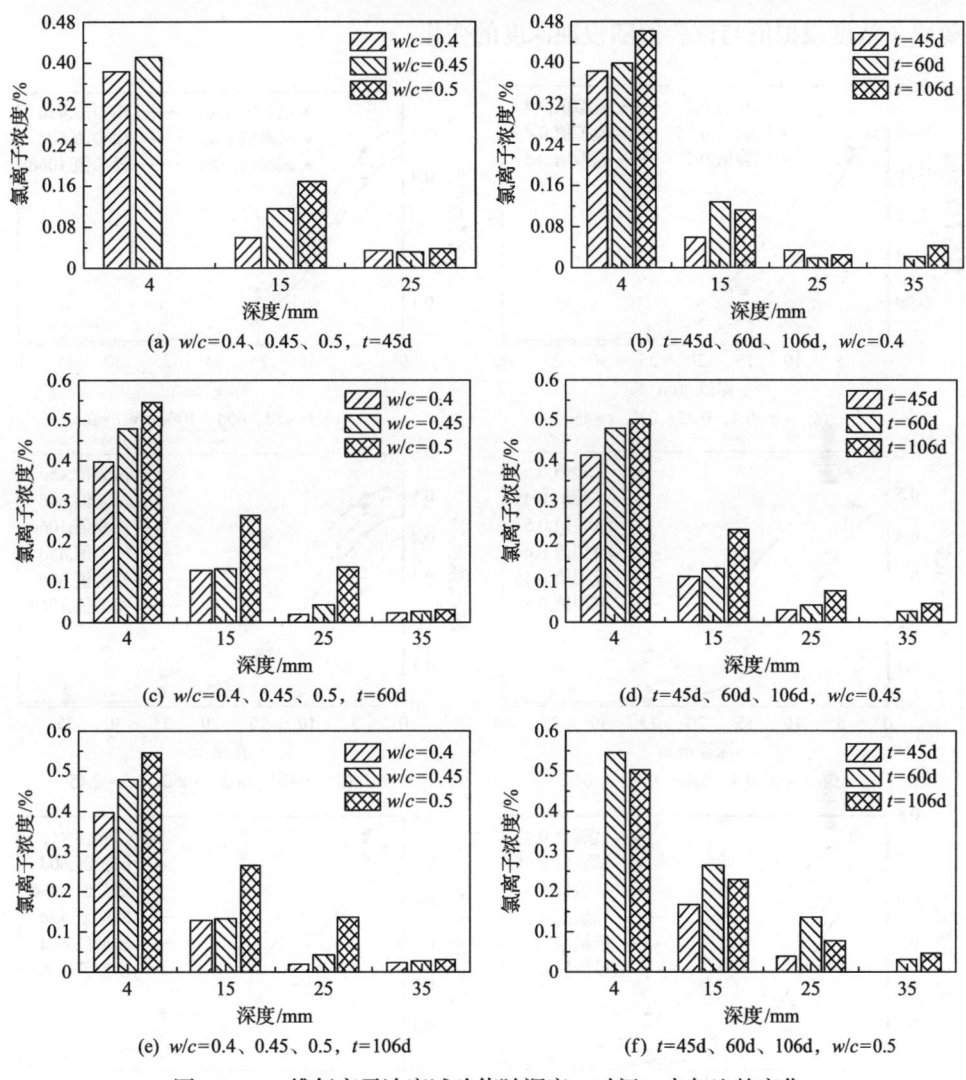

图4.40 二维氯离子浓度试验值随深度、时间、水灰比的变化

从图4.40(b)、(d)、(f)中可知,在水灰比确定的情况下,除浸泡106d,距表面15mm、25mm处的个别数据点有偏差外,截面氯离子浓度随着扩散时间的推移而逐渐增大。出现偏差的数据点主要是由取样与滴定时造成的误差引起的,距离混凝土表面越远,误差越大,这主要是因为混凝土中氯离子浓度是通过滴定来获得的,而深度越深氯离子浓度越小,滴定就越困难,误差就越大。

2. 模型验证

图4.41为利用二维CA模型计算的不同水灰比下截面任意时刻、任意位置的

氯离子浓度模拟值与试验值随侵蚀深度的变化。

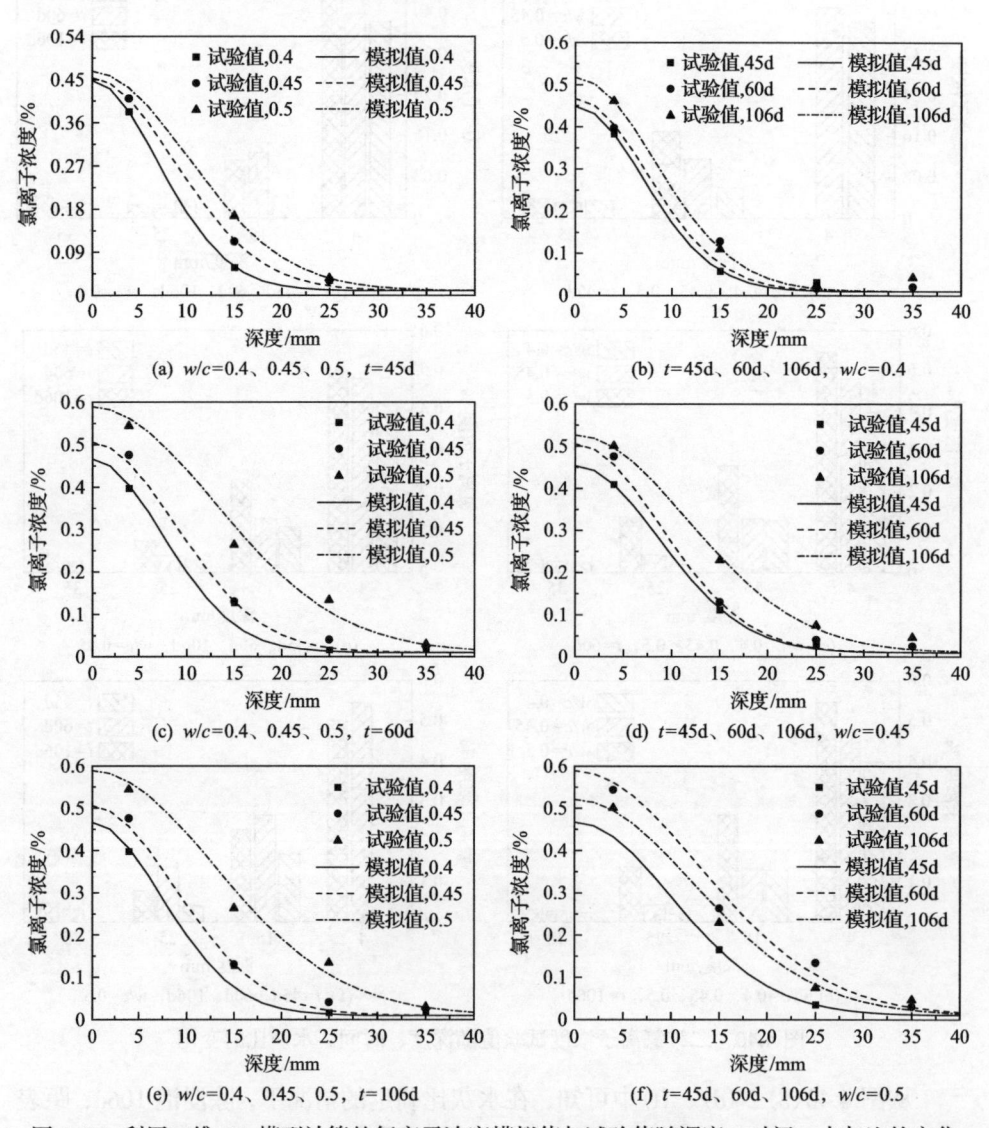

图 4.41　利用二维 CA 模型计算的氯离子浓度模拟值与试验值随深度、时间、水灰比的变化

从图 4.41 中可知,在混凝土浸泡 45d、水灰比为 0.45 的情况下,距混凝土表面 5mm、15mm、25mm 位置一维氯离子浓度分别为 0.275%、0.042%、0.011%,二维氯离子浓度分别为 0.397%、0.073%、0.012%,二维氯离子浓度分别是一维的 1.4 倍、1.7 倍、1.1 倍;在浸泡 60d、水灰比为 0.45 的情况下,二维氯离子浓度分别是一维的 1.35 倍、1.75 倍、1.46 倍。此外,通过对另外几组数据进行上述分析,发现二维氯离子浓度不是一维氯离子浓度的 2 倍,也就意味着混凝土中二维氯离

子扩散过程不是简单的两个一维方向扩散过程的叠加。从图中还可以看出,除个别数据点存在较大偏差外,模拟值与试验值比较接近,说明上述建立的二维 CA 模型能够用于描述混凝土中氯离子的二维侵蚀过程,且具有一定的合理性。

4.5.4 三维氯离子侵蚀试验结果分析与模型验证

1. 数据整理与分析

为了模拟氯离子在混凝土中的三维扩散过程,本试验制作如图 4.42 所示的混凝土试块,共 18 个。将其浸泡在 5%的氯化钠溶液中,浸泡时间分别为 45d、60d 和 106d,试验浸泡期间,为了保持氯化钠溶液浓度保持不变,每隔 3d 就用盐度检测仪对溶液浓度进行检测并进行调整。

待混凝土试块达到预定浸泡时间后,首先按图 4.43 所示的方式进行切分处理,保留三维侵蚀部分。然后,按照图 4.44 所示的取样方式对混凝土试块进行切割取样。考虑混凝土切割机刀片的厚度后,试件取样方式如下:距离各扩散面表面 0~10mm 的试块为第一层,如图 4.44(a)所示;距离各扩散面表面 10~20mm 的试块为第二层,如图 4.44(b)所示;距离各扩散面表面 20~30mm 的试块为第三层,如图 4.44(c)所示;距离各扩散面表面 30~40mm 的试块为第四层,如图 4.44(d)所示。

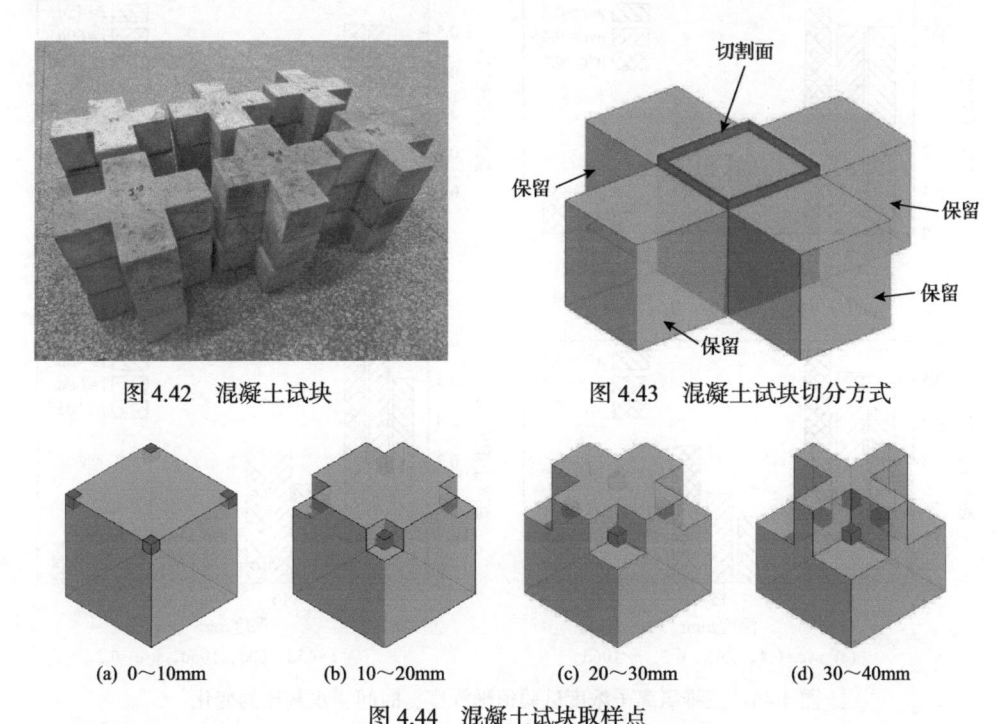

图 4.42 混凝土试块   图 4.43 混凝土试块切分方式

(a) 0~10mm   (b) 10~20mm   (c) 20~30mm   (d) 30~40mm

图 4.44 混凝土试块取样点

将上述取样后的每组混凝土小试块进行研磨，取研磨后的混凝土粉末各20g。按照上述滴定方法对每组混凝土粉末进行滴定，然后根据式(4.94)计算混凝土不同位置的氯离子浓度，结果如图4.45所示。图4.45(a)、(c)、(e)表示混凝土试块在分别浸泡45d、60d和106d后，截面内三维氯离子浓度试验值随深度和水灰比的变化规律。图4.45(b)、(d)、(f)表示在水灰比一定的情况下，截面内三维氯离子浓度试验值随深度和时间的变化规律。由图可知，混凝土内部三维氯离子过程与一维、二维扩散过程一样，截面氯离子浓度随扩散时间和水灰比的增大而增大、随深度的增大而减小。

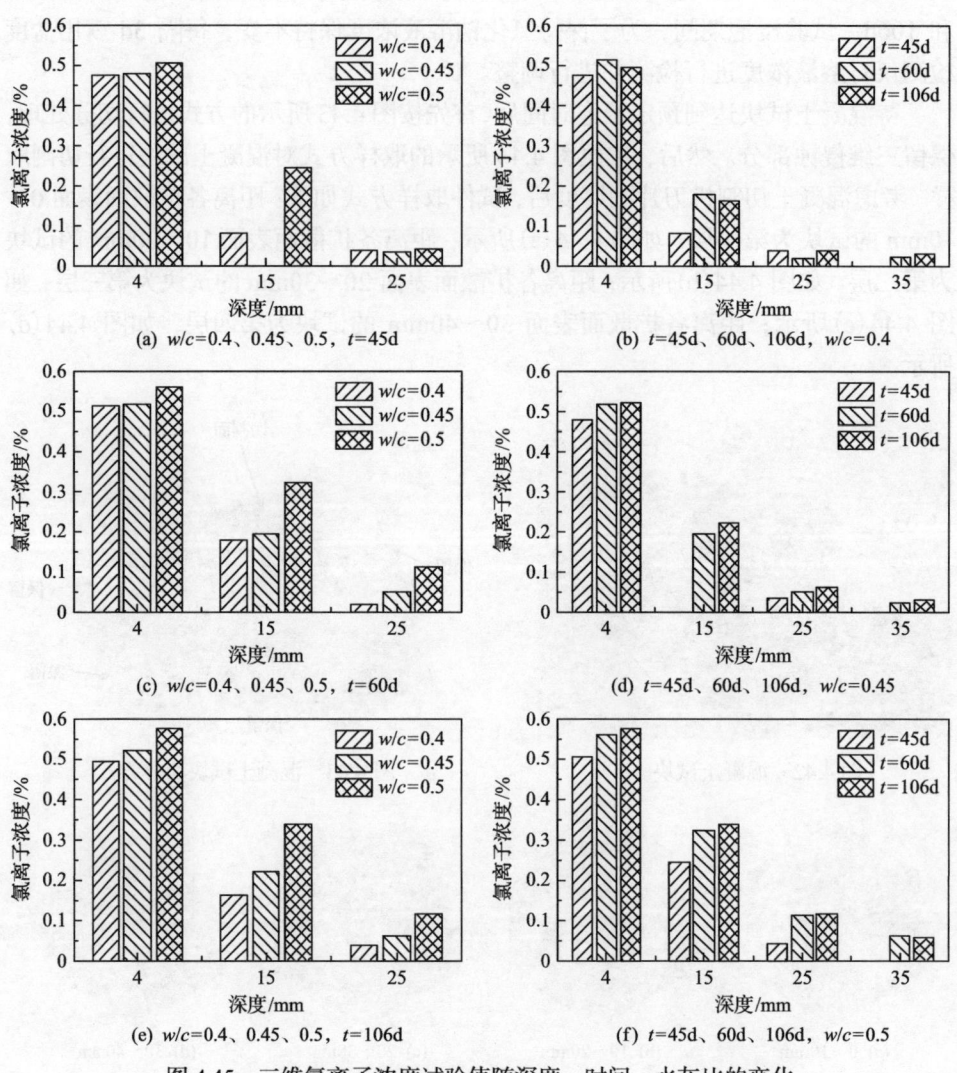

图4.45 三维氯离子浓度试验值随深度、时间、水灰比的变化

2. 模型验证

图4.46为利用三维CA模型计算的不同水灰比下截面任意时刻、任意位置氯离子浓度模拟值与试验值的对比结果。其中，图4.46(a)、(c)、(e)表示不同水灰比下，氯离子在混凝土扩散历经45d、60d和106d后截面氯离子浓度模拟值与试验值的比较结果；图4.46(b)、(d)、(f)表示水灰比为0.4、0.45、0.5的情况下，不同时刻截面氯离子浓度模拟值与试验值的比较结果。

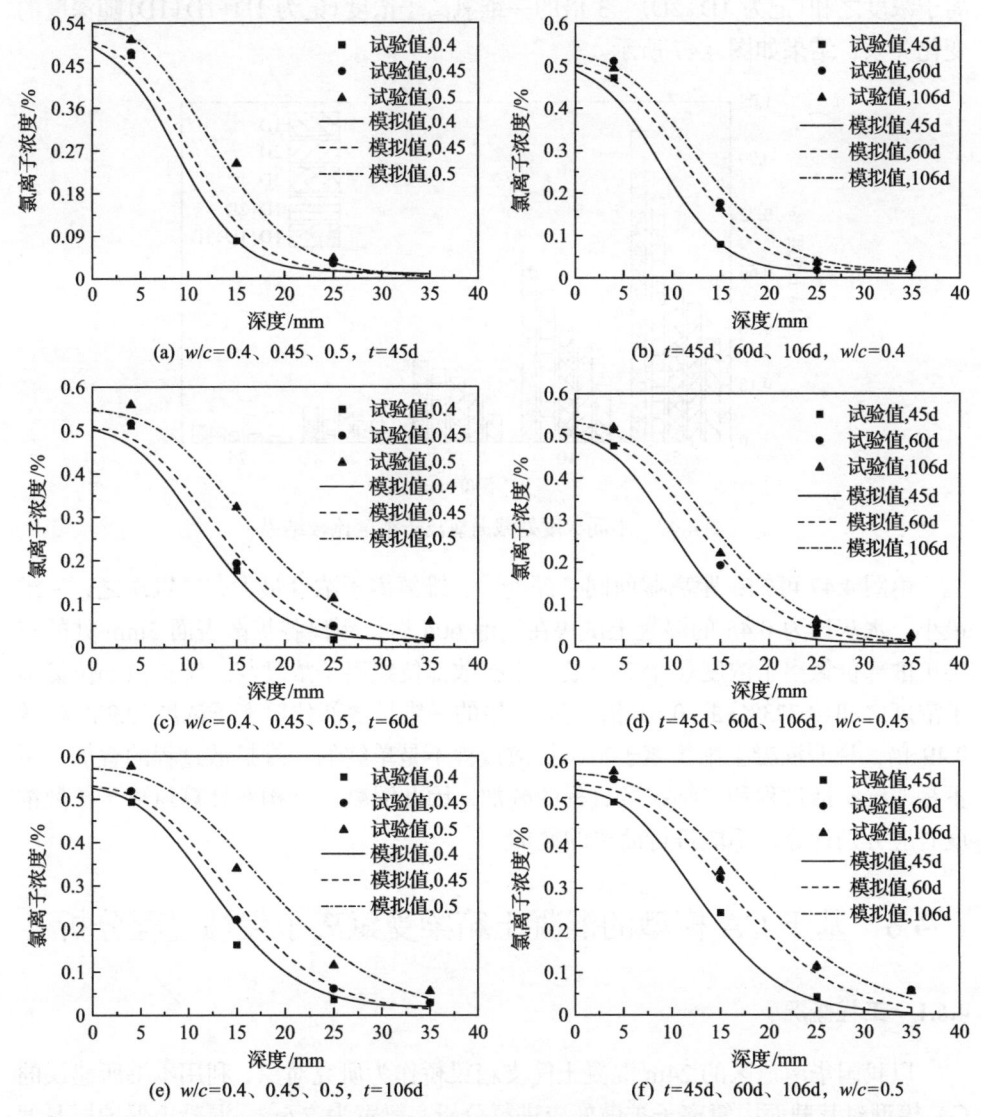

图4.46 利用三维CA模型计算的氯离子浓度模拟值与试验值随深度、时间、水灰比的变化

由图 4.46 可知，从混凝土试块截面三维氯离子浓度模拟值与试验值比较结果来看，在给定的计算条件下，除个别数据点试验值与模拟值之间有较大偏差外，氯离子浓度的模拟值总体上与试验值都比较吻合，说明本书建立的描述三维氯离子扩散过程的 CA 模型能够模拟混凝土中氯离子的三维扩散过程。

为了更好地描述氯离子在混凝土中的多维扩散过程，在上述分析的基础上，进一步得到水灰比为 0.45 的混凝土试块在浸泡 60d 后的截面一维氯离子浓度(记为 1D)、二维氯离子浓度(记为 2D)、三维氯离子浓度(记为 3D)、一维与二维氯离子浓度之和(记为 1D+2D)、3 倍的一维氯离子浓度(记为 1D+1D+1D)随深度的变化关系，结果如图 4.47 所示。

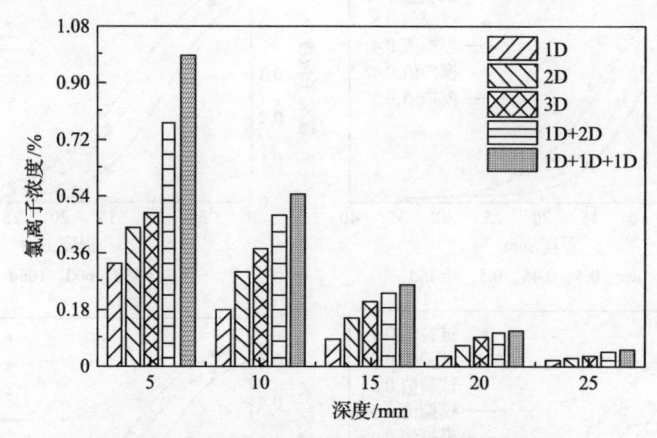

图 4.47 不同深度处截面氯离子浓度比较结果

由图 4.47 可知，距离截面同一深度，三维氯离子浓度最大，二维次之，一维最小。水灰比为 0.45 的混凝土试块在浸泡 60d 后，距离各扩散表面 5mm 处的三维扩散部位氯离子浓度(0.487%)是一维扩散部位氯离子浓度与二维扩散部位氯离子浓度之和(0.773%)的 0.63 倍，是 3 倍的一维扩散部位氯离子浓度(0.985%)的 0.49 倍，说明混凝土中氯离子三维扩散过程不是单纯的一维扩散过程的叠加，更不是一维扩散过程和二维扩散过程的叠加，因此混凝土结构在计算氯离子扩散浓度时应分别计算，不能进行简单的叠加。

4.6 基于 CA 模型的混凝土箱梁受氯离子侵蚀过程分析

4.6.1 工程概况

以我国华南地区的 24m 混凝土简支箱梁桥作为研究对象，利用本书所建议的 CA 模型对其截面内氯离子扩散效应进行分析。梁宽为 7.6m，混凝土保护层厚度取 60mm，箱梁跨中截面尺寸如图 4.48 所示(图中 Bar 表示钢筋)。根据华南地区近 30 年的暴露试验数据和工程调查数据[44]，大气区混凝土结构外表面氯离子浓度 $C_{s,out}$ 为 1.98%；氯离子扩散系数取 $3.0\times10^{-12} m^2/s$；时间依赖性参数取 0.531；钢筋锈蚀临界氯离子浓度取 0.85%。同时，根据 Biondini 等[48]的研究结果，箱室内表面氯离子浓度取 $0.5C_{s,out}$。由于箱梁纵向尺寸远大于横截面尺寸，因此可用二维 CA 模型来进行模拟。模拟时 CA 网格尺寸为 0.5mm，时间步长取 287.1d，影响系数分别根据式(4.86)和式(4.87)计算。

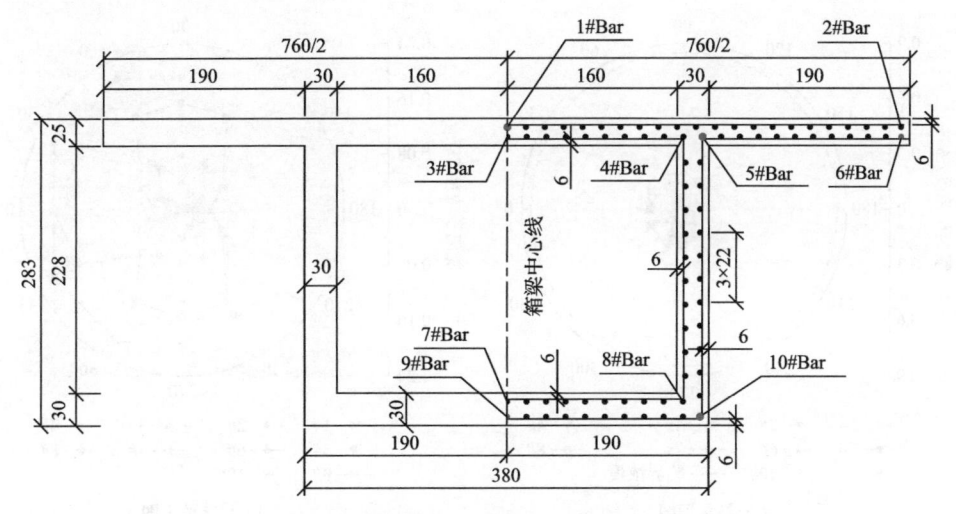

图 4.48　箱梁跨中截面尺寸(单位：cm)

4.6.2　结果分析与讨论

图 4.49 分别显示了 50 年和 100 年后截面中氯离子浓度的分布结果。从图中可知，随着侵蚀时间的增加，氯离子逐渐从箱梁内、外表面向内扩散。表面氯离子浓度越高，扩散速度越快。截面倒角部位根据倒角形式的不同呈现出不同的扩

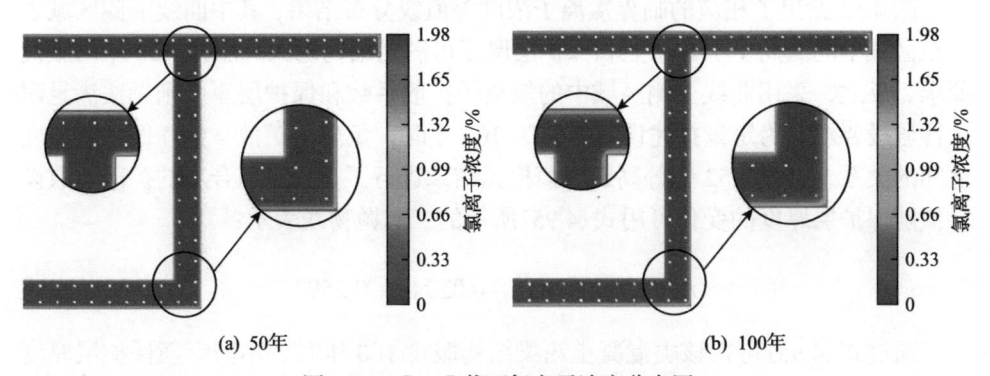

(a) 50年　　(b) 100年

图 4.49　Ⅰ—Ⅰ截面氯离子浓度分布图

散特点，第一类倒角区域(如4#钢筋附近)的氯离子扩散速率明显高于普通区域(如5#钢筋附近)，这主要是因为该区域受到两个方向氯离子扩散作用的影响。第二类倒角区域(如2#钢筋附近)的氯离子扩散速率小于普通区域。

图4.50为100年后1#~10#钢筋表面氯离子浓度的分布结果。从图中可知，所有钢筋表面氯离子浓度均小于钢筋锈蚀的临界浓度(C_{cr}=0.85%)，表明在氯离子扩散系数为$3.0\times10^{-12}\text{m}^2/\text{s}$的情况下，取保护层厚度60mm，能够满足箱梁结构服役100年的耐久性要求。

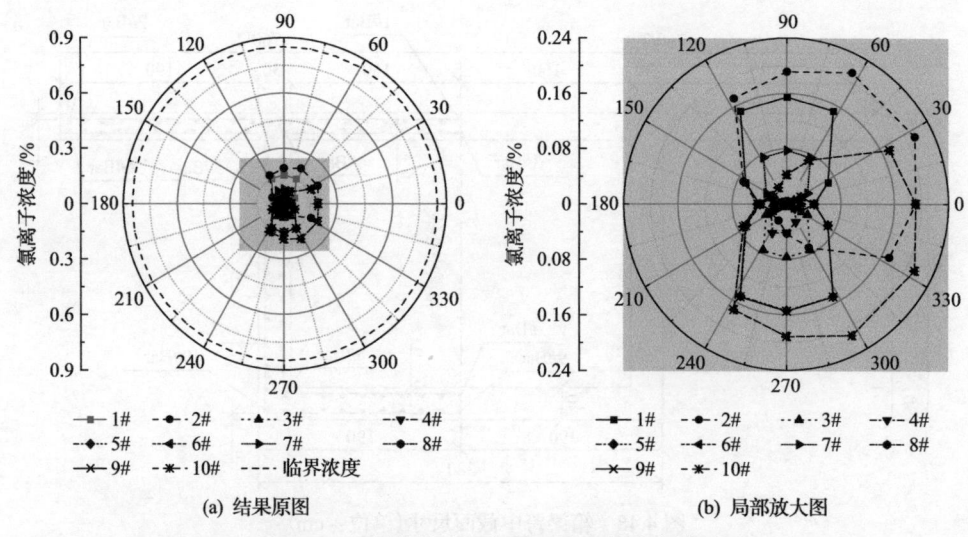

(a) 结果原图

(b) 局部放大图

图4.50 不同钢筋表面氯离子浓度的分布结果

将氯离子扩散系数和保护层厚度作为耐久性设计参数，利用本书建议的CA模型，给出了服役100年后10#钢筋表面氯离子浓度随扩散系数和保护层厚度变化的关系，结果如图4.51所示。从图中可知，在计算参数一定的情况下，钢筋表面氯离子浓度随扩散系数的增大而增大，随钢筋保护层厚度的增大而减小。

图4.52给出了相应的临界氯离子浓度等值线分布结果，其中曲线下侧区域表示该区域中的氯离子扩散系数和保护层厚度可满足结构耐久性服役100年的服役要求，反之，采用曲线上侧区域中的氯离子扩散系数和保护层厚度则无法满足耐久性服役要求。为定量描述设计年限为100年时，氯离子扩散系数和保护层厚度之间的关系，对图4.52中等高线数值模拟结果进行了拟合，拟合后的扩散系数设计值随保护层厚度的变化可用式(4.95)所示的二次抛物线表示：

$$D_{\max} = 0.0028d^2 - 0.0224d + 0.2593 \tag{4.95}$$

通过式(4.95)可得该类混凝土箱梁结构服役100年时，不同钢筋保护层厚度下对应的氯离子扩散系数最大设计值。例如，为满足结构 100 年的耐久性服役要求，当保护层厚度为 60mm 时，混凝土内氯离子扩散系数应小于 $9.0\times10^{-12}\mathrm{m}^2/\mathrm{s}$。

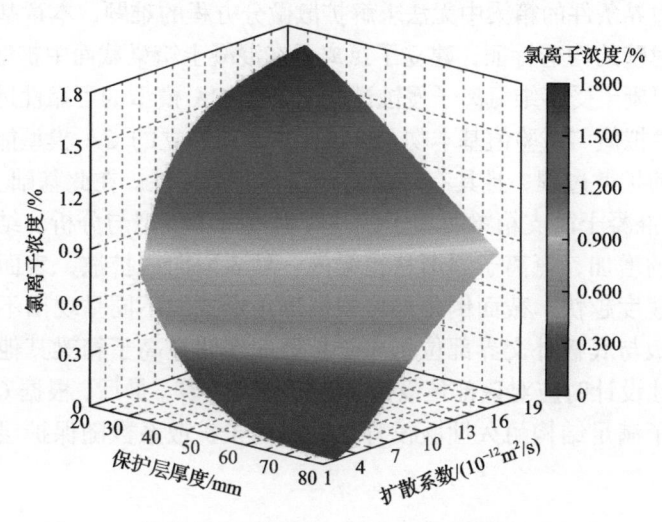

图 4.51　氯离子浓度随扩散系数和保护层厚度的变化关系

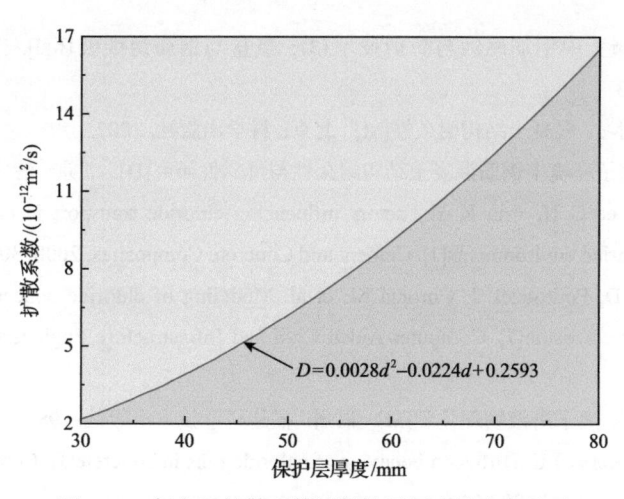

图 4.52　氯离子扩散系数随保护层厚度的变化关系

其中拟合曲线方程为 $D=0.0028d^2-0.0224d+0.2593$

4.7　本章小结

本章首先根据氯离子在混凝土中的传输特点，详细介绍了混凝土中氯离子传输过程和氯离子侵入混凝土腐蚀钢筋的腐蚀机理。然后，针对混凝土中以扩散为主的氯离子传输问题，采用质量守恒定律和 Fick 定律，并结合相应边界条件，建立了不同维度下的氯离子扩散模型，并利用模型研究了水灰比、时间依赖性参数、环境温度、保护层厚度等影响因素对氯离子扩散效应的影响规律。同时，为解决在具有复杂边界条件的箱梁中无法求解扩散微分方程的难题，本章基于 CA 原理和箱梁空间薄壁的构造特征，建立了氯离子在混凝土箱梁截面中扩散的多维 CA 模型，采用混凝土受多维氯离子侵蚀试验结果对 CA 模型的可靠性进行了验证。结果表明，模拟值与试验值基本吻合，说明本章所建立的 CA 模型能够模拟混凝土中氯离子的扩散过程，且具有一定的合理性和适用性。在此基础上，利用 CA 模型对 24m 混凝土简支箱梁氯离子侵蚀过程进行了模拟与分析。结果表明，随着侵蚀时间的增加，氯离子逐渐从箱梁内、外表面向内扩散，表面氯离子浓度越大，扩散速度越快。截面倒角部位根据倒角形式的不同呈现出不同的扩散特点，箱梁腹板与底板外交界部位氯离子扩散速率明显高于箱梁其他区域，因此在箱梁耐久性设计时应对该部位氯离子浓度进行验算。最后，根据 CA 模型模拟结果，给出了满足结构耐久性服役寿命的氯离子扩散系数随保护层厚度的变化关系。

参 考 文 献

[1] 洪乃丰. 混凝土中钢筋腐蚀与防护技术(3)：氯盐与钢筋锈蚀破坏[J]. 工业建筑, 1999, 29(10): 60-63.

[2] 金伟良, 赵羽习. 混凝土结构耐久性[M]. 北京: 科学出版社, 2002.

[3] 田冠飞. 氯离子环境中钢筋混凝土结构耐久性与可靠性研究[D]. 北京: 清华大学, 2006.

[4] Song H W, Lee C H, Ann K Y. Factors influencing chloride transport in concrete structures exposed to marine environments[J]. Cement and Concrete Composites, 2008, 30(2): 113-121.

[5] Vořechovská D, Podroužek J, Chromá M, et al. Modeling of chloride concentration effect on reinforcement corrosion[J]. Computer-Aided Civil and Infrastructure Engineering, 2009, 24(6): 416-431.

[6] 刘光, 邱贞花. 离子溶液物理化学[M]. 福州: 福建科学技术出版社, 1987.

[7] Zhang T W, Gjørv O E. Diffusion behavior of chloride ions in concrete[J]. Cement and Concrete Research, 1996, 26(6): 907-917.

[8] Boddy A, Bentz E, Thomas M D A, et al. An overview and sensitivity study of a multimechanistic chloride transport model[J]. Cement and Concrete Research, 1999, 29(6): 827-837.

[9] Mehta P k. Pore size distribution and permeability of hardened cement paste[C]. Proceedings of the 7th International Congress Chemistry of Cement, Paris, 1980: 1-5.

[10] Feder J, Flekkøy E G, Hansen A. Physics of Flow in Porous Media[M]. Cambridge: Cambridge University Press, 2022.

[11] Tang L, Nilsson L. Rapid determination of the chloride diffusivity in concrete by applying an

electric field[J]. ACI Materials Journal, 1993, 89(1): 49-53.

[12] Ehlen M A, Thomas M D A, Bentz E C. Life-365 service life prediction model version 2.0[J]. Concrete International, 2009, 31(5): 41-46.

[13] Toffoli T, Margolus N. Cellular Automata Machines: A New Environment for Modeling[M]. Cambridge: Mit Press, 1987.

[14] Zhou Y, Gencturk B, Willam K, et al. Carbonation-induced and chloride-induced corrosion in reinforced concrete structures[J]. Journal of Materials in Civil Engineering, 2015, 27(9): 1-17.

[15] Engelund S, Edvardsen C, Mohr L. General guidelines for durability design and redesign: DuraCrete, probabilistic performance based durability design of concrete structures[R]. Lyngby: Document BE95-1347/R, 2000.

[16] Mangat P S, Molloy B T. Prediction of long term chloride concentration in concrete[J]. Materials and Structures, 1994, 27(6): 338-346.

[17] 屠一军. 基于氯离子结合的水泥基材料氯盐传输试验研究[D]. 杭州: 浙江工业大学, 2016.

[18] Arya C, Newman J B. An assessment of four methods of determining the free chloride content of concrete[J]. Materials and Structures, 1990, 23(5): 319-330.

[19] Midgley H G, Illston J M. Effect of chloride penetration on the properties of hardened cement pastes[C]. 7th International Congress on the Chemistry of Cement, Pairs, 1980: 101-103.

[20] Theissing E M, Hest-Wardenier P V, de Wind G. The combining of sodium chloride and calcium chloride by a number of different hardened cement pastes[J]. Cement and Concrete Research, 1978, 8(6): 683-691.

[21] Tang L P, Nilsson L O. Chloride binding capacity and binding isotherms of OPC pastes and mortars[J]. Cement and Concrete Research, 1993, 23(2): 247-253.

[22] Lambert P, Page C L, Short N R. Pore solution chemistry of the hydrated system tricalcium silicate/sodium chloride/water[J]. Cement and Concrete Research, 1985, 15(4): 675-680.

[23] Tuutti K. Corrosion of Steel in Concrete[M]. Stockholm: Swedish Cement and Concrete Research Institute, 1982.

[24] Martin-Perez B, Zibara H, Hooton R D, et al. A study of the effect of chloride binding on service life predictions[J]. Cement and Concrete Research, 2000, 30(8): 1215-1223.

[25] 余红发, 孙伟, 麻海燕, 等. 混凝土使用寿命预测方法的研究Ⅲ: 混凝土使用寿命的影响因素及混凝土寿命评价[J]. 硅酸盐学报, 2002, 30(6): 696-701.

[26] 施惠生, 王琼. 海工混凝土使用寿命预测研究[J]. 建筑材料学报, 2004, 7(2): 161-167.

[27] Violetta B K. Life-365 service life prediction model[J]. Concrete International, 2002, 24(12): 53-57.

[28] 王军. 荷载作用下钢筋混凝土结构耐久性分析方法研究[D]. 天津: 天津大学, 2008.

[29] 中华人民共和国铁道部. 铁路混凝土结构耐久性设计规范: TB 10005—2010[S]. 北京: 中

国铁道出版社, 2010.
[30] 胡春燕. 可靠度随机有限元法研究氯盐环境中混凝土结构的服役寿命[D]. 南宁: 广西大学, 2012.
[31] 贾斌, 高自友, 李克平, 等. 元胞自动机的交通系统建模与模拟[M]. 北京: 科学出版社, 2007.
[32] 岳昊. 基于元胞自动机的行人流仿真模型研究[D]. 北京: 北京交通大学, 2009.
[33] 朱劲松, 石晓猛, 何立坤. 混凝土桥梁氯离子侵蚀过程仿真的细胞自动机模型[J]. 应用基础与工程科学学报, 2013, 21(1): 127-136.
[34] Shereshevsky M A. Lyapunov exponents for one-dimensional cellular automata[J]. Journal of Nonlinear Science, 1992, 2(1): 1-8.
[35] Wolfram S. A New Kind of Science[M]. Champaign: Wolfram Media, 2002.
[36] Neumann J. The general and logical theory of au-tomata[C]. The Hixon Symposium Wiley, Wiley, 1963: 1-41.
[37] 方荣新. 基于元胞自动机的城市土地利用及覆盖变化的模拟研究[D]. 青岛: 山东科技大学, 2007.
[38] Chopard B, Droz M. 物理系统的元胞自动机模拟[M]. 祝玉学, 赵学龙, 译. 北京: 清华大学出版社, 2003.
[39] Collepardi M, Marcialis A, Turriziani R. The kinetics of penetration of chloride ions into the concrete[J]. Il Cemento, 1970, 67(4): 157-164.
[40] Anna V. Saetta R V S, Renato V V. Analysis of chloride diffusion into partially saturated concrete[J]. ACI Materials Journal, 1993, 90(5): 441-451.
[41] 余红发, 孙伟. 混凝土氯离子扩散理论模型[J]. 东南大学学报(自然科学版), 2006, (S2): 68-76.
[42] 孟宪强, 王显利, 王凯英. 海洋环境混凝土中氯离子浓度预测的多系数扩散方程[J]. 武汉大学学报(工学版), 2007, 40(3): 57-60, 92.
[43] Suryavanshi A K, Swamy R N, Cardew G E. Estimation of diffusion coefficients for chloride ion penetration into structural concrete[J]. ACI Materials Journal, 2002, 99(5): 441-449.
[44] 杨绿峰, 李冉. 混凝土中氯离子二维扩散规律的解析研究[J]. 水利水电科技进展, 2009, 29(3): 20-23.
[45] Wang H L, Lu C H, Jin W L, et al. Effect of external loads on chloride transport in concrete[J]. Journal of Materials in Civil Engineering, 2011, 23(7): 1043-1049.
[46] 何世钦, 贡金鑫. 弯曲荷载作用对混凝土中氯离子扩散的影响[J]. 建筑材料学报, 2005, 8(2): 134-138.
[47] 袁承斌, 张德峰, 刘荣桂, 等. 不同应力状态下混凝土抗氯离子侵蚀的研究[J]. 河海大学学报(自然科学版), 2003, 31(1): 50-54.

[48] Biondini F, Bontempi F, Frangopol D M, et al. Cellular automata approach to durability analysis of concrete structures in aggressive environments[J]. Journal of Structural Engineering, 2004, 130(11): 1724-1737.
[49] 徐芝纶. 弹性力学上册[M]. 5版. 北京: 高等教育出版社, 2016.
[50] 马俊军, 蔺鹏臻. 混凝土箱梁氯离子扩散效应分析与寿命预测的CA模型[J]. 长江科学院院报, 2019, 36(6): 121-126.

第5章 荷载与碳化耦合作用下混凝土箱梁劣化机理

混凝土箱梁作为重要的桥梁结构，在长期使用过程中受到荷载和环境因素的共同作用，容易出现劣化现象。其中，碳化是混凝土结构常见的劣化形式之一，特别是在潮湿酸性环境下更为严重。然而，荷载与碳化之间的耦合作用对混凝土箱梁的劣化机理尚未得到充分研究。本章在第3章基于空间多维侵蚀特性的混凝土箱梁碳化机理研究的基础上，进一步考虑荷载水平对混凝土箱梁碳化效应的影响，通过采用理论分析、加速试验、数值模型相结合的分析方法，对环境与荷载耦合作用下 CO_2 在箱梁截面中的预测模型、传输规律以及影响机制进行系统研究，成果可为实际服役环境中混凝土箱梁碳化效应分析提供理论指导。

5.1 弯曲荷载与碳化耦合作用下混凝土箱梁试验

5.1.1 试验模型设计与制作

为了研究不同加载等级和不同碳化时间作用对碳化深度的影响，按照3.3节相同的材料配合比和箱梁截面尺寸(图3.9)，参照混凝土试验相应规范[1,2]要求，设计并浇筑了一批混凝土箱梁。在成型过程中，挑选了四片外观美观且基本无变形的箱梁，记为A组和B组，分别对应两种试验工况，进行不同工况下的碳化试验。

同时，为便于后期混凝土箱梁的加载控制，在浇筑箱梁模型时分别同时制作了尺寸为150mm×150mm×150mm的立方体标准试块，待养护至箱梁加载龄期时，按照《混凝土物理力学性能试验方法标准》(GB/T 50081—2019)[2]的相关规定进行抗压强度测试，测试结果如表5.1所示。

表5.1 混凝土试块28d立方体抗压强度测试

试件分组	压力值/kN				混凝土抗压强度/MPa
	试块1	试块2	试块3	平均值	
A	650.3	645.1	660.2	651.9	29.0
B	644.5	649.1	655.8	649.8	28.9

5.1.2 弯曲加载装置及加载方式

1. 试验装置开发

为实现混凝土试验箱梁模型在应力作用下进行二氧化碳的侵蚀试验，开发了一种混凝土箱梁弯曲受力与碳化耦合作用的试验装置，如图 5.1 所示。荷载与碳化耦合试验装置分别由碳化箱 1、支承台 2、下侧混凝土试验箱梁模型 3、上侧混凝土试验箱梁模型 4、加厚钢垫板 5、螺栓 6、应变测试元件 7、扭矩扳手 8、高强度螺杆 9、光圆钢筋 10、二氧化碳瓶 11、应变采集仪 12、计算机 13 构成。

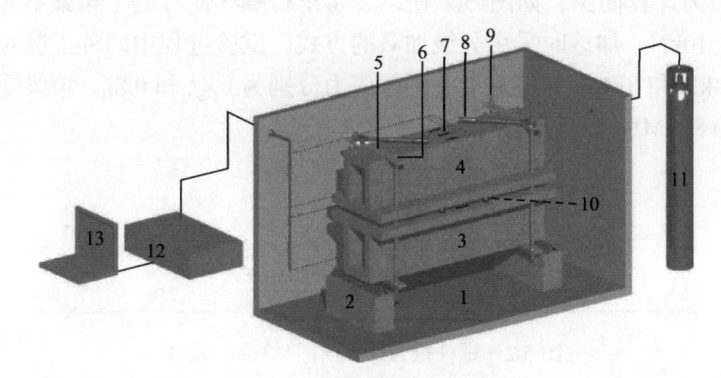

图 5.1 试验装置结构示意图

将两组混凝土试验箱梁模型放置于碳化箱中，模型顶板相对放置，下侧模型底板放置在支承台上，两组模型顶板之间要施加集中荷载的位置放置有圆钢珠，模型支座截面的悬臂板上对穿高强度螺杆，端部采用加厚钢垫板锚固，最上侧模型加厚钢垫板上安装与高强度螺杆匹配的螺栓，封闭碳化箱后通过二氧化碳瓶送入二氧化碳，按设定的时间完成碳化，采用标定的扭矩扳手对所有螺栓施拧相同的扭矩，使模型共同挤压圆钢珠，实现顶板荷载的加载，扭矩数值通过要施加的集中荷载换算得到，模型顶板、底板控制截面粘贴的应变测试元件可分别测试该集中荷载作用下的压、拉应力，其数值大小通过连接于计算机的应变采集仪获得。

2. 弯曲荷载施加方式

加载用的螺杆采用 8.8 级高强度螺杆，其抗拉强度达到 800MPa，屈强比为 0.8，则屈服应力达到 640MPa。螺杆所承受的最大拉力应为 $F=8kN$，最大拉应力为

$$\sigma = \frac{F}{A} = \frac{8000}{3.14 \times 10^2} = 24.98 \text{MPa} \tag{5.1}$$

由式(5.1)计算结果可知，试验中螺杆最大拉应力远小于其屈服应力(640MPa)，因

此所用的螺杆自身应力松弛对加载力损失的影响很小。为保证试验的严谨，进一步减少应力松弛等造成的应力损失，可在试验前张拉螺杆，控制张拉应力为1.1，持续加载3min后卸掉荷载，再次施加张拉力至实际所需的数值。对本试验的加载装置来说，可先施加扭矩为最大值的1.1倍，保持3min后卸掉荷载，再施加相应的扭矩至设定值。

通过试验测定的标准试块立方体抗压强度结果可知，试验箱梁的强度约为C30混凝土。根据规范，其轴心抗拉强度标准值为2.01MPa，根据箱梁受拉侧边缘不出现裂缝这一条件，由截面应力计算公式计算得到容许弯矩$[M]$=2.5kN·m。结合螺杆拉力计算简图，如图5.2所示，可求得螺杆使混凝土箱梁不开裂的最大拉力F_1为10kN。加载时采用分级加载的方式，试验过程中两种工况对应的荷载分别设为4kN和8kN，对应混凝土的拉应力分别为$0.4f_t$和$0.8f_t$，箱梁受拉边缘应力分别为0.804MPa和1.608MPa。

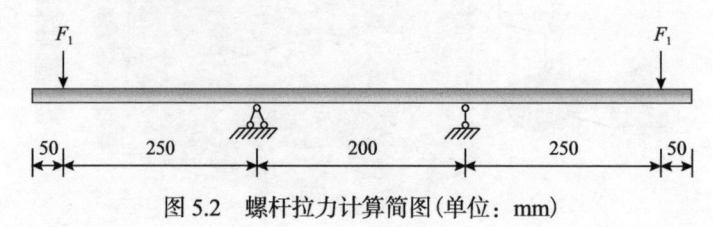

图5.2 螺杆拉力计算简图(单位：mm)

5.1.3 加载过程与应变采集

1. 混凝土箱梁加载

为了避免在试验过程中碳化贯穿全截面，影响试验效果，对模型的两端及下翼缘板表面都进行封闭处理。如图5.3所示，涂抹中性丙酮胶于翼缘下部，并粘贴胶带进行密封。密封后的箱梁结构如图5.4所示。

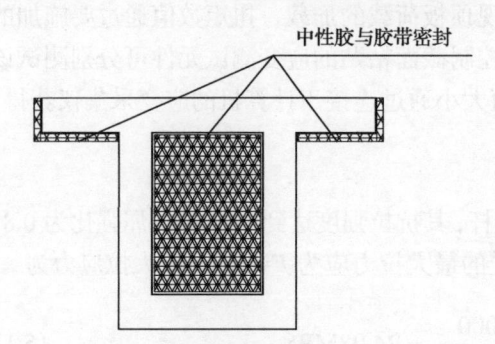

图5.3 箱梁密封示意图 　　图5.4 两端及下翼缘密封后的箱梁

加载时首先根据箱梁尺寸，在箱梁跨中顶板、底板处粘贴应变片，设置温度

补偿片,连接应变仪,安装百分表(测梁体弯曲变形);然后按照图 5.1 所示的加载方式布置 A、B 两组箱梁,每组为两片箱梁顶板对顶板,中间固定圆钢垫块作为支点;随后预先设定扭矩扳手至加载值的 1/2,对装置施加扭矩。等待 3min 后记录应变仪和百分表读数,之后隔 30s 记录一次,直到读数稳定后停止,记录最终读数;最后加载至设定值,重复上述读数过程,最终 A 组的加载值为每根螺杆 4N·m,B 组的加载值为每根螺杆 8N·m。试验加载过程如图 5.5 所示。

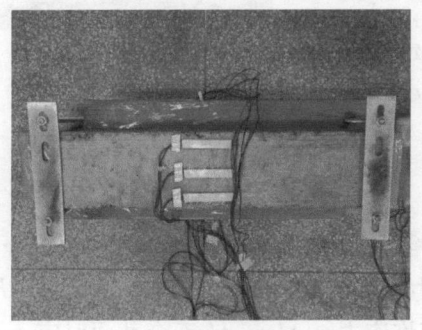

(a) 应变片布置

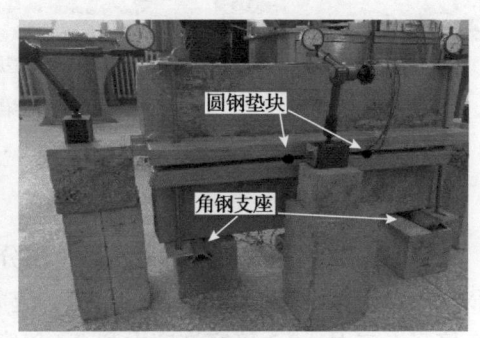

(b) 支座和百分表的安装

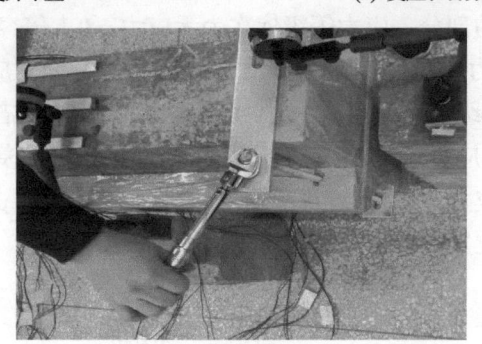

(c) 施加荷载

图 5.5 混凝土箱梁加载过程

2. 箱梁快速碳化试验

将 A、B 两组模型放置到 CCB-70F 型混凝土碳化箱中,碳化箱内部支座支承条件与外部加载时一致,依据《混凝土长期性能和耐久性能试验方法标准》(GB/T 50082—2024)的试验条件,使内部的 CO_2 浓度保持在 $(20\pm3)\%$,相对湿度控制在 $(70\pm5)\%$,温度控制在 (20 ± 2) ℃,然后开始进行碳化,试验进行时定期检查各项参数,保证 CO_2 供应。试验进行到 14d 时,暂停试验,打开碳化箱取出模型,以跨中截面为界限,将每片箱梁的一半用中性丙酮胶和胶带密封,如图 5.6 所示,此时相当于将半边箱梁与 CO_2 隔绝,其碳化过程也随之停止。处理完成后,继续试验至28d。

(a) 支座布置　　(b) 碳化箱内模型放置情况　　(c) 密封后放置于碳化箱

图 5.6　混凝土箱梁碳化试验过程

3. 碳化试验测点布置

根据 A、B 两组模型的加载等级，划分需要切割的截面，规定 $A_0 \sim A_4$ 五个截面对应 A 组箱梁模型碳化 28d 的部分，应力等级依次为无应力、0.1 倍容许应力、0.2 倍容许应力、0.3 倍容许应力和 0.4 倍容许应力；$A'_0 \sim A'_4$ 五个截面对应 A 组箱梁模型碳化 14d 的部分，应力等级依次为无应力、0.1 倍容许应力、0.2 倍容许应力、0.3 倍容许应力和 0.4 倍容许应力；$B_0 \sim B_4$ 五个截面对应 B 组箱梁模型碳化 28d 的部分，应力等级依次为无应力、0.1 倍容许应力、0.2 倍容许应力、0.3 倍容许应力和 0.4 倍容许应力；$B'_0 \sim B'_4$ 五个截面对应 B 组箱梁模型碳化 14d 的部分，应力等级依次为无应力、0.1 倍容许应力、0.2 倍容许应力、0.3 倍容许应力和 0.4 倍容许应力。截面位置示意图及对应弯矩如图 5.7 所示。

图 5.7　截面位置示意图及对应弯矩(单位：mm)

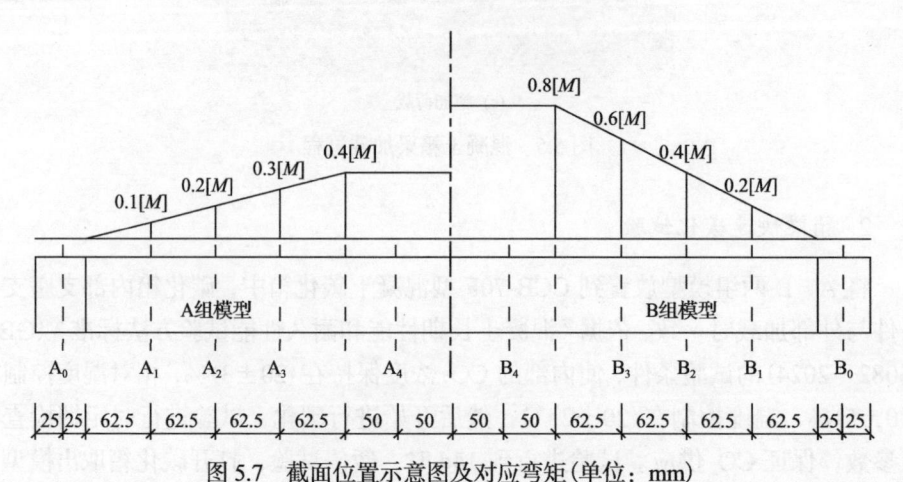

切割 A、B 两组模型，处理切面使其平整，此时将酚酞-酒精溶液指示剂喷涂在混凝土切面上，未碳化部分混凝土呈碱性，利用酚酞指示剂的遇碱变红的特性，

可以区分确定碳化界限并测出混凝土的碳化深度。在切面的顶板和底板等部位，间隔 1cm 均匀画线以便进行深度的测量，测点布置如图 5.8 所示。

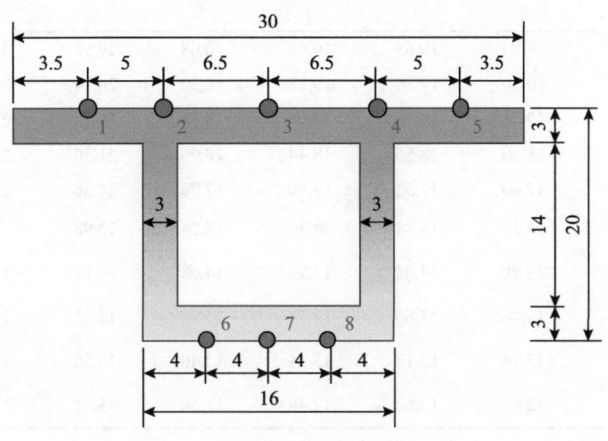

图 5.8 测点布置图(单位：cm)

5.1.4 试验结果与分析

1. 箱梁碳化深度测量

按照上述碳化试验测试步骤和测试方法，根据显色法测试了两种工况下混凝土箱梁的碳化界限。使用量程 0～125mm 的游标卡尺量取深度数据，将测量数据进行初步筛选后，按照截面位置和测点布置，汇总统计数据，如表 5.2 和表 5.3 所示。

表 5.2 A 组模型碳化深度统计 (单位：mm)

截面	测点							
	1	2	3	4	5	6	7	8
A_0	20.04	19.76	19.74	19.76	19.80	19.52	19.66	19.60
A_1	19.64	19.60	19.64	19.60	19.76	19.84	19.94	19.88
A_2	19.60	19.56	19.58	19.50	19.60	20.06	20.22	20.18
A_3	19.40	19.32	19.50	19.50	19.56	20.48	20.84	20.90
A_4	19.14	19.06	19.12	19.24	19.34	21.12	21.04	21.46
A'_0	14.12	14.10	14.16	14.20	14.16	13.72	13.90	14.12
A'_1	14.08	14.06	14.06	14.12	14.10	13.90	14.10	14.24
A'_2	13.90	13.90	14.04	14.02	14.02	14.18	14.20	14.34
A'_3	13.88	13.88	13.92	14.04	14.02	14.52	14.60	14.62
A'_4	13.64	13.68	13.66	13.68	13.80	14.94	14.82	14.90

表 5.3　B 组模型碳化深度统计　　　　　　（单位：mm）

截面	测点							
	1	2	3	4	5	6	7	8
B_0	20.04	19.80	19.68	19.96	20.08	19.98	20.12	20.34
B_1	19.90	19.50	19.36	19.72	19.90	20.14	20.56	20.54
B_2	19.24	19.08	19.16	19.04	19.58	20.68	21.02	20.86
B_3	18.04	18.20	18.56	18.44	18.96	21.30	21.54	21.16
B_4	17.06	17.40	17.52	17.50	17.76	21.56	22.16	22.06
B'_0	14.22	14.12	14.34	14.30	14.26	13.98	14.22	14.20
B'_1	14.06	13.98	14.04	13.96	14.08	14.10	14.34	14.46
B'_2	13.58	13.46	13.60	13.74	13.98	14.22	14.56	14.74
B'_3	13.26	13.18	13.12	13.34	13.46	14.56	14.68	15.10
B'_4	12.72	12.48	12.60	12.48	12.50	15.02	15.16	15.34

2. 试验结果分析

根据箱梁不同部位的受力情况，对表 5.2 和表 5.3 所示的两种工况下混凝土箱梁碳化深度进行分类，结果如图 5.9 和图 5.10 所示。

(a) 受压顶板14d碳化深度

(b) 受压顶板28d碳化深度

(c) 受拉底板14d碳化深度

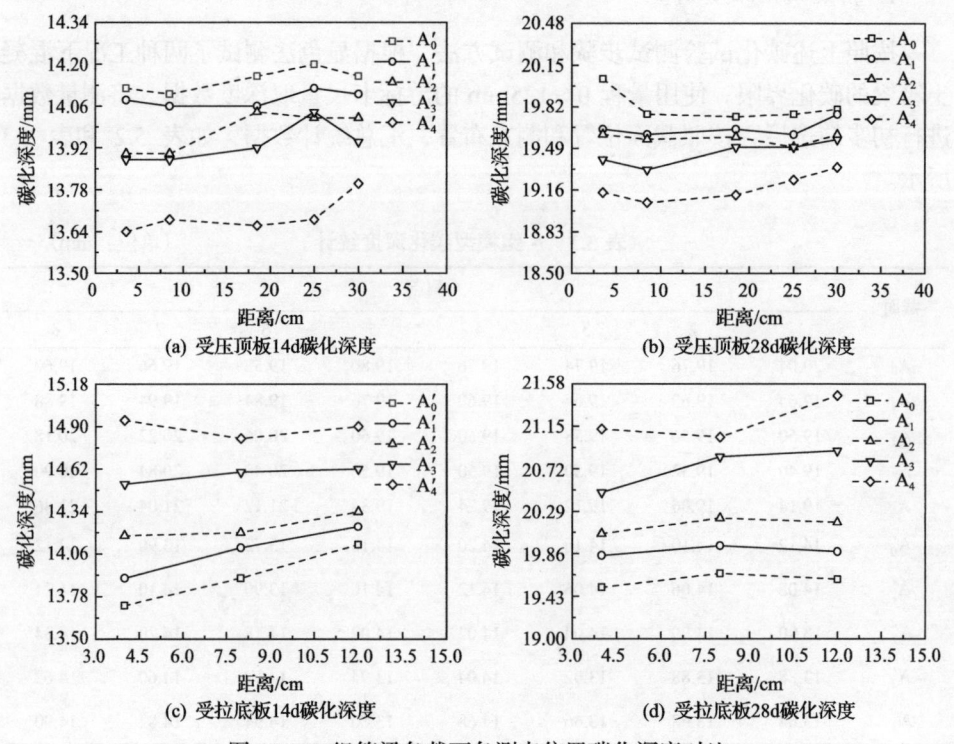

(d) 受拉底板28d碳化深度

图 5.9　A 组箱梁各截面各测点位置碳化深度对比

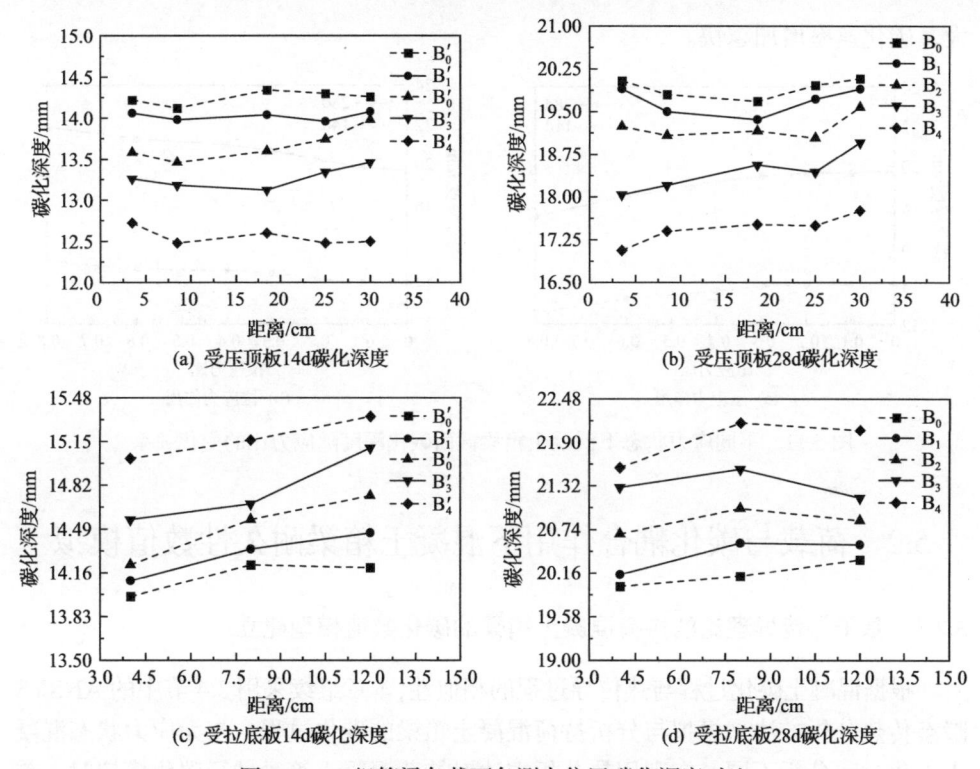

图 5.10　B组箱梁各截面各测点位置碳化深度对比

由图 5.9 和图 5.10 可知，随着碳化时间的增加，各类工况下的碳化深度均持续增大，混凝土初期碳化深度增长较快，后期增长减缓；拉应力使碳化速率增大，压应力使碳化速率减小，施加的拉应力或压应力越大，对碳化速率的影响就越大。

图 5.11 为不同应力状态下混凝土箱梁截面碳化深度随应力比的变化关系。由图 5.11(a) 可知，在模型上施加压应力后，混凝土在 28d 和 14d 碳化时间作用下的碳化深度均有所减小，而且随着加载压应力的增大，混凝土碳化速率越来越小。由图 5.11(b) 可知，当混凝土受拉应力作用时，其碳化深度随拉应力比的增大而增大。碳化时间为 28d 时，0.1 倍拉应力、0.2 倍拉应力、0.3 倍拉应力、0.4 倍拉应力、0.6 倍拉应力和 0.8 倍拉应力对应的碳化深度分别为无应力作用下的 1.003 倍、1.023 倍、1.046 倍、1.061 倍、1.076 倍和 1.106 倍。当碳化时间为 14d 时，0.1 倍拉应力、0.2 倍拉应力、0.3 倍拉应力、0.4 倍拉应力、0.6 倍拉应力和 0.8 倍拉应力对应的碳化深度分别为无应力作用下的 1.003 倍、1.012 倍、1.039 倍、1.048 倍、1.053 倍和 1.081 倍。

综上所述，当箱梁所受荷载较小时，相应的拉、压应力对碳化速率的影响也较小；当荷载水平较高时，压应力对碳化的抑制作用较为明显，即压应力越大，碳化速率越小；拉应力对碳化的促进作用随着拉应力的增大而增大，即拉应力越大，碳化速率增加越快。

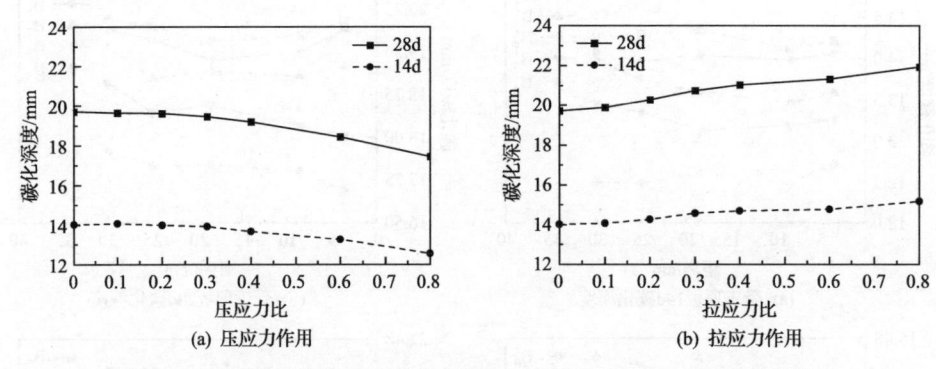

图 5.11 不同应力状态下混凝土箱梁截面碳化深度随应力比的变化关系

5.2 荷载与碳化耦合作用下混凝土箱梁耐久性数值模拟

5.2.1 基于热传导理论的持荷混凝土箱梁的碳化数值模型建立

根据混凝土碳化过程与热传导过程的相似性，本章继续采用 3.4 节中的 ANSYS 瞬态传热分析方法来模拟与分析持荷混凝土箱梁的碳化过程。与无应力状态混凝土碳化过程分析不同，在利用热分析方法对持荷混凝土箱梁进行碳化模拟时，首先需根据箱梁结构边界条件和荷载类型及大小进行结构静力分析，获得结构的应力场分布，然后进行热力学分析。

在式(3.38)的基础上，进一步考虑荷载水平对混凝土碳化效应的分段影响，建立了荷载与碳化耦合作用下混凝土中 CO_2 扩散系数的新表达，即

$$D_c = D_{c,0} \cdot F_1(T) \cdot F_2(H) \cdot F_3(\eta) \cdot F_4(\sigma) \tag{5.2}$$

式中：$F_4(\sigma)$ 为荷载应力水平对 CO_2 扩散系数的影响系数；其余参数见 3.4.3 节。

根据结构所处部位应力状态，应力影响系数 $F_4(\sigma)$ 可按式(5.3)进行计算[3]：

$$F_4(\sigma) = \begin{cases} 1 + 0.05175(\sigma/f_{t,k}) + 0.11533(\sigma/f_{t,k})^2 & \sigma \geq 0 \\ 1 - 0.06043(\sigma/f_{c,k}) - 0.38431(\sigma/f_{c,k})^2 & \sigma < 0 \end{cases} \tag{5.3}$$

其余模型计算参数，如 CO_2 反应速率、初始条件、碳化锋面的浓度等按照 3.4 节进行取值。

5.2.2 持荷混凝土箱梁数值模拟结果

根据上述材料特性参数、初始条件等模型计算参数，对 5.1 节中的持荷混凝

土箱梁碳化过程进行数值模拟。模拟时 CO_2 扩散系数根据式(5.2)进行取值，边界条件根据试验条件进行确定，碳化锋面按式(3.50)确定。图 5.12 为不同应力状态对应的混凝土箱梁截面碳化模拟结果。

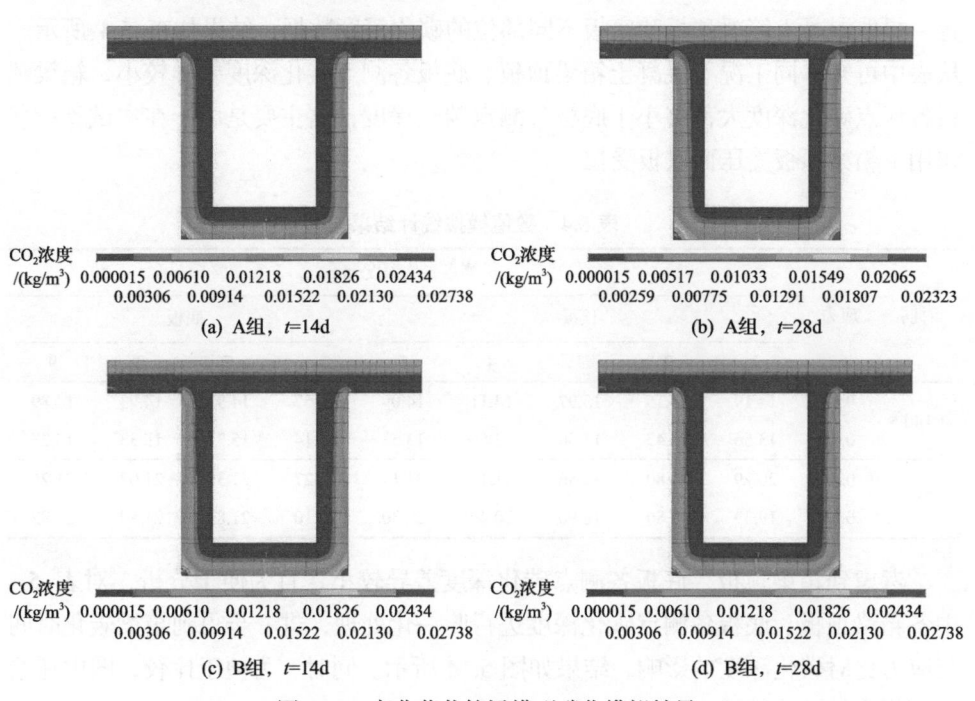

图 5.12 弯曲荷载箱梁模型碳化模拟结果

由图 5.12 可知，混凝土箱梁随碳化时间、加载等情况的总体反应规律与试验结果相同，随着反应时间的增加，总体反应程度越来越高，碳化深度也在相应增大。以图 5.12(d)中的混凝土箱梁碳化模拟结果为例，进一步给出箱梁底板与腹板交界处数值模拟结果，如图 5.13 所示。从图 5.13 中可知，箱梁底板与腹板交界处

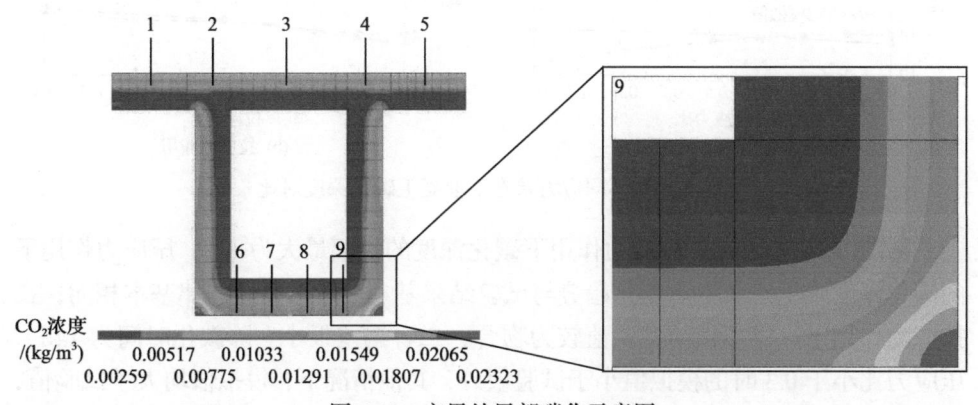

图 5.13 交界处局部碳化示意图

角部碳化分界线为弧线,这是由于建立模型时假设混凝土在宏观上是各向同性的,在角部受到底板和腹板两方向的综合影响。

根据图 5.12 所示的混凝土箱梁截面碳化模拟结果,按照图 5.13 所示的测点位置,提取混凝土箱梁顶板和底板不同部位的碳化深度数据,结果如表 5.4 所示。从表中可知,同工况下混凝土箱梁顶板、底板各测点碳化深度差异较小,箱梁顶板各测点碳化深度大都略小于底板各测点碳化深度,这主要是由于在本试验荷载作用下箱梁顶板受压而底板受拉。

表 5.4 数值模拟统计结果

时间	应力	测点碳化深度/mm								
		顶板					底板			
		1	2	3	4	5	6	7	8	9
14d	$0.4f_t$	14.19	14.15	13.97	14.11	14.09	14.57	14.93	14.73	14.89
	$0.8f_t$	13.56	13.47	13.50	13.66	13.53	15.14	15.31	15.33	15.28
28d	$0.4f_t$	20.29	20.80	19.56	21.17	21.14	21.27	21.35	21.03	21.26
	$0.8f_t$	19.39	19.80	18.90	20.49	20.30	22.10	21.89	21.89	21.82

考虑到箱梁顶板、底板各测点碳化深度差异较小,且为便于分析,对表 5.4 中各箱梁顶板、底板各测点碳化深度进行归一化处理,进一步得到箱梁碳化时间与应力比对碳化深度的影响,结果如图 5.14 所示。同时,为便于比较,图中还给出了相应的试验结果。

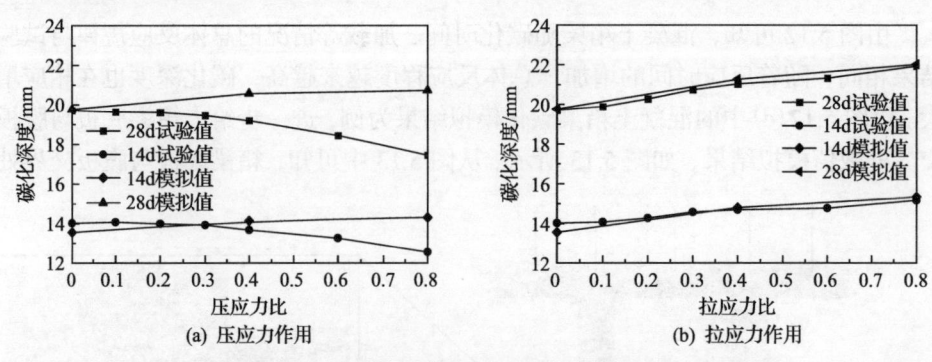

图 5.14 不同应力状态下混凝土碳化深度对比

从图 5.14 中可知,拉应力作用下碳化深度的增幅最大为 6%,压应力作用下的碳化深度减小到 95%。变化趋势与试验结果基本一致,变化规律基本相同;在拉应力作用下,模拟值与试验值较为吻合,二者偏差很小。除碳化时间为 14d、压应力比小于 0.3 时的模拟值小于试验值外,其他情况下,模拟值均大于试验值,试验值与模拟值二者之间最大偏差为 12%。

5.3 基于大样本统计的持荷混凝土箱梁碳化预测模型

5.3.1 模型的建立

为了量化荷载在碳化过程中的作用，引入应力影响系数 K_σ，则受弯混凝土结构的碳化计算公式为

$$X = K_\sigma X_0 \tag{5.4}$$

式中：X 为考虑应力影响的碳化深度；X_0 为无应力状态时的混凝土碳化深度；K_σ 为应力影响系数。选取 181 组荷载作用下的碳化试验数据[4~8]，采用非线性统计分析方法，获得了结构拉、压应力影响系数与应力比之间的变化关系，结果如图 5.15 所示。

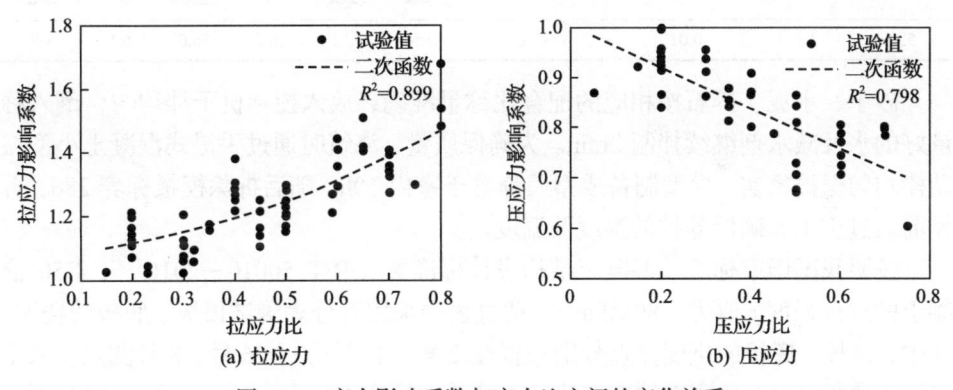

图 5.15 应力影响系数与应力比之间的变化关系

由图 5.15 所示的混凝土碳化深度拉、压应力影响系数回归分析结果可知，拉、压应力影响系数的表达式为

$$\begin{cases} K_\sigma = 0.11\delta_t + 0.469\delta_t^2 + 1.007 & \sigma \geqslant 0 \\ K_\sigma = 0.99 - 0.34\delta_c - 0.088\delta_c^2 & \sigma < 0 \end{cases} \tag{5.5}$$

式中：K_σ 为应力影响系数，δ_t、δ_c 分别为拉、压应力比；σ 为混凝土应力。

结合无应力状态下混凝土碳化预测公式(式(3.28)和式(3.30))以及应力影响系数表达式(式(5.5))，建立持荷混凝土箱梁的碳化寿命预测模型如下：

$$X = \begin{cases} KK_\sigma\sqrt{t} & \text{一维} \\ 1.4KK_\sigma\sqrt{t} & \text{二维} \end{cases} \tag{5.6}$$

式中：K 为碳化系数，见式(3.27)；K_σ 为应力影响系数；t 为碳化时间。

5.3.2 碳化预测模型验证

1. 试验概述

为了验证上述建立的持荷混凝土箱梁的碳化寿命预测模型的正确性，根据前期试验结果对模型精度进行验证。试验箱梁截面尺寸和测点布置如图 3.6 所示。试验选用 52.5 级普通硅酸盐水泥，产品具体性能指标如表 5.5 所示。试验砂子选用天然河砂，细度模数为 2.15，堆积密度为 2623kg/m³。粗集料为粒径 5～15mm 的碎石，压碎指标及堆积密度分别为 7.0%、1493kg/m³。FDN 减水剂占水泥用量的 0.5%。混凝土材料配合比如表 3.4 所示。

表 5.5 性能指标

强度等级	细度/%	氯离子含量/%	氧化镁含量/%	凝结时间/min 初凝	凝结时间/min 终凝	抗压强度/MPa 3d	抗压强度/MPa 28d	抗折强度/MPa 3d	抗折强度/MPa 28d
52.5	1.6	0.01	1.36	151	212	30.2	56.0	6.1	8.8

砂子、水泥、碎石按相应的配合比称量准确，放入搅拌机干拌均匀，倒入称量好的水及减水剂继续拌制 2min。为确保质量，浇筑时通过手提式混凝土小型振动棒均匀振捣密实。模型制备成型后静置于室内 10h，随后拆除模板标养 28d，拆模前通过土工布确保养护的湿度及温度。

按照我国国家标准《混凝土结构设计标准》(GB/T 50010—2010)[9]，C50 混凝土的抗拉强度 f_t 取为 1.89MPa。加载过程中采用百分表测试顶板、底板的挠度。其中，顶板、底板的挠度测点分别布置在 2 号、4 号测点与 6 号、8 号测点。采用布设于底板 6～8 号测点的应变片来测试施加拉应力的大小，$0.8f_t$ 和 $0.4f_t$ 分别按 1.5MPa 和 0.8MPa 考虑。由于试验误差很难保证 6～8 号测点的应变同时达到 1.5MPa($0.4f_t$ 工况下达到 0.8MPa)，为避免因拉应力过大导致底板开裂，当底板 6～8 号任意测点的应力达到 1.5MPa($0.4f_t$ 工况下达到 0.8MPa)时立即停止加载。试验过程中试验装置如图 5.1 所示，加载过程中各试验梁弯曲应力和挠度测试值如表 5.6 所示。

表 5.6 试验梁弯曲应力和挠度测试值

	测点编号	6	7	8	均值
应力/MPa	$0.8f_t$ 工况	1.488	1.385	1.401	1.425
	$0.4f_t$ 工况	0.752	0.713	—	0.733
挠度/mm	$0.8f_t$ 工况	0.133	—	0.119	0.126

将两种工况(0.4f_t、0.8f_t)对应的 C50 混凝土箱梁放置于湿度、温度和 CO_2 浓度分别为 70%、20℃、20%的碳化箱内进行混凝土箱梁碳化试验,碳化时间为 40d。待达到碳化时间后,从两种工况中各取一片箱梁,沿跨中截面切开后喷涂酚酞进行碳化深度的测试。

2. 结果分析

结合上述混凝土箱梁碳化试验结果,表 5.7 和图 5.16 给出了混凝土箱梁各测点碳化深度试验值与采用式(5.6)预测的各测点碳化深度预测值的对比结果。

表 5.7 不同工况下混凝土箱梁各测点碳化深度试验值与预测值的对比(单位:mm)

测点编号		1	2	3	4	5	6	7	8	9
工况 1	试验值	6.52	5.74	5.5	6.38	5.72	5.94	4.95	6.43	6.12
	预测值	6.1	6.07	6.09	6.08	6.09	7.39	6.01	7.56	6.21
工况 2	试验值	5.68	5.45	5.2	5.07	5.2	6.95	5.24	6.34	4.05
	预测值	6.02	5.99	6	5.97	6	8.71	6.4	8.48	5.88

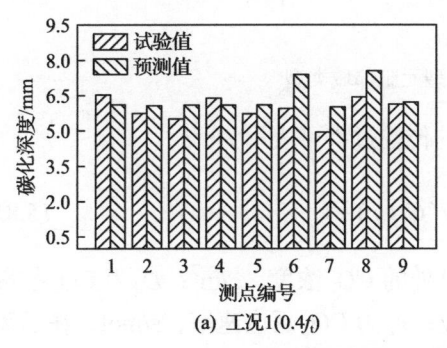

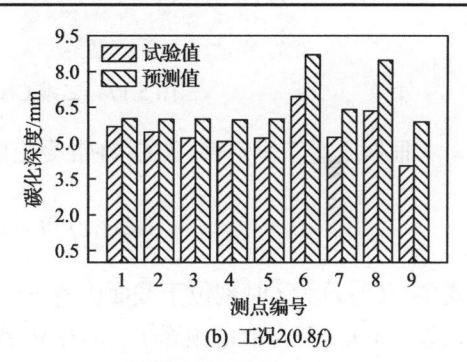

图 5.16 箱梁各测点碳化深度试验值与预测值的对比

(a) 工况1(0.4f_t)

(b) 工况2(0.8f_t)

由表 5.7 和图 5.16 可知,工况 1 作用下箱梁底板测点试验值与预测值差值在 1.2mm 左右,最大相差 1.45mm,腹板相差 0.1mm,工况 2 作用下箱梁底板测点试验值与预测值差值在 1.7mm 左右,最大相差 2.14mm,腹板相差 1.83mm。这表明本章基于大样本统计建立的碳化深度预测模型预测值与试验值基本吻合,建立的模型能够用于荷载与环境耦合作用下混凝土碳化深度的预测。

5.4 荷载与碳化耦合作用下混凝土碳化 CA 模型

5.4.1 多因素耦合作用下混凝土碳化 CA 模型的建立

与氯离子扩散模拟一致,利用 CA 模拟 CO_2 在混凝土中的扩散过程,首先需要设置合理的元胞邻域类型。由于冯·诺依曼型元胞邻域类型(图 5.17)较简单,也容易用计算机模拟,因此常被用于二维 CA 模型的构建[10]。在采用图 5.17 所示的元胞邻域类型的情况下,CA 局部演变规则可表示为[11,12]

$$S(t+\Delta t,r) = f\left[S(t,r),S(t,r_2),S(t,r_4)\right] \tag{5.7}$$

式中:$S(t,r)$ 和 $S(t+\Delta t,r)$ 分别为 t 时刻和 $t+\Delta t$ 时刻位于点 $r=(x,y)$ 处中心元胞的状态值;$S(t,r_i)$ 为 t 时刻位于点 $r_i=(x_i,y_i)$ 处邻域元胞的状态值;$f(\cdot)$ 为 CA 局部进化规则。

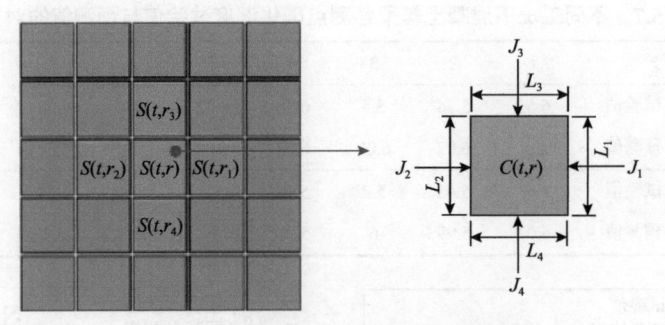

图 5.17 二维 CA 模型元胞邻域类型

根据质量守恒定律,CO_2 在混凝土中的传输过程可表示为[13]

$$\partial C(t,r)/\partial t = D_c\nabla^2 C(t,r) + V_c \tag{5.8}$$

式中:$C(t,r)$ 为 t 时刻位于截面内点 $r=(x,y)$ 处的 CO_2 浓度,g/m³;D_c 为 CO_2 扩散系数,m²/s;∇ 为哈密顿算子,其中 $\nabla^2=\nabla\cdot\nabla$;$V_c$ 为 CO_2 反应速率,s/mol,在已碳化区,CO_2 与混凝土水化产物之间的反应已经结束,即式(5.8)中的 $V_c=0$,此时式(5.8)可简化为

$$\partial C(t,r)/\partial t = D_c\nabla^2 C(t,r) \tag{5.9}$$

基于上述提到的冯·诺依曼型元胞邻域和 CA 局部演变规则,可给出 CO_2 扩散微分方程的 CA 解答,其表达式为

$$C(t+\Delta t,r) = \varphi_0 C(t,r) + \varphi_1 C(t,r_1) + \varphi_2 C(t,r_2) + \varphi_3 C(t,r_3) + \varphi_4 C(t,r_4) \tag{5.10}$$

式中:$C(t,r_i)$ 为 t 时刻位于截面内点 $r_i=(x_i,y_i)$ 处邻域元胞内的 CO_2 浓度,g/m³;Δt 为时间步长,s;φ_0 为 t 时刻中心元胞对 $t+\Delta t$ 时刻中心元胞的进化系数;$\varphi_i(i=1\sim 4)$ 为 t 时刻各邻域元胞对 $t+\Delta t$ 时刻中心元胞的进化系数,根据质量守恒定律,各进化系数之间需满足如下关系[10]:

$$\varphi_0 + \sum_{i=1}^{4} \varphi_i = 1 \tag{5.11}$$

若将混凝土视为各向同性材料，即 $\varphi_1 = \varphi_2 = \varphi_3 = \varphi_4$，此时结合式(5.10)和式(5.11)，可得

$$\Delta C(t,r) = C(t+\Delta t, r) - C(t,r) = \varphi_1 \sum_{i=1}^{4} \left[C(t,r_i) - 4C(t,r) \right] \tag{5.12}$$

假设 t 时刻元胞 (r) 内 CO_2 含量为 $m(t,r)$，则根据质量守恒定律，元胞内 CO_2 的质量分数与 CO_2 扩散通量之间的关系可用式(5.13)来表示，其中各方向 CO_2 扩散通量方向如图 5.17 所示。

$$\Delta m(t,r) = \Delta t \cdot \sum_{i=1}^{4} (J_i \cdot L_i) \tag{5.13}$$

式中：$\Delta m(t,r)$ 为 t 时刻位于点 $r=(x,y)$ 处元胞中 CO_2 的含量差；L_i 为扩散面的长度，m；J_i 为沿 i 方向 CO_2 扩散通量。根据 Fick 第一定律，在单位时间内通过垂直于扩散方向的 CO_2 扩散通量与该截面处相邻元胞的浓度梯度成正比，可通过相邻元胞内的 CO_2 浓度获得，如式(5.14)所示：

$$J_i = -D_c \frac{\partial C(t,r)}{\partial n} = -D_c \frac{\left[C(t,r) - C(t,r_i) \right]}{L_i} \tag{5.14}$$

将式(5.14)代入式(5.13)，可得

$$\Delta m(t,r) = D_c \Delta t \cdot \sum_{i=1}^{4} \left[C(t,r_i) - 4C(t,r) \right] \tag{5.15}$$

根据大数定律，可得元胞内 CO_2 的质量分数与浓度成正比，即

$$\Delta m(t,r) = A_r \cdot \Delta C(t,r) \tag{5.16}$$

式中：A_r 为元胞面积，m^2。联立式(5.15)和式(5.16)，可得

$$\Delta C(t,r) = \frac{D_c \Delta t}{A_r} \cdot \sum_{i=1}^{4} \left[C(t,r_i) - 4C(t,r) \right] \tag{5.17}$$

对比式(5.10)和式(5.17)，可得

$$\varphi_1 = D_c \Delta t / A_r \tag{5.18}$$

结合式(5.10)和式(5.18)，可得 t 时刻中心元胞和各邻域元胞对 $t+\Delta t$ 时刻中心元胞

的进化系数分别为

$$\varphi_0 = 1 \sim 4, \ \varphi_1 = 1 - 4D_c\Delta t/A_r \quad (5.19)$$

利用式(5.18)、式(5.19)和式(5.10)，就得到 CO_2 在混凝土中扩散的 CA 模型。

5.4.2 模型计算参数的确定

1. CO_2 扩散系数的确定

从上述分析可知，CO_2 扩散系数 D_c 和 CO_2 反应速率 V_c 对 CA 模型的求解至关重要，利用 CA 对混凝土中的 CO_2 扩散方程求解时，CO_2 扩散系数 D_c 与环境温度、湿度的变化可根据 Saetta 等[14]提出的多因素模型进行确定，具体计算公式如下：

$$D_c = D_{c,0} e^{(E/R)(1/T_r - 1/T)}(1-H)^{2.5} \quad (5.20)$$

式中：$D_{c,0}$ 为标准状态下 CO_2 扩散系数，m^2/s；T 为温度，K；T_r 为参考温度，取 296K；E 为 1mol 的 CO_2 反应所消耗的能量，取 21800J/mol；R 为摩尔气体常数，取 8.314J/(mol·K)；H 为湿度，%。

结合式(5.10)、式(5.18)~式(5.20)，就得到 CO_2 在混凝土中扩散的 CA 模型。利用该模型对混凝土碳化规律进行分析时，可假设混凝土表面 CO_2 浓度与大气环境中实测浓度相等，未碳化区 CO_2 浓度为 0，将混凝土中 CO_2 浓度从表面最大值降到 0 时的距离作为碳化深度。

2. 应力水平对 CO_2 扩散系数的影响

目前，在研究应力水平对混凝土碳化效应的影响时，一般通过在原有 CO_2 扩散系数的基础上乘以相应的影响系数来考虑荷载对碳化的影响。因此，受荷混凝土中 CO_2 扩散系数与应力水平之间的关系可表示为

$$D_c(t) = f(\eta) \cdot D_c \quad (5.21)$$

式中：$f(\eta)$ 为荷载影响系数；η 为应力水平。

为探究应力水平对混凝土碳化效应的影响，选取唐官保等[15]开展的不同周期、不同应力状态下混凝土碳化试验的实测结果，以无荷载作用下的混凝土碳化系数为基准，运用公式和最小二乘法拟合得到不同应力状态下混凝土截面应力水平比对混凝土碳化系数的影响，如式(5.22)所示：

$$f(\eta) = -0.5801\eta^3 + 0.5868\eta^2 + 0.2239\eta + 0.9547 \quad (5.22)$$

将式(5.22)代入式(5.21)，并结合式(5.20)建立多因素耦合作用下 CO_2 氯离子扩散

系数为

$$D_c = \left(-0.5801\eta^3 + 0.5868\eta^2 + 0.2239\eta + 0.9547\right)D_{c,0}e^{(E/R)(1/T_r - 1/T)}(1-H)^{2.5}$$
(5.23)

结合式(5.10)、式(5.18)、式(5.19)及式(5.23)，就得到考虑应力水平对混凝土碳化效应影响的 CA 模型。

5.4.3 CA 模型计算流程

基于以上理论推导，利用 MATLAB 软件编写了上述 CA 模型的计算程序，具体流程如图 5.18 所示。

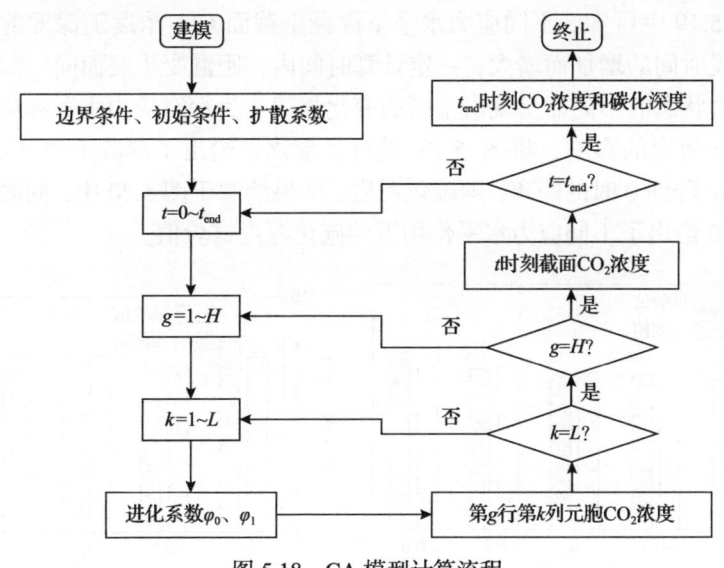

图 5.18 CA 模型计算流程

H 为行数；L 为列数

5.4.4 算例分析

为探究应力水平对受荷混凝土碳化效应的影响，以文献[15]所述的不同应力状态下混凝土碳化试验为例，利用 CA 模型对不同应力水平作用下混凝土碳化试验过程进行模拟，并将 CA 模型的预测值与试验值进行比较。混凝土试件断面尺寸为 100mm×100mm。CA 模拟时，模型各参数分别如下：28d 扩散系数 $D_{c,0}$=1.02×10^{-11}m²/s；56d 扩散系数 $D_{c,0}$=1.25×10^{-11}m²/s；C_s=0.0392kg/m³；Δt=0.005d；T=20℃；H=70%；$f(\eta)$ 根据式(5.22)进行取值；φ_0 和 φ_1 根据式(5.19)确定。图 5.19 显示了 28 天、56 天后 CO_2 浓度沿混凝土截面深度的变化，其中应力水平的负号表示混凝土结构承受压应力，正号表示混凝土结构承受拉应力。

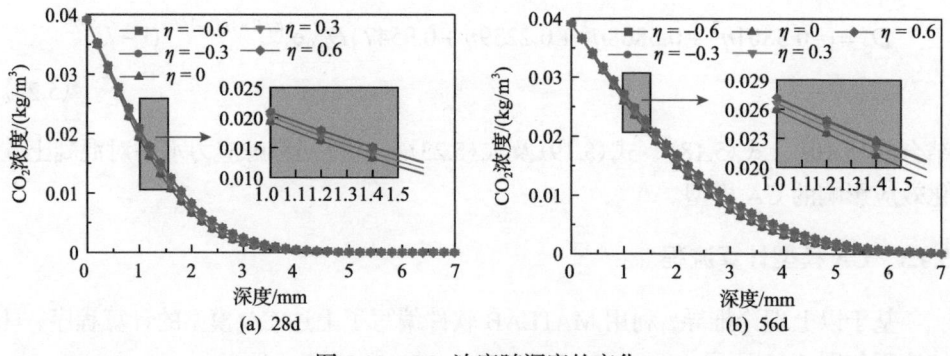

图 5.19　CO_2 浓度随深度的变化

从图 5.19 中可知，不同应力水平下混凝土截面 CO_2 浓度随深度的增大而减小，随服役时间的增加而增大；一定计算时间内，距混凝土表面同一深度处 CO_2 浓度随应力状态的不同而呈现出不同的变化规律。为探究应力水平和应力状态对混凝土碳化效应的影响，将图 5.19 进行了量化，给出了混凝土中 CO_2 浓度从 0.0392kg/m³ 降到 0 时的距离，即碳化深度，结果绘制于图 5.20 中，同时为便于比较，图 5.20 给出了不同应力水平作用下的碳化深度试验值。

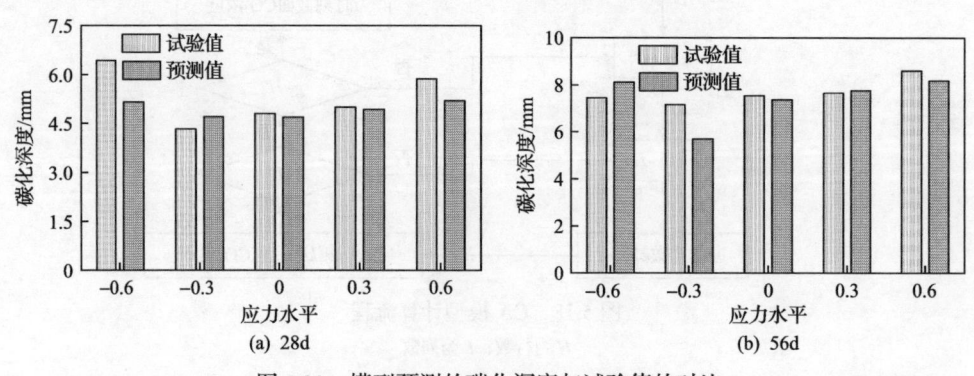

图 5.20　模型预测的碳化深度与试验值的对比

由图 5.20 可知，在同一时间内，混凝土碳化深度随应力状态的不同而呈现出不同的变化规律，在压应力作用下，碳化深度随压应力水平的增大呈现出先减小后增大的变化趋势；在拉应力作用下，碳化深度随拉应力水平的增大而增大。这主要是因为在拉应力作用下，混凝土结构内部原有微裂缝等的发展，使结构内部裂缝变大、变宽，从而导致 CO_2 在混凝土中扩散系数的增大，碳化深度有所增大。在压应力较小的情况下，压应力会抑制结构内部微裂缝的发展，使结构变得更加密实，导致 CO_2 在混凝土中的扩散系数减小，碳化深度减小。当压应力较大时，由于塑性变形的产生，混凝土中氯离子扩散系数增大，进而导致混凝土碳化深度有所增大。

由图 5.20 可知，除个别数据外，利用 CA 模型预测的混凝土碳化深度与试验值之间吻合良好，最大偏差不超过 10%，表明利用 CA 来计算 CO_2 在受荷混凝土中的浓度分布和碳化深度是可行的。

图 5.21 为 CO_2 在混凝土截面中的浓度分布，从图中的数值结果可知，角部区域混凝土碳化深度约为普通区域混凝土碳化深度的 1.5 倍，满足文献[16]的取值要求。利用图 5.21 可直观了解混凝土截面内碳化效应最明显的区域，可为混凝土结构的耐久性设计提供依据。

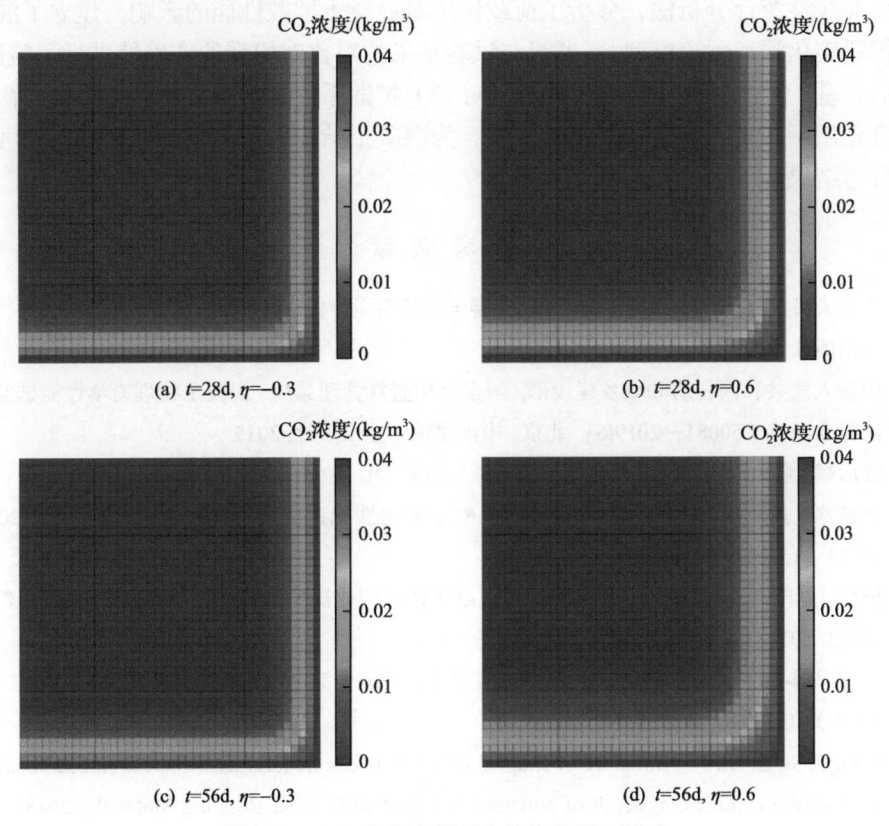

(a) t=28d, η=−0.3

(b) t=28d, η=0.6

(c) t=56d, η=−0.3

(d) t=56d, η=0.6

图 5.21　CO_2 浓度在截面中的分布($l/4$ 截面)

5.5　本　章　小　结

为实现环境与荷载耦合作用下混凝土箱梁碳化试验，本章首先设计并制作了一种混凝土箱梁弯曲受力与碳化耦合作用的试验装置，开展了环境与荷载耦合作用下混凝土箱梁碳化试验。结果表明，箱梁同一截面顶板、底板各测点碳化深度随测点位置的不同而不同。随着碳化时间的增加，箱梁各部位混凝土碳化深度均持续增大，混凝土初期碳化深度增长较快，后期增长减缓。压应力对混凝土箱梁碳化作用具有抑制作用，具体为箱梁各部位碳化速率随压应力的增大而减小，拉应力对混凝土箱梁碳化作用具有促进作用，具体为箱梁各部位碳化速率随拉应力的增大而增大。其次，在第3章建立的基于热传导理论的碳化数值模型的基础上，通过在扩散系数中引入荷载影响系数来考虑荷载水平对CO_2扩散系数的影响，建立了碳化与荷载耦合作用下混凝土箱梁碳化数值新模型，并给出了模型计算参数的取值方法和建模步骤。随后，基于国内外大量室内、室外碳化试验数据，采用多元非线性统计分析法，分析了荷载作用对混凝土扩散性能的影响，建立了混凝土箱梁碳化深度预测模型，并通过与试验结果的对比对模型的准确性进行了验证。最后，基于CA原理，考虑荷载水平对CO_2扩散系数的影响，建立了环境与荷载耦合作用下混凝土箱梁碳化CA模型，为混凝土结构的耐久性设计提供一种可视化参考结果。

参 考 文 献

[1] 中华人民共和国住房和城乡建设部. 混凝土试验用搅拌机: JG 244—2009[S]. 北京: 中国标准出版社, 2009.

[2] 中华人民共和国住房和城乡建设部, 国家市场监督管理总局. 混凝土物理力学性能试验方法标准: GB/T 50081—2019[S]. 北京: 中国建筑工业出版社, 2019.

[3] 汪彦斌. 弯曲荷载作用下的混凝土箱梁碳化研究[D]. 兰州: 兰州交通大学, 2018.

[4] 郑建岚, 黄利频. 拉压应力下自密实混凝土碳化性能试验研究[J]. 建筑材料学报, 2013, 16(1): 115-120.

[5] 田浩, 李国平, 刘杰, 等. 受力状态下混凝土试件碳化试验研究[J]. 同济大学学报(自然科学版), 2010, 38(2): 200-204, 213.

[6] 王健, Pui-Lam N G, 苏瀚, 等. 混凝土应力状态对碳化深度的影响[J]. 建筑结构学报, 2018, 39(S1): 397-404.

[7] Wang J, Su H, Du J S. Influence of coupled effects between flexural tensile stress and carbonation time on the carbonation depth of concrete[J]. Construction and Building Materials, 2018, 190: 439-451.

[8] Wang W, Lu C F, Li Y X, et al. Effects of stress and high temperature on the carbonation resistance of fly ash concrete[J]. Construction and Building Materials, 2017, 138: 486-495.

[9] 中华人民共和国住房和城乡建设部. 混凝土结构设计标准: GB/T 50010—2010[S]. 北京: 中国建筑工业出版社, 2024.

[10] Biondini F, Bontempi F, Frangopol D M, et al. Cellular automata approach to durability analysis of concrete structures in aggressive environments[J]. Journal of Structural Engineering, 2004, 130(11): 1724-1737.

[11] 马俊军, 蔺鹏臻. 混凝土桥梁中氯离子传输的元胞自动机模型[J]. 铁道科学与工程学报, 2018, 15(12): 3135-3140.

[12] 马俊军, 蔺鹏臻. 混凝土箱梁氯离子扩散效应分析与寿命预测的 CA 模型[J]. 长江科学院院报, 2019, 36(6): 121-126.

[13] 王青, 卫军, 董荣珍, 等. 混凝土结构碳化进程实时仿真分析[J]. 武汉理工大学学报, 2014, 36(5): 91-96.

[14] Saetta A V, Schrefler B A, Vitaliani R V. 2-D model for carbonation and moisture/heat flow in porous materials[J]. Cement and Concrete Research, 1995, 25(8): 1703-1712.

[15] 唐官保, 姚燕, 王玲, 等. 应力作用下混凝土碳化深度预测模型[J]. 建筑材料学报, 2020, 23(2): 304-308.

[16] 屈文俊, 张誉. 构件截面混凝土碳化深度分布的有限元分析[J]. 同济大学学报(自然科学版), 1999, 27(4): 412-416.

第6章 荷载与氯离子侵蚀耦合作用下混凝土箱梁劣化机理

为研究荷载与氯离子侵蚀耦合作用下混凝土箱梁劣化特性，本章以桥梁工程中常见的混凝土箱梁为原型，通过采用模型试验、理论推导、数值模拟等相结合的研究方法，对环境与荷载耦合作用下氯离子在混凝土箱梁中的扩散规律、分布特征、预测模型以及影响机制进行系统研究，建立环境与荷载耦合作用下氯离子在混凝土箱梁中的多维扩散理论和数值模型。最后，通过氯离子侵蚀前后箱梁结构性能试验，研究氯离子侵蚀对箱梁承载能力和变形能力的影响规律，这对建立环境因素和力学因素耦合作用下混凝土结构耐久性设计意义重大。

6.1 弯曲荷载与氯离子侵蚀耦合作用下混凝土箱梁试验

6.1.1 试验方案设计

为探究环境与荷载耦合作用下混凝土箱梁受氯离子侵蚀特性，以当前铁路桥梁中应用最为广泛的箱形截面梁为原型，按照相似性等效方法设计缩尺模型，模型梁顶宽45cm，底宽22cm，梁高20cm，梁长60cm，截面尺寸如图6.1(a)所示。箱梁跨中顶板设五个测点，底板设三个测点，两侧腹板中性轴位置各设一个测点，箱梁测点布置方式如图6.1(b)所示。

(a) 截面尺寸示意图　　(b) 测点布置示意图

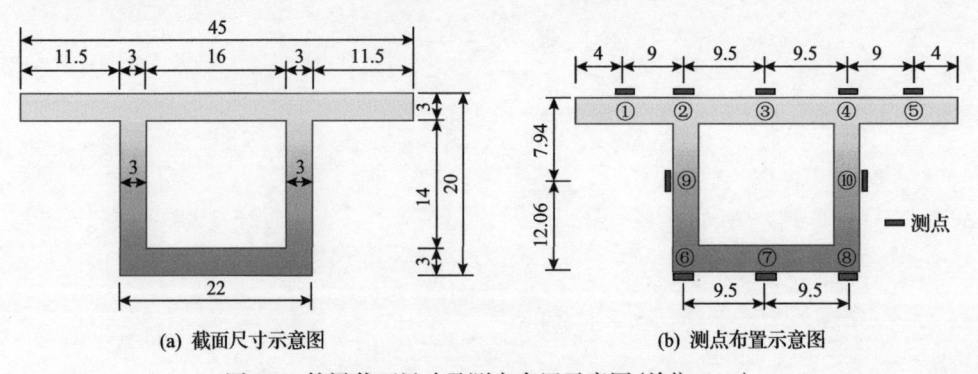

图6.1 箱梁截面尺寸及测点布置示意图(单位：cm)

箱梁模型浇筑时采用与原型梁相同的材料配合比，选用52.5级普通硅酸盐水泥用以配置C50混凝土，混凝土材料配合比如表3.4所示。参照规范[1]进行模型梁的浇筑，待浇筑完成后静置 24h 后进行拆模，静置时采用土工布覆盖，然后置于标准养护室内，养护 28d 后进行加载和浸泡试验。模型梁浇筑、成型与养护过程如图 3.7 所示。

6.1.2 试验梁加载装置

为实现混凝土箱梁在弯曲作用下的氯离子侵蚀试验，开发了一种自锚式的混凝土箱梁弯曲荷载加载装置，如图 6.2 所示。加载时，将两组混凝土试验箱梁模型的顶板相对放置，下侧模型的底板放置在支座上，两组顶板之间设置两根光圆钢筋，两组模型通过贯穿于箱梁翼板的四根螺杆进行连接，端部采用加厚钢垫板锚固，上侧加厚钢垫板上设置与高强度螺杆匹配的高强度弹簧和螺栓。

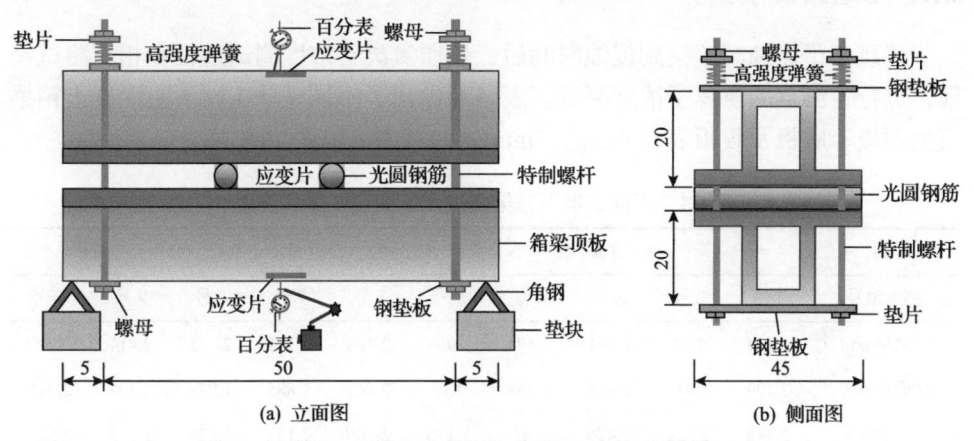

图 6.2 混凝土箱梁弯曲荷载加载装置示意图(单位：cm)

通过扭矩扳手实现箱梁跨中截面弯曲荷载的施加，弯曲荷载大小通过跨中截面底板拉应力达到 $0.8f_t$ 时的极限值作为控制荷载，试验过程中箱梁控制截面顶板、底板应变可通过连接于计算机的应变采集仪获得。位移通过百分表进行实时采集。

6.1.3 氯离子侵蚀试验

对混凝土箱梁模型进行氯离子侵蚀试验时，在加厚塑料水箱中配置浓度为 5% 的氯化钠溶液。将加载状态的箱梁(分别记为 1#梁、2#梁)及无应力状态下的一片箱梁(记为 3#梁)分别放置于 400L、200L 的加厚水箱中进行氯盐侵蚀，试验过程如图 6.3 所示。待浸泡至规定时间后，通过钻孔取得测试部位的混凝土粉末，最后利用化学滴定法测定氯离子含量，取样及滴定过程如图 6.4 所示。

(a) 1#梁、2#梁　　　　(b) 3#梁　　　　　　(a) 样本提取　　　　　(b) 化学滴定

图 6.3　氯盐侵蚀试验过程　　　　　　图 6.4　箱梁各测点取样及滴定过程

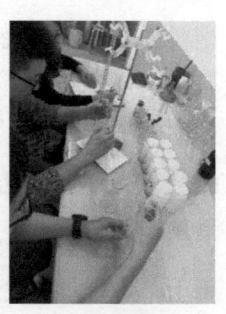

6.1.4　试验结果与分析

待氯离子侵蚀试验达到侵蚀时间后，按照氯离子浓度测试过程和相应测试流程，进行各测点的氯离子浓度测试。表 6.1 给出了不同试验工况下距混凝土箱梁模型顶板、底板及腹板表面 4mm、7mm 处的氯离子浓度实测值。

表 6.1　不同工况下箱梁各测点氯离子浓度实测值　　（单位：10^2%）

位置	顶板					底板			腹板	
测点编号	1号	2号	3号	4号	5号	6号	7号	8号	9号	10号
1#梁(4mm)	2.414	1.61	1.861	1.494	1.983	2.408	2.137	2.153	2.414	1.61
2#梁(4mm)	2.109	2.041	2.014	2.258	2.18	2.143	1.885	1.978	2.109	2.041
3#梁(4mm)	2.742	2.521	2.476	2.49	1.176	2.406	2.127	1.858	2.742	2.521
1#梁(7mm)	1.067	0.949	1.209	1.191	1.125	1.404	1.102	1.249	1.067	0.949
2#梁(7mm)	0.932	0.999	1.029	0.906	1.085	1.103	1.024	1.127	0.932	0.999
3#梁(7mm)	1.179	0.91	1.236	1.254	1.016	1.356	1.148	1.218	1.179	0.91

由表 6.1 可知，不同工况下箱梁各测点氯离子浓度随深度的增大而减小，箱梁各部位氯离子浓度与箱梁所处位置、荷载水平等也存在相应关系。为便于描述，进一步得到不同工况下箱梁顶板、底板及腹板各测点距表面一定距离处的氯离子浓度均值，如图 6.5 所示，其中图 6.5(a) 给出仅氯离子侵蚀作用下箱梁各部位的氯离子浓度，图 6.5(b) 给出环境与荷载耦合作用下箱梁各部位的氯离子浓度。

由图 6.5 可知，仅在氯离子侵蚀作用下，距箱梁表面 4mm 处，顶板、底板的平均氯离子浓度相差不大，腹板氯离子浓度较小；距表面 7mm 处各位置的氯离子浓度呈现出相同的分布规律。由图可知，在 $0.8f_t$ 荷载作用下，距箱梁表面 4mm 处，受压侧顶板的氯离子浓度略大于受拉侧顶板的氯离子浓度。距箱梁表面 7mm 处，受拉侧底板的氯离子浓度最大，受压侧顶板的氯离子浓度最小，但顶板、底

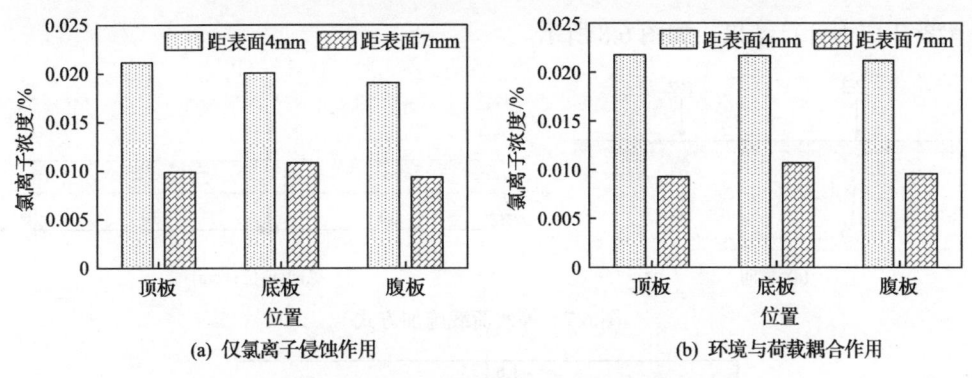

图 6.5 不同工况下箱梁各部位氯离子浓度均值

板及腹板处的平均氯离子浓度相差不大。

1. 荷载作用对氯离子侵蚀的影响

为了分析荷载作用对箱梁氯离子扩散的影响，将环境与荷载耦合作用下箱梁顶板、底板及腹板的平均氯离子浓度与仅氯离子侵蚀作用下箱梁对应位置的平均氯离子浓度进行对比，结果如图 6.6 所示。

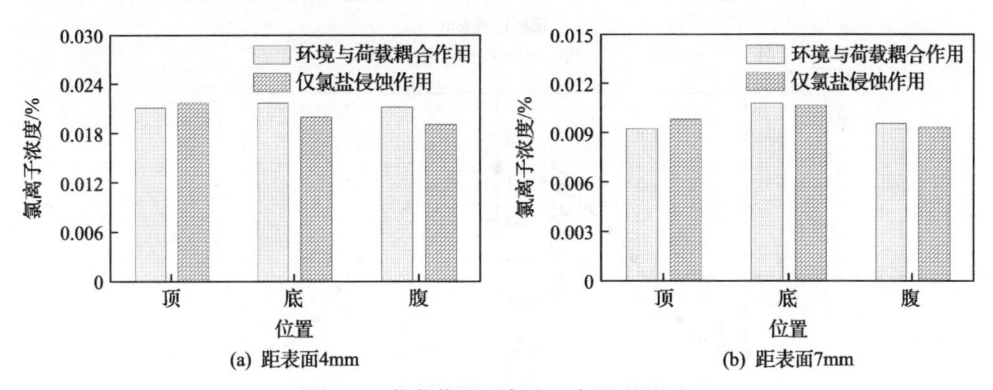

图 6.6 荷载作用对氯离子侵蚀的影响

由图 6.6 可知，距箱梁表面 4mm 及 7mm 处，压应力作用下的顶板氯离子浓度均小于无荷载作用下的顶板氯离子浓度，最大相差 1.2%。拉应力作用下的底板氯离子浓度大于无应力状态下的底板氯离子浓度，4mm 处的平均氯离子浓度最大相差 8.9%。总体而言，拉应力对箱梁氯离子的侵蚀起推动作用，压应力可延缓氯离子对混凝土箱梁的侵蚀，但应力对箱梁氯离子的扩散影响较小。

2. 箱梁剪力滞效应对氯离子侵蚀的影响

根据混凝土箱梁静载试验结果，采用 2.2.4 节所述方法对试验箱梁在集中荷载（图 6.7）作用下的箱梁跨中截面应力进行计算，得到 $0.8f_t$ 荷载作用下跨中截面的梁条正应力计算结果，如图6.8所示。

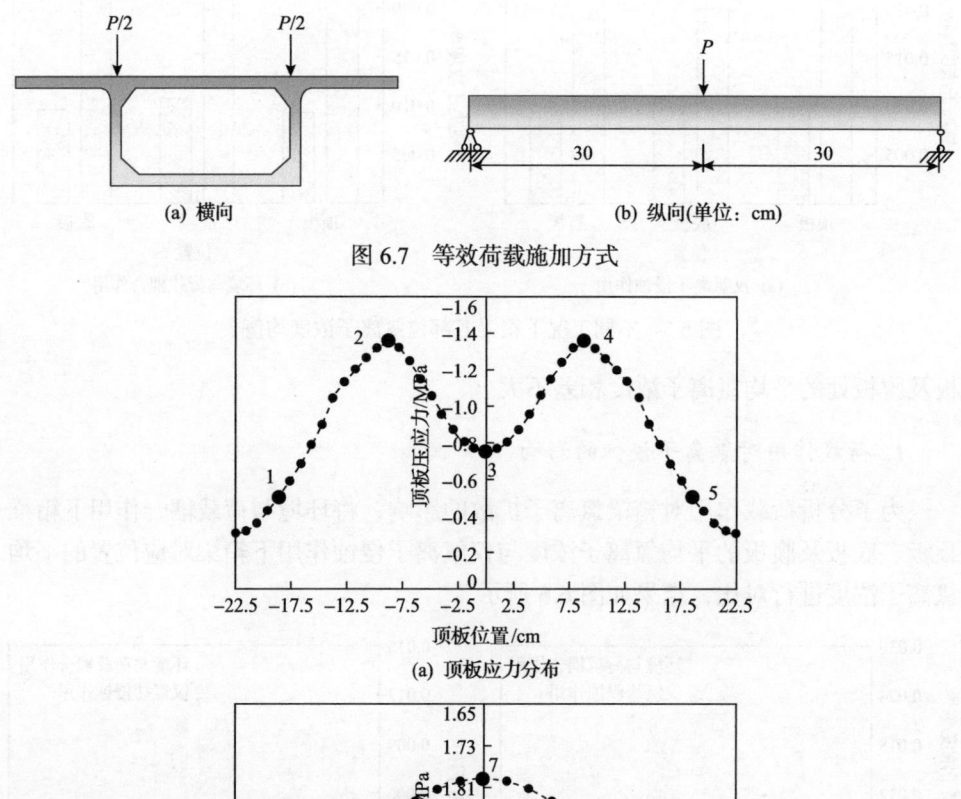

(a) 横向　　(b) 纵向(单位：cm)

图6.7　等效荷载施加方式

(a) 顶板应力分布

(b) 底板应力分布

图6.8　$0.8f_t$荷载作用下跨中截面的梁条正应力计算结果

根据表6.1中不同工况下混凝土箱梁顶板、底板各测点氯离子浓度实测结果，进一步给出了$0.8f_t$荷载作用下箱梁模型各测点的氯离子浓度沿顶板、底板的实际分布，分别如图6.9和图6.10所示。

由图6.9可知，由于剪力滞效应的影响，靠近箱梁模型腹板部位顶板的压应力最大，该部位2号点及4号点的氯离子含量全截面最小。1号点、3号点以及5号点处的压应力较小，相应的氯离子浓度也较高。由图6.10可知，底板6号点及

图 6.9 箱梁顶板剪力滞效应对氯离子分布的影响
(a) 距表面4mm处各测点氯离子浓度
(b) 距表面7mm处各测点氯离子浓度

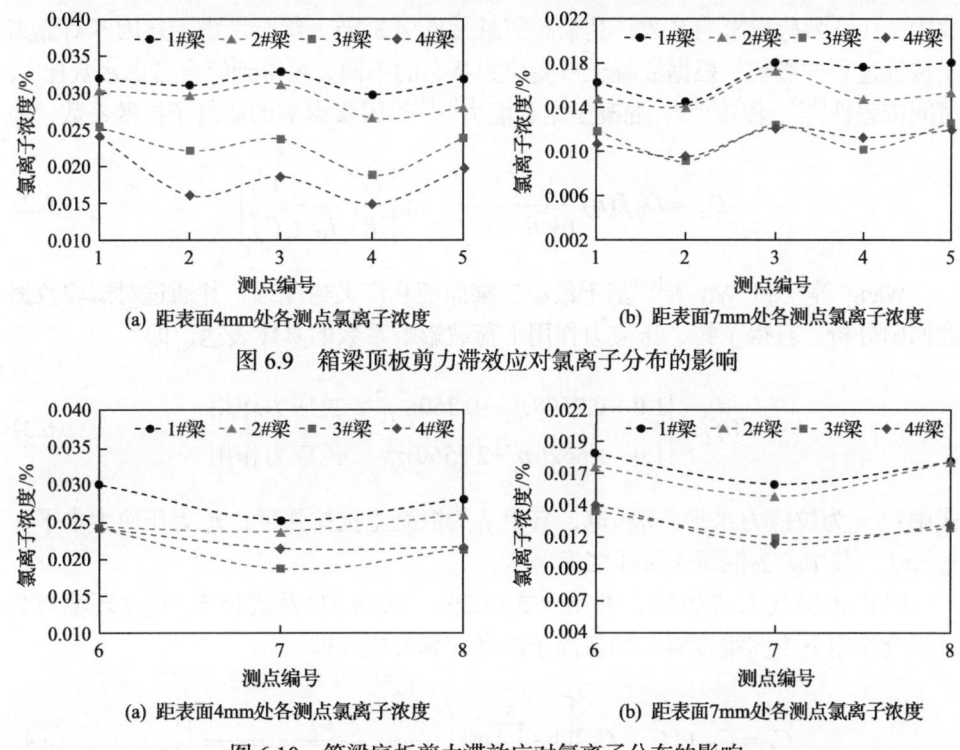

图 6.10 箱梁底板剪力滞效应对氯离子分布的影响
(a) 距表面4mm处各测点氯离子浓度
(b) 距表面7mm处各测点氯离子浓度

8 号点的拉应力最大，使得该类测点的氯离子浓度较高。混凝土箱梁的氯离子浓度分布规律与剪力滞效应总体吻合。上述表明，剪力滞效应对箱梁顶板、底板氯离子的分布存在影响。荷载作用下氯离子在混凝土箱梁中的侵蚀具有空间多维性。

6.2 环境与荷载耦合作用下混凝土中多维氯离子扩散预测模型

6.2.1 模型的建立

混凝土受水化热等因素的影响，在结构服役过程中，混凝土内部结构仍会发生塑性沉降及干缩，并由此产生大小不一的微裂缝、孔隙等初始微缺陷。对于荷载作用下的服役期的混凝土桥梁结构，该类初始缺陷会使混凝土内部的孔隙结构发生变化，从而影响氯离子的扩散。目前，有关荷载对氯离子侵蚀的作用大多通过修正氯离子扩散系数来实现，结合式(4.57)，可建立环境与荷载耦合作用下氯离子扩散系数表达式：

$$D_\sigma = K_m K_R K_T f(\eta) D_0 \tag{6.1}$$

式中：$f(\eta)$为荷载影响系数；其余参数意义见 4.3 节。综合考虑上述因素对氯离子侵蚀过程的影响，根据混凝土所受应力状态的不同，可得到综合考虑水灰比[2]、时间依赖性[3-5]、温度[6,7]、混凝土结合能力[8-14]等因素影响的氯离子扩散系数，即

$$D_\sigma = D_0 f(\eta) \frac{1}{1+R} \left(\frac{t_{28}}{t}\right)^m \exp\left[\frac{U}{R}\left(\frac{1}{T_0}-\frac{1}{T}\right)\right] \quad (6.2)$$

Wang 等[15]和 Wu 等[16]基于最小二乘原理和广义逆原理，并通过对试验数据的回归分析，获得了拉、压应力作用下荷载影响系数的具体表达，即

$$f(\eta) = \begin{cases} 1.0 + 0.9598\eta_t - 0.3608\eta_t^2 & 拉应力作用 \\ 1.0 - 1.6626\eta_c + 2.2560\eta_c^2 & 压应力作用 \end{cases} \quad (6.3)$$

式中：η_t为拉应力水平，$\eta_t=\sigma/f_t$，其中f_t为混凝土抗拉强度；η_c为压应力水平，$\eta_c=\sigma/f_c$，其中f_c为混凝土抗压强度。

将式(6.3)代入式(6.2)，并结合式(4.29)、式(4.41)及式(4.56)建立环境与荷载耦合作用下不同维度对应的氯离子浓度计算公式，即

$$C_f = C_0 + (C_s - C_0)\left[1 - \prod_{i=1}^{3} \mathrm{erf}\left(\frac{d_i}{2\sqrt{K_m K_R K_T D_0 f(\eta) t}}\right)\right] \quad (6.4)$$

式中：i 为侵蚀维度；d_i 为混凝土计算点至混凝土表面的距离，当 $i=1$ 时，$d_1=x$；当 $i=2$ 时，$d_1=x$，$d_2=y$；当 $i=3$ 时，$d_1=x$，$d_2=y$，$d_3=z$。

6.2.2 模型试验验证

表 6.2 给出了距箱梁表面 4mm 及 7mm 处各测点平均氯离子浓度的实测值。考虑到试验箱梁长度方向尺寸远大于各翼板尺寸，氯离子在试验箱梁跨中截面的传输可认为是二维扩散，采用式(6.4)分别计算 1#、2#及 3#试验箱梁各测点 4mm、7mm 处的氯离子含量，并与实测值进行了对比，结果如表 6.2 所示。预测时，混凝土箱梁 28d 氯离子扩散系数取 $2.5\mathrm{cm}^2/\mathrm{a}$；温度取 20℃；混凝土结合能力 R 取 2.0，时间依赖性参数 m 为 0.64。

表6.2 不同工况下箱梁各测点平均氯离子浓度实测值与预测值(单位：%)

位置		顶板					底板			腹板	
测点编号		1号	2号	3号	4号	5号	6号	7号	8号	9号	10号
1#、2#梁(4mm)	实测值	0.024	0.02	0.021	0.019	0.019	0.024	0.021	0.021	0.025	0.02
	预测值	0.021	0.020	0.020	0.020	0.020	0.025	0.024	0.025	0.022	0.022

续表

位置	测点编号		顶板 1号	2号	3号	4号	5号	底板 6号	7号	8号	腹板 9号	10号
3#梁(4mm)		实测值	0.021	0.02	0.02	0.022	0.021	0.021	0.018	0.019	0.021	0.02
		预测值	0.024	0.023	0.024	0.023	0.023	0.023	0.023	0.023	0.024	0.023
1#、2#梁(7mm)		实测值	0.011	0.009	0.012	0.014	0.011	0.024	0.021	0.012	0.011	0.009
		预测值	0.010	0.010	0.010	0.010	0.009	0.019	0.016	0.017	0.011	0.011
3#梁(7mm)		实测值	0.009	0.009	0.010	0.022	0.021	0.021	0.018	0.011	0.009	0.009
		预测值	0.014	0.014	0.014	0.017	0.017	0.015	0.014	0.014	0.013	0.013

由表6.2可知，各测点平均氯离子浓度实测值和预测值随测点的不同而不同，箱梁顶板各测点平均氯离子浓度实测值略小于箱梁底板各测点氯离子浓度实测值。同时，为便于对比，进一步给出了距混凝土箱梁表面4mm和7mm处各测点平均氯离子浓度实测值和预测值的对比结果，结果如图6.11和图6.12所示。

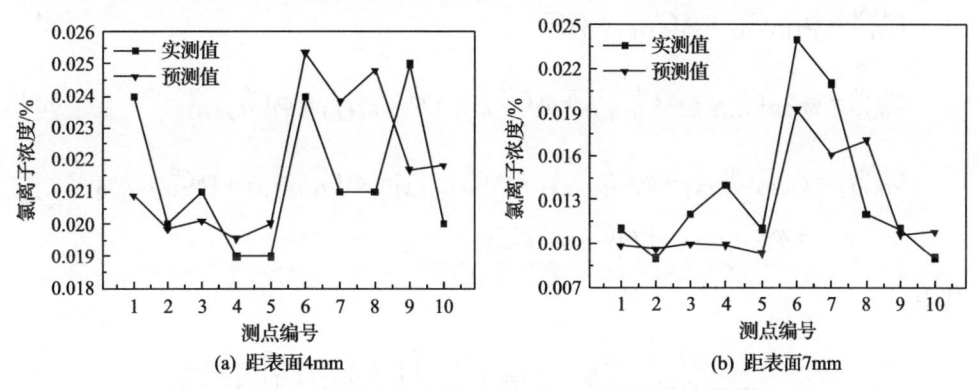

(a) 距表面4mm　　(b) 距表面7mm

图6.11　1#、2#梁各测点平均氯离子浓度实测值与预测值的对比

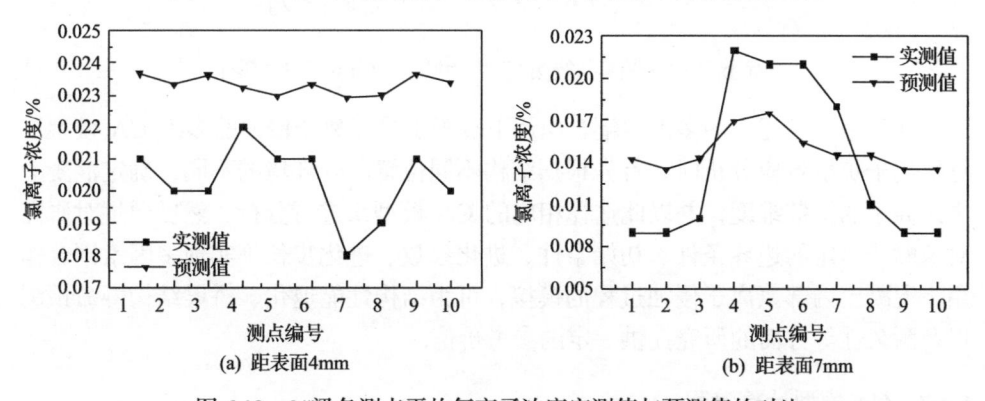

(a) 距表面4mm　　(b) 距表面7mm

图6.12　3#梁各测点平均氯离子浓度实测值与预测值的对比

由图6.11和图6.12可知，不同工况下，本章提出的氯离子浓度改进公式预测

值与实测值的最大差值为–0.00553%，两者之间最大偏差在 15%以内，表明本书建立的氯离子浓度计算公式能对荷载与氯离子侵蚀耦合作用下的氯离子浓度进行预测。

6.3 环境与荷载耦合作用下混凝土受多维氯离子侵蚀 CA 模型

6.3.1 CA 模型的建立

在 4.2 节建立的 CA 模型基础上，结合上述综合考虑应力状态[15,16]、水灰比[2]、时间依赖性[3-5]、温度[6,7]、混凝土结合能力[8-14]等因素影响的氯离子扩散系数计算式(式(6.2))，建立多因素耦合作用下混凝土受氯离子侵蚀的多维 CA 模型。三种维度下氯离子在混凝土中的进化方程可分别表示为

$$C_{(i)}^{t+\Delta t} = \varphi_{0,1D} C_{(i)}^t + \varphi_1 C_{(i+i_1)}^t + \varphi_1 C_{(i+i_2)}^t \tag{6.5}$$

$$C_{(i,j)}^{t+\Delta t} = \varphi_{0,2D} C_{(i,j)}^t + \varphi_1 C_{(i+i_1,j)}^t + \varphi_1 C_{(i+i_2,j)}^t + \varphi_1 C_{(i,j+j_1)}^t + \varphi_1 C_{(i,j+j_2)}^t \tag{6.6}$$

$$\begin{aligned}C_{(i,j,k)}^{t+\Delta t} &= \varphi_{0,3D} C_{(i,j,k)}^t + \varphi_1 C_{(i+i_1,j,k)}^t + \varphi_1 C_{(i+i_2,j,k)}^t + \varphi_1 C_{(i,j+j_1,k)}^t + \varphi_1 C_{(i,j+j_2,k)}^t \\ &+ \varphi_1 C_{(i,j,k+k_1)}^t + \varphi_1 C_{(i,j+j_2,k+k_2)}^t\end{aligned} \tag{6.7}$$

其中，

$$\varphi_1 = f(\eta) \frac{D_0}{\delta^2(1+R)} \left(\frac{t_{28}}{t}\right)^m \exp\left[\frac{U}{R}\left(\frac{1}{T_0} - \frac{1}{T}\right)\right] \cdot \Delta t \tag{6.8}$$

$$\varphi_{0,1D} = 1 - 2\psi_1, \quad \varphi_{0,2D} = 1 - 4\psi_1, \quad \varphi_{0,3D} = 1 - 6\psi_1 \tag{6.9}$$

在利用上述建立的多因素耦合作用下混凝土受氯离子侵蚀的多维 CA 模型进行氯离子扩散效应分析时，首先根据结构不同位置所处环境的不同，确定混凝土中氯离子的扩散维度，并以此选择相应的 CA 模型来进行分析。然后通过对研究对象赋予一定的边界条件、初始条件、进化参数、进化步长等实现多因素耦合作用下混凝土内部氯离子侵蚀过程的模拟，可为结构性能退化、桥梁结构寿命预测以及耐久性等方面的研究提供一定的参考价值。

6.3.2 CA 模型计算流程

结合上述已经建立考虑应力状态、水灰比、时间依赖性、温度等影响的混凝

土受氯离子侵蚀的多维 CA 模型，利用 MATLAB 软件编写了模拟混凝土内氯离子侵蚀过程的多维 CA 模型计算程序，具体流程如图 6.13 所示。

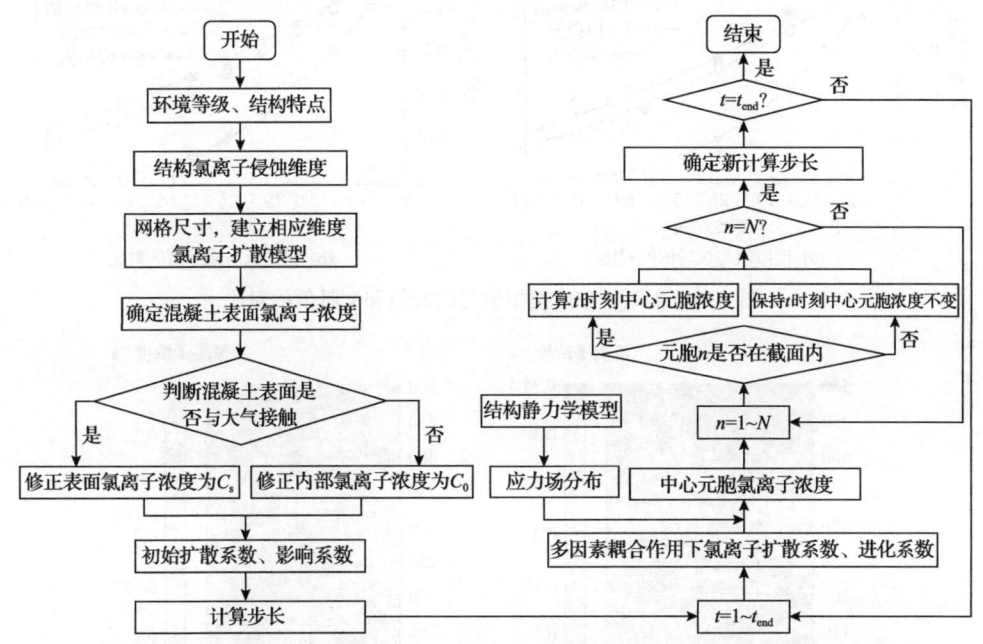

图 6.13 多因素耦合作用下混凝土受氯离子侵蚀的多维 CA 模型的计算程序流程

N 为总元胞数；t_{end} 为侵蚀时间

6.3.3 算例分析与模型验证

1. 多因素耦合作用下混凝土受氯离子侵蚀的一维 CA 模型验证

以某混凝土板受氯离子侵蚀试验为例，试验通过将混凝土板的 5 个面用环氧树脂密封，只留一个面来研究海洋腐蚀环境下混凝土板中的氯离子侵蚀过程。试验结果表明，该环境下混凝土表面氯离子浓度 C_s 为 3.09%；氯离子在混凝土中的扩散系数 D_0 为 $7.991 \times 10^{-12} \text{m}^2/\text{s}$；时间依赖性参数 m 为 0.64；环境温度 T 为 295K；混凝土结合能力 R 为 0.33，荷载影响系数 $f(\eta)$ 为 1.0。在上述试验基础上，利用建立的一维 CA 模型分析氯离子在混凝土块中的侵蚀过程。通过模型计算得到了该混凝土板中氯离子扩散历经 0.5 年、3 年和 10 年后，距离截面表面不同深度氯离子的质量分数(记为模拟值)，并与试验值和文献值进行了比较，结果如图 6.14 所示。同时，根据程序得到了氯离子在混凝土中的扩散过程，结果如图 6.15 所示。

由图 6.14 可知，除距离混凝土表面 5mm 的试验数据外，氯离子浓度模拟值与试验值和文献值吻合良好，表明本书建立的 CA 模型能够用于描述氯离子在混凝土中的扩散过程，且计算精度较高，符合工程设计与计算要求。经文献证实，

(a) 模拟值与试验值的对比

(b) 模拟值与文献值的对比

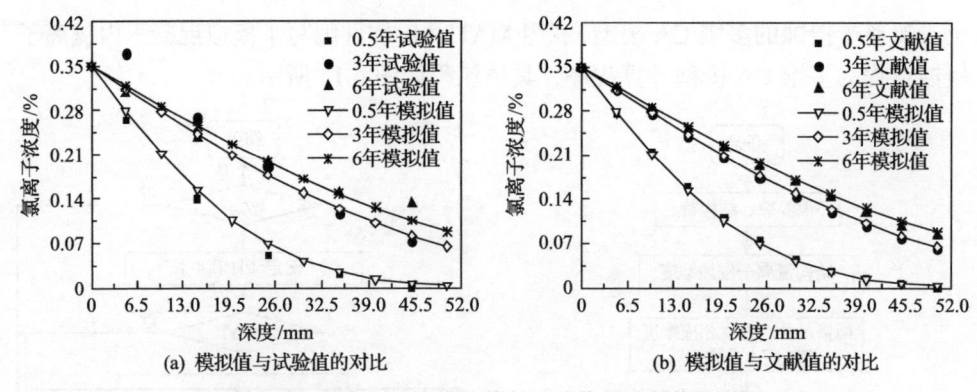

图 6.14 氯离子浓度模拟值与试验值和文献值的对比

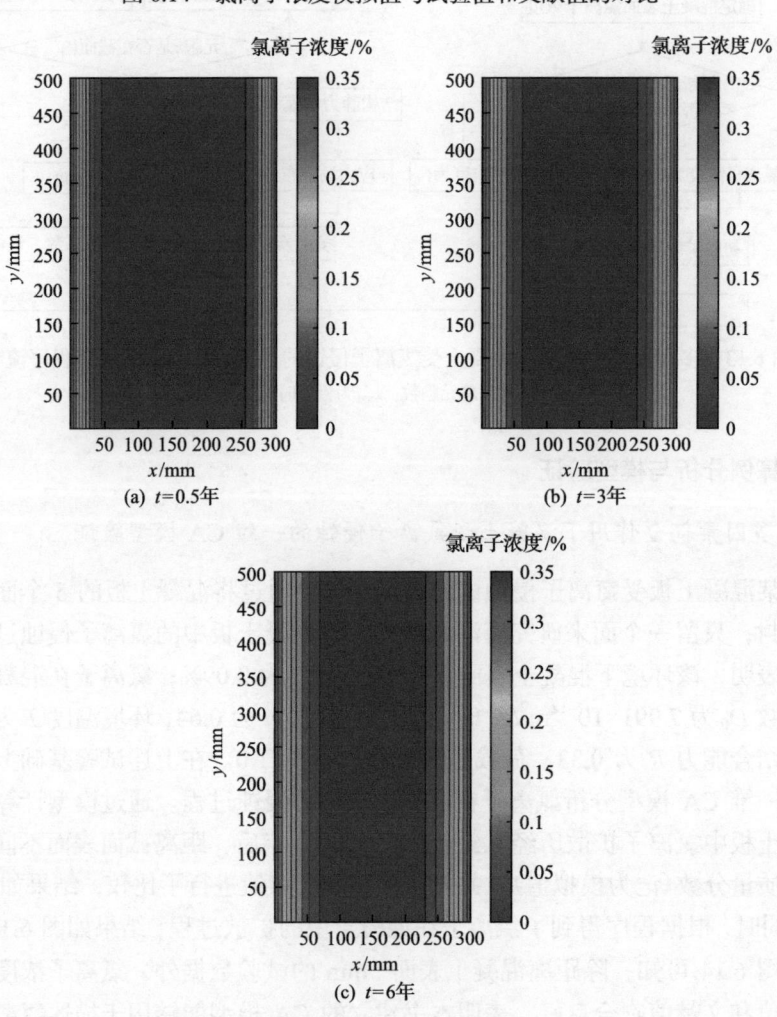

(a) $t=0.5$ 年

(b) $t=3$ 年

(c) $t=6$ 年

图 6.15 混凝土板内氯离子扩散过程示意图

距离混凝土表面 5mm 处的试验数据出现偏差可能是由试验操作引起的。由图 6.15 可知，在宽度方向，随着扩散时间的增加，氯离子逐渐从混凝土表面向板内扩散，真实反映了氯离子在混凝土板中的扩散过程。

2. 多因素耦合作用下混凝土受氯离子侵蚀的二维 CA 模型验证

以某混凝土试件受氯离子侵蚀试验为例[17]，采用本章所建立的多因素耦合作用下混凝土受氯离子侵蚀的二维 CA 模型对氯离子侵蚀过程进行模拟，模拟时混凝土表面氯离子浓度仍然采用文献值，即 C_s=0.5%（占混凝土的质量分数），氯离子表观扩散系数取 $10.998 \times 10^{-12} \text{m}^2/\text{s}$，混凝土结合能力 R 为 2，温度为 295K，荷载影响系数 $f(\eta)$ 为 1.0。根据程序，计算了氯离子在试件横截面内扩散经历 91d 和 371d 后，距离截面表面不同深度氯离子的质量分数，结果如图 6.16 所示。为便于比较，图 6.16 同时给出文献值和试验值。根据模型可以进一步得到截面任意位置氯离子扩散过程示意图，结果如图 6.17 所示，该图真实地反映了氯离子在混凝土中的扩散过程和变化规律。

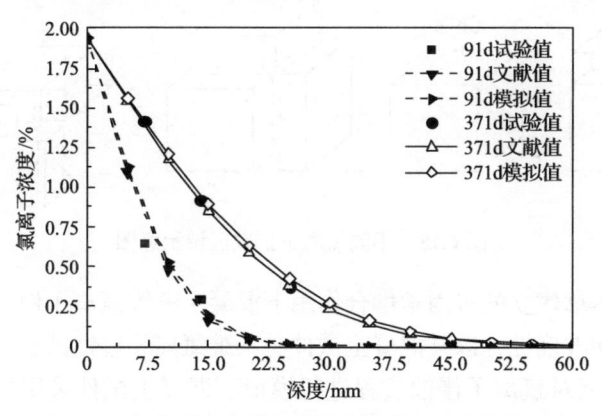

图 6.16 氯离子浓度模拟值与文献值和试验值的对比

由图 6.16 可知，截面不同深度氯离子浓度随深度的增大而减小。截面同一深度氯离子浓度随扩散时间的推移而逐渐增大。从数值结果可知，本章所建模型的模拟值与试验值和文献值吻合良好，最大误差不超过 5%，且变化趋势一致，表明本章所建的多因素耦合作用下氯离子扩散过程的二维 CA 模型能够有效模拟混凝土中氯离子的扩散过程，且精度较高，符合工程计算的要求。

3. 多因素耦合作用下混凝土三维氯离子侵蚀 CA 模型验证

根据截面所处位置的不同，氯离子在混凝土中的扩散往往呈现出不同的扩散特点。根据试块不同部位，将混凝土试块划分为以下几个区域：①无扩散区；②一维扩散区域；③二维扩散区域；④三维扩散区域。每个区域所处位置如图 6.18

所示，从图中可以清晰地看出四种不同扩散区域在原结构中的位置。

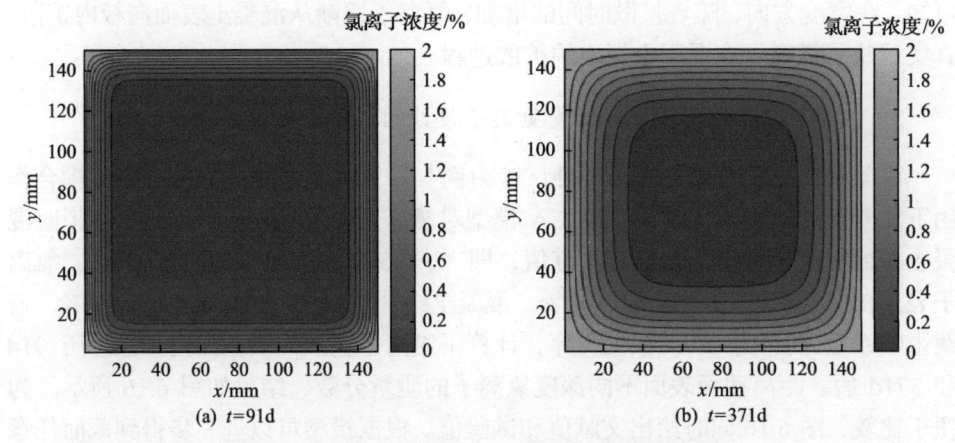

图 6.17 混凝土中氯离子扩散过程示意图（二维）

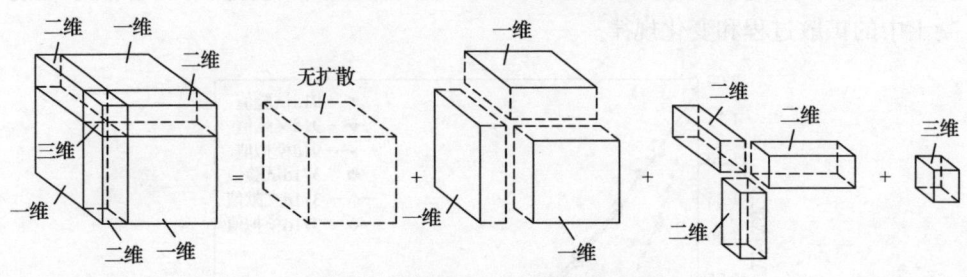

图 6.18 不同氯离子扩散区域示意图

为了验证本章建立的多因素耦合作用下混凝土三维氯离子侵蚀 CA 模型计算程序的正确性和准确性，以某混凝土试件受三维氯离子侵蚀试验为例[18]，利用上述三维 CA 模型对氯离子侵蚀过程进行模拟。混凝土试件采用尺寸为 150mm×150mm×150mm 的立方体试块，考虑环境温度、混凝土结合能力、时间依赖性参数、应力状态等各影响因素后的扩散系数为 7.4517mm^2/d，表面氯离子浓度为 0.6%。取样点选在试件的对角面上。通过模型分别计算了扩散经历 10d 和 30d 后混凝土截面内氯离子浓度沿深度的变化规律，结果如图 6.19 所示。为便于比较，图 6.19(a) 和 (b) 中同时给出了按 Fick 第二定律计算的解析解和文献中的有限元解。同时，根据程序得到了混凝土试件对角面上的氯离子扩散过程示意图，如图 6.20 所示，该图真实地反映了氯离子在混凝土试件中的扩散过程。

由图 6.19 可知，采用本章建立的多因素耦合作用下混凝土三维氯离子侵蚀 CA 模型的模拟值与解析解和文献值吻合良好，最大误差不超过 3%，说明本章建立的三维氯离子侵蚀 CA 模型能够用于模拟混凝土中氯离子的侵蚀过程，且精度较高，符合工程计算的要求。

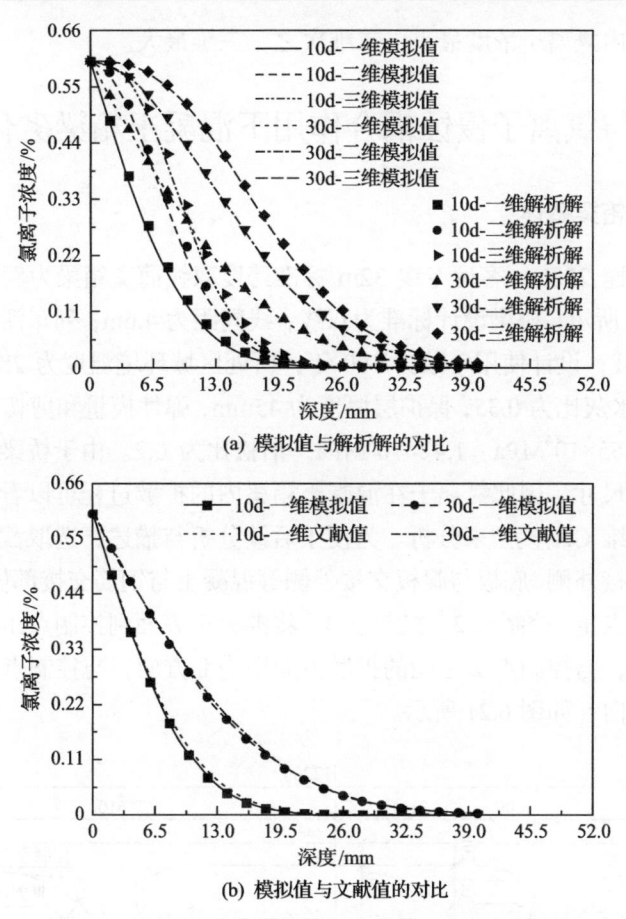

第6章 荷载与氯离子侵蚀耦合作用下混凝土箱梁劣化机理 ·205·

(a) 模拟值与解析解的对比

(b) 模拟值与文献值的对比

图 6.19 氯离子浓度模拟值与文献值和解析解的对比

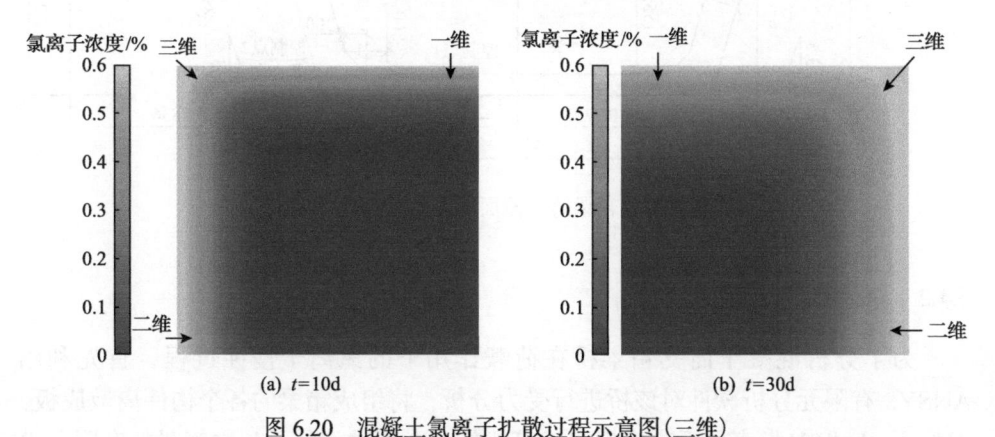

(a) $t=10d$

(b) $t=30d$

图 6.20 混凝土氯离子扩散过程示意图(三维)

由图 6.20 可知，随着氯离子扩散作用的进行，氯离子逐渐从试块的表面向内扩散。当扩散进行到某一时刻时，氯离子浓度的分布规律与扩散区域的划分一致，即一维扩散区内氯离子浓度最小，二维次之，三维最大。

6.4 荷载与氯离子侵蚀耦合作用下混凝土箱梁劣化过程模拟

6.4.1 混凝土箱梁概述

以我国时速 250km 客运专线 32m 标准跨度双线简支箱梁为例[18]，箱梁跨中截面如图 6.21 所示；桥梁设计标准为双线，线间距为 4.6m；列车活荷载纵向采用 ZK 标准活荷载；设计使用年限为 100 年；所处区域环境温度为 28℃；梁体采用 C50 混凝土，水灰比为 0.35，保护层厚度为 45mm，弹性模量和剪切模量按规范[19]分别取值为 $3.55×10^4$MPa、$1.42×10^4$MPa，泊松比为 0.2。由于桥梁顺桥向尺寸远远大于横桥向尺寸，因此氯离子在混凝土箱梁内的扩散过程可以看成二维扩散过程，可采用二维 CA 模型来分析。为便于后续分析与描述，选取截面顶板中心、顶板与腹板交接外侧、底板与腹板交接外侧等混凝土与钢筋交接部位作为控制点，分别记为控制点 1、控制点 2、控制点 3。将混凝土表面到控制点 1 之间的扩散方向记为 I 方向，与控制点 2 之间的扩散方向记为 II 方向，与控制点 3 之间的扩散方向记为 III 方向，如图 6.21 所示。

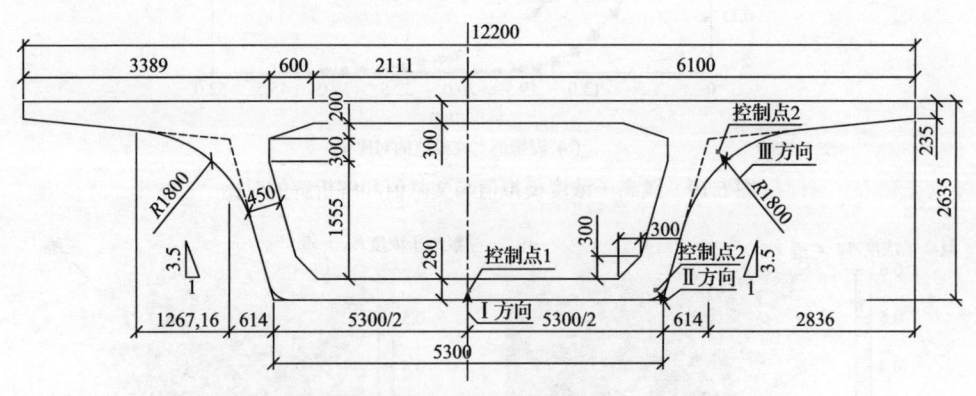

图 6.21 箱梁跨中截面示意图(单位：mm)

6.4.2 箱梁有限元模型

为了分析混凝土简支箱梁桥在荷载作用下的氯离子侵蚀过程，首先利用 ANSYS 有限元分析软件对该桥进行受力分析，将组成箱梁的各个构件离散成板，然后用 shell63 板壳单元来模拟组成箱梁的各个板件，从而建立箱梁的有限元模型，该模型总共包含 72000 个单元、72450 个节点。根据现有设计规范，客运专线铁路设计采用 ZK 活载,冲击系数取为 1.08。对于双线铁路箱梁,根据规范计算该箱梁在双线列车活载作用下截面正应力的变化规律,双线列车活载加载方式如图 6.22 所示。

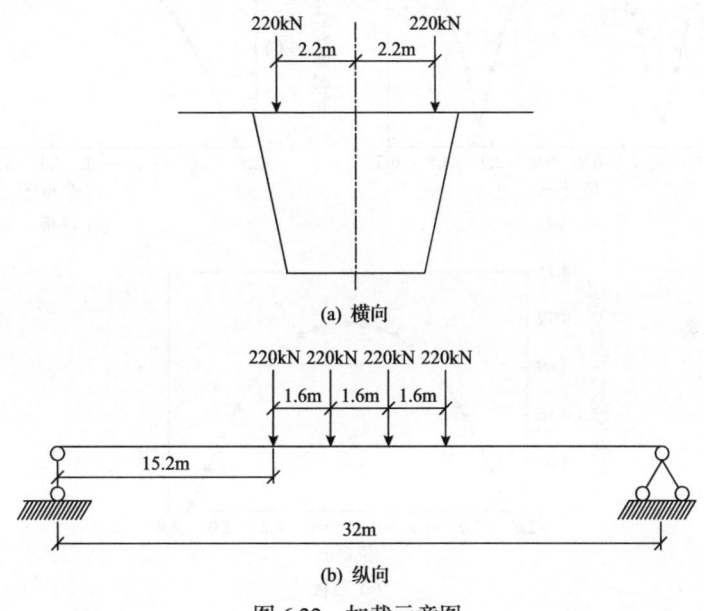

图 6.22 加载示意图

在上述建立的有限元模型基础上,施加如图 6.22 所示的最不利荷载,求解得到双线铁路箱梁在双线列车活载下的跨中截面应力,结果如图 6.23 所示。

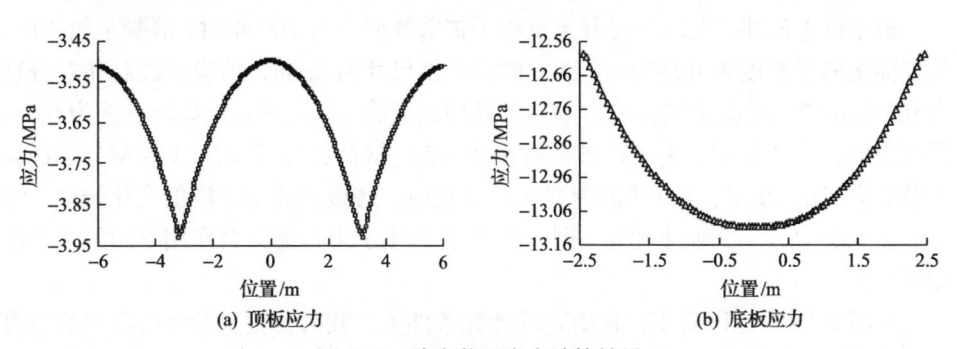

图 6.23 跨中截面应力计算结果

根据式(6.2)所示的扩散系数计算公式,并结合跨中截面应力分布结果,得到综合考虑应力等影响后的箱梁各个部位氯离子扩散系数,结果如图 6.24 所示。由图可知,考虑应力水平对氯离子扩散效应的影响后,箱梁各部位氯离子扩散系数沿截面宽度或高度的变化与应力分布规律一致。

(a) 顶板

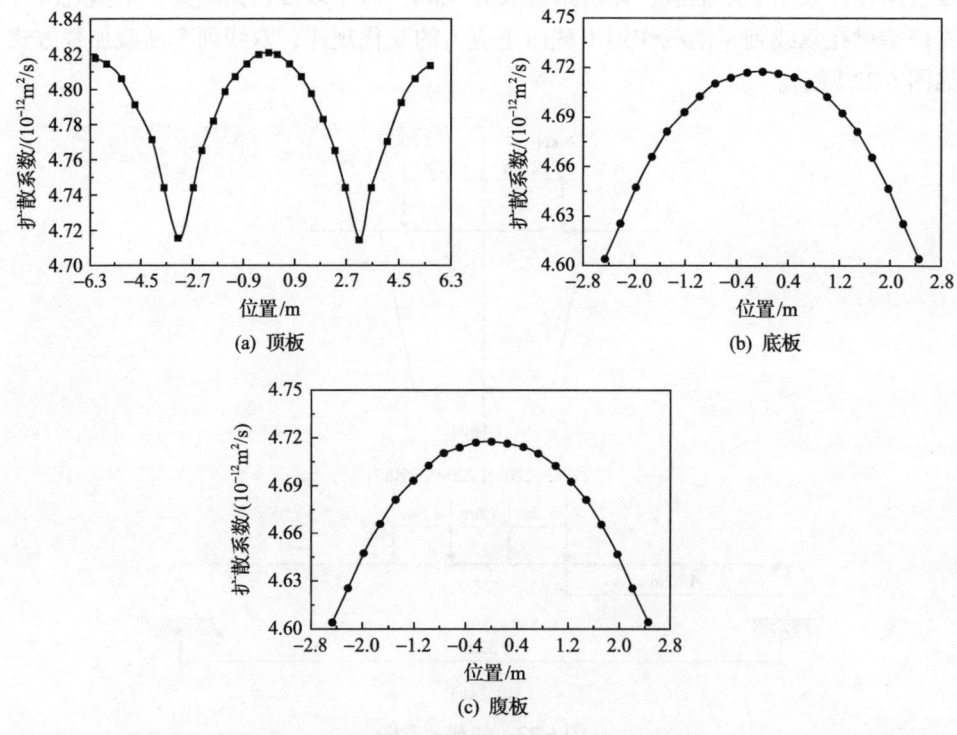

(b) 底板

(c) 腹板

图 6.24 跨中截面各部位氯离子扩散系数

6.4.3 氯离子扩散效应分析

根据以上论述，发现当混凝土氯离子扩散效应进行 100 年时，混凝土箱梁内、外表面氯离子浓度为 0.5874%。选取模型网格尺寸为 5mm，影响系数 λ_0 和 λ_1 分别为 0.5 和 0.125，混凝土结合能力取 0.9，环境温度为 28℃，时间依赖性参数为 0.64，混凝土箱梁中各部位氯离子扩散系数按图 6.24 进行取值。利用 CA 模型分别计算扩散效应经历 50 年、100 年时混凝土箱梁顶板、底板氯离子浓度的变化规律，结果如图 6.25 所示，为便于比较，图 6.25 中也给出了未考虑荷载作用下的氯离子浓度预测值。

从图 6.25 中可以看出，在给定的计算条件下，截面各位置考虑荷载后的氯离子浓度小于不考虑荷载时的氯离子浓度。当扩散进行 50 年时，考虑荷载时箱梁顶板、底板中心距箱梁外表面 45mm 处的氯离子浓度分别为 0.0706%和 0.0683%，分别是不考虑荷载时的 0.73 倍和 0.71 倍。当扩散进行 100 年时，考虑荷载时箱梁顶板、底板中心距箱梁外表面 45mm 处的氯离子浓度分别是不考虑荷载时的 0.78 倍和 0.76 倍。这是因为对于混凝土箱梁，在最不利荷载作用下，跨中全截面处于

第6章 荷载与氯离子侵蚀耦合作用下混凝土箱梁劣化机理

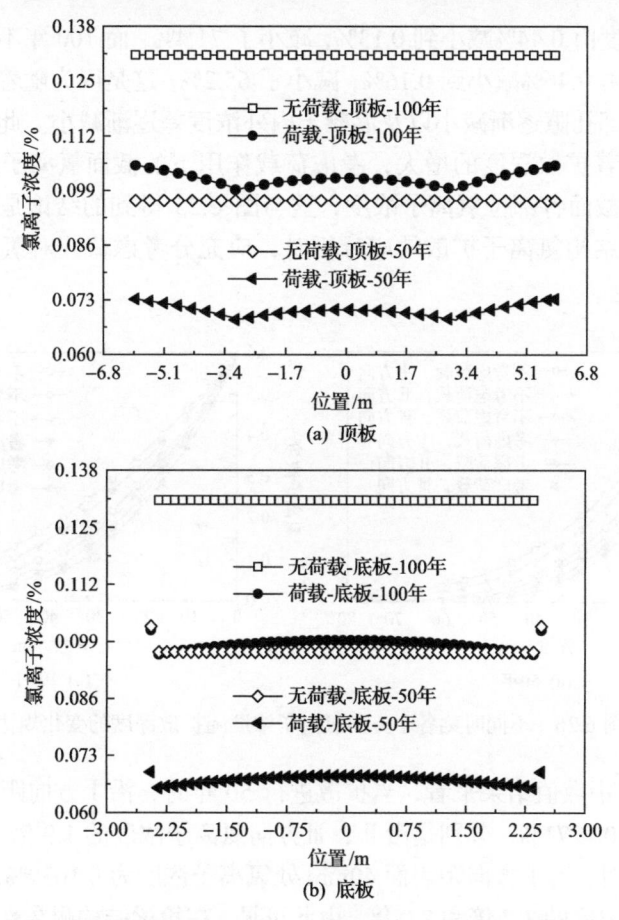

图6.25 混凝土箱梁顶板、底板部位氯离子浓度比较结果

受压状态,压应力会抑制结构内部微裂缝的发展,使结构变得更加密实,导致氯离子在混凝土中的扩散系数减小,使截面内部氯离子浓度有所减小。

从图6.25中还可知,从箱梁顶板端部到中部位置,氯离子浓度随着截面位置的变化呈现出先减小后增大最后稳定的变化趋势;从箱梁底板端部到中部位置,氯离子浓度也呈现出先减小后增大最后稳定的变化趋势,这主要是由箱梁截面内力分布不均匀(剪力滞效应)造成的,上述表明在计算氯离子浓度时应充分考虑剪力滞效应对氯离子浓度分布规律的影响。

通过模型还计算得到了混凝土箱梁沿各个方向氯离子浓度随扩散深度的变化规律,结果如图6.26所示。从图中可以看出,截面各控制点氯离子浓度随着扩散深度的增大而减小,且不同控制部位氯离子浓度减小的速率也各不相同。在给定的计算条件下,当混凝土扩散深度由10mm增加到40mm时,50年不考虑荷载Ⅰ

方向氯离子浓度由 0.44%减小到 0.13%，减小了 71.4%，而 100 年不考虑荷载 I 方向氯离子浓度由 0.46%减小到 0.16%，减小了 65.2%，这是因为随着扩散作用的进行，混凝土内部孔隙逐渐减小以及混凝土内外浓度差逐渐减小。此外，从图中还可以看出，随着扩散深度的增大，考虑荷载作用下的截面氯离子浓度明显小于不考虑荷载时截面各部位氯离子浓度，这与图 6.25 得到的结论是一致的，由此可见，在进行结构氯离子扩散效应分析时，应充分考虑荷载对氯离子扩散效应的影响。

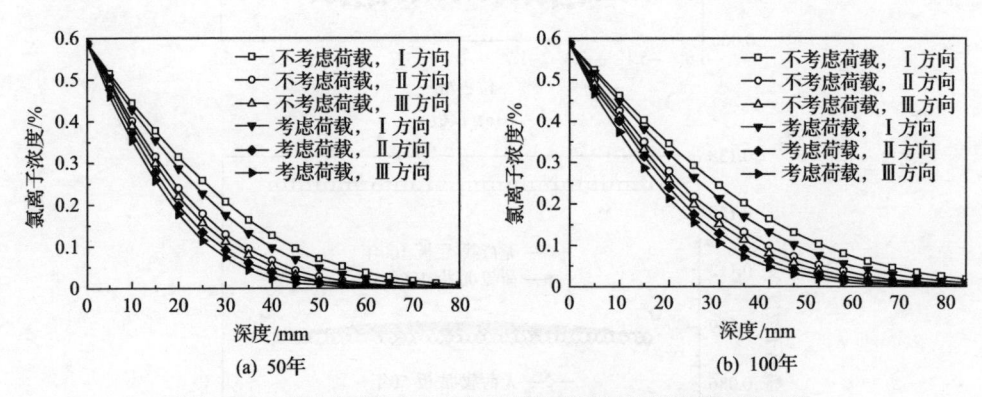

(a) 50年

(b) 100年

图 6.26　不同时刻各个方向氯离子浓度随扩散深度的变化规律

从图 6.26 中数值结果来看，当扩散进行 50 年时，沿 I 方向距表面 40mm 处氯离子浓度为 0.1271%，分别是沿 II、III 方向氯离子浓度的 1.9 倍、2.4 倍。当扩散进行 100 年时，沿 I 方向距表面 40mm 处氯离子浓度为 0.1639%，分别是沿 II、III 方向氯离子浓度的 1.7 倍和 2.0 倍。由此可见，在箱梁结构耐久性设计和结构后期的维修和加固时应重点关注箱梁底板部位。

根据程序得到的氯离子扩散过程氯离子浓度分布图如图 6.27 所示，该图真实地反映了氯离子在混凝土箱梁截面中的扩散过程和变化规律。

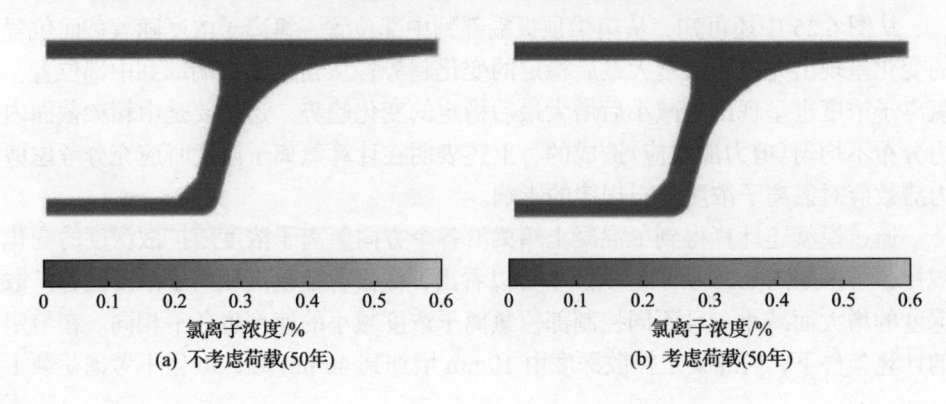

(a) 不考虑荷载(50年)

(b) 考虑荷载(50年)

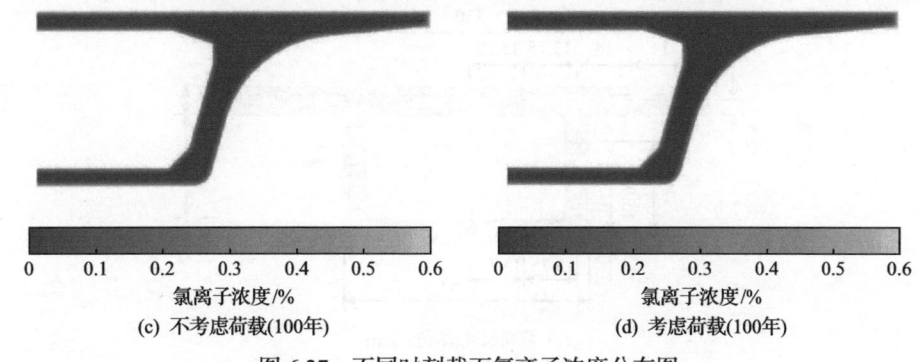

(c) 不考虑荷载(100年)　　　　　　　　(d) 考虑荷载(100年)

图 6.27　不同时刻截面氯离子浓度分布图

6.5　环境与氯离子侵蚀耦合作用下混凝土箱梁力学行为分析

6.5.1　试验方案设计

为了研究混凝土箱梁受氯盐侵蚀后的承载力，首先将钢筋混凝土简支箱梁放置在含有氯离子的溶液中浸泡，模拟氯离子侵蚀；然后对箱梁进行加载试验，测试箱梁截面钢筋应力分布情况、各截面挠度情况和腹板裂缝开展情况。通过与没有受侵蚀箱梁的对比，揭示氯离子侵蚀对混凝土箱梁承载力的影响规律。

1. 试件制作

以铁路 32m 单室箱梁为原型，按 1∶11 的比例设计制作了 2 片相同规格的钢筋混凝土箱梁模型，分别记为 L1 号梁和 L2 号梁，试验所用箱梁模型的梁长为 1500mm，计算跨度为 1400mm，混凝土强度等级为 C30，保护层厚度为 25mm，顶板钢筋为 9ϕ10，底板钢筋为 6ϕ10，两侧腹板各设 2ϕ10 的架立钢筋，箍筋为 ϕ8@200，钢筋全部采用 HRB335，截面尺寸如图 6.28(a)所示。同时，为便于保持箱梁结构的完整性和了解箱梁中钢筋受氯离子腐蚀程度，在混凝土箱梁浇筑成型过程中，试验同步制备了一批材料配合比与箱梁相同、尺寸为 150mm×150mm×150mm 的立方体试件，并采用与箱梁相同的养护方式。

2. 测点布置及数据采集

在箱梁 l/2 跨及 l/4 跨截面钢筋处各布置 16 个应变片，底板百分表分别位于底板与腹板交接部位和底板中心部位，如图 6.28 所示。截面应变值由应变采集仪自动采集，每处截面 3 个百分表所测平均值作为该处截面挠度。

(a) 截面尺寸(单位: cm)

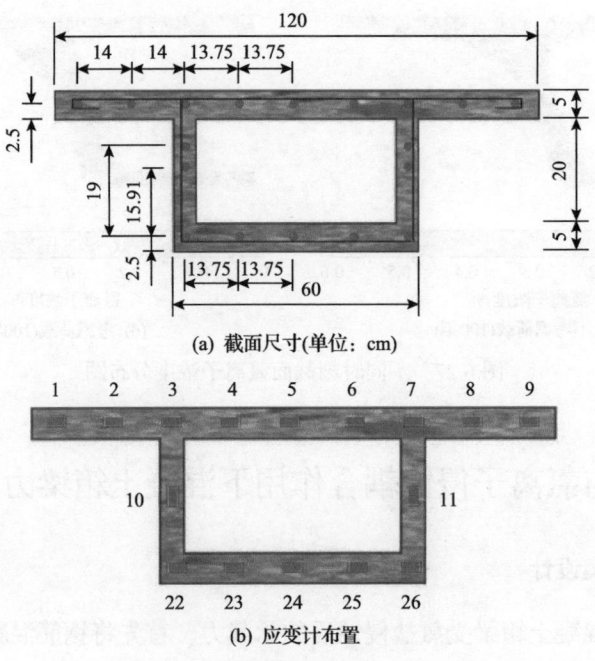

(b) 应变计布置

图 6.28 箱梁截面尺寸及应变计布置

6.5.2 试验过程

1. 浸泡试验

为对比研究氯离子侵蚀对混凝土箱梁力学性能的影响，将 L1 号梁作为基准梁，不进行侵蚀试验，仅作为与 L2 号梁的对比；L2 号梁为侵蚀梁，在达到 28d 正常养护后浸入 5%NaCl 溶液，模拟氯盐侵蚀 60d。同时，待立方体试件养护完成后置于与 L2 号梁相同浓度的 5% NaCl 溶液中浸泡 60d，并每隔 3d 利用手持盐度计折光仪测定 NaCl 溶液浓度以保持溶液浓度的稳定。

2. 加载试验

待浸泡至加载龄期，将箱梁从氯盐溶液中取出进行承载力测试，首先将养护好的 L1 号箱梁吊至静力加载试验台上，并布置加载千斤顶、荷载传感器和梁底百分表，连接应变采集仪等试验设备。其次，对荷载传感器进行标定，检查应变片并对梁进行预加载。经计算，该箱梁极限荷载为 71.35kN。加载初期以较小荷载增量控制(增量为 5kN)，初裂缝产生后以较大荷载增量控制(增量为 10kN)，加载至 60kN 后拆除百分表。各级荷载施加后，待荷载传感器数值不再改变时记录 $l/2$ 跨及 $l/4$ 跨截面钢筋应变采集仪及梁底百分表读数，L2 号箱梁加载过程与 L1 号箱梁相同。测试时用 DH3816 应变采集仪测定各截面应变值，用百分表测取箱梁挠度，箱梁加载试验如图 6.29 所示。

(a) 试验准备　　(b) 百分表布置

(c) 数据采集系统　　(d) 加载破坏

图 6.29　箱梁力学性能试验加载过程

6.5.3　试验结果分析

待 L2 号梁浸泡至加载龄期后，将 L1 号梁和 L2 号梁按照上述加载过程进行箱梁承载力性能试验，图 6.30 给出了两组试验梁跨中部位的挠度随荷载的变化。从图中可知，L1 号梁的最大竖向承载力为 55kN，跨中最大竖向挠度平均值为

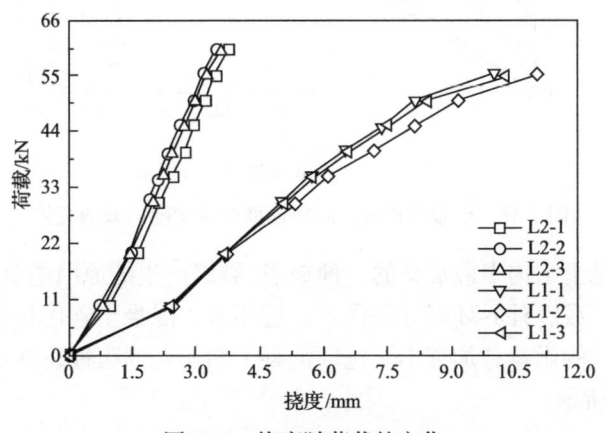

图 6.30　挠度随荷载的变化

10.4mm；L2 号梁的最大承载力为 60kN，跨中最大竖向挠度为 3.6mm。L1 号梁和 L2 号梁的最大竖向承载力基本接近，但 L1 号梁的竖向挠度远大于 L2 号梁，说明受氯离子侵蚀后梁体的延性降低。

图 6.31 为试验梁顶板、底板钢筋的应变随荷载的变化。从图中可知，L1 号梁中钢筋应变随荷载的增加而增大的变化规律总体较为一致，L2 号梁的钢筋应变较离散，说明氯离子侵蚀后梁体受力性能发生了变化，可能是由于钢筋锈蚀改变了钢筋与混凝土之间的黏结力，钢筋与混凝土之间的协同受力性能降低。

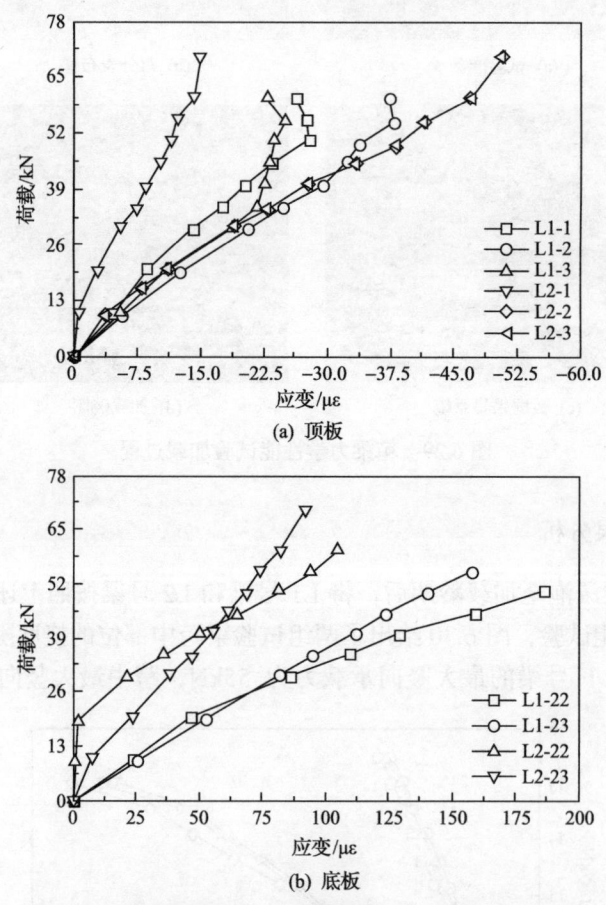

(a) 顶板

(b) 底板

图 6.31 试验梁顶板、底板钢筋的应变随荷载的变化

裂缝是混凝土结构中最常见的一种缺陷。裂缝产生的原因主要受混凝土收缩、温度、应力、荷载、外界环境等的影响。近年来，混凝土碳化和氯离子侵蚀对混凝土结构耐久性的影响愈加突出。选取混凝土箱梁左侧腹板裂缝发展情况进行对比，如图 6.32 所示。

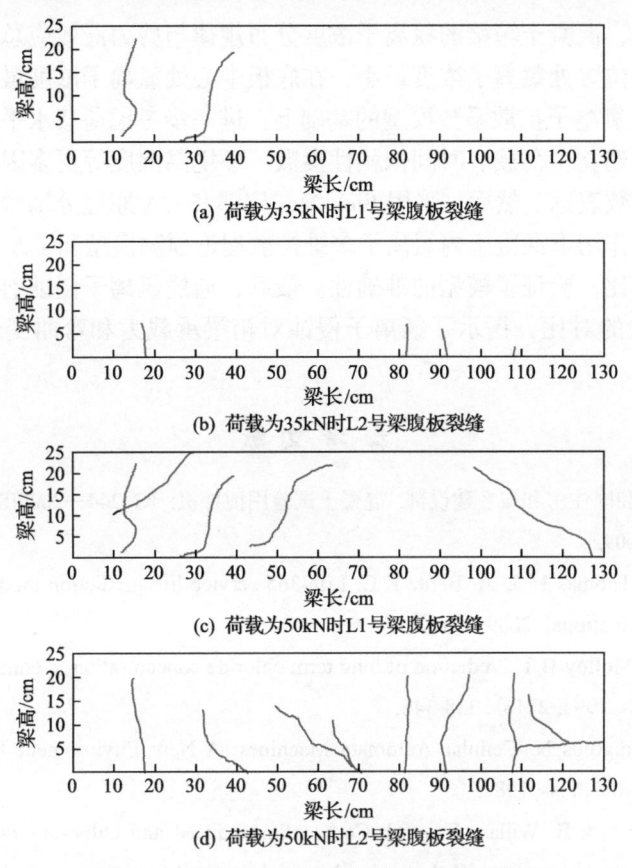

图 6.32 混凝土箱梁左侧腹板裂缝发展情况

(a) 荷载为35kN时L1号梁腹板裂缝
(b) 荷载为35kN时L2号梁腹板裂缝
(c) 荷载为50kN时L1号梁腹板裂缝
(d) 荷载为50kN时L2号梁腹板裂缝

由图 6.32 可知,两试验箱梁在荷载为 35kN 时开始出现裂缝,荷载增加至 50kN 时整个腹板呈现贯通斜裂缝,同一荷载下 L2 号梁由于受氯离子侵蚀腹板裂缝更加密集。氯离子侵蚀使钢筋混凝土箱梁更容易开裂,而裂缝的存在使氯离子更加快捷地进入混凝土内部,从而加速了钢筋的锈蚀,而钢筋锈蚀产生的体积膨胀反过来又加重了混凝土保护层的胀裂甚至脱落。

6.6 本章小结

为探究环境与荷载耦合作用下混凝土箱梁受氯离子侵蚀特性,本章首先根据箱梁实际受力特点,自主研发了自锚式混凝土箱梁弯曲荷载加载装置,开展了弯曲荷载与氯离子侵蚀耦合作用的混凝土箱梁室内加速试验。通过试验探究了荷载作用和剪力滞效应等对箱梁氯离子扩散效应的影响,结果表明,拉应力可加速氯离子对混凝土箱梁的侵蚀,压应力可延缓氯离子对混凝土箱梁的侵蚀。由于剪力滞效应的影响，混凝土箱梁的氯离子浓度分布规律与剪力滞效应总体吻合，在顶板与腹板交接位置处氯离子浓度最小，在底板中心处氯离子浓度最大。其次，在第4章混凝土氯离子扩散系数模型的基础上，进一步考虑荷载水平对氯离子扩散效应的影响，建立了荷载、时间依赖性参数、环境温湿度等更多因素耦合作用的氯离子扩散系数表达。然后，采用Fick第二定律和CA原理分别构建了适用于环境与荷载耦合作用下混凝土内氯离子多维扩散理论预测模型和CA模型。通过与试验值进行对比，验证了模型的准确性。最后，通过氯离子侵蚀前后混凝土箱梁弯曲性能试验的对比，揭示了氯离子侵蚀对箱梁承载力和弯曲变形能力的影响规律。

参 考 文 献

[1] 中华人民共和国住房和城乡建设部. 混凝土试验用搅拌机: JG 244—2009[S]. 北京: 中国标准出版社, 2009.

[2] Ehlen M A, Thomas M D A, Bentz E C. Life-365 service life prediction model version 2.0[J]. Concrete International, 2009, 31(5): 41-46.

[3] Mangat P S, Molloy B T. Prediction of long term chloride concentration in concrete[J]. Materials and Structures, 1994, 27(6): 338-346.

[4] Toffoli T, Margolus N. Cellular Automata Machines: A New Environment for Modeling[M]. Cambridge: MIT Press, 1987.

[5] Zhou Y, Gencturk B, Willam K, et al. Carbonation-induced and chloride-induced corrosion in reinforced concrete structures[J]. Journal of Materials in Civil Engineering, 2015, 27(9): 1-17.

[6] Violetta B. Life-365 service life prediction model[J]. Concrete International, 2002, 24(12): 53-57.

[7] 王军. 荷载作用下钢筋混凝土结构耐久性分析方法研究[D]. 天津: 天津大学, 2008.

[8] Arya C, Newman J B. An assessment of four methods of determining the free chloride content of concrete[J]. Materials and Structures, 1990, 23(5): 319-330.

[9] Tang L P, Nilsson L O. Chloride binding capacity and binding isotherms of OPC pastes and mortars[J]. Cement and Concrete Research, 1993, 23(2): 247-253.

[10] Midgley H G, Illston J M. Effect of chloride penetration on the properties of hardened cement pastes[C]. 7th International Congress on the Chemistry of Cement, Paris, 1980: 101-103.

[11] Theissing E M, Hest-Wardenier P V, de Wind G. The combining of sodium chloride and calcium chloride by a number of different hardened cement pastes[J]. Cement and Concrete Research, 1978, 8(6): 683-691.

[12] 施惠生, 王琼. 海工混凝土使用寿命预测研究[J]. 建筑材料学报, 2004, 7(2): 161-167.

[13] 屠一军. 基于氯离子结合的水泥基材料氯盐传输试验研究[D]. 杭州: 浙江工业大学, 2016.

[14] 余红发, 孙伟, 麻海燕, 等. 混凝土使用寿命预测方法的研究Ⅲ: 混凝土使用寿命的影响因素及混凝土寿命评价[J]. 硅酸盐学报, 2002, 30(6): 696-701.

[15] Wang H L, Dai J G, Sun X Y, et al. Time-dependent and stress-dependent chloride diffusivity of concrete subjected to sustained compressive loading[J]. Journal of Materials in Civil Engineering, 2016, 28(8): 1-9.

[16] Wu J, Li H M, Wang Z, et al. Transport model of chloride ions in concrete under loads and drying-wetting cycles[J]. Construction and Building Materials, 2016, 112: 733-738.

[17] Tang L P, Gulikers J. On the mathematics of time-dependent apparent chloride diffusion coefficient in concrete[J]. Cement and Concrete Research, 2007, 37(4): 589-595.

[18] 马俊军, 蔺鹏臻. 时速 250km/h 铁路双线箱梁的扭转效应研究[J]. 铁道科学与工程学报, 2018, 15(10): 2463-2470.

[19] 国家铁路局. 铁路桥涵混凝土结构设计规范: TB 10092—2017[S]. 北京: 中国铁道出版社, 2017.

第7章 荷载与碳化及氯离子侵蚀耦合作用下混凝土箱梁劣化机理

混凝土箱梁作为当前高速铁路、公路和市政工程桥梁的主要梁部构件，其大空心薄壁构造特性和空间多维应力场分布特征，使箱梁耐久性问题变得更为复杂。尤其是我国不同地区环境条件各异，并具有多变性、复杂性，其耐久性服役寿命不能仅靠单一环境因素的损伤劣化规律确定。对于某一特定工程，混凝土箱梁往往是在力学因素、环境因素(碳化和氯离子侵蚀)和材料因素的双重或多重因素耦合作用下服役的。因此，本章以导致混凝土中钢筋锈蚀的两个诱因(碳化和氯离子侵蚀)作为结构发生耐久性失效的主要环境因素，在第5章和第6章研究内容的基础上，对荷载与碳化以及氯离子作用下的混凝土箱梁进行长期耐久性试验，研究混凝土箱梁耐久性劣化过程中各因素对混凝土耐久性劣化的影响机理，揭示劣化过程中CO_2和氯离子浓度分布规律与特点以及各因素间的相互作用和影响关系，在此基础上建立不同因素耦合作用下混凝土箱梁耐久性预测模型，为混凝土结构的设计和维护提供科学依据。

7.1 荷载与碳化及氯离子侵蚀耦合作用下混凝土箱梁试验

7.1.1 试验方案及模型设计

1. 试验方案

为探究荷载与碳化及氯离子侵蚀耦合作用下混凝土箱梁耐久性劣化机理，以当前铁路桥梁中应用最广泛的单箱单室等截面箱梁为原型，设计了10组缩尺试验梁。根据箱梁侵蚀环境、弯曲荷载的不同，将试验总体分为6组工况，具体试验工况和试件编组如表 7.1 所示。

表 7.1 试验工况和试件编组

序号	工况类型	试验方法	编号
1	CO_2	将未持荷箱梁在湿度、温度及 CO_2 浓度分别为 70%、20℃及 20%的碳化箱内加速碳化 40d	1#梁 (3.2节)
2	Cl^-	将未持荷箱梁在浓度为 5%的 NaCl 溶液中浸泡 46d	2#梁
3	$0.4f_t+CO_2$	持荷($0.4f_t$)试验箱梁加速碳化 40d，碳化环境与工况 1 相同	3#梁、4#梁(5.3节)

续表

序号	工况类型	试验方法	编号
4	$0.8f_t+CO_2$	持荷($0.8f_t$)试验箱梁加速碳化40d，碳化环境与工况1相同	5#梁、6#梁(5.3节)
5	$0.8f_t+Cl^-$	将加载($0.8f_t$)状态下混凝土箱梁在浓度为5%的NaCl溶液中浸泡46d，浸泡环境与工况2相同	7#梁、8#梁(6.1节)
6	$0.8f_t+CO_2+Cl^-$	将加载($0.8f_t$)状态下的试验箱梁先加速碳化48h，然后放入NaCl溶液中浸泡48h，再进行加速碳化。如此交替进行，使得总碳化时间达到40d，氯离子侵蚀时间达到46d，其中碳化环境与工况1相同，氯离子侵蚀环境与工况2相同	9#梁、10#梁

注：f_t为混凝土抗拉强度；CO_2表示碳化侵蚀；Cl^-表示氯离子侵蚀。

2. 模型设计

各试验箱梁截面尺寸及测点具体布置、材料配合比、制作、加载方式等过程均与3.2节、5.3节及6.1节保持一致，试验箱梁横截面尺寸及测点布置如图6.1所示，材料配合比如表3.4所示，箱梁浇筑、成型与养护过程如图3.7所示，加载方式如图6.2所示。加载过程中各试验箱梁弯曲应力和挠度测试结果如表5.6所示。

7.1.2 试验过程

1. 室内加速碳化试验

待所有碳化混凝土试验箱梁达到养护龄期后，将1#梁直接置于混凝土碳化箱内进行加速碳化；3#梁、4#梁首先按照图6.2所示的加载方式施加$0.4f_t$的弯曲荷载，然后置于混凝土碳化箱内进行加速碳化试验；5#梁、6#梁施加$0.8f_t$的弯曲荷载后置于混凝土碳化箱内进行加速碳化试验；9#梁、10#梁按照图6.2所示的加载方式施加$0.8f_t$的弯曲荷载，并置于碳化箱中加速碳化48h，然后从碳化箱中取出再放入浓度为5%的NaCl溶液中浸泡48h，随后将其置入烘箱中烘干，再进行加速碳化，如此交替进行，使得荷载作用下箱梁的总碳化时间达到40d，氯离子侵蚀时间达到46d。箱梁碳化试验过程如图7.1所示。从工况1、3、4、6四组工况中各取一片箱梁，将其沿跨中截面切开后喷涂酚酞测试具体碳化情况。各试验箱梁碳化深度测试过程如图7.2所示。

2. 氯离子浸泡试验

待试验箱梁达到养护龄期后，将2#梁直接置于浓度为5%的NaCl溶液中进行氯离子侵蚀试验；7#梁、8#梁按照图6.2所示的加载方式施加$0.8f_t$的弯曲荷载，随后置于浓度为5%的NaCl溶液中浸泡46d进行荷载与氯离子侵蚀耦合试验；9#梁、10#梁按照表7.1所述的试验方法加载与进行碳化及氯离子侵蚀耦合试验。

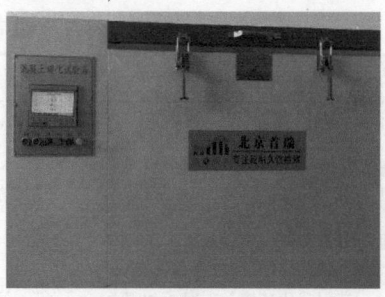

(a) 碳化箱工作状态 (b) 试验箱梁在碳化箱中的放置形式

图 7.1 各试验箱梁碳化试验过程

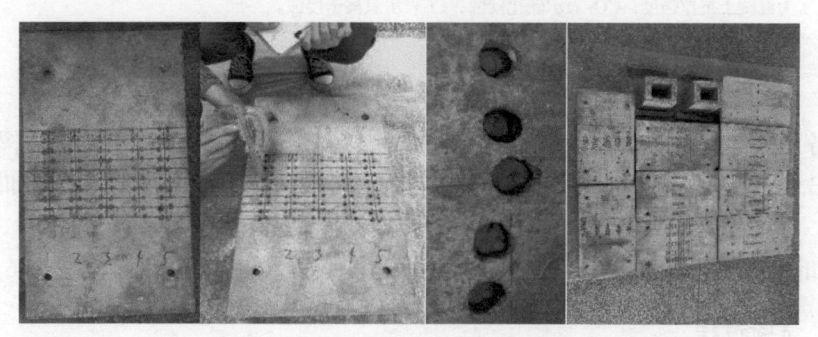

图 7.2 各试验箱梁碳化深度测试过程

7.1.3 试验结果

1. 氯离子侵蚀对碳化作用的影响

根据荷载与碳化及氯离子侵蚀耦合作用下混凝土箱梁试验的结果,将工况1、3、4、6下,各混凝土箱梁顶板、底板及腹板各测点碳化深度实测值列于表7.2中。

表 7.2 不同侵蚀下箱梁各测点碳化深度实测值　　(单位:mm)

位置	测点编号	工况1 1#梁	工况3 3#梁	工况3 4#梁	工况4 5#梁	工况4 6#梁	工况6 9#梁	工况6 10#梁
顶板	1	6.11	6.52	3.05	5.68	2.42	6.35	4.25
	2	6.51	6.75	4.74	4.12	5.45	5.21	6.93
	3	3.42	5.04	2.25	3.42	4.22	6.53	2.15
	4	5.08	6.93	5.84	5.07	3.13	3.32	4.72
	5	3.17	5.11	6.33	5.39	5.05	6.41	5.56
底板	6	6.34	5.94	4.75	6.95	5.43	1.26	5.41
	7	5.18	4.95	4.21	5.24	4.15	5.75	5.22

续表

位置	测点编号	工况 1	工况 3		工况 4		工况 6	
		1#梁	3#梁	4#梁	5#梁	6#梁	9#梁	10#梁
底板	8	6.02	5.77	6.43	6.34	3.03	4.72	6.47
腹板	9	1.84	4.55	2.59	3.05	1.57	5.41	1.74
	10	5.71	4.95	6.12	4.33	3.25	6.72	4.25

试验发现混凝土箱梁碳化深度随箱梁顶板、底板及腹板的位置、荷载的大小和氯离子浓度的变化而变化。通过工况 1 与工况 3 和工况 4，以及工况 3 与工况 4 的对比可得出荷载及荷载大小对混凝土碳化性能的影响，而该部分内容已在 5.3 节中进行了详细介绍，本章不再赘述。本节只通过对比工况 4 和工况 6 研究氯离子侵蚀对混凝土箱梁碳化性能的影响。

考虑到 3#梁、5#梁和 9#梁的持荷水平、加载方式以及腐蚀环境分别与 4#梁、6#梁和 10#梁一致，为减少试验过程中各测点碳化深度的离散性对碳化规律的影响，在处理试验结果时，工况 3、工况 4、工况 6 均采用了平均值。将工况 6 对应的箱梁顶板、底板及腹板各测点的碳化深度与工况 4 对应位置的碳化深度进行对比，研究氯离子侵蚀对混凝土箱梁碳化性能的影响，结果如图 7.3 所示。

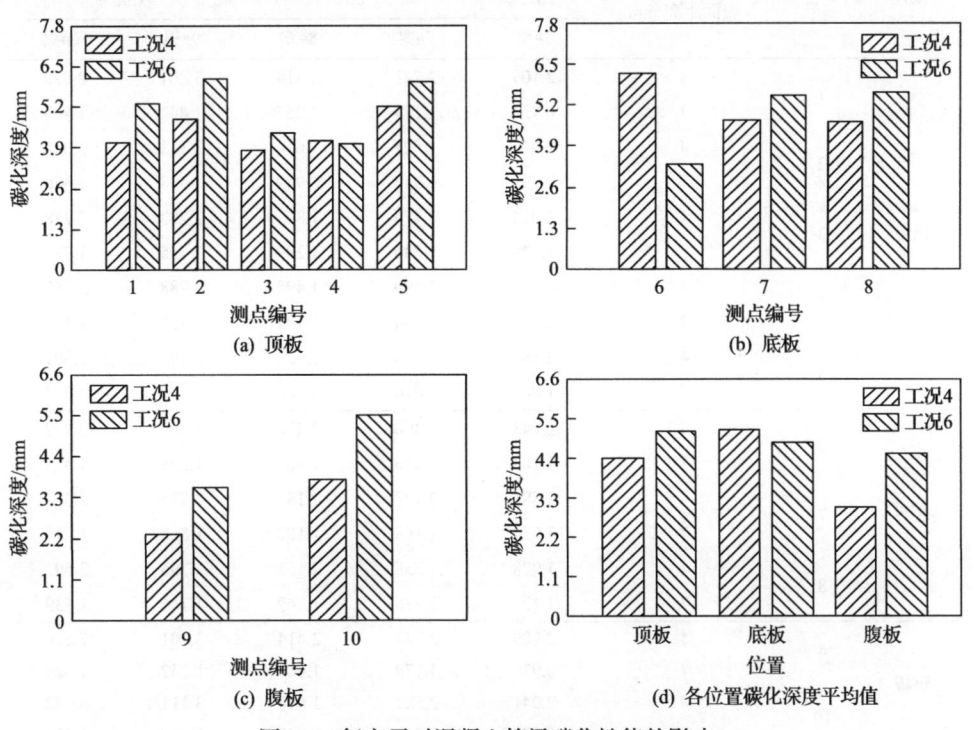

图 7.3 氯离子对混凝土箱梁碳化性能的影响

由图 7.3 可知，氯离子侵蚀后，混凝土箱梁顶板、底板和腹板的平均碳化深度有所增大也有所减小。其中，箱梁顶板碳化深度最大增幅、减小幅值分别为 1.29mm 和 0.08mm，箱梁底板最大增幅、减小幅值分别为 0.91mm 和 2.86mm，箱梁腹板最大增幅为 1.70mm。为尽量消除试验离散性对分析结果的影响，在不考虑箱梁构造对箱梁碳化深度的影响下，进一步给出了如图 7.3(a)~(c) 所示的箱梁各顶板、底板和腹板碳化深度的平均值，结果如图 7.3(d) 所示。由图 7.3(d) 可知，经氯离子侵蚀后，箱梁顶板和腹板碳化深度略有增大，箱梁底板碳化深度略有减小，表明氯离子对箱梁的碳化具有促进作用，但影响效果不明显，因此在分析和计算时可以忽略氯离子对碳化效应的影响，这与文献[1]和[2]的研究结果一致。

2. 碳化对氯离子侵蚀的影响

根据荷载与碳化及氯离子侵蚀耦合作用下混凝土箱梁试验结果，将工况 2、5、6 下，距各混凝土箱梁顶板、底板和腹板表面 4mm 和 7mm 处的氯离子浓度列于表 7.3 中。

表 7.3 不同工况下箱梁各部位内部氯离子浓度实测结果

位置	测点编号	距混凝土表面距离/mm	氯离子浓度/10^{-2}%				
			工况 2	工况 5		工况 6	
			2#梁	7#梁	8#梁	9#梁	10#梁
顶板	1	4	2.109	2.742	2.414	3.201	2.570
		7	0.932	1.179	1.067	1.442	1.429
	2	4	2.041	2.521	1.610	3.111	3.042
		7	0.999	0.910	0.949	1.618	1.450
	3	4	2.014	2.476	1.861	3.283	3.218
		7	1.029	1.236	1.209	1.795	1.725
	4	4	2.258	2.490	1.494	2.988	2.659
		7	0.906	1.254	1.191	1.756	1.467
	5	4	2.180	1.176	1.983	3.199	2.801
		7	1.085	1.016	1.125	1.799	1.531
底板	6	4	2.143	2.406	2.408	2.992	2.432
		7	1.103	1.356	1.404	1.808	1.474
	7	4	1.885	2.127	2.137	2.515	2.365
		7	1.024	1.148	1.102	1.568	1.710
	8	4	1.978	1.858	2.153	2.795	2.592
		7	1.127	1.218	1.249	1.746	1.739
腹板	9	4	2.109	2.742	2.414	3.201	2.570
		7	0.932	1.179	1.067	1.242	1.429
	10	4	2.041	2.521	1.610	3.111	3.042
		7	0.999	0.910	0.949	1.618	1.450

第 7 章 荷载与碳化及氯离子侵蚀耦合作用下混凝土箱梁劣化机理

由表 7.3 可知，不同工况下箱梁各部位氯离子浓度随截面位置、荷载、侵蚀环境的不同而不同。考虑到 7#梁和 9#梁的持荷水平、加载方式以及腐蚀环境分别与 8#梁和 10#梁一致，因此为减少试验过程中各测点氯离子浓度的离散性，在处理试验结果时将工况 5 和工况 6 箱梁各测点氯离子浓度采用了均值。通过工况 2 和工况 5 箱梁各测点氯离子浓度均值的对比，可得出荷载对箱梁氯离子侵蚀的影响；通过工况 5 和工况 6 箱梁各测点氯离子浓度均值的对比，可得出碳化对箱梁氯离子侵蚀的影响(荷载对箱梁氯离子侵蚀的影响已在 6.1 节中进行了详细介绍，本章不再赘述)。本节通过工况 5 和工况 6 箱梁各测点氯离子浓度均值的对比，如图 7.4 所示，研究碳化对混凝土箱梁受氯离子侵蚀性能的影响。

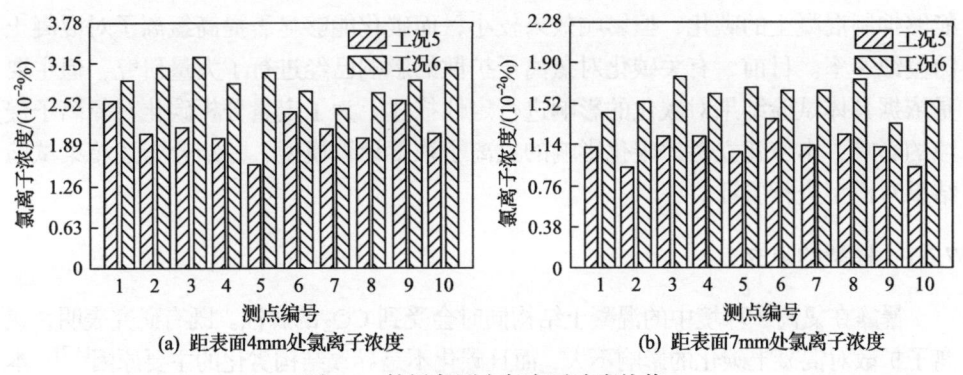

(a) 距表面4mm处氯离子浓度

(b) 距表面7mm处氯离子浓度

图 7.4　箱梁各测点氯离子浓度均值

由图 7.4 可知，经碳化后，箱梁各测点距表面 4mm 和 7mm 处氯离子浓度均有增大趋势，其中距表面 4mm 处氯离子浓度增大了 1.12~1.90 倍，距表面 7mm 处氯离子浓度增大了 1.19~1.65 倍。为消除箱梁碳化对各测点氯离子浓度影响规律中由箱梁构造特性造成的影响，在图 7.4 的基础上将箱梁顶板、底板和腹板相对应的各测点氯离子浓度进行平均，得到了两种工况下箱梁顶板、底板和腹板氯离子浓度平均值，结果如图 7.5 所示。

(a) 距表面4mm处氯离子浓度

(b) 距表面7mm处氯离子浓度

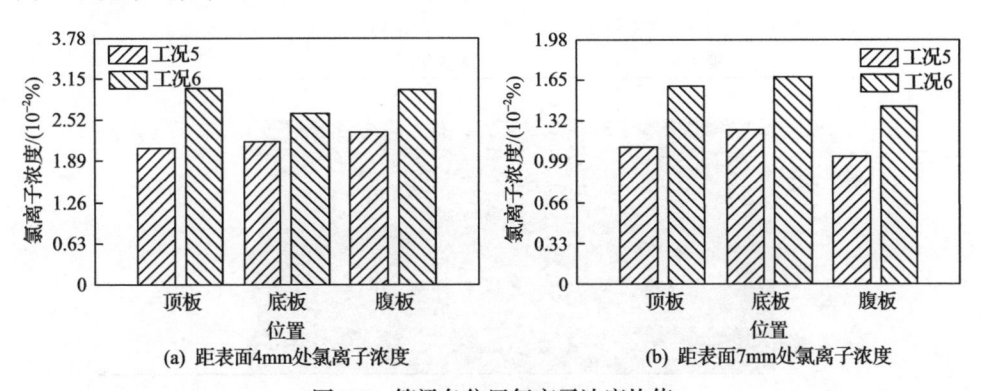

图 7.5　箱梁各位置氯离子浓度均值

由图 7.5 可知，在其他暴露条件相同的情况下，距箱梁表面 4mm 和 7mm 处，经碳化后的试验箱梁顶板、底板和腹板处的氯离子含量均有所增加，箱梁顶板、底板和腹板处氯离子浓度最大增幅分别为 28.7%、41.2%、6.8%，这表明碳化能够在一定程度上促进氯离子在混凝土箱梁中的扩散。

7.2 荷载与碳化及氯离子侵蚀耦合作用下混凝土中氯离子浓度预测模型

混凝土桥梁结构普遍受 CO_2 与氯离子的侵蚀。7.1 节试验结果表明，氯离子能够抑制混凝土的碳化，但影响效果较小，而碳化能够显著提高氯离子对混凝土的侵蚀速率。目前，有关碳化对氯离子扩散的影响已经进行了大量研究，但主要是依据具体试验结果对碳化的影响进行定性描述。为了定量分析碳化对氯离子侵蚀的影响，本节建立考虑碳化影响的氯离子浓度计算模型，并结合上述箱梁试验结果对模型进行验证。

7.2.1 模型的建立

暴露在氯离子环境中的混凝土结构同时会受到 CO_2 的腐蚀。既有研究表明，氯离子扩散对混凝土碳化的影响不大，而且碳化不是导致结构劣化的主要原因[3-7]，本书试验结果也获得了相同结论。Yoon[8]的研究结果表明，二者同时作用时，碳化速率低于单一碳化作用。CO_2 与氯离子在混凝土内部的侵蚀示意如图 7.6 所示。

由图 7.6 可知，氯离子在混凝土中扩散时部分留在混凝土表面，部分穿过碳化区，扩散到碳化前锋并进入未碳化区。碳化能显著影响氯离子的扩散[9-11]，碳化能够破坏结合的水化铝酸三钙，使得 CO_2 在混凝土的扩散过程中将被结合的自由氯离子重新被释放。金祖权等[6]的试验表明，在浓度为 3.5%的 NaCl 溶液中侵

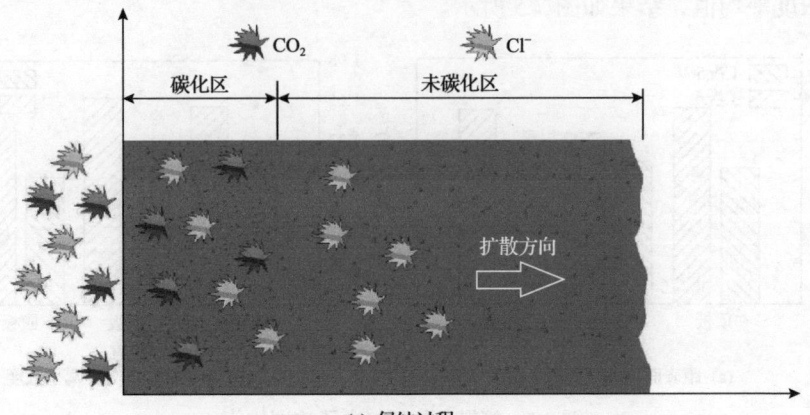

(a) 侵蚀过程

第7章 荷载与碳化及氯离子侵蚀耦合作用下混凝土箱梁劣化机理

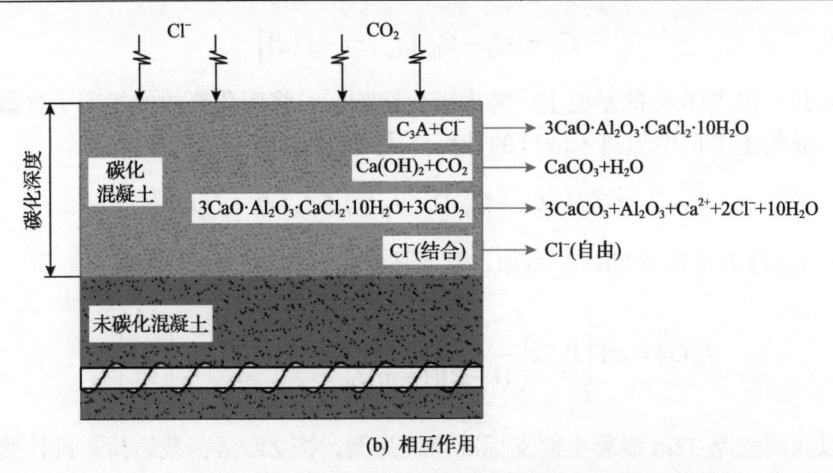

(b) 相互作用

图7.6 CO_2 与氯离子在混凝土内部的侵蚀过程与相互作用示意图

蚀后，混凝土结合能力 R 介于 0.31～0.35，同样的试件进行 14d 碳化后再进行氯离子侵蚀时，R 减小了约 1/3；碳化 28d 后，R 又降低了 40%～47%。黄涛[5]的试验发现，碳化后混凝土结合能力基本为零，说明由混凝土结合的氯离子被全部释放。徐亦斌[7]也获得了相似结果。

由此可见，CO_2 在氯离子扩散过程中的主要作用是降低混凝土结合能力。本章引入碳化影响系数 λ 来反映碳化对混凝土结合能力的影响，λ 的取值为 0～1。

考虑碳化影响系数 λ 后，碳化后的混凝土中的自由氯离子浓度可表示为

$$C_\mathrm{f} = C_0 + (C_\mathrm{s} - C_0)[1 - f_\lambda(x)] \tag{7.1}$$

式中：$f_\lambda(x)$ 为考虑碳化影响系数的误差函数，

$$f_\lambda(x) = \mathrm{erf}\left(0.5x\left(\frac{KD_0' T t_0^m}{(1+\lambda R)(1-m)T_0}\mathrm{e}^{q(1/T_0 - 1/T)} t^{1-m}\right)^{-0.5}\right) \tag{7.2}$$

不考虑混凝土结合能力时，即 $R=0$，混凝土的氯离子浓度可表示为

$$C_\mathrm{f} = C_0 + (C_\mathrm{s} - C_0)[1 - f(x)] \tag{7.3}$$

式中：$f(x)$ 为误差函数，其表达式为

$$f(x) = \mathrm{erf}\left(0.5x\left(\frac{KD_0' T t_0^m}{(1-m)T_0}\mathrm{e}^{q(1/T_0 - 1/T)} t^{1-m}\right)^{-0.5}\right) \tag{7.4}$$

由式(7.3)减去式(7.1)可得到碳化区混凝土结合的自由氯离子浓度 C_c 为

$$C_c = (C_s - C_0)[f_\lambda(x) - f(x)] \tag{7.5}$$

因此，在式(6.4)的基础上，考虑碳化影响后，将碳化释放的氯离子含量进行叠加，混凝土中自由氯离子浓度的计算公式可表示为

$$C_f = C_0 + (C_s - C_0)[1 - f_R(x) + f_\lambda(x) - f(x)] \tag{7.6}$$

式中：$f_R(x)$为考虑 R 的误差函数，其表达式为

$$f_R(x) = \mathrm{erf}\left(0.5x \left(\frac{KD_0' T t_0^m}{(1+R)(1-m)T_0} e^{q(1/T_0 - 1/T)} t^{1-m}\right)^{-0.5}\right) \tag{7.7}$$

以我国铁路 32m 混凝土简支标准箱梁为例，按 ZK 活荷载施荷，设计使用年限为 100 年。梁体混凝土强度等级为 C50。假定桥址 C_s 为 0.35%，28d 氯离子扩散系数 D 为 2.52cm²/a，混凝土结合能力 R 为 2，时间依赖性参数 m 为 0.64，结构损伤系数 K 为 4，暴露环境的温度和空气湿度分别为 20℃和 70%，碳化影响系数 λ 取 0.5。采用式(7.6)计算考虑碳化作用前后不同服役时间下混凝土箱梁各位置处的氯离子浓度，结果如图 7.7 所示。

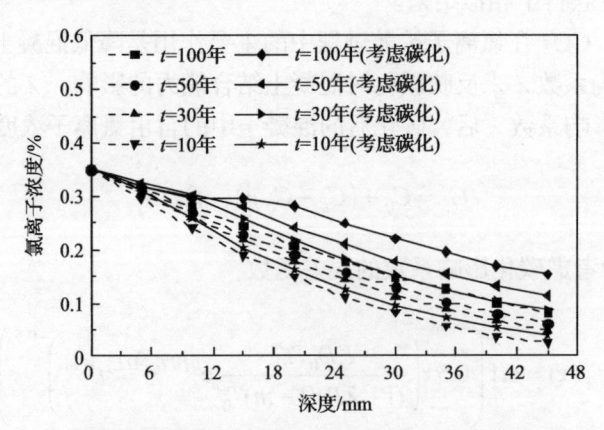

图 7.7 考虑碳化作用前后混凝土箱梁各位置处的氯离子浓度

7.2.2 考虑荷载和多维侵蚀的模型修正

在考虑结构应力水平对混凝土氯离子扩散系数影响的基础上，结合式(6.4)和式(7.6)，建立了荷载与碳化及氯离子侵蚀耦合作用下混凝土中氯离子浓度预测模型，其表达式如下：

$$C_f = C_0 + (C_s - C_0)\left(1 - \prod_{i=1}^{3} f_{R\sigma}(d_i) + \prod_{i=1}^{3} f_{\lambda\sigma}(d_i) - \prod_{i=1}^{3} f_\sigma(d_i)\right) \tag{7.8}$$

式中：d_i为混凝土计算点至混凝土表面的距离；$f_{R\sigma}(\cdot)$为同时考虑荷载及 R 影响的误差函数；$f_{\lambda\sigma}(\cdot)$为同时考虑荷载及 λ 影响的误差函数；$f_{\sigma}(\cdot)$为考虑荷载作用的误差函数。各误差函数表达式如下：

$$f_{R\sigma}(d_i) = \mathrm{erf}\left(0.5d_i\left(\frac{KD'_0Tt_0^m}{(1+R)(1-m)T_0}e^{q(1/T_0-1/T)}t^{1-m}\right)^{-0.5}\right) \quad (7.9)$$

$$f_{\lambda\sigma}(d_i) = \mathrm{erf}\left(0.5d_i\left(\frac{KD'_0Tt_0^m}{(1+\lambda R)(1-m)T_0}e^{q(1/T_0-1/T)}t^{1-m}\right)^{-0.5}\right) \quad (7.10)$$

$$f_{\sigma}(d_i) = \mathrm{erf}\left(0.5d_i\left(\frac{KD'_0Tt_0^m}{(1-m)T_0}e^{q(1/T_0-1/T)}t^{1-m}\right)^{-0.5}\right) \quad (7.11)$$

7.2.3 模型验证

分别采用上述模型对 7.1 节中 1#梁与 2#梁、8#梁与 9#梁以及 10#梁模型距表面 4mm、7mm 处的氯离子浓度进行预测，并通过与试验值的比较，对模型的适用性和可靠性进行验证。模型计算时，混凝土箱梁放置 28d 的氯离子扩散系数取 2.5cm²/a；温度取 20℃，结构损伤系数 K 按 1.0 考虑，完全碳化区的碳化影响系数 λ 取 0.2，无碳化作用时，λ 为 0；混凝土结合能力 R 和时间依赖性参数 m 分别取 2.0、0.64。根据模型计算碳化作用下上述混凝土试验箱梁各部位氯离子浓度预测值，并与试验值进行对比，结果如图 7.8 所示。

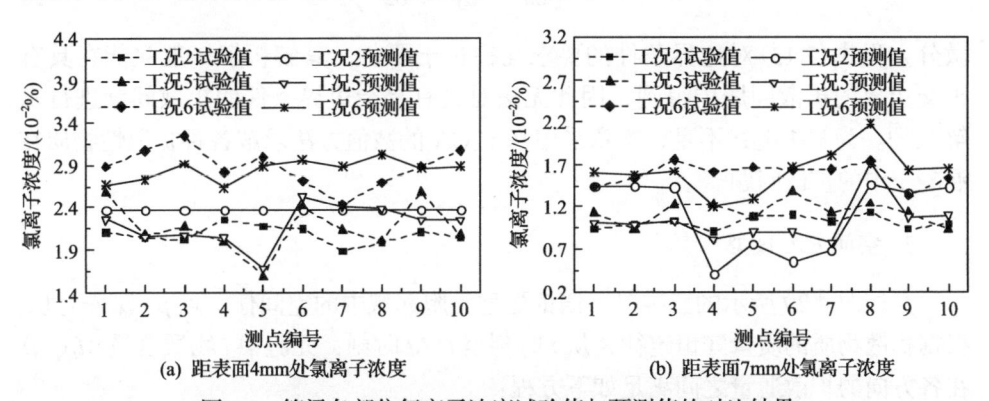

(a) 距表面4mm处氯离子浓度

(b) 距表面7mm处氯离子浓度

图 7.8 箱梁各部位氯离子浓度试验值与预测值的对比结果

由图 7.8 可知，不同暴露工况下，利用本章建立的氯离子浓度预测模型得到的箱梁各部位氯离子浓度预测值与试验值的最大差值为–0.00553%，偏差在 15% 以内，表明本章建立的荷载与碳化及氯离子侵蚀耦合作用下混凝土中氯离子浓度预测模型能够预测氯离子浓度。

7.3 荷载与碳化及氯离子耦合作用下混凝土中物质传输数值模型

7.3.1 考虑混凝土中物质传输的 CA 模型

1. 混凝土中的物质扩散方程

假定在各向同性材料的情况下，大气中的氯离子、CO_2 等有害物质通过硬化混凝土细孔渗透到混凝土内的扩散、反应等过程符合质量守恒的 Fick 扩散定律[12]，则扩散性物质，如氯离子(以下用 i=1 来标识)、CO_2(以下用 i=2 来标识)在混凝土中扩散的动力学微分方程可表示为[13,14]

$$\frac{\partial C_i(p,t)}{\partial t} = D_i \left(\frac{\partial^2}{\partial x^2} + \frac{\partial^2}{\partial y^2} + \frac{\partial^2}{\partial z^2} \right) C_i(p,t) - r_i \quad i=1,2 \quad (7.12)$$

式中：$C_i(p,t)$ 为 t 时刻混凝土内点 $p=(x,y,z)$ 处有害物质 i 的质量浓度，%；D_i 为有害物质 i 的扩散系数，m^2/s；r_i 为物质 i 的反应速率。

由于氯离子与混凝土水化产物不发生化学反应，且在已碳化区，混凝土吸收 CO_2 的反应已经结束，故在计算时可取 r_i=0，这样式(7.12)可简化为[14]

$$\frac{\partial C_i(p,t)}{\partial t} = D_i \left(\frac{\partial^2}{\partial x^2} + \frac{\partial^2}{\partial y^2} + \frac{\partial^2}{\partial z^2} \right) C_i(p,t) \quad (7.13)$$

微分方程式(7.13)对边界条件的要求往往过于严苛，其解析解一般只能在具有正交边界的扩散问题中得到，因此无法对具有复杂边界条件的扩散问题进行求解[15,16]。为解决上述不足，本章采用基于 CA 的数值方法求解各种扩散性物质在混凝土中的扩散问题[16]。

2. 空间 CA 模型

在如图 4.29 所示的三维冯·诺依曼型元胞邻域中的空间任一点 $p=(x,y,z)$ 处，根据扩散物质的质量守恒定律，从 t 时刻至 $t+\Delta t$ 时刻，元胞中 i 物质含量 $M_i(p,t)$ 在各方向的扩散通量之间满足如下方程：

$$M_i(p, t+\Delta t) = M_i(p,t) + \Delta t \sum_{k=1}^{6} A_k(p) \left[J_{in,k}^i(p,t) - J_{out,k}^i(p,t) \right] \quad (7.14)$$

式中：$J_{out,k}^i(p,t)$ 和 $J_{in,k}^i(p,t)$ 分别为从 t 时刻至 $t+\Delta t$ 时刻，沿 k 方向(k=1,2,…,6,

为三维坐标的 6 个方向)从元胞流出和流入的各物质扩散通量;Δt 为时间步增量;$A_k(p)$ 为元胞在 k 方向扩散面的面积。

根据 Fick 第一定律,在单位时间内通过垂直于扩散方向的各物质扩散通量与相邻元胞有害物质浓度之间的关系为

$$J_{\text{out},k}^{i}(p,t) = -J_{\text{in},k}^{i}(p,t) = D_i^k(p)\frac{C_i(p,t) - C_i(p_k,t)}{L_k(p)} \tag{7.15}$$

式中:$L_k(p)$ 为相邻元胞之间的距离,分析中取各元胞间距离相等;$C_i(p,t)$ 为 t 时刻 $p=(x,y,z)$ 处有害物质 i 的质量浓度;$C_i(p_k,t)$ 为 t 时刻 $p=(x,y,z)$ 处有害物质 i 在 k 方向相邻元胞的质量浓度;$D_i^k(p)$ 为元胞内各物质沿 k 方向的扩散系数,其与相邻元胞各物质扩散系数之间满足:

$$D_i^k(p) = \frac{1}{2}\big[D_i(p) + D_i(p_k)\big] \tag{7.16}$$

结合式(7.15),式(7.14)可改写为

$$M_i(p,t+\Delta t) = M_i(p,t) - L_k(p) \cdot \Delta t \sum_{k=1}^{6}\big\{D_i^k(p)\big[C_i(p,t) - C_i(p_k,t)\big]\big\} \tag{7.17}$$

根据大数定理,在元胞尺寸大小相等的情况下,元胞内各物质含量与浓度成正比,即

$$M_i(p,t) = V(p)C_i(p,t) = \delta^3 C_i(p,t) \tag{7.18}$$

式中:$V(p)$ 为元胞体积;δ 为元胞大小尺寸。将式(7.18)代入式(7.17),可得各物质浓度在元胞空间中的表达为

$$C_i(p,t+\Delta t) = C_i(p,t) - \frac{\Delta t}{\delta^2}\sum_{k=1}^{6}\big\{D_i^k(p)\big[C_i(p,t) - C_i(p_k,t)\big]\big\} \tag{7.19}$$

整理式(7.19),并令

$$\begin{cases}\alpha_i^k(p) = \dfrac{D_i^k(p)\Delta t}{\delta^2} \\ \beta_i(p) = 1 - 6\sum\limits_{k=1}^{6}\alpha_i^k(p)\end{cases} \tag{7.20}$$

可得

$$C_i(p,t+\Delta t) = \beta_i(p)C_i(p,t) + \sum_{k=1}^{6}\alpha_i^k(p)C_i(p_k,t) \qquad (7.21)$$

结合式(7.20)和式(7.21)，就可建立各扩散性物质在混凝土中扩散时的 CA 表达。

7.3.2 物质扩散参数确定

1. 不考虑碳化影响的时变氯离子扩散系数

利用 CA 模型对混凝土中氯离子扩散效应进行分析时，混凝土内任意一点氯离子扩散系数可采用余红发等[13]提出的多因素氯离子扩散模型，即

$$D_1(p,t) = D_{1,0}(p) \cdot f(\eta) \cdot \frac{t_0^m T}{T_0(1+R)t^m} \cdot \exp\left[\frac{U}{R}\left(\frac{1}{T_0} - \frac{1}{T}\right)\right] \qquad (7.22)$$

式中：$D_{1,0}(p)$ 和 $D_1(p,t)$ 分别为 t_0 和 t 时刻混凝土内 p 点氯离子扩散系数；t_0 为参考初始龄期，建议取 28d；T_0 为参考温度；$f(\eta)$ 为荷载影响系数，其表达式见式(6.3)。

2. 考虑碳化影响的氯离子扩散系数

对于实际服役环境中的混凝土结构，碳化和氯离子侵蚀是导致混凝土结构发生耐久性失效的主要因素，但其劣化过程并非单一因素作用的线性叠加，而是耦合作用的结果[11]。既有研究表明，二者共同作用下，混凝土碳化能显著影响混凝土中氯离子的扩散，但氯离子扩散效应对碳化几乎没有影响。碳化对氯离子扩散效应的影响机理主要是大气中的 CO_2 进入混凝土中与混凝土水化产物发生反应，从而使混凝土中原被结合的氯离子得以释放，导致混凝土中自由氯离子浓度增大[1,2]。为了对这种释放效应进行表征，在文献[2]研究工作的基础上，通过引入碳化修正系数来反映混凝土碳化对氯离子扩散效应的影响，其表达式为

$$\xi = \frac{C_{\text{re}}}{C_{\text{re}} + C_b'} \qquad (7.23)$$

式中：ξ 为碳化修正系数；C_{re} 为因碳化作用而释放的氯离子浓度，g/m³；C_b' 为因碳化作用释放后与混凝土结合的氯离子浓度，g/m³。

根据混凝土结合能力的定义，考虑混凝土碳化效应前、后混凝土结合能力之间的关系可表示为

$$R' = \frac{R(1-\xi)}{1+\xi R} \qquad (7.24)$$

式中：R 和 R' 分别为碳化前后混凝土结合能力。

结合式(7.22)和式(7.24)，可得碳化与氯离子侵蚀耦合作用下混凝土内任意一点氯离子扩散系数为

$$D_1(p,t) = D_{1,0}(p) \cdot f(\eta) \cdot \frac{t_0^m T(1+\xi R)}{T_0(1+R)t^m} \cdot \exp\left[\frac{U}{R}\left(\frac{1}{T_0} - \frac{1}{T}\right)\right] \tag{7.25}$$

3. 碳化深度的确定

基于 CA 原理对混凝土中 CO_2 扩散效应进行分析时，当截面中某一位置处 CO_2 浓度达到使混凝土 pH 由碱性降为中性时，将该位置至混凝土表面的距离作为碳化深度，CO_2 浓度作为钢筋脱钝的临界浓度。

若将临界浓度 $C_{2,cr}$ 与混凝土表面 CO_2 浓度 $C_{2,s}$ 的比值作为临界比值 k_{co}，即

$$k_{co} = C_{2,cr} / C_{2,s} \quad 0 < k < 1 \tag{7.26}$$

则从混凝土表面到 CO_2 浓度下降至 $C_{2,cr}$ 临界面的距离就是碳化深度。

至此，结合式(7.20)、式(7.21)及式(7.25)，就可建立 CO_2、氯离子及其耦合扩散的三维 CA 模型。

7.3.3 计算流程

根据以上理论推导，利用 MATLAB 软件编写上述碳化与氯离子侵蚀耦合作用下 CA 模型计算程序，具体流程如图 7.9 所示。

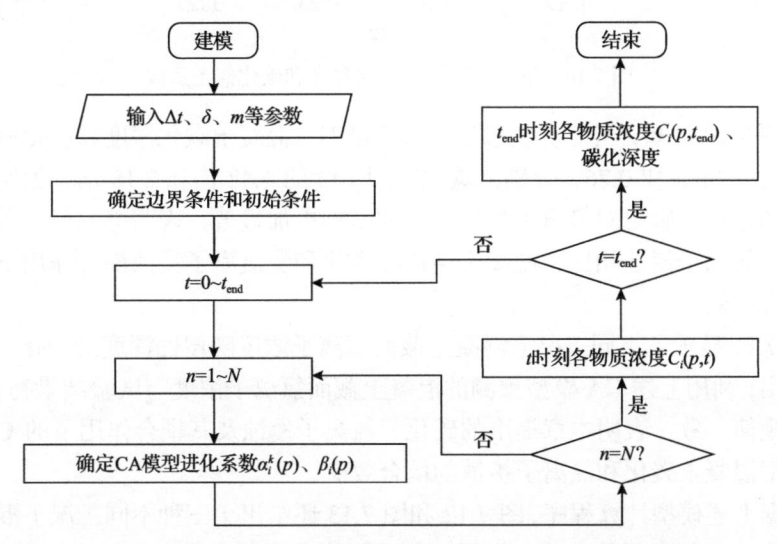

图 7.9 碳化与氯离子侵蚀耦合作用下 CA 模型计算程序流程

7.3.4 模型验证

为了对上述碳化与氯离子侵蚀耦合作用下 CA 模型的准确性进行验证,利用 CA 模型对三种不同工况下的氯离子扩散试验过程进行了模拟[6]。试件尺寸为 100mm×100mm×400mm,材料水灰比为 0.32,温度为 20℃。假定扩散系数不随截面位置的变化而变化,取 0.2263mm²/d,荷载效应系数为 1.0,混凝土结合能力取 0.1,CO_2 扩散系数取 0.1426mm²/d,CO_2 表面氯离子浓度取 0.3924kg/m³。工况 1 仅进行氯盐浸泡试验,浸泡时间为 650d;工况 2 先碳化 14d,然后在氯盐溶液中浸泡 650d;工况 3 先碳化 28d,然后转移至氯盐溶液中浸泡 650d。

结合上述理论,将 CO_2 浓度由表面浓度 0.3924g/m³ 减小至 0 时的距离作为碳化深度,利用模型可得工况 2 和工况 3 的混凝土碳化深度和碳化修正系数,结果如图 7.10 所示。

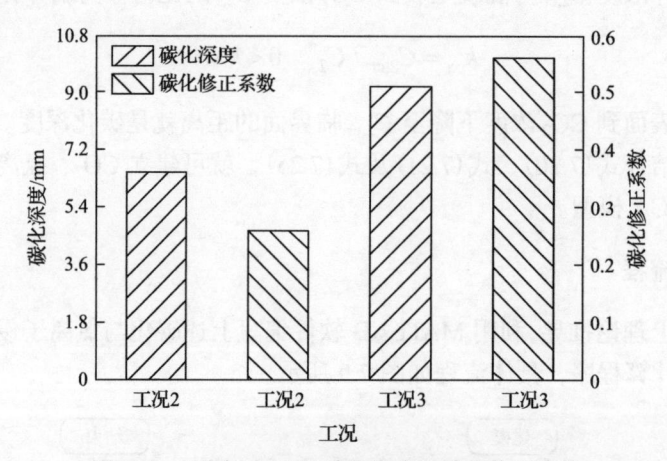

图 7.10 不同工况下的碳化深度和碳化修正系数

由图 7.10 可知,当 CO_2 扩散进行至 28d 时,混凝土碳化深度和碳化修正系数分别约为 9.2mm 和 0.26,分别是碳化时间 14d 的 1.42 倍和 2.15 倍,说明随着碳化作用的进行,碳化对氯离子扩散效应的影响更加显著,表明与混凝土单独发生碳化和受氯离子侵蚀相比,混凝土结构在碳化和受氯离子侵蚀耦合作用下更易发生耐久性失效。

图 7.11 显示了不同工况下混凝土截面氯离子浓度随侵蚀深度的变化。从图中可以看出,利用上述 CA 模型预测的混凝土截面氯离子浓度与试验结果吻合良好,且变化规律一致,表明本章提出的碳化、氯离子侵蚀及其耦合作用下的 CA 模型可以模拟混凝土碳化和氯离子扩散的耦合效应。

根据上述模型计算程序,图 7.12 和图 7.13 还给出了三种不同工况下混凝土截面 CO_2 浓度和氯离子浓度分布结果,该图真实反映了 CO_2 和氯离子在混凝土中的扩散过程。

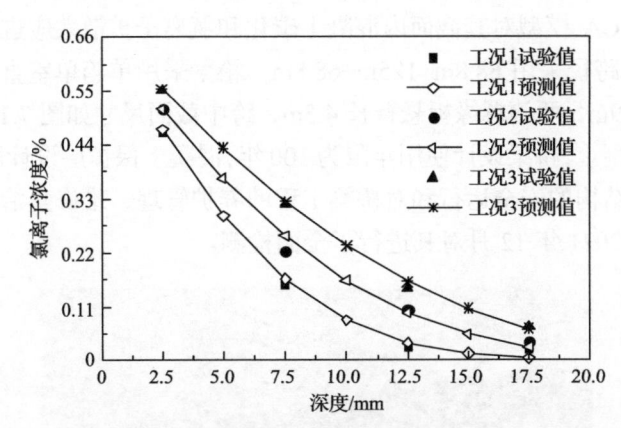

图 7.11 氯离子浓度预测值与试验值对比

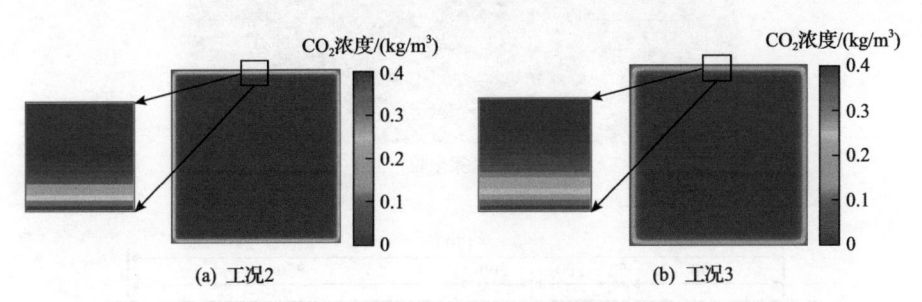

(a) 工况2　　(b) 工况3

图 7.12 不同工况下 CO_2 浓度分布结果

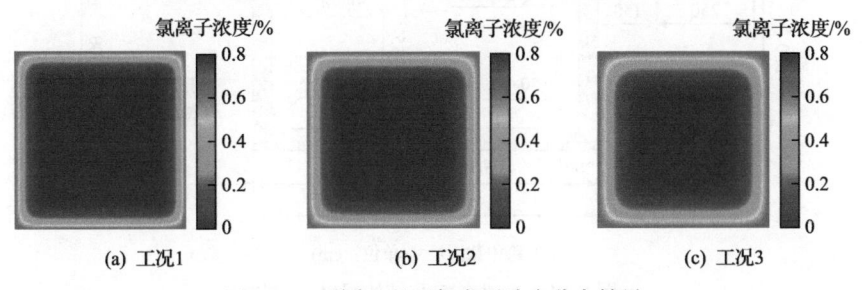

(a) 工况1　　(b) 工况2　　(c) 工况3

图 7.13 不同工况下氯离子浓度分布结果

7.4 既有预应力混凝土箱梁碳化和受氯离子侵蚀耦合效应分析

7.4.1 工程概述

为了探讨上述耦合 CA 模型在实际桥梁工程中的适用性和准确性，以我国北方地区一座跨越黄河的预应力混凝土连续箱梁桥为研究对象，桥梁全貌如图7.14(a)所示。利用二维CA模型对其截面内混凝土碳化和氯离子扩散效应进行分析。桥梁全长262.6m，跨径采用68.8m+125m+68.8m，箱梁采用单箱单室直腹板断面，顶宽17m，底宽9m，两侧翼缘板悬臂长4.5m，跨中截面尺寸如图7.14(b)所示。梁体采用C55混凝土，桥梁设计使用年限为100年，混凝土保护层设计厚度为30mm。为了保障桥梁结构的安全运行和对桥梁工程的养护管理、维修整治，提供全面的技术支持，于2021年12月对其进行了全面检测。

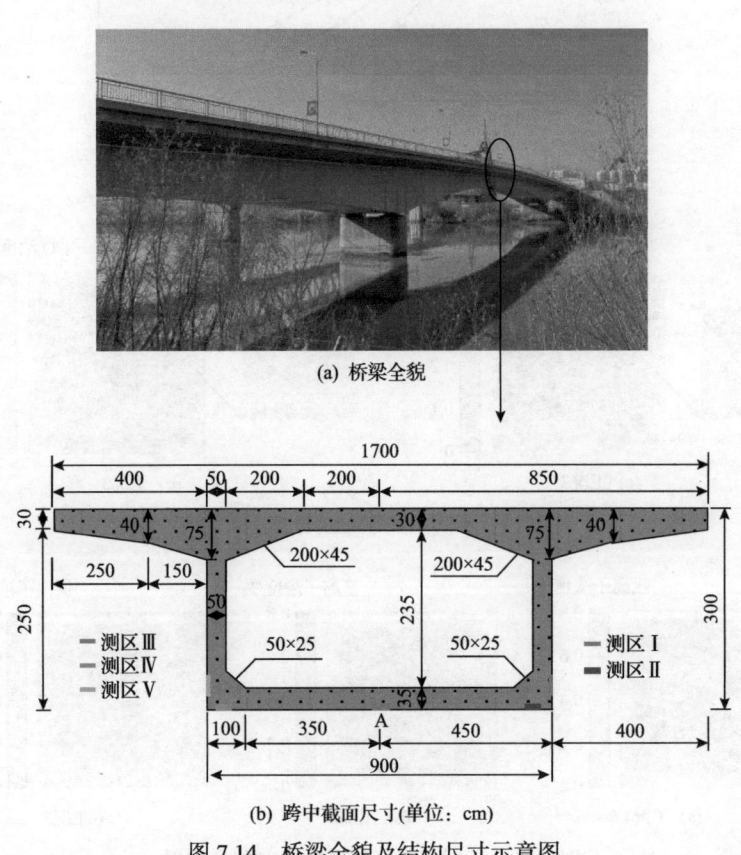

(a) 桥梁全貌

(b) 跨中截面尺寸(单位：cm)

图7.14 桥梁全貌及结构尺寸示意图

7.4.2 既有箱梁结构耐久性服役状态评估

根据箱梁结构构造和所处环境特点，在易受侵蚀的箱梁底部和倒角部位布置测区，并在每个测区设置三个测点，具体位置如图7.14所示。首先，采用电磁检测法检测每个测区混凝土保护层厚度，检测结果如表7.4所示，然后采用钻孔取粉的方式在箱梁测区表面钻取不同深度的混凝土粉末样品，并按照《混凝土中氯离子含量检测技术规程》（JGJ/T 322—2013）[17]中氯离子含量测试方法，测试混凝土中氯离子浓度，结果如表7.5所示。

表 7.4　混凝土碳化深度和保护层厚度检测结果

测区	碳化深度/mm				保护层厚度均值(标准差)/mm
	测试1	测试2	测试3	均值	
I	7.1	7.3	6.9	7.1	
II	6.8	7.0	6.7	6.8	
III	7.1	7.3	7.1	7.2	37.2 (1.469)
IV	6.7	7.0	7.0	6.9	
V	7.4	7.3	7.1	7.3	

同时，为减小对既有桥梁结构的损伤，在既有氯离子测试孔的基础上，直接进行混凝土碳化深度的测试，测试结果如表7.5所示。

表 7.5　混凝土中氯离子浓度测试结果

测区	深度/mm	氯离子浓度实测值/%			氯离子浓度均值/%
I	5	0.1577	0.1472	0.1514	0.1521
	10	0.0701	0.0648	0.0706	0.0685
	15	0.0267	0.0279	0.0276	0.0274
II	5	0.1780	0.1832	0.1737	0.1783
	10	0.0792	0.0771	0.0810	0.0791
	15	0.0247	0.0246	0.0254	0.0249
III	5	0.1543	0.1426	0.1348	0.1439
	10	0.0674	0.0572	0.0632	0.0626
	15	0.0248	0.0241	0.0235	0.0241
IV	5	0.1670	0.1609	0.1629	0.1636
	10	0.0673	0.0584	0.0696	0.0651
	15	0.0246	0.0237	0.0251	0.0245
V	5	0.1783	0.1741	0.1717	0.1747
	10	0.0697	0.0708	0.0704	0.0703
	15	0.0250	0.0258	0.0247	0.0252

综合表7.4和表7.5可知，该桥保护层厚度检测值均值为37.2mm，远大于保护层厚度设计值30mm。各测区混凝土平均碳化深度最大值为7.4mm，远小于保护层厚度设计值，最大碳化深度约为保护层厚度设计值的24.7%。实测氯离子浓度仅在距离混凝土表面5mm深度范围内大于临界值(钢筋开始锈蚀时的氯离子浓度，一般取0.13%)，其余深度范围内的氯离子浓度均小于临界值，临界氯离子浓度达到的深度为混凝土保护层厚度设计值的22%。实测结果表明，经过8年的服役，该桥目前的结构耐久性尚处于可靠状态。

7.4.3 CA 模型模拟结果与实测结果的对比分析

结合桥梁实测结果与既有研究成果[12,14,15,18]，取氯离子扩散系数均值为 $0.461 \times 10^{-12} m^2/s$，变异系数为 0.1；$CO_2$ 扩散系数均值为 $0.856 \times 10^{-14} m^2/s$，变异系数为 0.1；混凝土表面氯离子浓度均值为 0.28%，变异系数为 0.057；大气中 CO_2 浓度均值为 0.0455%，变异系数为 0.177；临界氯离子浓度均值为 0.13%，变异系数为 0.02；m=0.2；R=2；T=20℃；比例系数取 0；钢筋保护层厚度为 37.2mm。

1. 氯离子浓度

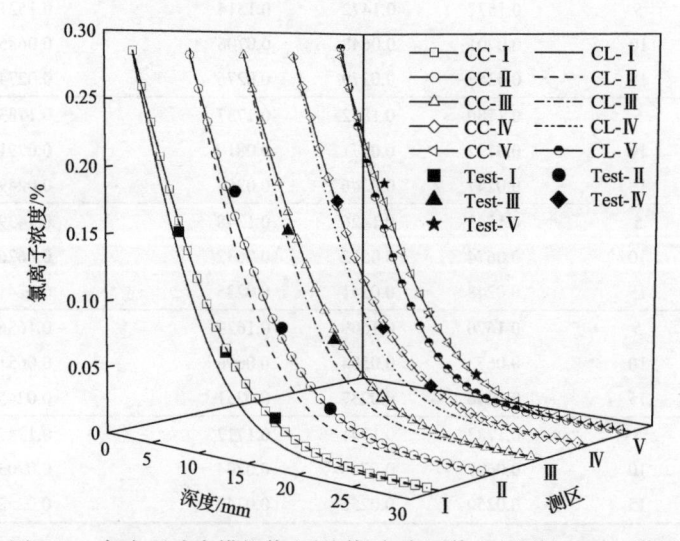

利用图 7.9 所示流程的 CA 模型对该箱梁桥进行蒙特-卡罗(Monte-Carlo)模拟(本节模拟次数为 1000 次)。图 7.15 为两种模型模拟的不同测区截面氯离子浓度模拟值(平均值)与实测值(平均值)的对比结果，其中散点为实测结果，如 Test-Ⅰ、Test-Ⅱ、Test-Ⅲ、Test-Ⅳ、Test-Ⅴ；考虑碳化和氯离子耦合侵蚀的结果为 CC-Ⅰ、CC-Ⅱ、CC-Ⅲ、CC-Ⅳ、CC-Ⅴ；不考虑碳化、仅考虑氯离子耦合侵蚀的结果为 CL-Ⅰ、CL-Ⅱ、CL-Ⅲ、CL-Ⅳ、CL-Ⅴ。

图 7.15 氯离子浓度模拟值(平均值)与实测值(平均值)的对比结果

由图 7.15 可知，采用 Monte-Carlo 随机特征的 CA 方法模拟的氯离子浓度与实测值吻合良好，实测值与模拟值最大相差 12.4%，说明本章该方法可用于实际工程的氯离子侵蚀模拟。与考虑单一氯离子侵蚀环境的模拟结果相比，考虑碳化对氯离子侵蚀的耦合影响后，截面的氯离子浓度增大，与实测结果更接近。

利用程序得到了不同侵蚀时刻混凝土截面氯离子浓度的分布，结果如图 7.16 所示。由图可知，随着扩散作用的进行，氯离子逐渐从箱梁表面向内部扩散，扩

第 7 章 荷载与碳化及氯离子侵蚀耦合作用下混凝土箱梁劣化机理 ·237·

散时间越长,氯离子侵入混凝土内部的深度越深。

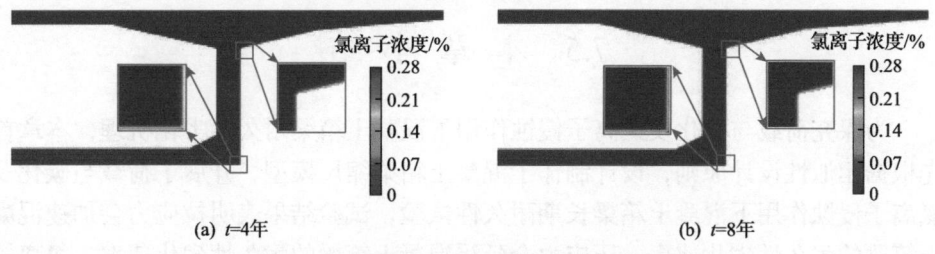

图 7.16 不同侵蚀时刻截面氯离子浓度分布图

2. 碳化深度

图 7.17 为采用本章 CA 方法得到的不同测区混凝土碳化深度模拟值与实测值的对比结果。从图中可知,不同测区混凝土碳化深度 CA 模拟值与实测值吻合良好,模拟值与实测值最大相差 0.3mm,说明本章 CA 模型可用于实际工程的碳化效应分析。

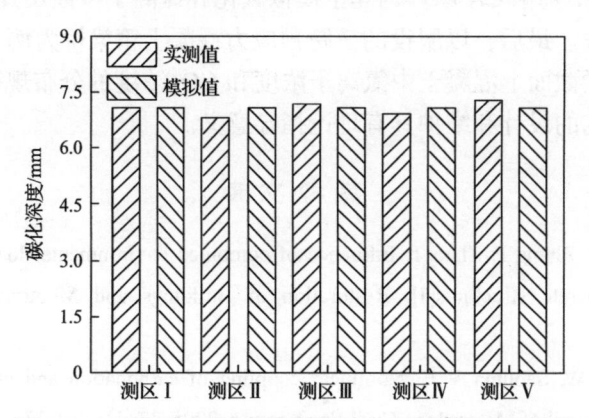

图 7.17 不同测区碳化深度模拟值与实测值的对比结果

综合图 7.15 和图 7.17 所得结果,说明本章所提的 CA 模型不仅可以用来模拟混凝土碳化与氯离子侵蚀耦合作用下混凝土截面中氯离子浓度和碳化深度的演变规律,还能反映其扩散过程的随机性,可在各类混凝土工程中进行推广和应用。

与氯离子类似,利用程序得到了不同侵蚀时刻混凝土截面 CO_2 浓度分布,结果如图 7.18 所示。从图中可知,随着扩散作用的进行,CO_2 逐渐从箱梁表面向内

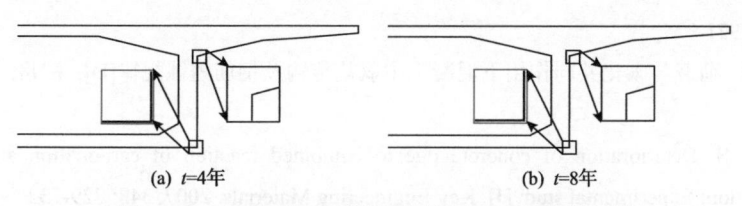

图 7.18 不同侵蚀时刻混凝土截面 CO_2 浓度分布图

部扩散，扩散时间越长，碳化深度越大，利用该图可真实反映混凝土的碳化过程。

7.5　本章小结

为探究荷载与碳化及氯离子侵蚀作用下混凝土箱梁耐久性劣化机理，本章首先根据相似性设计原则，设计制作了混凝土箱梁缩尺模型，开展了荷载与碳化及氯离子侵蚀作用下混凝土箱梁长期耐久性试验，试验结果表明拉应力会加速混凝土箱梁的耐久性劣化速率，压应力会延缓混凝土箱梁的耐久性劣化速率。氯离子侵蚀对箱梁碳化具有促进作用，但影响效果微乎其微，而碳化能大幅促进氯离子在混凝土箱梁中的扩散，与无碳化影响的氯离子侵蚀结果相比，碳化后箱梁、底板和腹板中氯离子浓度分别增大了28.7%、41.2%、6.8%。在理论方面，根据碳化和氯离子侵蚀之间的相互作用关系，建立了荷载与碳化及氯离子侵蚀耦合作用下混凝土中氯离子浓度预测模型。通过与试验值的对比，对模型的可靠性进行了验证。在数值方面，基于CA原理构建了模拟碳化和氯离子侵蚀及其耦合的多维CA模型及求解流程。最后，以服役的三跨预应力混凝土箱梁桥为例，结合桥梁实测数据分析了箱梁截面上混凝土中氯离子浓度和CO_2浓度的分布规律。本章研究成果对混凝土结构的设计和维护具有理论指导意义。

参 考 文 献

[1] Wittmann F H, Zhang P, Zhao T. Influence of combined environmental loads on durability of reinforced concrete structures[J]. Restoration of Buildings and Monuments, 2006, 12(4): 349-362.

[2] Puatatsananon W, Saouma V E. Nonlinear coupling of carbonation and chloride diffusion in concrete[J]. Journal of Materials in Civil Engineering, 2005, 17(3): 264-275.

[3] Zhu X J, Zi G, Cao Z F, et al. Combined effect of carbonation and chloride ingress in concrete[J]. Construction and Building Materials, 2016, 110: 369-380.

[4] 金伟良, 袁迎曙, 卫军, 等. 氯盐环境下混凝土结构耐久性理论与设计方法[M]. 北京: 科学出版社, 2011.

[5] 黄涛. 荷载作用下混凝土碳化与氯盐侵蚀相互影响试验研究[D]. 杭州: 浙江大学, 2013.

[6] 金祖权, 孙伟, 李秋义. 碳化对混凝土中氯离子扩散的影响[J]. 北京科技大学学报, 2008, 30(8): 921-925.

[7] 徐亦斌. 荷载与碳化共同作用下混凝土中氯盐传输及钢筋锈蚀规律[D]. 杭州: 浙江大学, 2015.

[8] Yoon I S. Deterioration of concrete due to combined reaction of carbonation and chloride penetration: Experimental study[J]. Key Engineering Materials, 2007, 348: 729-732.

[9] 牛荻涛, 孙丛涛. 混凝土碳化与氯离子侵蚀共同作用研究[J]. 硅酸盐学报, 2013, 41(8): 1094-1099.

[10] 许晨, 王传坤, 金伟良. 混凝土中氯离子侵蚀与碳化的相互影响[J]. 建筑材料学报, 2011, 14(3): 376-380.

[11] 杨蔚为, 郑永来, 郑顺. 混凝土碳化对氯离子扩散影响试验研究[J]. 水利水运工程学报, 2014, (4): 93-97.

[12] 牛荻涛. 混凝土结构耐久性与寿命预测[M]. 北京: 科学出版社, 2003.

[13] 余红发, 孙伟, 麻海燕, 等. 混凝土在多重因素作用下的氯离子扩散方程[J]. 建筑材料学报, 2002, 5(3): 240-247.

[14] 屈文俊, 张誉. 构件截面混凝土碳化深度分布的有限元分析[J]. 同济大学学报(自然科学版), 1999, 27(4): 412-416.

[15] Biondini F, Bontempi F, Frangopol D M, et al. Cellular automata approach to durability analysis of concrete structures in aggressive environments[J]. Journal of Structural Engineering, 2004, 130(11): 1724-1737.

[16] 马俊军, 蔺鹏臻. 混凝土桥梁中氯离子传输的元胞自动机模型[J]. 铁道科学与工程学报, 2018, 15(12): 3135-3140.

[17] 中华人民共和国住房和城乡建设部. 混凝土中氯离子含量检测技术规程: JGJ/T 322—2013[S]. 北京: 中国建筑工业出版社, 2013.

[18] 张馨木, 胡凝, 肖薇, 等. 城市大气CH_4和CO_2浓度的车载移动观测分析[J]. 环境科学与技术, 2020, 43(8): 83-89.

第8章 考虑荷载与环境劣化的混凝土箱梁寿命预测与耐久性设计

箱梁是由顶板、底板和腹板组成的空间结构，在恒载和移动活载等竖向荷载作用下，将发生由腹板带动顶板、底板共同受力的弯曲变形效应，达到分配和承担竖向荷载的作用。在不改变材料性能的前提下，增加保护层厚度是提高混凝土耐久性最有效的方法[1-4]。

当前我国耐久性规范[5,6]按照结构环境和构件类型对混凝土保护层厚度进行区分。因此，针对箱梁截面，进行耐久性设计时将梁体按照单梁考虑，全截面只能获得唯一的保护层厚度。然而，与一般实心截面不同的是，箱梁的几何构造、薄壁受力以及箱室内外薄壁板元均会腐蚀的特征，必然会导致混凝土箱梁发生碳化及受氯离子侵蚀具有空间多维性。采用传统的耐久性分析方法存在很大的误差，需根据箱梁侵蚀的多维性提出相适宜的耐久性分区设计方法。

8.1 混凝土结构耐久性设计理论与寿命预测方法

混凝土结构在经过长时间的环境、荷载等作用后，会逐渐老化和受损，其受力性能会逐渐降低[7,8]。为设计高耐久性混凝土结构，需要根据建设单位的要求确定结构的性能，确定设计使用年限以及该年限终结点对应的失效事件。构件尺寸、材料性能、施工过程的不确定性以及环境荷载等因素的随机性均会对结构的耐久性产生巨大影响，而这些不确定性或随机性因素对结构的影响会随着时间的推移而变化[9,10]。因此，在混凝土结构的耐久性设计中，涉及的可靠性问题是一个时变或动态可靠性问题。结构的使用年限是衡量其耐久性的基本指标，根据不同的考虑角度，使用年限可以分为物理年限（或技术年限）、功能年限和经济年限[11,12]。物理年限指的是在正常使用和正常维护的情况下，结构能够保持其预定功能的使用年限，而剩余使用年限是指现有结构能够继续保持预定使用功能的时间。

8.1.1 混凝土结构耐久性设计理论

随着混凝土结构使用时间的推移，其耐久性问题涉及的因素和性能指标会随着材料性能的逐渐劣化以及结构刚度和承载力的降低而不断变化，从而展现出不同的耐久性。可靠性作为一种概率性的统计指标,是统一衡量结构各类性能的一个重要且有效的工具,在混凝土结构耐久性设计方面扮演着重要角色。基于可靠性理论的耐久性设计理论能够量化结构在各种不确定因素下的可靠程度,从而确定结构在使用寿命内能够满足设计要求的概率。

工程结构的可靠性是指在规定的时间和条件下,工程结构能够完成预定功能的能力[13,14],主要包括结构的安全性、适应性和耐久性。结构依据性能的极限阈值可分为可靠和失效两种状态;根据结构失效的性质不同,结构状态可分为承载力极限状态和正常使用极限状态[15-17]。假设结构相关的基本随机变量为 $X_1, X_2, \cdots, X_n$,那么结构的可靠性模型一般表示为[18]

$$Z(t) = g(X_1, X_2, \cdots, X_n) = g\{R(t), S(t)\} = R(t) - S(t) \tag{8.1}$$

式中:$R(t)$ 为结构抗力,一般服从正态分布或对数正态分布[19],有时也作为常量[20],它随时间的变化规律如图 8.1 所示;$S(t)$ 为荷载效应,一般为随机变量,它随时间的变化规律也如图 8.1 所示;$Z(t)$ 为极限状态的随机变量和随机过程,如图 8.2 所示。根据结构服役状态,一般出现以下三种情况[14]:

(1)当 $Z>0$ 时,代表结构抗力大于荷载效应,结构处于可靠状态,这种情况出现的概率 P_r 称为结构的可靠概率。

(2)当 $Z<0$ 时,代表结构抗力小于荷载效应,结构处于失效状态,这种情况出现的概率 P_f 称为结构的失效概率。

(3)当 $Z=0$ 时,代表结构抗力等于荷载效应,结构处于极限状态。

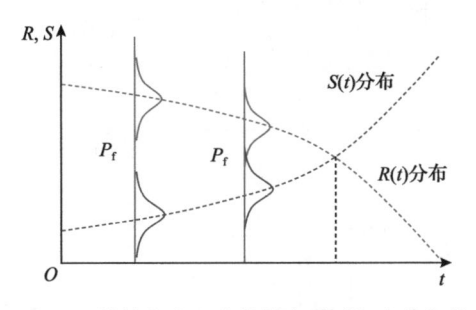

图 8.1　结构抗力和荷载效应随时间变化规律　　图 8.2　结构的功能状态

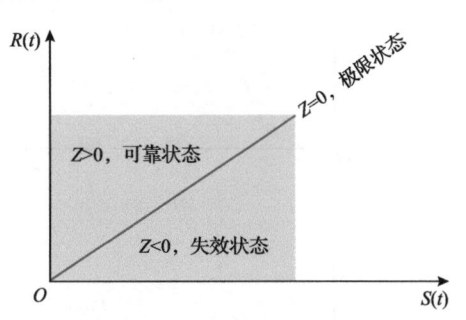

基于上述表达,在正常使用和正常维护状态下,结构在设计基准期内完成其预定功能能力的可靠度可以为

$$P\{Z(t)\} = P\{R(t) - S(t) \geq 0\} \tag{8.2}$$

由式(8.2)可知,该可靠度是时间的函数,故也被称为时变可靠度或动态可靠度[21,22]。

8.1.2 结构可靠度的一般计算

由概率论可知,结构在同一时刻不可能同时处于以上两种状态(可靠状态和失效状态),结构的可靠概率 P_r 与失效概率 P_f 两者互补[11,13],即

$$P_r + P_f = 1 \tag{8.3}$$

结构的可靠度一般用失效概率来表示[14],即

$$P_f = P(Z<0) = \int_{-\infty}^{0} f(z)\mathrm{d}z = \iint_{Z<0} \cdots \int f_x(x_1, x_2, \cdots, x_n)\mathrm{d}x_1\mathrm{d}x_2\cdots\mathrm{d}x_n \tag{8.4}$$

式中: $f_x(x_1,x_2,\cdots,x_n)$ 为 $x_1,x_2,\cdots,x_n$ 的联合概率密度函数,当它们相互独立时,有

$$\begin{aligned} P_f = P(Z<0) &= \iint_{Z<0} \cdots \int f_x(x_1, x_2, \cdots, x_n)\mathrm{d}x_1\mathrm{d}x_2\cdots\mathrm{d}x_n \\ &= \int_0^{+\infty}\left[\int_0^s f_R(r)\mathrm{d}r\right]f_S(s)\mathrm{d}s = \int_0^{+\infty} F_R(s)f_S(s)\mathrm{d}s \\ &= \int_0^{+\infty}\left[\int_r^s f_S(s)\mathrm{d}s\right]f_R(r)\mathrm{d}r = \int_0^{+\infty} 1-F_S(r)f_R(r)\mathrm{d}r \end{aligned} \tag{8.5}$$

式中: $f_R(r)$ 和 $f_S(s)$ 分别为 R 和 S 的概率密度函数,如图 8.3 所示; $F_R(s)$ 和 $F_S(r)$ 分别为 S 和 R 的概率分布函数,如图 8.3 所示。

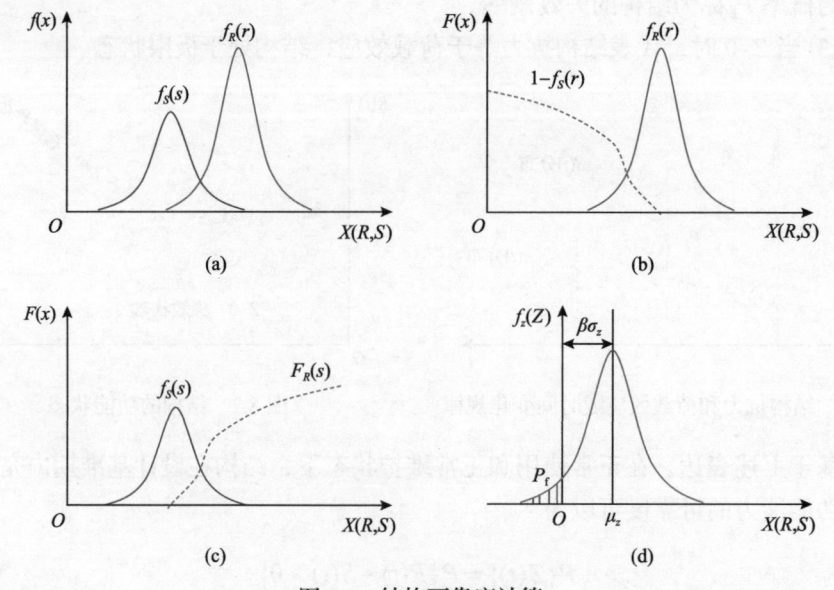

图 8.3 结构可靠度计算

由于失效概率在数值上极小,实际工程中常用结构可靠性指标来表示,如图

8.3(d)所示，假设结构抗力 R 和荷载效应 S 都服从正态分布，且其平均值和标准差分别为 u_R、u_S 和 σ_R、σ_S，则两者差值 Z 也服从正态分布，其平均值和标准差分别为 $u_Z = u_R - u_S$、$\sigma_Z = (\sigma_R \sigma_R + \sigma_S \sigma_S)^{0.5}$，则结构的失效概率 P_f 可以表示为

$$P_f = P(Z<0) = \int_{-\infty}^{0} \frac{1}{\sqrt{2\pi}\sigma_Z} \exp\left[-\frac{1}{2}\left(\frac{z-u_Z}{\sigma_Z}\right)^2\right] dz = 1 - \Phi\left(\frac{u_Z}{\sigma_Z}\right) \quad (8.6)$$

引入符号 β，并令 $\beta = u_Z / \sigma_Z$，从而式(8.6)可以进一步简化为

$$P_f = 1 - \Phi(\beta) \quad (8.7)$$

式中：β 为无量纲系数，称为结构可靠性指标。β 与 P_f 一一对应，β 越大，P_f 越小，反之亦然。

8.1.3 结构耐久性使用寿命预测方法及确定准则

1. 结构耐久性使用寿命预测方法

结构耐久性使用寿命是指设计规定的结构或构件在正常使用或正常维护状态下能够承受荷载、温度、湿度、腐蚀等因素而保持其预期性能和功能的时间。结构耐久性使用寿命与结构的主体形式、材料性能、施工质量、环境条件等众多因素有关。预测混凝土结构使用寿命一般采用以下几种方法[14,18]。

1) 经验法

经验法是专家根据积累的经验进行评估的方法，由于受到经验积累丰富程度的制约，其预测结果具有明显的人为主观性。具体实现方法是基于实验室和现场工程试验结果以及过去的经验来定量预测使用寿命，这种方法涉及经验知识和推论。目前，一些混凝土标准实际上也是按照此类方法来估计混凝土结构使用寿命的，然而当混凝土结构的设计使用寿命较长、使用环境恶劣或采用新型材料且缺乏相关经验时，这种预测方法将变得不再适用。

2) 数学模型法

在深入了解材料耐久性退化规律、结构或构件性能退化机制以及影响因素的基础上，建立结构性能退化规律的计算模型，并利用这些模型来进行结构使用寿命的预测。近年来，国内外学者对混凝土碳化、氯离子侵蚀、钢筋锈蚀、硫酸盐腐蚀、冻融破坏等退化规律进行了深入研究，并建立了相应的数学模型。

3) 快速试验法

通过采用一些快速退化试验来加速混凝土性能衰退的过程[9]。然后，根据混凝土碳化、钢筋锈蚀、冻融破坏等耐久性退化的快速试验结果与长期混凝土耐久性试验的比较，使用一定的比例关系来推测混凝土结构的使用寿命。然而，由于

混凝土结构的快速退化试验条件与真实环境存在差异，快速试验的破坏机制、退化规律与实际情况也有所不同，并且存在一定的误差，因此预测结果与实际情况可能存在较大差异。

4) 概率分析法

以上三种预测方法都属于确定性方法，即将影响结构使用寿命的因素视为确定的数值，由此得到的使用寿命预测结果仅代表平均值的意义。然而，结构的使用寿命是一个随机变量，因此考虑各种影响因素的随机性和时变性、基于概率分析而建立的结构使用寿命预测方法显然更为合理[23]。

2. 结构耐久性使用寿命确定准则

为了确定结构的使用寿命，首先需要制定结构功能失效的判别准则，即定义结构耐久性的极限标准，这是预测结构使用寿命的关键。根据调查分析及经验得出的结论，混凝土结构最常见的失效原因是，在恶劣的环境中由于混凝土发生碳化或受到氯离子侵蚀，受力钢筋锈蚀和胀裂，最终使结构或构件的极限承载能力降低。因此，混凝土结构钢筋锈蚀结构如图 8.4 所示。判定混凝土结构使用寿命的准则主要包括四种情况[5,24]。

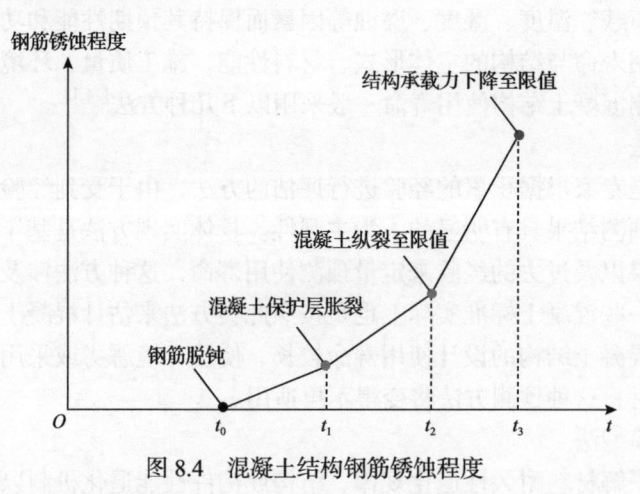

图 8.4 混凝土结构钢筋锈蚀程度

1) 钢筋初锈寿命准则

混凝土结构中钢筋初锈寿命准则是指主要受力钢筋氧化保护层脱钝失去对钢筋的保护作用，使钢筋开始产生锈蚀的时间作为混凝土结构的寿命，以 t_0 表示，如图 8.4 所示。导致钢筋保护层脱钝的原因主要可分为两类，即混凝土碳化和氯离子渗透。

2) 混凝土锈胀开裂寿命准则

混凝土锈胀开裂寿命准则是以混凝土表面出现沿钢筋方向的锈胀裂缝所需时

间作为结构的使用寿命，在图 8.4 中用 t_1 表示。认为混凝土构件中的钢筋锈蚀会导致膨胀，并产生锈胀力。当钢筋锈蚀到一定程度时，锈胀力将超过混凝土的抗拉强度水平，从而引起混凝土发生纵向开裂。考虑到结构的使用安全性，并且混凝土锈胀开裂在宏观上易于观察，因此在某些混凝土结构构件上，可将其作为判断寿命终止的准则之一。

3) 裂缝宽度限值寿命准则

混凝土结构构件的钢筋锈胀开裂标准很难定量化，其锈胀开裂对大多数混凝土结构的安全性和适用性影响不大，锈胀开裂后构件还可以使用相当一段时间，因此又提出了以锈胀开裂产生的裂缝宽度作为使用寿命判别的准则，即认为裂缝宽度或钢筋锈蚀量达到某一限值时寿命终止，在图 8.4 中用 t_2 表示。

4) 承载力寿命准则

基于安全考虑，任何结构设计都会有一定的安全余度。因此，以上三个寿命准则对混凝土结构的适用性会产生一定的影响，但对结构安全性的影响并不是很大，混凝土构件在短时间内不容易发生严重的失效。对于一般混凝土构件，以承载力破坏作为判断寿命终止的准则更加合理。承载力寿命准则考虑到钢筋锈蚀达到一定程度，导致受力钢筋的截面明显减少，并使钢筋的强度性能和与混凝土的黏结力明显降低，从而导致混凝土结构构件的抗力退化。该准则以构件的承载力降低到某一限值作为判定寿命终止的标志，在图 8.4 中用 t_3 表示。

8.2 混凝土箱梁基于多维劣化的耐久性分区设计方法

8.2.1 混凝土箱梁碳化及受氯离子多维侵蚀特性

箱梁受 CO_2 和氯离子的侵蚀特征具有几何和力学的空间多维性，具体为构造特征导致的空间多维劣化特性、薄壁受力导致的空间多维劣化特性、箱室内外的多维侵蚀特性三个方面。

1. 构造特征导致的空间多维劣化特性

箱梁是由顶板、底板和腹板组成的空间结构。当箱梁顶板、底板和腹板单独受 CO_2、氯离子的腐蚀时，其腐蚀特征将与建筑实心截面梁相同，但对于箱梁同一横截面腹板与底板交互的区域以及顶板与腹板交互的区域，在 CO_2 和氯离子的腐蚀作用下，其耐久性的劣化过程将不再是简单将各自的腐蚀效应进行叠加，而是呈现出复杂的空间多维劣化。因此，箱梁同一截面既有一维劣化区，交互的区域也存在多维复杂侵蚀。几何构造特征将导致箱梁的碳化和氯离子侵蚀具有空间多维特性。

2. 薄壁受力导致的空间多维劣化特性

在移动活载(汽车、火车)和自重作用下,箱梁的变形以弯曲为主。由于空间薄壁效应,箱梁呈现出如图 2.6 所示的纵向弯曲剪力滞效应和横向弯曲的框架效应。导致箱梁顶板、底板和腹板的应力沿宽度和厚度方向呈现非均匀分布。应力影响 CO_2 和氯离子在混凝土中的扩散速率,箱梁同一截面非均匀分布的应力势必会造成不同的混凝土耐久性。因此,箱梁的空间薄壁效应也会导致同一截面混凝土的耐久性具有空间多维性。

3. 箱室内外的多维侵蚀特性

对于一般混凝土梁,CO_2 和氯离子的腐蚀是从表面向内部逐渐扩散的过程。然而箱梁作为中空的薄壁结构,如图 8.5 所示。箱室外侧顶板、底板和腹板发生碳化和受氯离子侵蚀影响的同时,内侧混凝土也会腐蚀劣化。假定 CO_2 和氯离子在混凝土箱梁内外侧的扩散速率相同,箱梁顶板、底板和腹板钢筋有效面积的折损速率将是一般实心截面梁的 2 倍,各块板元(顶板、底板和腹板)交汇处的钢筋锈蚀速率甚至更快。因此,由于箱梁构造的特殊性,箱室内、外侧的薄壁板元会同时发生耐久性的退化,造成混凝土箱梁发生碳化和受氯离子侵蚀的多维劣化特性。

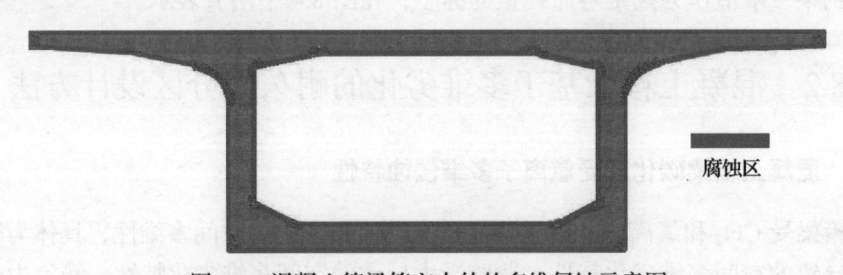

图 8.5 混凝土箱梁箱室内外的多维侵蚀示意图

综上,箱梁的几何构造、薄壁受力以及箱室内外侧的多维劣化特性,必然导致混凝土箱梁结构的碳化和受氯离子侵蚀模式不同于一般实心截面梁。我国公路和铁路混凝土桥梁耐久性规范中进行结构耐久性设计时,也仅按照构件类型(梁、柱等)来分类规定耐久性参数,并未针对具体构件再进行细分。因此,有必要在现有规范既定的框架下进一步细化,对混凝土箱梁的保护层厚度进行分区设计。

8.2.2 混凝土箱梁耐久性分区设计方法的建立

由于混凝土箱梁的结构特殊,同一截面存在多处碳化与氯离子的二维侵蚀区,箱梁具有空间多维耐久性。因此,将混凝土箱梁的耐久性设计总体按一维侵蚀和二维侵蚀进行分区。在竖向荷载作用下，混凝土箱梁的顶板、底板和腹板分别处于受压区、受拉区和中性区。根据该受力特点，再对混凝土箱梁的一维及二维侵蚀区进行细分。以工程中最常采用的混凝土单箱单室箱梁为例，对其截面碳化及氯离子耐久性进行分区，如图 8.6 所示。

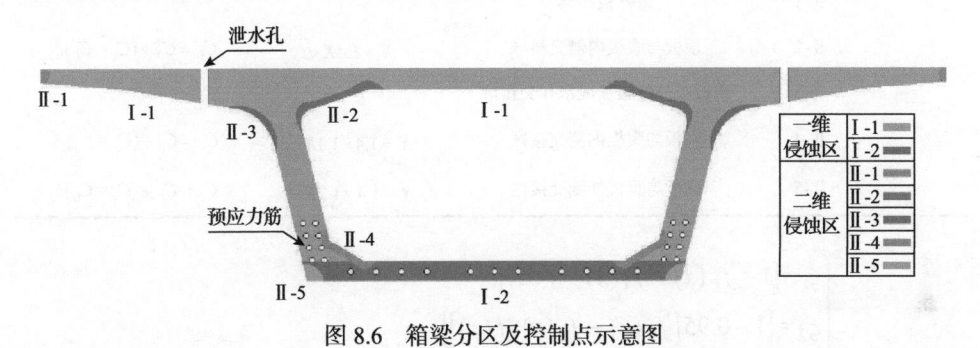

图 8.6 箱梁分区及控制点示意图

由图 8.6 可知，一维侵蚀区为受压翼缘区、腹板区及受拉底板区。二维侵蚀区主要是悬臂板端部区以及腹板内外侧与顶板、底板的交接区。由于腹板外侧设有泄水孔，是桥面有害介质传递的重要渠道，该区域的碳化及氯离子侵蚀均较为复杂。因此，将顶板与外侧腹板交接部位的劣化控制区设置在下缘泄水孔区域。

对混凝土箱梁进行分区设计时，顶板的压应力能够抑制碳化及氯离子侵蚀，为了安全，受压区混凝土应力影响系数按 1.0 考虑。尽管箱梁的腹板受压，但我国铁路预应力混凝土简支标准箱梁的腹板通常布设有大量预应力钢筋。通过对实际混凝土梁预应力钢筋耐久性的调查发现，许多桥梁的预应力钢筋在服役十几年甚至几年内就出现了锈蚀。预应力钢筋开始锈蚀将威胁到结构安全甚至会导致严重后果。为保证混凝土箱梁腹板区预应力钢筋的耐久性，将受压腹板区的应力影响系数按 1.1 考虑。底板受拉，应力影响系数取 1.2，后续碳化保护层厚度的可靠度计算结果将证明该取值的合理性。对二维侵蚀区进行耐久性设计时，碳化维度修正系数为 1.4。

综上，按上述混凝土单箱单室箱梁耐久性分区方式进行分区后，混凝土箱梁耐久性分区对应的碳化及氯离子浓度设计公式如表 8.1 所示，表中的 ξ_1、ξ_2、ξ_3、ξ_4 和 ξ_5 的具体表达如式(8.8)所示。

表 8.1 混凝土箱梁的分区及设计公式

侵蚀维度	侵蚀区	控制依据	设计公式	
			碳化	氯离子
一维	I-1	受压翼缘及腹板区	$X = K\sqrt{t}$	$C_f = C_0 + (C_s - C_0)\xi_1$
	I-2	受拉底板区	$X = 1.2K\sqrt{t}$	$C_f = C_0 + (C_s - C_0)\xi_2$

续表

侵蚀维度	侵蚀区	控制依据	设计公式 碳化	设计公式 氯离子
二维	Ⅱ-1	悬臂板端部		
	Ⅱ-2	顶板与腹板内侧交接区	$X=1.4K\sqrt{t}$	$C_f=C_0+(C_s-C_0)\xi_3$
	Ⅱ-3	顶板与外侧腹板泄水孔交接区		
	Ⅱ-4	底板与腹板内侧交接区	$X=1.4\times1.1K\sqrt{t}$	$C_f=C_0+(C_s-C_0)\xi_4$
	Ⅱ-5	底板与腹板外侧交接区	$X=1.4\times1.2K\sqrt{t}$	$C_f=C_0+(C_s-C_0)\xi_5$

$$\begin{cases} \xi_1=[1-f_R(x)+f_\lambda(x)-f(x)] \\ \xi_2=\{1-0.95[f_R(x)-f_\lambda(x)+f(x)]\} \\ \xi_3=\{1-0.91[f_R(D_1)f_R(D_2)-f_\lambda(D_1)f_\lambda(D_2)+f(D_1)f(D_2)]\} \\ \xi_4=\{1-0.823[f_R(D_1)f_R(D_2)-f_\lambda(D_1)f_\lambda(D_2)+f(D_1)f(D_2)]\} \\ \xi_5=\{1-0.8[f_R(D_1)f_R(D_2)-f_\lambda(D_1)f_\lambda(D_2)+f(D_1)f(D_2)]\} \end{cases} \quad (8.8)$$

由表 8.1 可知，混凝土单箱单室箱梁一共划分为 7 个侵蚀区，其中二维侵蚀区有 5 个。为便于应用，可根据箱梁的具体构造，总体按顶板、底板及腹板进行混凝土保护层厚度的分区设计，并将各板元腐蚀速率最快的区域作为对应部位的碳化及氯离子耐久性控制区。因此，可将受压顶板的耐久性控制区设置在 Ⅱ-3 区（顶板与外侧腹板泄水孔交接区）；腹板耐久性控制区为 Ⅱ-4（底板与腹板内侧交接区）；受拉底板的耐久性控制区为 Ⅱ-5 区（底板与腹板外侧交接区）。

除上述设计公式外，混凝土箱梁多维耐久性分析还可采用上述建立的不同维度、不同腐蚀类别的 CA 模型，特别是对于其他不同于上述截面构造细节的混凝土箱梁，由于其构造细节的不同，可能导致上述设计公式无法在其截面上应用，而根据采用 CA 的计算特点和应用范围，可对其截面内碳化深度和氯离子浓度进行准确模拟，并根据模拟结果对截面耐久性控制区域进行确定。

8.3 基于确定性指标的混凝土箱梁使用寿命预测

8.3.1 基于确定性指标的混凝土箱梁的碳化使用寿命预测

混凝土箱梁的碳化使用寿命预测以混凝土碳化深度达到钢筋表面的时间作为结构耐久性寿命终止的标志[25]。结合前述多维多因素混凝土碳化理论预测模型，

已得到混凝土箱梁碳化使用寿命预测公式，其基本形式为

$$t = X^2 / K^2 \tag{8.9}$$

式中：t 为混凝土碳化深度达到钢筋表面所需的时间；K 为考虑多影响因素后的混凝土碳化系数；X 为混凝土保护层厚度。

若假定结构已服役年限为 t_s，则此时混凝土箱梁的剩余寿命为

$$t_r = t - t_s \tag{8.10}$$

8.3.2 基于确定性指标的混凝土箱梁的氯离子侵蚀寿命预测

与混凝土碳化寿命确定方式一致，将混凝土结构中受力钢筋表面氯离子浓度达到钢筋锈蚀的临界浓度的时间作为结构耐久性寿命终止的标志[26,27]，并结合上述建立的多维多因素氯离子浓度预测公式，可进一步得到混凝土箱梁受氯离子侵蚀后的寿命预测公式，即

$$t_1 = \text{solve}\left\{ C_{cr} = C_0 + (C_s - C_0)\left(1 - \prod_{i=1}^{3} f_{R\sigma}(d_i) + \prod_{i=1}^{3} f_{\lambda\sigma}(d_i) - \prod_{i=1}^{3} f_{\sigma}(d_i)\right), d_i = X, t \right\} \tag{8.11}$$

式中：t_1 为混凝土结构中受力钢筋表面氯离子浓度达到钢筋锈蚀的临界浓度的时间；X 为混凝土保护层厚度。

同样假定结构已服役年限为 t_s，则此时混凝土箱梁的剩余寿命为

$$t_r = t_1 - t_s \tag{8.12}$$

8.3.3 基于确定性指标的混凝土箱梁的承载力寿命预测

将经碳化和氯离子侵蚀后混凝土箱梁结构承载力达到极限承载力的时间作为承载力寿命终止的标志。假定混凝土箱梁承载力为 M_1，则混凝土箱梁承载力使用寿命可表示为[28]

$$\text{Find } t_2 = \min\{M \geq M_1\} \tag{8.13}$$

式中：M 为荷载作用下混凝土截面弯矩；t_2 为混凝土结构抗弯承载力大于极限承载力所需的最小时间。

在进行结构承载力分析时，可将中空的箱形结构按矩形截面进行受力分析，箱梁矩形截面经碳化和氯离子侵蚀后的受弯计算简图如图 8.7 所示。

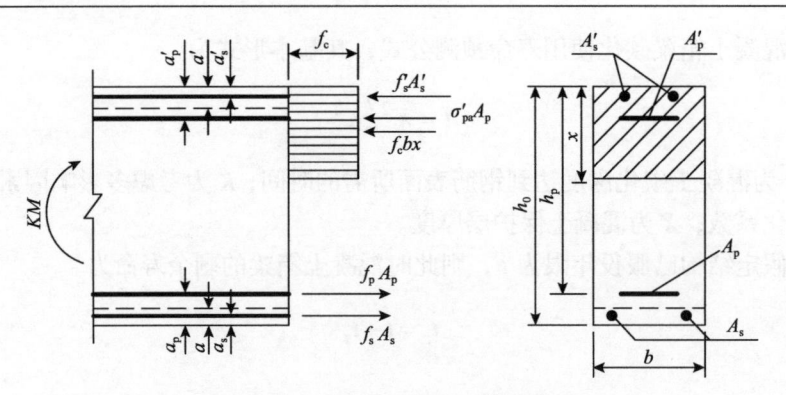

图 8.7 箱梁截面受弯计算简图

由力的平衡可知

$$M = f_{pd}A_p b(h - a_p - x) + f_{sd}A_s b(h - a_s - x) \tag{8.14}$$

式中：f_{pd}、A_p 分别为经氯离子侵蚀后预应力钢筋的有效抗拉强度和有效面积；f_{sd}、A_s 分别为经氯离子侵蚀后普通受拉主筋的有效抗拉强度和有效面积；h 为考虑碳化深度后的有效梁高；b 为有效梁宽；a_p、a_s 分别为预应力钢筋及普通钢筋的折算保护层厚度；x 为受压区高度，计算公式为

$$x = \left[f_{pd}A_p + f_{sd}A_s - f'_{sd}A'_s - (f'_{sd} - \sigma'_{p0})\right]/f_{cd} \tag{8.15}$$

对于全预应力混凝土箱梁结构，若只考虑受拉侧预应力钢筋，忽略普通钢筋对抗力的贡献，则结构承载力可表达为

$$M = K_{RC} f_{pd} A_p (h - a_p) - K_{RC} f_{pd}^2 A_p^2 / f_{cd} \tag{8.16}$$

根据复杂环境下混凝土各区的氯离子浓度计算公式(如表 8.1 所示)，并参考文献[29]，得出氯离子环境中钢筋锈蚀率的计算公式为

$$\Delta D = \frac{0.5249}{X} \left(1 - \frac{27}{f_c + 13.5}\right)^{-1.64} t_e^{0.71} \tag{8.17}$$

$$\eta_s = \sqrt{4\pi} \Delta D / \sqrt{A_s} - \pi \Delta D^2 / A_s \tag{8.18}$$

式中：ΔD 为锈蚀深度；t_e 为锈蚀时间；X 为混凝土保护层厚度；f_c 为混凝土抗压强度；A_s 为钢筋初始截面积；η_s 为钢筋锈蚀率，它与钢筋屈服强度 f_y 之间满足如下关系[30]：

$$f_y(t) = \frac{1 - 1.049\eta_s(t)}{1 - \eta_s(t)} f_y(0) \tag{8.19}$$

式中：$f_y(0)$ 为未锈蚀钢筋的屈服强度；$\eta_s(t)$ 为钢筋锈蚀率。

8.3.4 算例分析

以上述碳化和氯离子侵蚀寿命预测方法为例，对我国某一时速为 250km 的铁路 32m 单箱单室混凝土简支标准箱梁进行碳化和氯离子侵蚀使用寿命预测。梁体采用 C50 混凝土，其弹性模量为 3.55×10^4 MPa，泊松比为 0.2，预应力钢筋为 1×7-ϕ15.2-1860 钢绞线，普通钢筋型号为 HRB335。跨中断面尺寸及钢筋布置方式如图 8.8 所示。

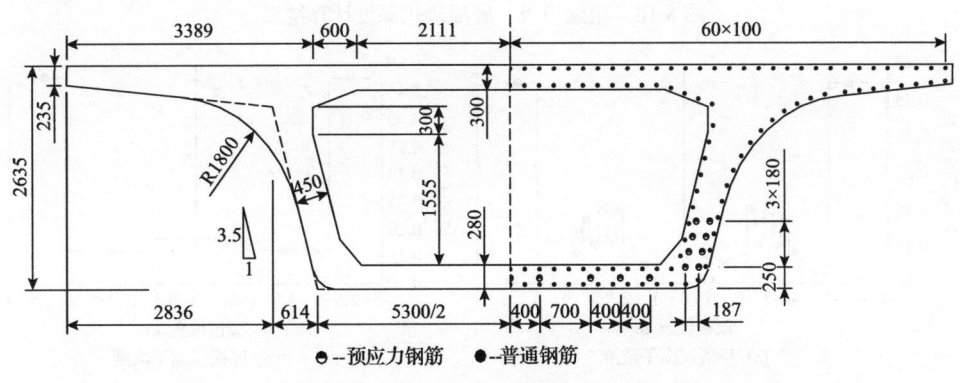

图 8.8 断面尺寸及钢筋布置方式(单位：mm)

施加大小为 173kN/m 的二期恒载以及 ZK 活载，如图 8.9 所示，在进行箱梁碳化和氯离子侵蚀分析之前，首先采用第 2 章箱梁截面应力分析方法对结构进行空间应力分析，然后按照上述预测公式对跨中截面碳化深度和氯离子浓度进行计算。计算时假定桥址温度和空气湿度分别为 15℃、70%；CO_2 含量为 0.04%；氯离子浓度为 0.35%；28d 氯离子扩散系数为 2.52cm²/a；m=0.64；R=2；K=4；碳化影响系数为 0.5。

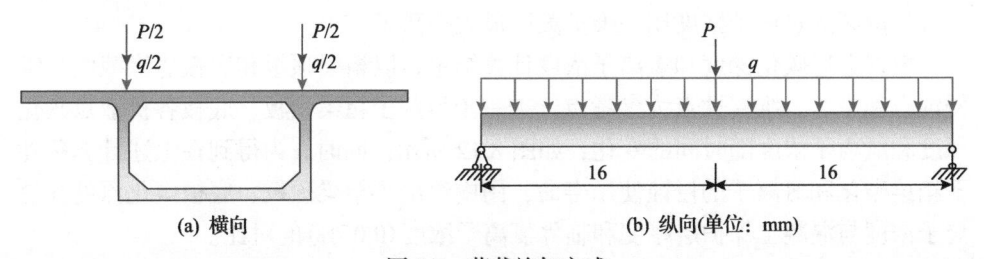

图 8.9 荷载施加方式

通过计算得到了该箱梁结构在箱梁剪力滞效应以及空间二维侵蚀作用下，服役 80 年时，跨中顶板、底板对应的碳化深度以及距表面 40mm(保护层厚度)处的氯离子浓度，分别如图 8.10 和图 8.11 所示。

(a) 顶板碳化深度

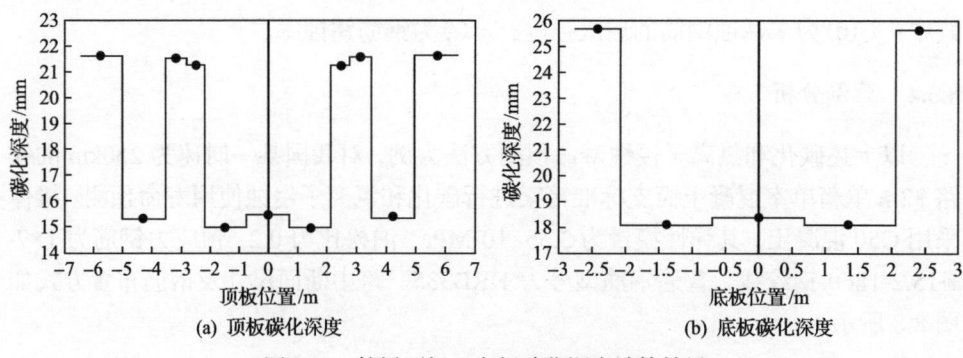

(b) 底板碳化深度

图 8.10 箱梁顶板、底板碳化深度计算结果

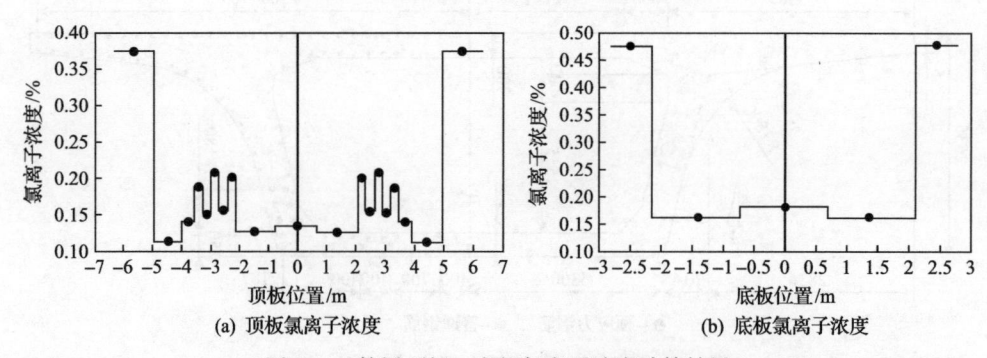

(a) 顶板氯离子浓度

(b) 底板氯离子浓度

图 8.11 箱梁顶板、底板氯离子浓度计算结果

由图 8.10(a)可知，箱梁悬臂板部位的碳化深度最大，服役 80 年后顶板下缘同一截面的碳化深度最大相差 6.4mm；由图 8.10(b)可知，底板的最大、最小碳化深度分别为 25.6mm、18.3mm，相差 7.3mm。顶板、底板的碳化深度最大差值为 4.2mm。混凝土箱梁的碳化具有显著的空间多维性。由图 8.11 可知，在考虑箱梁的几何构造特征及薄壁受力特征的情况下，箱梁顶板、底板角部二维侵蚀区的氯离子含量比一维侵蚀区分别提高了 216.7%、188.3%；箱梁顶板下缘与腹板相交的二维扩散区的氯离子浓度比一维扩散区最大提高了 75%。

根据上述碳化深度和氯离子浓度计算结果，以箱梁顶板和底板边缘截面二维侵蚀点和中心一维侵蚀点为参考点，进一步得到了箱梁顶板、底板各扩散点碳化深度和氯离子浓度随时间的变化，如图 8.12 所示。同时，为得到在上述计算条件下箱梁碳化和氯离子的侵蚀使用寿命，图中给出了箱梁顶板、底板碳化深度和氯离子浓度与混凝土保护层厚度和临界氯离子浓度(0.05%)的对比。

由图 8.12(a)可知，在给定计算参数下，箱梁顶板、底板二维扩散点碳化深度均各自最先达到钢筋表面，其时间分别为 275 年和 195 年，分别约是一维扩散点的 0.509 倍和 0.513 倍。这说明在相同暴露条件下，箱梁顶板、底板一维和二维碳化深度达到钢筋保护层厚度的时间相差较大，表明箱梁的碳化特征具有明显的空

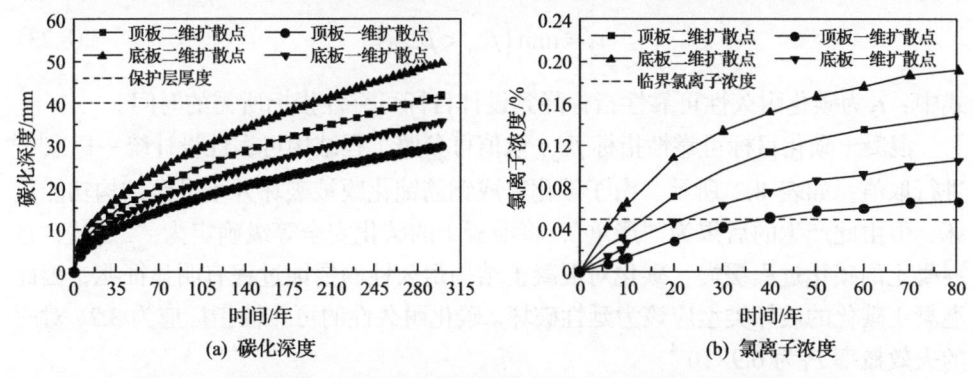

图 8.12 箱梁顶板、底板各扩散点碳化深度和氯离子浓度随时间的变化

间多维性。由图 8.12(b) 可知，在给定计算参数下，箱梁跨中顶板、底板一维扩散点氯离子浓度达到钢筋锈蚀的时间分别为 40 年和 22 年；箱梁顶板、底板二维扩散点氯离子浓度达到临界浓度的时间分别比一维扩散点提前了 32 年和 9 年。这表明混凝土箱梁的氯离子侵蚀特征也具有显著的空间多维性。

8.4 基于可靠性指标的混凝土箱梁使用寿命预测

8.4.1 基于可靠性指标的混凝土箱梁碳化使用寿命预测

依据 8.1.2 节建立的结构可靠度计算方法，若令混凝土钢筋保护层厚度 C 作为结构抗力 R，某一时刻混凝土碳化深度 $X(t)$ 作为荷载效应 S，则混凝土碳化可靠度函数表示为

$$Z = C - X(t) \tag{8.20}$$

假设结构钢筋保护层厚度 d 和某一时刻混凝土碳化深度 $X(t)$ 均服从正态分布，则结构可靠性指标和失效概率可表示为

$$\beta_{co} = \frac{\mu_Z}{\sigma_Z} = \frac{\mu_d - \mu_X}{\sqrt{\sigma_d^2 + \sigma_X^2}} \tag{8.21}$$

$$P_f = P\{[X(t) \geqslant C] \leqslant \Phi(-\beta_{co})\} \tag{8.22}$$

式中：μ_d 和 μ_X 分别为钢筋保护层厚度均值和碳化深度均值；σ_d 和 σ_X 分别为钢筋保护层厚度标准差和碳化深度标准差。

利用式(8.21)可得到结构可靠性指标 β_{co} 随时间的变化曲线。根据曲线可得到各自降到目标可靠性指标 $\beta_{co,0}$ 所需的最小时间[30]，进而利用式(8.23)对结构的耐久性使用寿命进行预测：

$$t_3 = \min\{\beta_{co} < \beta_{co,0}\} \tag{8.23}$$

式中：t_3 为碳化耐久性可靠性指标降到设计目标可靠性指标所需的时间。

混凝土碳化目标可靠性指标 $\beta_{co,0}$ 取值可参照工程结构可靠性设计统一标准[20]进行取值，如表 8.2 所示。由于碳化造成钢筋钝化膜被破坏并不导致结构功能破坏，但由此产生的后果为"严重"，将混凝土的碳化安全等级确定为"二级"，且混凝土的碳化过程缓慢，碳化对混凝土结构耐久性的侵蚀过程有明显征兆，因此混凝土碳化的破坏类型应该为延性破坏。碳化耐久性的可靠性指标应为 3.2，对应的失效概率 P_f 为 6.9×10^{-4}。

表 8.2　承载力极限状态的目标可靠性指标

破坏类型	安全等级		
	一级	二级	三级
延性破坏	3.7	3.2	2.7
脆性破坏	4.2	3.7	3.2

8.4.2　基于可靠性指标的混凝土箱梁的氯离子侵蚀寿命预测

依据 8.1.2 节建立的结构可靠度计算方法，令钢筋锈蚀的临界氯离子浓度 C_{cr} 作为结构抗力，某一时刻钢筋表面氯离子浓度 $C(t)$ 作为荷载效应 S，则氯离子侵蚀可靠度函数表示为[31]

$$Z(t) = C_{cr} - C(t) \tag{8.24}$$

同样假定结构临界氯离子浓度 C_{cr} 和某一时刻钢筋表面氯离子浓度 $C(t)$ 均服从正态分布，则结构可靠性指标和失效概率可表示为

$$\beta_{cl} = \frac{\mu_Z}{\sigma_Z} = \frac{\mu_{C_{cr}} - \mu_C}{\sqrt{\sigma_{C_{cr}}^2 + \sigma_C^2}} \tag{8.25}$$

$$P_f = P\{[C(t) \geqslant C_{cr}] \leqslant \Phi(-\beta_{cl})\} \tag{8.26}$$

利用式(8.25)可得到结构可靠指标 β_{cl} 随时间的变化曲线。根据曲线可得到各自降到目标可靠性指标所需的最小时间，进而利用式(8.27)对结构经氯离子侵蚀后的寿命进行预测：

$$t_4 = \min\{\beta_{cl} < \beta_{cl,0}\} \tag{8.27}$$

式中：t_4 为氯离子侵蚀可靠性指标降到目标可靠性指标所需的时间；$\beta_{cl,0}$ 为氯离子侵蚀目标可靠性指标，其取值可按表 8.3 确定[32]。

表 8.3 氯离子侵蚀目标可靠性指标

因素	类别	目标可靠指标
氯离子	腐蚀开始	1.5～1.8
	腐蚀引起的开裂	2.0～3.0
	结构的倒塌	3.6～3.8

8.4.3 基于可靠性指标的混凝土箱梁的承载力寿命预测

与混凝土碳化和氯离子侵蚀类似，同样将混凝土服役过程中箱梁正截面承载力 M_s 作为结构抗力 R，将恒载、活载等外荷载作用下混凝土截面弯矩 $M(t)$ 作为荷载效应 S，则结构承载力可靠度函数可表示为[33]

$$Z(t) = M_s - M(t) \tag{8.28}$$

同样假定结构抗力和荷载效应均服从正态分布，结构承载力可靠性指标和失效概率可表示为

$$\beta_M = \frac{\mu_Z}{\sigma_Z} = \left(\mu_{M_s} - \mu_M\right)\left(\sigma_{M_s}^2 + \sigma_M^2\right)^{-0.5} \tag{8.29}$$

$$P_f = P\{[M(t) \geqslant M_s] \leqslant \Phi(-\beta_M)\} \tag{8.30}$$

利用式(8.29)可得到结构可靠性指标 β_M 随时间的变化曲线。根据曲线可得到各自降到目标可靠性指标所需的最小时间，进而利用式(8.31)对结构承载力寿命进行预测。

$$t_5 = \min\{\beta_M < \beta_{M,0}\} \tag{8.31}$$

式中：t_5 为结构承载力可靠性指标降到目标可靠性指标所需的时间；$\beta_{M,0}$ 为氯离子侵蚀的目标可靠性指标，其取值可按表 8.2 确定。

虽然通常混凝土箱梁承载力计算模型大多为确定性模型，但随着混凝土、钢筋等材料性能的退化、桥梁结构施工误差等因素，其往往表现出很大随机性。因此，为准确预测结构承载力使用寿命，在承载力计算时还需考虑各参数随时间和空间的变化[34,35]。在式(8.14)的基础上，考虑各系数随机效应，建立考虑随机效应的承载力计算表达，即

$$M_R = K_{QC}\left[f_{pd} A_p b(h - a_p - x) + f_{sd} A_s b(h - a_s - x)\right] \tag{8.32}$$

式中：K_{QC} 为计算模型不确定系数；其余参数意义同前，但均为随机变量，在无统计结果的情况下，各参数可由表 8.4 确定[36]。

表 8.4 承载力计算公式各参数统计结果

影响因素	分布类型	均值	变异系数	标准差
普通钢筋有效面积 A_s/mm²		1.0	0.0350	0.0350
普通钢筋屈服强度 f_{ys}/MPa		1.127	0.0743	0.06593
截面有效梁高 h/mm		1	0.0028	0.0028
截面有效梁宽 b/mm		1	0.0037	0.0037
7ϕ5-1860 钢绞线面积/mm²	正态分布	1	0.0350	0.0350
7ϕ5-1860 钢绞线强度/MPa		1	0.0207	0.0207
预应力钢筋保护层厚度/mm		1	0.0112	0.0112
C50 混凝土抗压强度 f_{ck}/MPa		1	0.1240	0.1240
混凝土 28d 弹性模量/MPa		1	0.1200	0.1200
抗力计算模型不确定系数 K_R		1.05	0.0647	0.0612

8.5 基于可靠性指标的混凝土箱梁保护层厚度设计

8.5.1 基于可靠度的混凝土抗压强度计算

混凝土抗压强度是箱梁承载力的基本参数，明确抗压强度的经时变化规律是建立箱梁抗力模型的前提[37,38]。若混凝土抗压强度下降到设计值以下，则混凝土结构的安全会受到威胁。文献[39]通过测试龄期为 1~60 年的建筑物的抗压强度，基于对 1923 组实测数据的回归分析获得了抗压强度与服役时间的关系。结果表明，混凝土抗压强度在服役时间为 25 年左右时达到最大，随后逐渐开始降低。国内外既有混凝土抗压强度的经时变化规律模型的基本表达式为[39,40]

$$R_c(t) = R_0 g(t) \tag{8.33}$$

式中，$R_c(t)$ 为 t 时刻的抗压强度；R_0 为标准时刻的抗压强度；$g(t)$ 为时间作用函数。

混凝土抗压强度的时变结果受多种环境因素的影响。文献[39]基于国内外已有的大量混凝土抗压强度实测数据，分析了暴露于一般大气环境中的混凝土抗压强度变化规律，其表达式见式(8.34)和式(8.35)：

$$\mu_{f_{cu}}(t) = \mu_{f_{cu0}} 1.4529 e^{-0.0246(\ln t - 1.7154)^2} \tag{8.34}$$

$$\sigma_{f_{cu}}(t) = \sigma_{f_{cu0}}(0.0305t + 1.2368) \tag{8.35}$$

其中，28d 抗压强度的平均值 $\mu_{f_{cu0}}$ 和标准差 $\sigma_{f_{cu0}}$ 按式(8.36)计算：

第 8 章　考虑荷载与环境劣化的混凝土箱梁寿命预测与耐久性设计

$$\mu_{f_{cu0}} = \mu_{K_M} f_k, \quad \sigma_{f_{cu0}} = \sigma_{K_M} f_k \tag{8.36}$$

式中：K_M 为随机变量，$K_M = f_j/(k_0 f_k)$，其他参数取值如表 8.5 所示。

表 8.5　混凝土抗压强度统计参数

强度等级	均值 μ_{K_M}	标准差 σ_{K_M}	变异系数 δ_{K_M}
C25	1.5868	0.3059	0.1928
C30	1.5012	0.2662	0.1773
C40	1.4840	0.2342	0.1578
C50	1.3877	0.1907	0.1374

8.5.2　基于碳化可靠性指标的混凝土箱梁保护层厚度分区设计

我国铁路混凝土简支标准箱梁的常见的标准跨度有 24m、32m、40m 和 56m，其中 32m 混凝土简支箱梁应用最为广泛，56m 混凝土简支箱梁的荷载效应较大。以 56m 混凝土简支箱梁为例进行基于可靠度理论的碳化保护层厚度分区设计，结果可为同等暴露环境条件下其他跨度箱梁分区取值提供依据。

1. 设计方法

依据 8.2 节混凝土箱梁基于多维劣化的耐久性分区设计方法和 8.4 节基于可靠指标的混凝土箱梁使用寿命预测模型，对混凝土箱梁进行碳化保护层厚度设计，分区设计流程如图 8.13 所示。

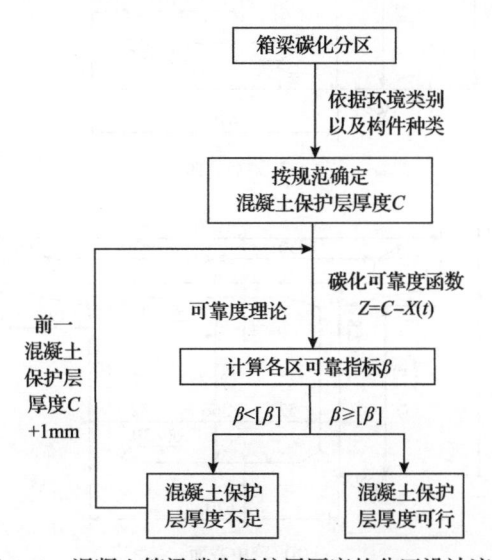

图 8.13　混凝土箱梁碳化保护层厚度的分区设计流程

分区设计具体步骤如下：

(1)首先基于耐久性规范按照环境类别及构件类型确定最小保护层厚度，并作为顶板、腹板和底板三个碳化区的基础值。

(2)选定三个碳化区的混凝土箱梁保护层厚度基础值后，分别计算碳化寿命公式中应力影响系数和碳化系数的均值、标准差，进而获得碳化深度的均值及标准差。

(3)依据式(8.20)分别计算各碳化区的可靠指标β，并与可靠度限值$[\beta]$比较，若$\beta \geqslant [\beta]$，说明选定的基础保护层厚度可以满足要求；若$\beta<[\beta]$，原有的保护层厚度提高1mm，重复计算相应的可靠指标至$\beta \geqslant [\beta]$，停止计算。

(4)在计算混凝土箱梁保护层厚度的碳化可靠度时，本书基于最小抗力法，并采用Monte-Carlo法的重要抽样进行碳化可靠度函数(式(8.20))的失效概率计算。

2. 桥梁概况

以银西高铁银川机场黄河特大桥引桥56m混凝土简支箱梁为例，桥梁横截面和预应力在跨中、梁端锚固部位的布置分别如图8.14和图8.15所示。梁体采用C60混凝土，弹性模量为3.65×10^4MPa；C35混凝土墩身的保护层厚度为40mm。

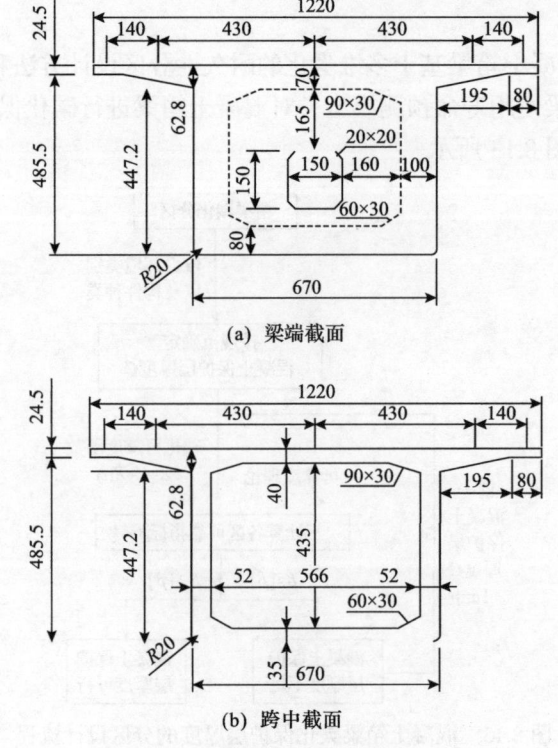

(a) 梁端截面

(b) 跨中截面

图8.14 典型断面布置图(单位：cm)

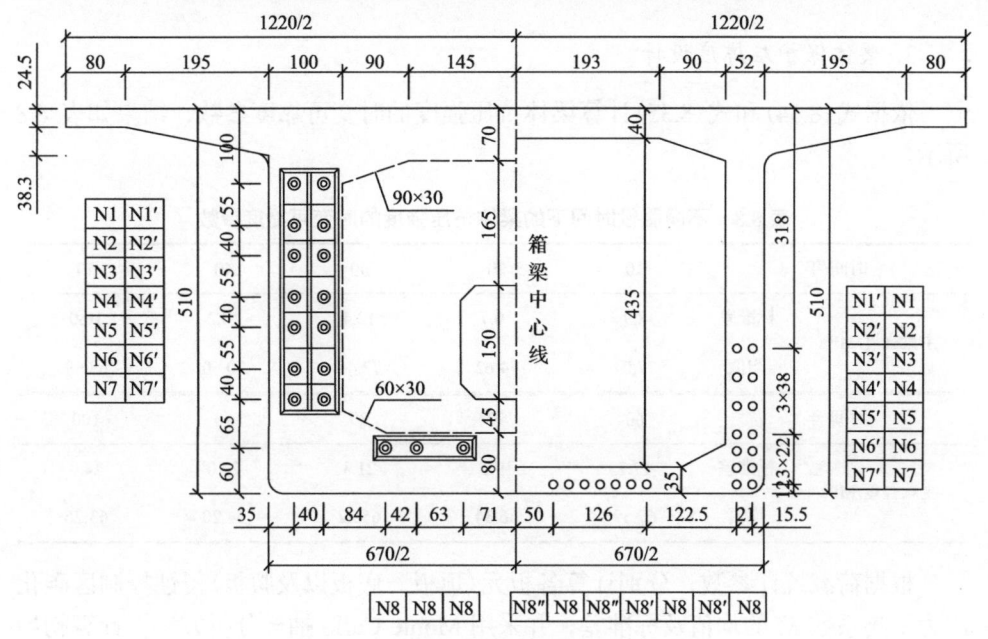

图 8.15 梁体预应力钢筋布置(单位：cm)

桥址湿度和温度分别按 70%、20℃考虑，大气 CO_2 含量取 400ppm（1ppm=1mg/L）。

首先采用有限元分析方法建立 56m 混凝土简支梁有限元模型，对恒载、活载作用下混凝土箱梁结构静载力学响应进行分析。结合有限元模型计算结果及表 8.5 中的统计参数，56m 简支梁跨中截面的荷载及截面统计参数如表 8.6 所示。

表 8.6 荷载最大效应、截面特性的均值及标准差

名称	均值	标准差
恒载弯矩/(kN·m)	213577.1	15252.9
活载弯矩/(kN·m)	92095.4	5925.15
梁高/m	1.0064	0.0257
混凝土保护层厚度/mm	1.0178	0.0505

依据上述结构的荷载计算结果，当墩高为 20m 时，算例桥墩的基础刚度计算结果如表 8.7 所示。

表 8.7 桥墩荷载参数表

纵向水平力/kN	纵弯矩/(kN·m)	横向水平力/kN	横向弯矩/(kN·m)	作用位置
8.512×10^5	6.08×10^7	8.274×10^5	1.202×10^8	墩底

3. 梁体保护层厚度设计

依据式(8.34)和式(8.35)计算梁体抗压强度的时变可靠度参数，结果如表 8.8 所示。

表 8.8 不同服役时间下的梁体抗压强度的时变可靠度参数

时间/年		10	20	30	40	50
主梁强度/MPa	标准差	8.9	10.7	12.4	14.2	16.0
	均值	77.04	74.62	72.45	70.60	68.99
时间/年		60	70	80	90	100
主梁强度/MPa	标准差	17.7	19.5	21.3	23.0	24.8
	均值	67.59	66.34	65.22	64.20	63.26

根据荷载统计参数，分别计算各板元(顶板、底板以及腹板)侵蚀控制区碳化应力影响系数 K_σ 的均值及标准差，并采用 Monte-Carlo 抽样分析方法，计算初始保护层厚度下梁体功能函数的失效概率，抽样次数为 10^8 次，相关程序见附录 A。按设计保护层厚度(50mm)进行碳化可靠度分析时，不同服役时间对应的箱梁碳化区各控制点的失效概率如图 8.16 所示。

由图 8.16(a)可知，经试算，为确保设计使用年限内碳化保护层厚度的可靠度，顶板区混凝土的保护层厚度为 53mm 时可满足要求；腹板及底板的保护层厚度分别设为 57mm、63mm 时，可保证服役期内结构的碳化可靠度。此外，从图中还可知，箱梁腹板及底板保护层厚度分别约为顶板的 1.08 倍、1.19 倍，验证了 6.1.2 节中各区应力影响系数取值的合理性。

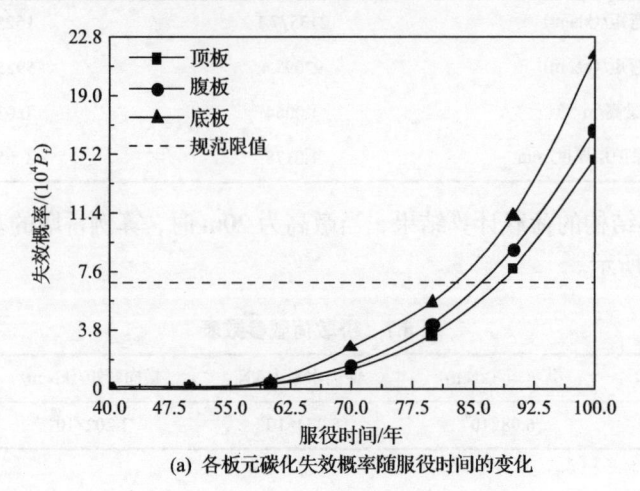

(a) 各板元碳化失效概率随服役时间的变化

(b) 顶板碳化失效概率随服役时间的变化

(c) 腹板碳化失效概率随服役时间的变化

(d) 底板碳化失效概率随服役时间的变化

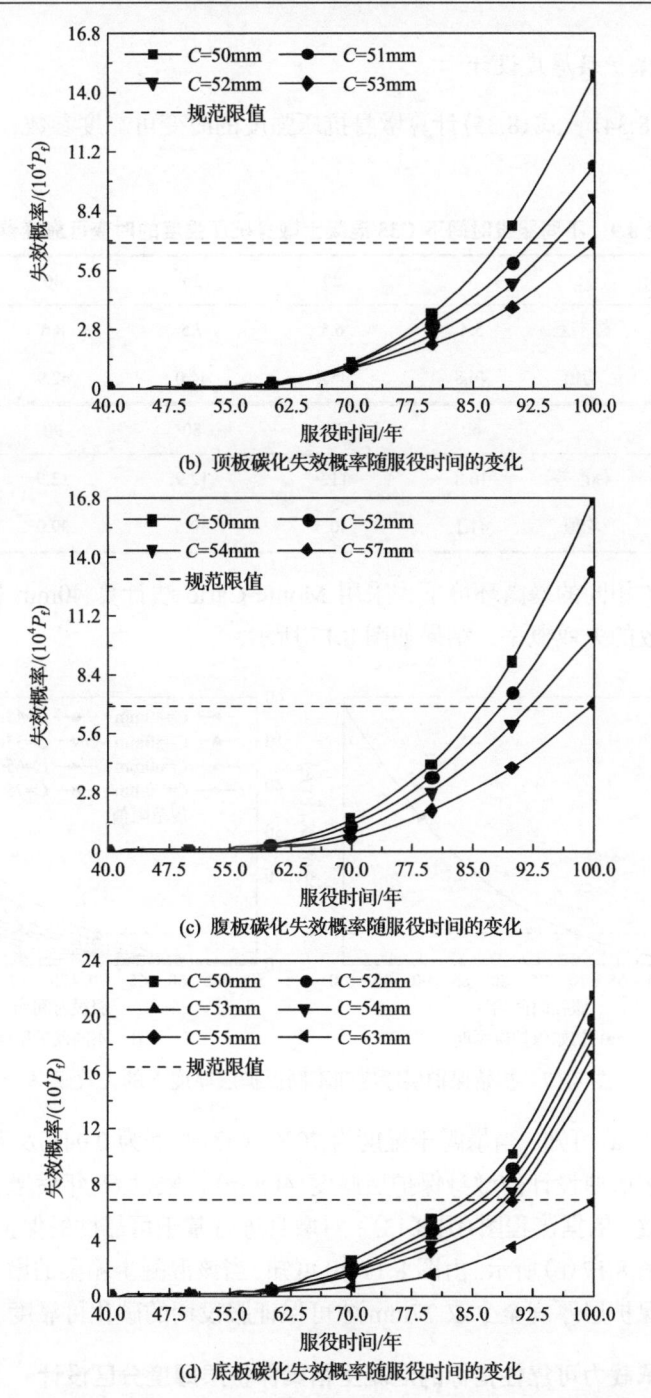

图 8.16 不同保护层厚度下顶板、腹板及底板侵蚀控制区的碳化失效概率随服役时间的变化

4. 墩身保护层厚度设计

依据式(8.34)、式(8.35)计算墩身抗压强度的时变可靠度参数，结果如表8.9所示。

表8.9 不同服役时间下C35混凝土墩身抗压强度的时变可靠度参数

时间/年		10	20	30	40	50
墩身强度/MPa	标准差	5.4	6.5	7.5	8.6	9.7
	均值	46.8	45.4	44.0	42.9	41.9
时间/年		60	70	80	90	100
墩身强度/MPa	标准差	10.8	11.9	12.9	13.9	15.1
	均值	41.1	40.3	39.6	39.0	38.4

在与梁体相同的暴露环境下，采用Monte-Carlo法计算40mm保护层厚度下墩身功能函数的失效概率，结果如图8.17所示。

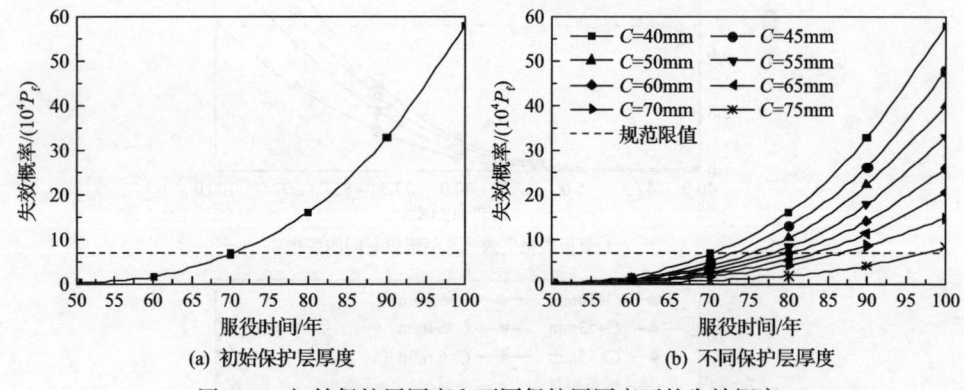

图8.17 初始保护层厚度和不同保护层厚度下的失效概率

由图8.17(a)可知，当暴露于湿度为70%、CO_2浓度为0.04%及温度为20℃的环境中时，按照原设计的墩身保护层厚度(40mm)，服役69年后墩身的碳化保护层功能将失效。依据流程图(图8.13)，对墩身进行基于可靠度的保护层厚度设计，计算结果如图8.17(b)所示。由图8.17(b)可知，当该混凝土箱梁的墩身材料为C40混凝土时，保护层厚度至少取77mm才可保证服役期的碳化可靠度。

8.5.3 基于承载力可靠性指标的混凝土箱梁保护层厚度分区设计

混凝土桥梁结构在氯离子侵蚀、碳化以及荷载等因素的耦合作用下逐渐劣化，进而造成承载力的下降。钢筋尤其是预应力钢筋的位置比较隐蔽，通常这类构件发生锈蚀时,不能被及时发现,待钢筋锈蚀造成结构功能明显下降时,其使用寿命已接近晚期,导致高昂的维修加固成本甚至出现不可修复的后果[41]。我国铁路桥梁采用容许应力法进行结构设计,没有考虑混凝土劣化导致的强度降低、钢筋锈蚀后强度及有效面积减小等问题。在不提高混凝土、普通钢筋以及预应力钢筋等材料性能的前提下,合理设置混凝土箱梁顶板、底板和腹板的保护层厚度是确保 RC 结构耐久性最有效的途径之一。

本节以我国铁路 24m、32m 和 40m 混凝土简支标准箱梁为例,进行考虑材料性能劣化的承载力计算。通过分区设计混凝土箱梁的保护层厚度来确保服役期结构的正截面抗弯承载力,并基于分析结果提出我国铁路混凝土简支标准箱梁顶板、底板和腹板保护层厚度的建议取值。

1. 设计方法

对铁路混凝土简支标准箱梁的保护层厚度进行分区设计时,为确保结构有足够的安全储备,底板和腹板区保护层厚度的设计应尽量确保对应区的预应力钢筋不发生锈蚀。具体设计流程如下:

(1)根据《铁路混凝土结构耐久性设计规范》[6],按桥址环境类别和构件类别确定混凝土最小保护层厚度。

(2)铁路桥梁的设计使用年限一般为 100 年,依据表 6.2 中的计算公式分别依次计算 100 年时顶板、腹板及底板侵蚀控制区的碳化深度及预应钢筋表面的氯离子浓度。

(3)根据桥址的具体环境参数进行腹板和底板侵蚀控制区预应力钢筋初锈时间的计算;随后计算预应力钢筋的强度及有效面积;最后分别依据式(8.34)、式(8.35)计算 100 年时的梁体混凝土抗压强度。

(4)根据混凝土箱梁正截面承载力的功能函数,采用 Monte-Carlo 法计算失效概率,若可靠度满足要求则停止计算。

(5)若步骤(4)的验算不通过,则以 5mm 为梯度,先增加预应力钢筋布置最多区(底板或腹板)的保护层厚度,重复步骤(4)进行可靠度指标验算。若满足,则停止运算;若不满足,再将另一区(预应力钢筋布置较少的区)的保护层厚度增加 5mm。如此以 5mm 为梯度,交替增加腹板区及底板区的保护层厚度,直至正截面承载力满足可靠度要求,停止运算。具体分区设计流程如图 8.18 所示。

2. 桥梁概况

以我国时速 250km 的高铁 32m 混凝土简支箱梁为例,按图 8.18 所示设计流程对其保护层厚度进行设计计算。简支箱梁计算荷载采用 ZK 活载,直线梁和曲线梁二期恒载分别按 173kN/m、190kN/m 计算，碳化环境作用等级为 T1、T2，梁全长为 32.6m，计算跨度为 31.5m，梁体混凝土强度等级为 C50，预应力钢绞线为 1-7-15.2-1860-GB/T 5224—2023，锚下控制应力为 1395MPa，由收缩徐变和松弛造成的预应力损失值分别为 111.66MPa、15.44MPa，梁体顶板混凝土净保护层厚度为 30mm，腹板及底板保护层厚度为 35mm，跨中断面预应力钢筋布置图如图 8.19 所示。

图 8.18 分区设计流程

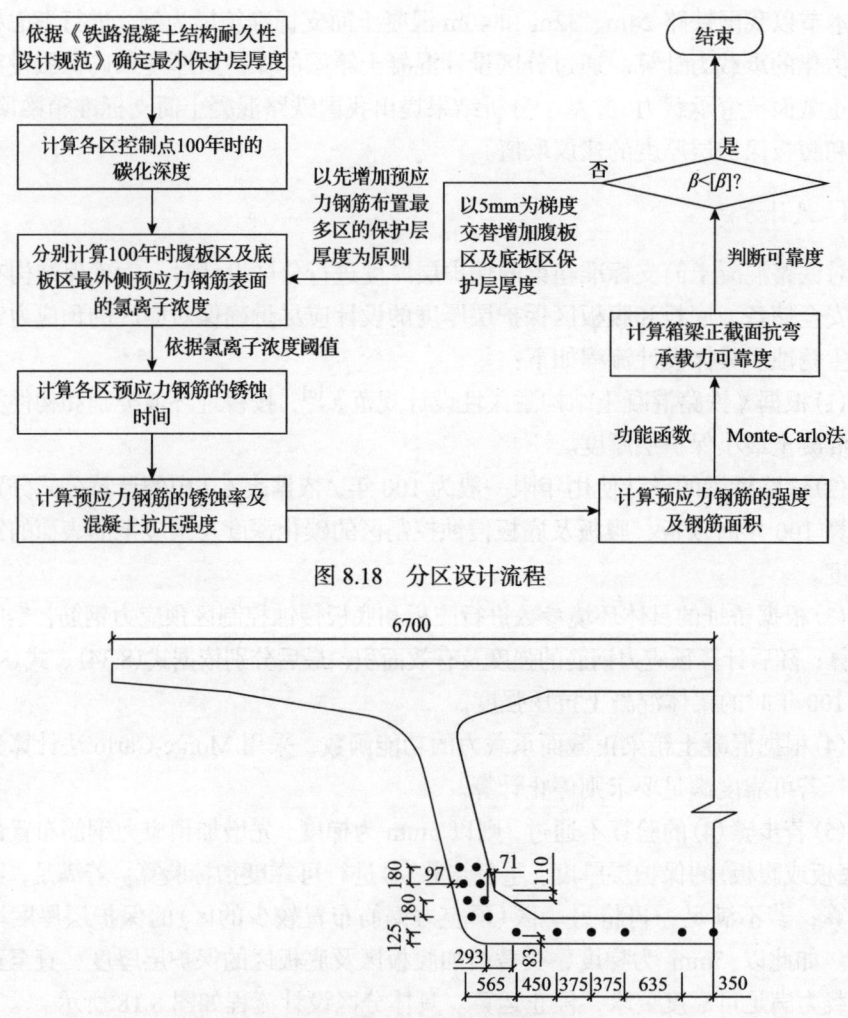

图 8.19 跨中断面预应力钢筋布置图（单位：mm）

3. 耐久性参数计算

由图 8.19 可知，当箱梁预应力钢筋区的保护层厚度为 35mm 时，腹板、底板

第8章 考虑荷载与环境劣化的混凝土箱梁寿命预测与耐久性设计

侵蚀控制区 x、y 扩散方向距最外侧预应力钢筋表面的距离分别为 71mm、110mm、83mm、293mm。假定暴露环境的温度和空气湿度分别为 8℃、70%，CO_2 含量为 0.04%，结构损伤系数为 4，碳化影响系数为 0.2。忽略氯离子对碳化的影响，服役 100 年时，腹板及底板侵蚀控制区的碳化深度分别为 35.1mm、38.3mm。依据文献[42]，梁体表面的氯离子浓度取 0.35%，28d 氯离子扩散系数为 2.52cm²/a，时间依赖性参数为 0.64，混凝土结合能力为 2。服役 100 年后箱梁顶板、底板和腹板控制区碳化深度随服役时间的变化如图 8.20 所示。

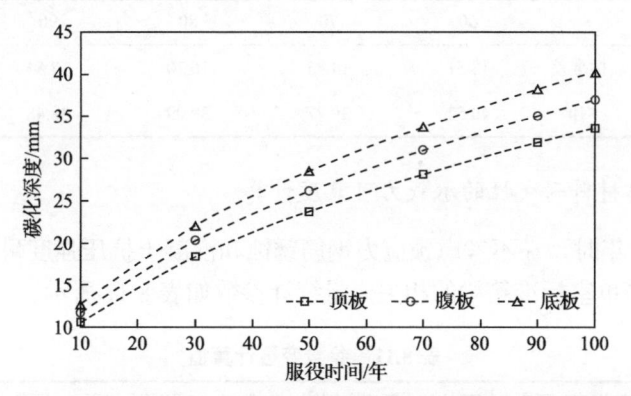

图 8.20 不同时间对应的顶板、底板和腹板控制区的碳化深度

由图 8.20 可知，考虑荷载、氯离子侵蚀及碳化作用下，底板及腹板控制区的碳化深度比较接近，达到 100 年服役期限时碳化深度约为 40mm。根据表 8.1 所示公式，计算得到在碳化与弯曲荷载及氯离子侵蚀耦合作用下，腹板和底板侵蚀控制区最外侧预应力钢筋表面的氯离子浓度，结果如图 8.21 所示。

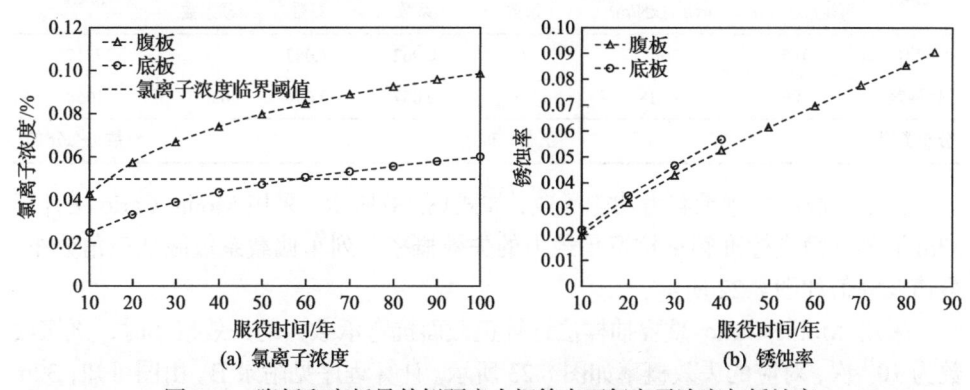

(a) 氯离子浓度　　(b) 锈蚀率

图 8.21 腹板和底板最外侧预应力钢筋表面氯离子浓度与锈蚀率

由图 8.21(a) 可知，在多因素耦合作用下，底板和腹板侵蚀控制区最外侧的预应力钢筋分别服役 58 年、14 年后开始发生锈蚀。依据式(8.19)计算的底板及腹板侵蚀控制区预应力钢筋锈蚀率随时间的变化如图 8.21(b) 所示。

依据式(8.34)、式(8.35)，C50混凝土抗压强度设计值的均值及方差随服役时间的变化如表8.10所示。

表 8.10 抗压强度时变可靠度参数

时间/年		10	20	30	40	50
主梁强度/MPa	标准差	6.79	8.13	9.47	10.82	12.16
	均值	46.18	44.73	43.42	42.31	41.36
时间/年		60	70	80	90	100
主梁强度/MPa	标准差	13.51	14.85	16.20	17.54	18.88
	均值	40.52	39.77	39.09	38.48	37.92

4. 不考虑材料耐久性的承载力可靠度计算

服役100年时，在不考虑预应力钢筋锈蚀和混凝土抗压强度耐久性时，所选铁路32m单箱单室标准箱梁的相关变量统计参数如表8.11所示。

表 8.11 参数变量计算值

变量	抗力计算模型不确定系数	预应力钢筋抗拉强度/MPa	预应力钢筋有效面积/m²	截面高度/m	混凝土抗压强度/MPa	截面宽度/m	恒载计算模型不确定系数
均值	1.05	1260000	0.0378	3.05	43320	13.4	1
标准差	0.062	26082	0.001323	0.0085	5022	0.496	0.07
分布类型				正态分布			

变量	自重引起的弯矩/(kN/m)	附加恒载引起的弯矩/(kN/m)	模型不确定系数	竖向静载系数	列车动力系数	列车偏载系数	M_b/kN
均值	270.5	190	1	0.962	1.097	1	27317
标准差	5.809	11.18	0.1	0.037	0.054	0.013	1068
分布类型			正态分布				对数正态分布

依据正截面抗弯承载力功能函数，如式(8.28)所示，采用Monte-Carlo法计算32m混凝土简支标准箱梁抗弯承载力的失效概率，列车偏载系数服从三角分布，最值及峰值如图8.22所示。

采用Monte-Carlo重要抽样法计算正截面抗弯承载力的失效概率时，试探次数为10^{10}次，对应的失效概率如图8.23所示。计算程序见附录B。由图可知，32m混凝土简支标准箱梁发生延性破坏时，结构可靠度指标[β]=3.7。根据文献[43]对结构可靠度指标进行折减后，0.85[β]=3.145，对应的失效概率为8.3043×10^{-4}。因此，不考虑环境对材料性能的影响时，服役期内铁路32m混凝土简支标准箱梁的正截面承载力可靠度满足要求。

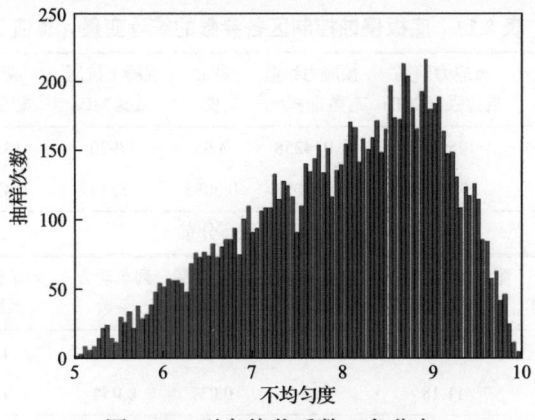

图 8.22 列车偏载系数三角分布

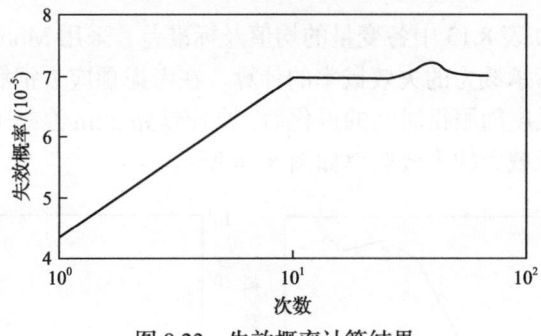

图 8.23 失效概率计算结果

5. 考虑材料耐久性的承载力可靠度计算

依据图 8.21 中腹板和底板侵蚀控制区预应力钢筋的锈蚀率，进行预应力钢筋强度和有效面积的计算。各控制区的耐久性参数分别如表 8.12 和表 8.13 所示。

表 8.12 腹板侵蚀控制区各参数的统计变量计算值

变量	抗力计算模型不确定系数	预应力钢筋抗拉强度/MPa	预应力钢筋有效面积/m²	截面高度/m	混凝土抗压强度/MPa	截面宽度/m	恒载计算模型不确定系数
均值	1.05	1253704	0.020327	3.05	37920	13.4	1
标准差	0.062	25951.67	0.00078	0.0085	18880	0.496	0.07
分布类型	正态分布						

变量	自重引起的弯矩/(kN/m)	附加恒载引起的弯矩/(kN/m)	模型不确定系数	竖向静载系数	列车动力系数	列车偏载系数	M_b/kN
均值	270.5	190	1	0.962	1.097	1	27317
标准差	5.809	11.18	0.1	0.037	0.054	0.013	1068
分布类型	正态分布				三角分布	对数正态分布	

表 8.13 底板侵蚀控制区各参数的统计变量计算值

变量	抗力计算模型不确定系数	预应力钢筋抗拉强度/MPa	预应力钢筋有效面积/m^2	截面高度/m	混凝土抗压强度/MPa	截面宽度/m	恒载计算模型不确定系数
均值	1.05	1255059	0.014258	3.05	37920	13.4	1
标准差	0.062	25979.72	0.000053	0.0085	18880	0.496	0.07
分布类型	正态分布						

变量	自重引起的弯矩/(kN/m)	附加恒载引起的弯矩/(kN/m)	模型不确定系数	竖向静载系数	列车动力系数	列车偏载系数	M_b/kN
均值	270.5	190	1	0.962	1.097	1	27317
标准差	5.809	11.18	0.1	0.037	0.054	0.013	1068
分布类型	正态分布					三角分布	对数正态分布

依据表 8.12 和表 8.13 中各变量的均值及标准差，采用 Monte-Carlo 重要抽样法进行正截面抗弯承载力的失效概率的计算。在考虑预应力钢筋的强度、有效面积和混凝土抗压强度随服役时间的退化后，高速铁路 32m 混凝土简支标准箱梁服役 100 年时，其承载力的失效概率如图 8.24 所示。

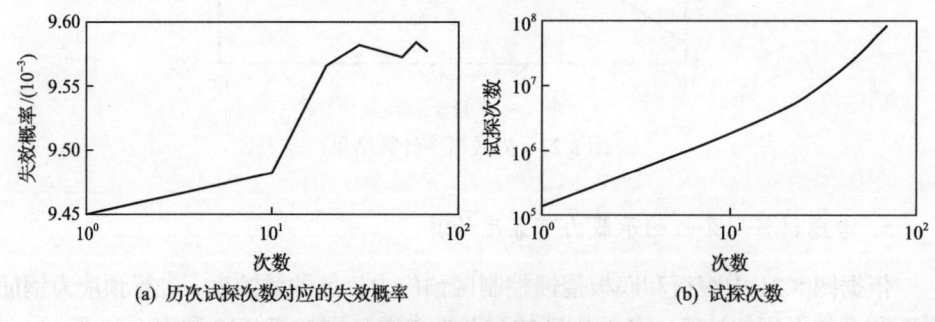

(a) 历次试探次数对应的失效概率

(b) 试探次数

图 8.24 考虑材料性能退化的正截面抗弯承载力失效概率

由图 8.24 可知，按原设计将底板和腹板的保护层厚度取 35mm 时，考虑环境因素对结构耐久性的影响后，腹板和底板侵蚀控制区的预应力钢筋分别在服役 14 年、58 年开始发生锈蚀。在 100 年的设计使用年限内，铁路 32m 混凝土标准简支箱梁正截面的抗弯承载力的失效概率为 0.0035，大于 8.3043×10^{-4}，表明结构可靠度已无法满足设计要求，需增加混凝土保护层厚度。

6. 混凝土保护层厚度分区设计

不同保护层厚度下，腹板和底板区预应力钢筋表面的氯离子浓度及锈蚀率随服役时间的变化分别如图 8.25 和图 8.26 所示。

基于图 8.25、图 8.26 中不同保护层厚度下预应力钢筋的材料性能分别进行预应力钢筋设计强度及钢筋面积的计算。由图 8.25(b) 可知，当底板保护层厚度为

(a) 氯离子浓度随服役时间的变化

(b) 锈蚀率随服役时间的变化

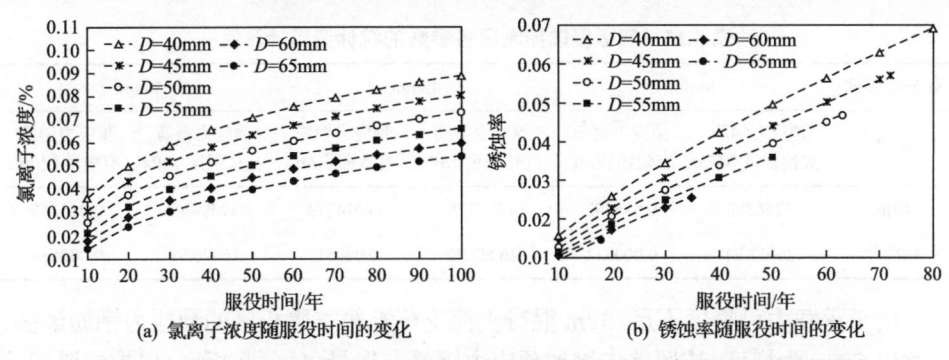

图 8.25 腹板区最外侧预应力钢筋表面氯离子浓度及锈蚀率随服役时间的变化

(a) 氯离子浓度随服役时间的变化

(b) 锈蚀率随服役时间的变化

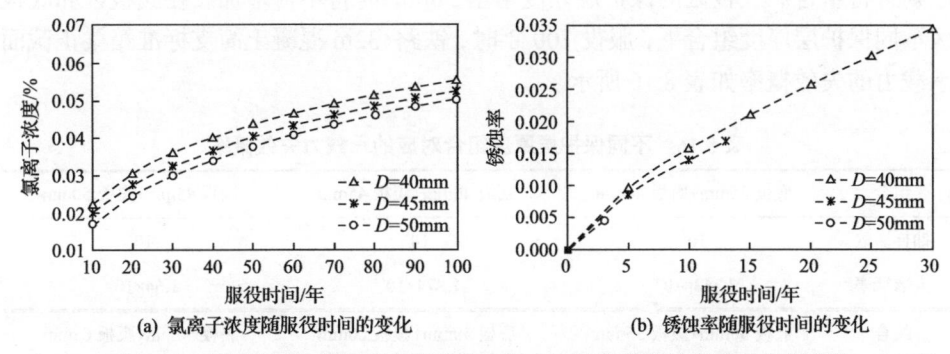

图 8.26 底板区最外侧预应力钢筋表面氯离子浓度及锈蚀率随时间的变化

50mm 时，最外侧预应力钢筋的锈蚀时间为 3 年。因此，底板最大保护层厚度暂按 50mm 确定。不同保护层厚度下，腹板和底板侵蚀控制区的材料耐久性统计参数分别如表 8.14、表 8.15 所示。

表 8.14 腹板侵蚀控制区各参数的统计变量计算值

保护层厚度	40mm		45mm		50mm	
变量	预应力钢筋抗拉强度/MPa	预应力钢筋有效面积/m²	预应力钢筋抗拉强度/MPa	预应力钢筋有效面积/m²	预应力钢筋抗拉强度/MPa	预应力钢筋有效面积/m²
均值	1255416	0.020852	1256557	0.021217	1256906	0.021331
标准差	25987.11	0.00073	26010.73	0.000743	26017.95	0.000747
分布类型	正态分布					

保护层厚度	55mm		60mm		65mm	
变量	预应力钢筋抗拉强度/MPa	预应力钢筋有效面积/m²	预应力钢筋抗拉强度/MPa	预应力钢筋有效面积/m²	预应力钢筋抗拉强度/MPa	预应力钢筋有效面积/m²
均值	1257693	0.021593	1258728	0.021948	1259002	0.022044
标准差	26034.25	0.000756	26055.67	0.000768	26061.34	0.000772
分布类型	正态分布					

表 8.15 底板侵蚀控制区各参数的统计变量计算值

保护层厚度	40mm		45mm		50mm	
变量	预应力钢筋抗拉强度/MPa	预应力钢筋有效面积/m^2	预应力钢筋抗拉强度/MPa	预应力钢筋有效面积/m^2	预应力钢筋抗拉强度/MPa	预应力钢筋有效面积/m^2
均值	1256580	0.014592	1257378	0.014773	1259465	0.015268
标准差	26011.21	0.000511	26027.72	0.000517	26070.93	0.000534

由于承载力可靠度不足，32m 混凝土简支标准箱梁腹板区的预应力钢筋最多，因此以 5mm 为梯度，按照首先增加预应力钢筋布置最多区（腹板区）保护层厚度的原则进行组合。底板区的保护层厚度增至 50mm 时将不再增加。在腹板区和底板区不同保护层厚度组合下，服役 100 年时，铁路 32m 混凝土简支标准箱梁正截面承载力的失效概率如表 8.16 所示。

表 8.16 不同保护层厚度组合对应的承载力失效概率

组合	底板 35mm+腹板 40mm	底板 40mm+腹板 45mm	底板 45mm+腹板 50mm
抽样次数	10^9	10^9	10^9
失效概率	2.248×10^{-3}	1.874×10^{-3}	1.64×10^{-3}
组合	底板 50mm+腹板 55mm	底板 50mm+腹板 60mm	底板 50mm+腹板 65mm
抽样次数	10^9	10^9	10^9
失效概率	1.161×10^{-3}	8.93×10^{-4}	6.33×10^{-4}

由表 8.16 可知，当腹板及底板的保护层厚度分别为 65mm 及 50mm 时，铁路 32m 混凝土简支标准箱梁服役 100 年的承载力失效概率为 6.33×10^{-4}，小于[f]= 8.3043×10^{-4}。正截面抗弯承载力的可靠度满足要求。铁路混凝土箱梁正截面抗弯承载力的抗力主要由预应力钢筋提供。箱梁顶板区未设置纵向预应力钢筋。因此，将箱梁顶板区的保护层厚度按《铁路混凝土结构耐久性设计规范》[6]取值即可。

8.6 氯离子及碳化作用下混凝土箱梁保护层厚度建议取值

8.6.1 混凝土保护层厚度对钢筋初锈时间的影响

在荷载与碳化及氯离子侵蚀耦合作用下，在 100 年的设计使用年限内，我国铁路 24m、32m 和 40m 预应力混凝土简支箱梁底板、腹板侵蚀控制区最外侧预应力钢筋的锈蚀时间与保护层厚度的对应关系如图 8.27 所示。

由图 8.27(a)可知，腹板区混凝土保护层厚度每增加 5mm，24m、32m 和 40m 箱梁腹板最外侧预应力钢筋的锈蚀的时间将分别延迟 13～20 年、8～14 年、11～

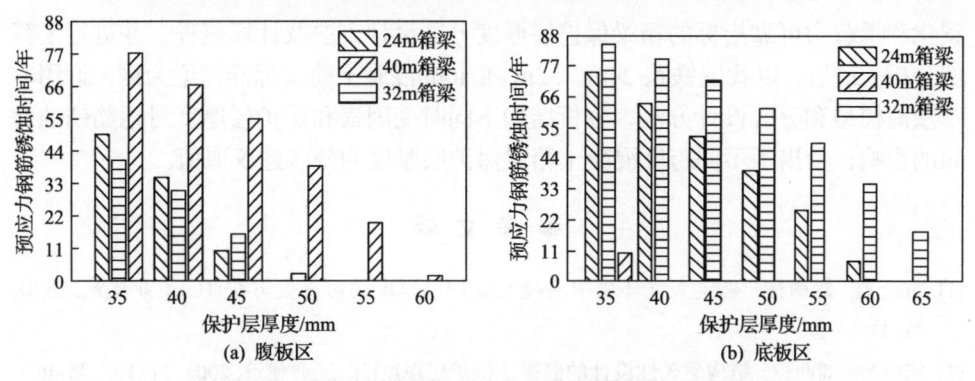

图8.27 预应力钢筋锈蚀时间随保护层厚度的变化关系

19年。由图 8.27(b)可知，底板区混凝土保护层厚度每增加 5mm，24m、32m 以及 40m 箱梁底板最外侧预应力钢筋发生锈蚀的时间将分别延迟 11～18 年、6～13 年、10 年。这说明混凝土保护层厚度每增加 5mm，箱梁对应区最外侧预应力钢筋的锈蚀时间将至少延长 6 年，最大可达 20 年。因此，增加混凝土保护层厚度能有效提高预应力钢筋的耐久性。

8.6.2 保护层厚度的分区建议取值

经计算，对于我国铁路 24m、32m 和 40m 混凝土简支标准箱梁，在假定三种跨度箱梁的顶板保护层厚度均为 30mm 的情况下，若要使正截面抗弯承载力的可靠度满足规范要求，三种跨度箱梁预应力钢筋较多区的保护层厚度应分别至少达到顶板的 1.67 倍、2.17 倍、2.17 倍；预应力钢筋较少区分别至少达到顶板的 1.5 倍、1.5 倍、1.67 倍。

由于我国铁路混凝土箱梁的顶板未设置纵向预应力钢筋，当上述三种跨度箱梁暴露在氯离子和碳化环境中时，依据正截面抗弯承载力可靠度分析结果，顶板保护层厚度按规范取值即可。腹板和底板区混凝土保护层厚度按预应力钢筋数量进行分类。预应力钢筋较多区保护层厚度按 65mm 设置，较少区按 50mm 设置。

8.7 本章小结

本章首先详细阐述了混凝土结构耐久性设计理论、常见寿命预测方法、结构可靠度计算方法以及结构耐久性使用寿命判定准则；接着，根据混凝土箱梁的空间薄壁构造特征、多维力学特征和多维侵蚀特性，对不同环境因素下混凝土箱梁耐久性侵蚀区域进行分区，并提出了基于保护层厚度的混凝土箱梁分区设计方法，建立了相应的混凝土箱梁寿命预测模型；然后以我国铁路混凝土简支箱梁为例，按照上述耐久性分区准则和基于可靠度指标的耐久性反演分析方法，建立了基于碳化和承载力可靠指标的箱梁保护层厚度分区设计方法及计算流程，并进行了算例分析；最后，以我国铁路24m、32m和40m混凝土简支标准箱梁为例，运用本章预测模型和分区设计方法，分析结构不同时变因素和保护层厚度对钢筋锈蚀时间的影响，给出了不同跨度混凝土箱梁保护层厚度的分区建议取值。

参 考 文 献

[1] 贡金鑫, 赵尚传. 确定大气环境中混凝土保护层厚度的可靠度方法[J]. 工业建筑, 2001, 31(1): 32-34.

[2] 宋晓冰, 刘西拉. 结构耐久性设计的混凝土保护层厚度[J]. 工业建筑, 2001, 31(10): 43-46.

[3] 杨林德, 高占学. 公路隧道混凝土衬砌结构的耐久性与保护层厚度[J]. 土木工程学报, 2003, 36(12): 64-67.

[4] 张建荣, 黄鼎业. 混凝土保护层的设计及构造建议[J]. 同济大学学报(自然科学版), 2000, 28(6): 641-645.

[5] 中华人民共和国交通运输部. 公路工程混凝土结构耐久性设计规范: JTG/T 3310—2019[S]. 北京: 人民交通出版社, 2019.

[6] 中华人民共和国铁道部. 铁路混凝土结构耐久性设计规范: TB 10005—2010[S]. 北京: 中国铁道出版社, 2010.

[7] 寇佳亮, 张卓越, 景国强, 等. 氯盐-干湿侵蚀下高延性混凝土力学性能试验及强度衰减模型研究[J]. 自然灾害学报, 2022, 31(3): 199-212.

[8] 徐世烺, 李贺东. 超高韧性水泥基复合材料研究进展及其工程应用[J]. 土木工程学报, 2008, 41(6): 45-60.

[9] 《中国公路学报》编辑部. 中国桥梁工程学术研究综述·2014[J]. 中国公路学报, 2014, 27(5): 1-96.

[10] 缪昌文, 顾祥林, 张伟平, 等. 环境作用下混凝土结构性能演化与控制研究进展[J]. 建筑结构学报, 2019, 40(1): 1-10.

[11] 李克非, 廉慧珍, 邸小坛. 混凝土结构耐久性设计原则、方法与标准[J]. 土木工程学报, 2021, 54(10): 64-71,96.

[12] 陆忠民, 刘志明. 水利水电工程合理使用年限及其耐久性设计问题[J]. 中国水利, 2015, (8): 10-14.

[13] 赵国藩, 金伟良, 贡金鑫. 结构可靠度理论[M]. 北京: 中国建筑工业出版社, 2000.

[14] 金伟良, 袁迎曙, 卫军, 等. 氯盐环境下混凝土结构耐久性理论与设计方法[M]. 北京: 科学出版社, 2011.

[15] 《中国公路学报》编辑部. 中国路基工程学术研究综述·2021[J]. 中国公路学报, 2021, 34(3): 1-49.

[16] 金伟良, 张大伟, 吴柯娴, 等. 混凝土结构长期性能的若干基本问题探讨[J]. 建筑结构,

2020, 50(13): 1-6, 29.

[17] 金伟良, 钟小平. 结构全寿命的耐久性与安全性、适用性的关系[J]. 建筑结构学报, 2009, 30(6): 1-7.

[18] 项海帆. 高等桥梁结构理论[M]. 2版. 北京: 人民交通出版社, 2013.

[19] 中国建筑科学研究院有限公司. 建筑结构可靠性设计统一标准: GB 50068—2018[S]. 北京: 中国建筑工业出版社, 2019.

[20] 国家质量技术监督局, 中华人民共和国建设部. 公路工程结构可靠度设计统一标准: GB/T 50283—1999[S]. 北京: 中国计划出版社, 1999.

[21] 陈龙, 黄天立. 基于贝叶斯更新和逆高斯过程的在役钢筋混凝土桥梁构件可靠度动态预测方法[J]. 工程力学, 2020, 37(4): 186-195.

[22] 汤永净, 王永东. 钢筋混凝土短柱的时变可靠度分析[J]. 结构工程师, 2008, 24(2): 16-21, 27.

[23] 张文武, 刘帅, 郭保林, 等. 混凝土中钢筋锈蚀研究概述[J]. 山西建筑, 2023, 49(7): 6-11, 42.

[24] 金伟良, 赵羽习. 混凝土结构耐久性[M]. 北京: 科学出版社, 2002.

[25] 孟乔, 黄维蓉. 基于耐久性能的混凝土寿命预测方法研究进展[J]. 科学技术与工程, 2022, 22(5): 1751-1759.

[26] 张菊辉, 方成. 氯盐侵蚀下钢筋混凝土结构寿命的预测研究进展[J]. 材料科学与工程学报, 2019, 37(5): 848-854, 859.

[27] 黄煜镔, 赵翔宇, 余帆, 等. 基于氯离子扩散的钢筋混凝土结构寿命评估[J]. 硅酸盐通报, 2016, 35(10): 3301-3306, 3313.

[28] 杨鸥, 李惠, 欧进萍. 钢筋混凝土斜拉桥寿命期内整体极限承载力分析[J]. 土木工程学报, 2012, 45(3): 116-126.

[29] 张勤. 高速铁路混凝土梁桥的梁结构可靠度分析[D]. 成都: 西南交通大学, 2014.

[30] 宋志刚, 金伟良, 刘芳, 等. 钢筋锈蚀率概率分布的动态演进模拟[J]. 浙江大学学报(工学版), 2006, 40(10): 1749-1754.

[31] 马俊军, 蔺鹏臻. 基于可靠指标的混凝土箱梁桥氯离子扩散效应分析与寿命预测[J]. 硅酸盐通报, 2019, 38(1): 7-13.

[32] 何浩祥, 李瑞峰, 陈奎. 基于DLA的氯离子侵蚀与碳化耦合作用下桥梁性能演变模拟[J]. 应用基础与工程科学学报, 2016, 24(4): 778-791.

[33] 蒋利学, 白雪, 王卓琳. 随机性验证荷载对既有建筑结构构件可靠度的影响分析[J]. 土木工程学报, 2022, 55(7): 39-46.

[34] 肖建庄, 夏冰, 肖绪文. 工程结构可持续性设计理论架构[J]. 土木工程学报, 2020, 53(6): 1-12.

[35] 张世春. 在役钢筋混凝土桥梁承载力分析方法[J]. 城市道桥与防洪, 2019, (9): 180-184,

188.
- [36] 徐升桥，彭岚平，侯建军，等. 铁路桥梁承载能力可靠性分析[J]. 铁道标准设计, 2013, 57(1): 45-52.
- [37] 颜迎迎，高向玲. 大气环境下混凝土强度经时变化规律研究进展[J]. 结构工程师, 2011, 27(6): 134-140.
- [38] 牛荻涛，王庆霖. 一般大气环境下混凝土强度经时变化模型[J]. 工业建筑, 1995, 25(6): 36-38.
- [39] 高向玲，颜迎迎，李杰. 一般大气环境下混凝土经时抗压强度的变化规律[J]. 土木工程学报, 2015, 48(1): 19-26.
- [40] Mori Y, Ellingwood B R. Reliability-based service-life assessment of aging concrete structures [J]. Journal of Structural Engineering, 1993, 119(5): 1600-1621.
- [41] 刘志梅，侯旭，许宏元，等. 预应力钢筋锈蚀程度评定与力学性能衰减研究[C]. 第十九届全国桥梁学术会议, 上海, 2010: 576-585.
- [42] 余红发，孙伟，鄢良慧，等. 混凝土使用寿命预测方法的研究 I: 理论模型[J]. 硅酸盐学报, 2002, 30(6): 686-690.
- [43] 赵国藩. 工程结构可靠性理论与应用[M]. 大连: 大连理工大学出版社, 1996.

第 9 章 混凝土箱梁加固与耐久性提升技术

混凝土箱梁耐久性因涉及结构安全、适用性、经济性和耐久性,已成为科研界和工程界研究的重点[1]。通过实验室测试、数值模拟和实际工程应用的探索,已在混凝土耐久性劣化机制,耐久性状态的检测、评估,寿命预测等方面取得了重要进展。这些研究成果不仅推动了混凝土结构的发展,还对提高结构的使用寿命、降低维护成本和实现可持续发展目标起到了十分积极的作用[2]。本章将介绍混凝土箱梁加固与耐久性提升技术,这是混凝土结构耐久性研究体系的重要组成部分,对新建和既有混凝土箱梁耐久性能的提升具有重要意义。

9.1 混凝土箱梁结构加固技术

9.1.1 碳纤维加固

近年来,纤维材料在土木工程中的应用一直备受国内外研究的关注。随着材料技术的不断发展,如今已经涌现出多种先进的纤维材料。而在这些纤维材料中,碳纤维材料是迄今为止最早应用于土木工程领域、技术最成熟且使用量最大的高科技材料之一。

碳纤维材料作为一种新型复合材料,具有高强高效、施工便捷、耐腐蚀、自重轻、不增加结构尺寸等明显的优点,广泛应用于房屋、桥梁加固补强。碳纤维及碳纤维加固的特点如下:具有良好的可塑性,能很好地适用于曲面和不规则形状的结构物,重量轻,密度小,施工便捷,工作效率高,具有极强的耐腐蚀性和耐久性。因此,碳纤维材料在土木工程结构加固中广泛应用[3,4]。

1. 加固机理

碳纤维加固混凝土结构的加固机理是通过使用环氧树脂黏结剂将碳纤维粘贴在结构的受拉区域,与混凝土共同抵抗外力引起的拉力,从而增强配筋效果[5]。碳纤维的作用是抵抗荷载产生的拉应力,而环氧树脂的作用是将原有结构的一部分拉应力传递到碳纤维上。因此,在碳纤维中存在一个黏结长度,在这个长度范围内,环氧树脂通过剪切变形将拉应力传递给碳纤维[6]。碳纤维布只承受剪力而不承受弯矩,因此只会发生剪切变形,而不会发生弯曲变形。与其他加固方式相比,碳纤维加固技术具有轻质高强、耐腐蚀性高、灵活性强、施工快捷、弹性模量可控等技术优势。

2. 施工工艺

碳纤维加固流程如图 9.1 所示，主要包括以下几个方面[6,7]。

```
施工准备
    ↓
混凝土表面处理
    ↓
配制底胶 → 局部表面找平处理 ← 配制找平胶
    ↓
涂刷底胶
    ↓
配制浸渍胶 → 粘贴碳纤维布
    ↓
养护
    ↓
验收
```

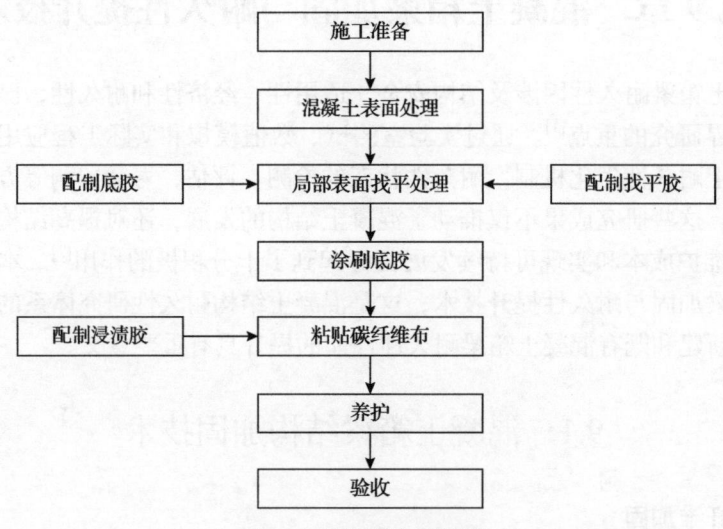

图 9.1 碳纤维加固流程

(1) 施工准备：考虑加固前结构状态、环境等，根据施工现场和被加固结构、构件混凝土的实际状况和服役环境，确定施工方案和施工计划，做好施工前的准备工作。

(2) 混凝土表面处理：用砂轮机或磨光机将混凝土表面劣化层除去，并清除粉尘和松动物质，确保其充分干燥，表面平整度要达到 $5mm/m^2$，阳角部位需磨成半径大于 20mm 以上的圆弧角，以免造成应力集中而降低补强效果，如图 9.2 所示。凹角部位需使用环氧树脂砂浆修整，使其凹面呈曲线平滑状。有裂缝时，应先以适当方法进行密封和灌缝。现场施工温度要大于 5℃。打磨基层清理干净后，才可进行下一道工序。

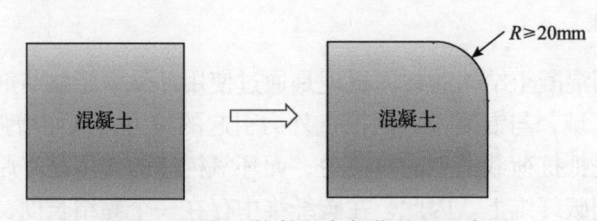

图 9.2 混凝土构件阳角部位处理示意图

(3) 局部表面找平处理：配制找平胶，按配合比及工艺要求配制搅拌。对混凝土表面凹陷部位采用刮刀嵌填整平胶泥，且不应有棱角，修复面与混凝土表面落差不超过 1mm。转角处采用找平胶修复为光滑的圆弧，半径不小于 20mm。固化养护后在找平胶表面指触干燥后尽快进行下一步工序施工。

(4) 涂刷底胶：使用时以配套底胶为主剂和固化剂按一定比例混合后放入容器中，并进行均匀搅拌，制备底胶。根据实际情况确定每次使用的量，严格控制使用时间。在涂刷碳纤维底胶时，请注意以下事项：①在温度低于-50℃或湿度高于85%的条件下，禁止施工；②底胶是由树脂和硬化剂混合均匀而成的，务必注意混合容器的表面和底部的充分混合；③若底胶已过期，则必须立即处理掉；④底胶混合后，若在修复时底胶温度高、黏性增加，则必须停止使用。

(5) 粘贴碳纤维布：在粘贴碳纤维布之前，按设计要求的尺寸裁剪碳纤维布，要保持碳纤维布干净，且不能随意弯折。用滚筒毛刷把粘贴胶均匀地涂在碳纤维布上，应避免粘贴胶过多导致纤维滑移和扭曲，或粘贴胶不足导致含浸不足降低碳纤维粘贴性。粘贴完后，用力再顺着碳纤维布方向来回滚动数次，让浸渍胶浸透且挤出气泡。在30min后、3h之内，检查底层的浸渍胶是否浸透，再用力按照碳纤维布的方向滚动，然后按上层涂量的标准涂刷。上层涂量为300～400g/m²。多层粘贴时逐层重复上述步骤，但应在碳纤维布表面指触干燥后立即进行下一层的粘贴，若超过60min则应等12h后再进行涂浸碳纤维粘贴下一层。较后的一层碳纤维物表面应均匀涂抹一道黏结剂。

(6) 养护：施工完成后24h内应防止雨淋或受潮，并注意保护，防止硬物碰伤施工表面。当平均气温为20～25℃时，固化养护时间不得少于3d；当平均气温为10℃时，固化养护时间不得少于7d。

(7) 验收：在工程验收时，需要获得碳纤维布和配套胶生产厂家提供的材料检验证明。每个工序完成后，都必须按照工艺要求进行检查，并记录相应的验收记录。施工完成后，现场验收应主要评估碳纤维布和混凝土之间的粘贴质量。为确保质量控制，要严格控制施工现场的温度和湿度。施工时的温度应在5～35℃，相对湿度不得超过70%。

3. 工程案例

1) 工程概况

新沭河大桥位于汾灌高速公路，上部结构为 8m×6m×35m 的装配式部分预应力混凝土连续箱梁，先简支后结构连续，桥长1688m，桥宽33.5m。原设计荷载为汽车-超20级、挂车-120。新沭河大桥自通车以来，随着交通量、载重的增加，桥梁部分构件出现破损、缺损、裂缝等现象[8]。根据桥梁定期检查，预应力混凝土箱梁各跨主梁均存在腹板竖向裂缝，有个别贯穿梁底的横向裂缝，裂缝宽度在0.1mm左右，主要分布在 $L/5\sim 2L/5$（L为主梁长度）；单片梁单侧腹板处一般有1～2条裂缝，最多4条，多片梁在同一位置都存在竖向裂缝；往年封闭裂缝之后，在其附近位置又出现此类裂缝。

宋子鹏等[9]和龙兴灿等[10]通过模型试验和理论研究发现，导致此类腹板竖向裂缝产生的原因可能有以下几方面：该预应力混凝土连续梁为混凝土小箱梁，结构尺寸偏小，对裂缝开展有一定影响，随着荷载的增加其承载力可能存在一定的不足；截面细部分析表明，腹板距梁底高度约 50cm 范围内由汽车荷载引起的正拉应力较大；荷载组合作用下使正拉应力值接近开裂限值，腹板极易产生裂缝；腹板竖向裂缝的产生削弱了截面特性，导致了底板横向裂缝的出现和发展。因此，这些裂缝若不及时处理，在不久的将来底板也将出现横向裂缝，严重影响预应力混凝土结构的强度和耐久性。

2) 加固措施

为防止病害蔓延而影响桥梁使用性能，综合考虑汾灌高速公路荷载情况，要求加固后新沭河大桥箱梁跨中的预应力增量达到公路 I 级的 10%。经方案比选，预应力碳纤维增强塑料(carbon fiber reinforced plastics，CFRP)板对外观影响小，防腐性能好，对梁体损害小，工艺简单，且造价相对较低，因此决定采用预应力CFRP 板对主梁进行加固[10]，主要加固设计如图 9.3 所示。

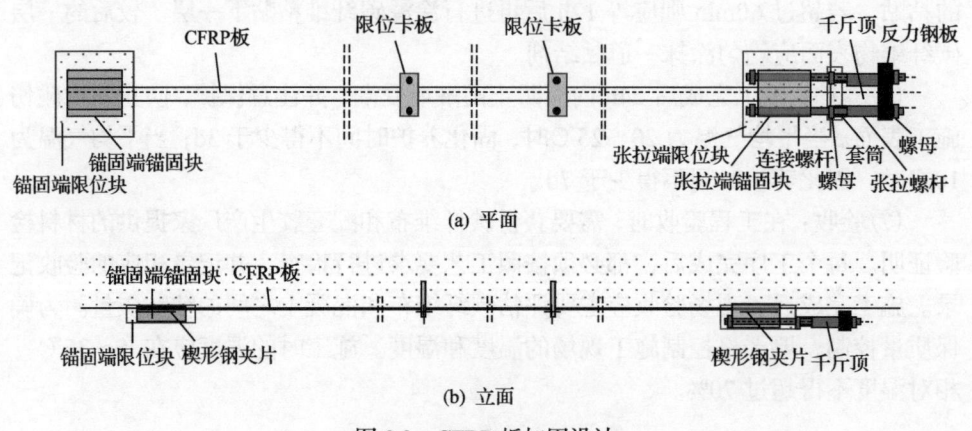

图 9.3 CFRP 板加固设计

加固时顺桥向在预应力箱梁底板张拉 2 条单层 CFRP 板，设计厚度为 3.0mm，宽度为 50mm。抗拉强度 f_{pk} 不小于 2400MPa，弹性模量不小于 160GPa，断裂伸长率不小于 1.7%，极限承载力为 420kN，张拉控制应力 $0.53f_{pk}$=1272MPa，张拉力为 191kN。CFRP 板材料安全性能指标符合《公路桥梁加固设计规范》(JTG/T J22—2008)[11]中板材强度 I 级的规定。综合考虑机械自锁、方便现场下料、锚固性能及加固效果等因素，选择刚性自锁式锚固系统，锚具采用楔形平板锚具，其端头楔形片与 CFRP 板可在现场进行组装。在自锚式锚具安装完毕后，先按照设计尺寸和要求在箱梁底板相应位置粘贴 CFRP 板，并将两端固定于张拉端锚固块内。待两条 CFRP 板粘贴完成后，先进行试张拉，然后正式张拉，张拉顺序应按要求进行，正式张拉时应控制张拉力与伸长量，确保安装完成后CFRP板张力达到设计值。施工完毕后，在CFRP板外表面涂抹涂料作为防护。

3) 加固效果

按照上述加固方式，依次对新沭河大桥连续3跨15片梁进行加固，加固后各梁跨中应力增量实际值与理论值如表9.1所示[8]。由表可知，加固后梁体跨中应力增量均值为0.42MPa，处于混凝土理论最大压应力变化值0.25MPa和0.6MPa之间，说明加固后各梁跨中应力增量实际值在理论值区间范围内，整体相差不大。这表明箱梁梁底混凝土压应力减小，能有效减少竖向裂缝的开展，达到预期加固目的，与预期较符合。

表9.1 加固后各梁跨中应力增量实际值与理论值

位置	实际值/MPa					理论值/MPa				
	1#梁	2#梁	3#梁	4#梁	5#梁	1#梁	2#梁	3#梁	4#梁	5#梁
第一跨	−0.37	−0.43	−0.54	−0.43	−0.32	−0.54 −0.23	−0.57 −0.26	−0.57 −0.25	−0.57 −0.26	−0.55 −0.22
第二跨	−0.36	−0.43	−0.59	−0.41	−0.33	−0.65 −0.26	−0.64 −0.25	−0.63 −0.24	−0.64 −0.25	−0.65 −0.26
第三跨	−0.35	−0.43	−0.58	−0.44	−0.29	−0.55 −0.25	−0.57 −0.27	−0.57 −0.27	−0.57 −0.27	−0.54 −0.26

9.1.2 粘贴钢板加固

1. 加固机理及特点

粘贴钢板加固法是在混凝土构件表面采用高强的建筑结构胶粘贴钢板，以提高结构承载力的一种方法[12]。该方法始于1967年，南非学者Fleming和King进行了外粘钢板替代钢筋加固混凝土梁的试验，试验中将钢板粘贴于混凝土梁底面受拉侧，证明了这种加固方法的可行性[13]。随后经过几十年的发展，该方法已被广泛应用于混凝土受弯、大偏心受压、受拉构件的加固工程中[7,14]。

粘贴钢板加固法的原理是通过使用胶黏剂将钢板粘贴在原构件表面，形成一个新的承力系统，使钢板能够参与受力，提高原结构的承载能力和抗震能力，达到对混凝土结构进行补强的目的，具有强度高、无需拆除原构件、施工方便、节省空间、维护周期长、美观等优点[15,16]。

2. 粘贴钢板加固设计

为提高桥梁结构的抗弯能力，一般在构件的受拉缘的表面粘贴钢板，使钢板与原结构形成整体来共同受力，此时以钢板与混凝土黏结处的混凝土局部抗剪切强度控制设计。合理且安全的设计需要确保黏结处的混凝土在钢板发生屈服变形之前不会发生剪切破坏。在补强设计时，钢板可作为钢筋的断面来考虑，将钢板换算成钢筋，原有构件承受恒载与活载，增加的钢板承受原有构件承受不了的那部分活载。

在构件设计过程中，用于增强抗弯能力的钢板应尽可能地薄而宽，一般厚度为 4~6mm。较薄的钢板能够具备足够的弹性，以适应构件表面的形状。而用于提高抗剪强度的钢板应有较大的厚度，具体的厚度可以根据设计要求确定，一般采用 10~15mm 的钢板。在设计钢板的长度时，应将钢板的两端延伸至低应力区域，以减少钢板锚固端处的黏结应力集中，防止粘贴部分出现裂缝或钢板脱离的问题。

在使用粘贴钢板法加固桥梁时，确保钢板和外加固构件形成整体受力是关键的成功因素。因此，在补强设计时，除了要确保钢板具有足够的锚固长度、黏结剂具备足够的黏结强度和耐久性以外，还需要通过夹紧螺栓或者使用U形箍板、水平锚固板等装置避免钢板在自由端脱开。适当地固定钢板，可以保持黏结力的稳定性，增强加固效果。

3. 施工工艺

粘贴钢板加固工程施工工艺流程图如图9.4所示，主要包含以下几个方面[17-19]。

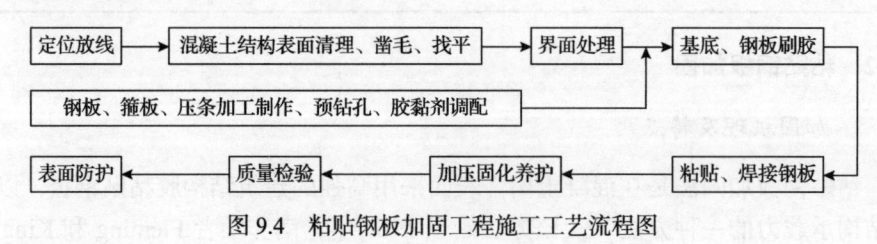

图 9.4 粘贴钢板加固工程施工工艺流程图

1) 定位放线

首先按照设计图纸要求并根据现场实际情况，弹出粘贴钢板位置线，基层打磨的边线应在粘贴钢板边缘线向外扩 20mm。

2) 界面处理

界面处理包括对混凝土表面的凿毛等处理和待粘贴钢板表面的打磨处理。为保证外粘贴钢板与原混凝土结构墙面基层有可靠的连接，首先应清除原构件表面的软化层，如浮浆、原有涂装、抹灰层，再用角磨机对混凝土黏合面进行剔凿或打磨，直到露出含石子的坚硬层为止。当混凝土表面有较大的蜂窝、麻面等缺陷时，应预先修复。在完成上述混凝土界面毛化处理后，应用钢丝刷等工具清除原混凝土墙体表面松动的砂砾、浮渣和粉尘，应用棉丝蘸少许工业丙酮清洗剂清洗擦拭干净。粘胶前再用清洗剂进一步擦拭混凝土表面。

钢板黏结面需进行除锈和粗糙处理。钢板未生锈或轻微锈蚀，可用喷砂、砂布或平砂轮打磨，直至出现金属光泽。打磨粗糙度越大越好，打磨纹路应与钢板受力方向垂直，最后用脱脂棉沾丙酮清洗剂擦拭干净。

3) 钢板下料、打磨、预钻孔

加固用钢板加工包括切割、展平、矫正、制孔和边缘加工等，其施工过程控制和施工质量检验应符合《钢结构工程施工质量验收标准》(GB 50205—2020)的规定。展平后的钢板与混凝土表面应平整密贴，且轮廓尺寸与定位划线吻合。当钢板长度不够时可现场焊接，但焊缝不可在构件跨中且钢件焊缝要错开，不设在同一截面上。钢板焊接应符合《钢结构工程施工质量验收标准》(GB 50205—2020)的要求，并按设计要求及连接螺栓实际位置在钢板上钻锚栓孔，钻孔孔径及位置必须符合设计要求。

4) 配胶

粘钢结构胶分为甲、乙双组份，配合比按说明进行配置。要求搅拌充分均匀，随用随配。

5) 粘贴加压

粘贴钢板时，将钢板与结构面用丙酮清洗剂擦拭干净，用抹刀将配置好的胶同时均匀涂在混凝土表面和钢板表面，厚度为 2~3mm，中间厚边缘薄，然后将钢板粘贴于预定位置。钢板粘贴时应平整，高低转角过渡应平滑。钢板粘贴好后可选用夹具加压法、锚栓加压法等予以固定并适当加压，使胶结剂刚好从钢板边缘挤出为度。固定钢板且用于加压的锚栓应采用化学锚栓，不得采用膨胀锚栓。锚栓直径不应大于 M10；锚栓埋深可取 60mm；锚栓边距和间距应分别不小于 60mm 和 250mm。施压顺序为由钢板的一端向另一端加压，或由钢板中间向两端加压，不得由钢板两端向中间加压。

6) 固化养护

一般情况下，结构胶在常温下可自然固化，固化 1 天后即可拆除固定卡具、支撑，固化 3d 后可受力，达到设计使用荷载。

4. 工程案例

1) 工程概述

某桥上部结构为等截面部分预应力混凝土连续箱梁，桥梁全长 657.15m，主桥跨径组合为(20m+3×24m+20m)+(24m+24m+24m)+(20m+9×24m+20m)+(20m+7×24m+20m)。该桥面标准宽度为 16.5m，分为上下行两幅，双向四车道。随着交通流的增加，原有道路设计通行能力已经不能满足现有通行要求。因此，相关部门决定把原来的双向四车道路面改造为双向八车道路面，在既有桥梁两侧进行对称拓宽，以改善道路桥梁的通行能力[20]。同时，为使拓宽后结构承载力满足现有服役需求，还需对既有混凝土老桥进行维修加固。为探究粘贴钢板加固对既有混凝土桥梁的加固效果和应用前景，许有胜[20]通过缩尺模型静载试验和理论计算对模型加固前后的极限承载力进行了比较。

按照模型相似理论，许有胜[20]根据跨中截面应力、内支座截面应力相等的要求，设计制作了比例尺为1∶4的等截面预应力混凝土连续箱梁缩尺模型，试验模型采用和实际结构相同的材料。模型的标准截面尺寸及接缝位置如图 9.5 所示，模型试验梁为 2 跨等截面连续箱梁，双箱单室截面，总长为 12.0m，单跨计算跨度为 5.8m。

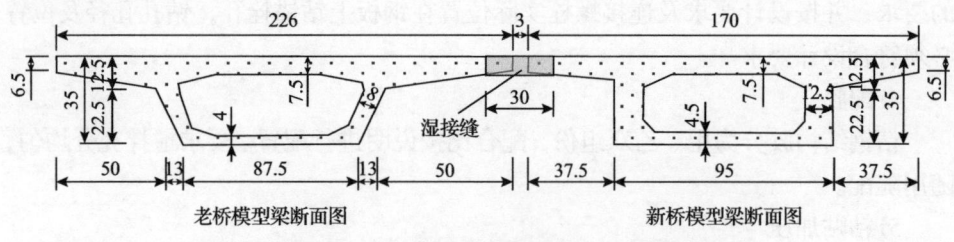

图 9.5 等截面预应力混凝土模型梁截面尺寸(单位：cm)

2)加固措施

试验包括两部分：加固前的加载损伤试验；对一定损伤的桥梁加固后进行破坏性试验。试验加载采用 10 台 50t 稳压千斤顶，利用分配梁对模型进行同步加载，并进行数据采集。加固前后均采用中支座对应的主梁最大负弯矩时的荷载加载，加载方式如图 9.6 所示，老桥模型粘钢加固部位如图 9.7 所示。

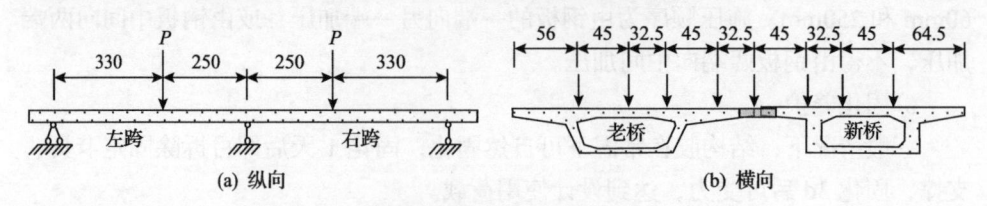

图 9.6 箱梁荷载加载示意图(单位：cm)

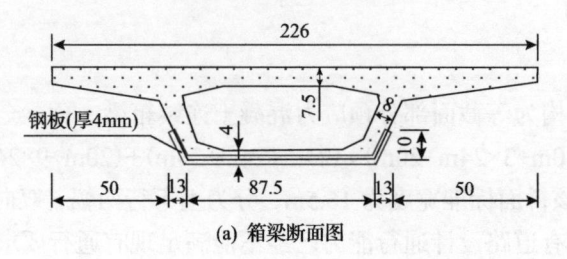

(a) 箱梁断面图

(b) 箱梁立面图

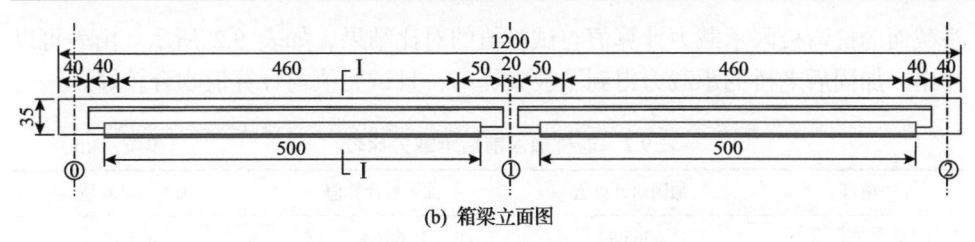

图9.7 老桥模型粘钢加固部位示意图(单位：cm)

3)加固效果

图 9.8 为加固后新桥、老桥的 L、$L/2$、$3L/2$ 截面的荷载与桥底钢筋、钢板应变及挠度之间的关系曲线。

(a) L 截面荷载-钢筋应变

(b) $L/2$ 截面荷载-桥底钢筋、钢板应变

(c) $3L/2$ 截面荷载-桥底钢筋、钢板应变

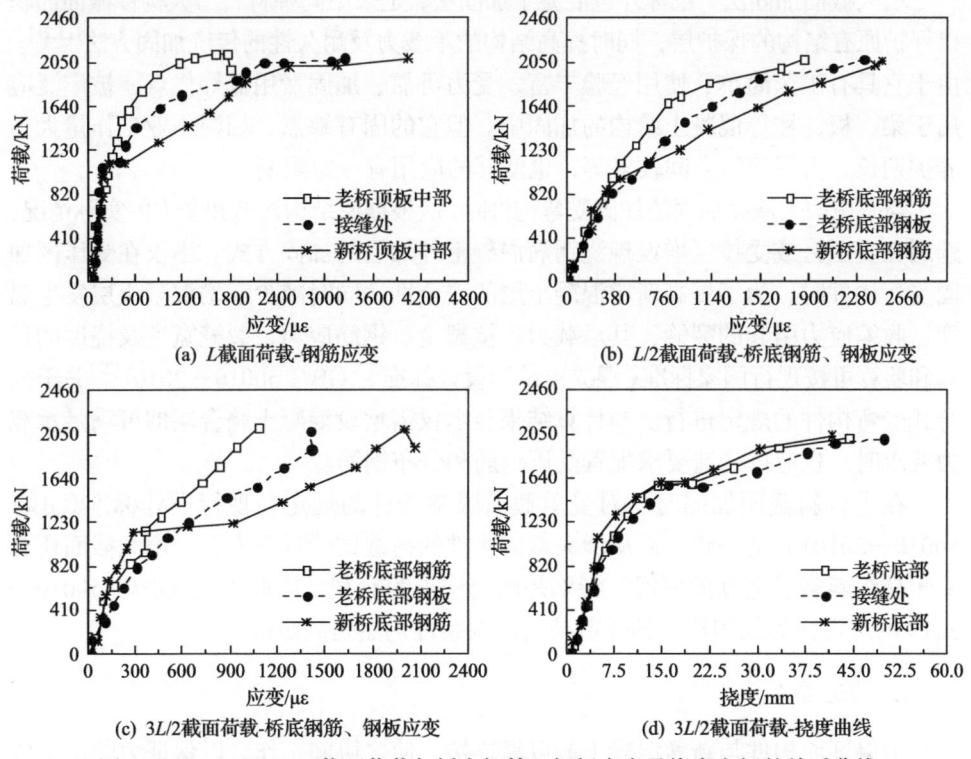

(d) $3L/2$ 截面荷载-挠度曲线

图 9.8 L、$L/2$、$3L/2$ 截面荷载与桥底钢筋、钢板应变及挠度之间的关系曲线

由图 9.8 可知，随着荷载增加，在内支座负弯矩处钢筋先屈服，形成塑性铰，发生内力重分布，此后，在左跨的新桥及老桥也相继进入屈服状态，挠度也相应增大，从而在左跨跨中形成塑性铰；随后继续加载，在内支座处梁底混凝土被压碎，右跨部分弯矩也突然增大，从而导致钢板发生剥离，最后整个结构丧失承载力而被破坏。

结合箱梁桥计算的特点与要求，许有胜[20]通过计算给出了粘钢加固前后模型

桥截面的抗弯极限承载力计算值与试验值的对比结果,如表 9.2 所示。由表可以看出,加固后老桥的承载力得到了极大提高,且试验值与计算值吻合较好。

表 9.2　老桥加固前后承载力比较　　　　　　　　(单位：kN)

项目	加固前计算值	加固后计算值	加固后试验值
屈服时荷载	365.9	689.4	625.0

9.1.3　增大截面加固

1. 使用条件与设计

增大截面加固法,也称外包混凝土加固法,是采用同种材料增大构件截面面积以保护原有结构的保护层,同时提高结构的承载力及耐久性的传统加固方法[15,21]。由于它具有工艺简单、使用经验丰富、受力可靠、加固费用低等优点,被广泛应用于梁、板、柱等混凝土结构的加固中。但它的固有缺点,如湿作业工作量大、养护期长、占用建筑空间较多等,也使其的应用有一定限制。

当采用增大截面加固法加固受弯构件时,应根据原结构构造和受力的实际情况,选用在受压区或受拉区增设现浇钢筋混凝土外加层的加固方式。当仅在受压区加固受弯构件时,为了提高新增混凝土层的安全性,同时减少新增混凝土层发生温度、收缩应力引起的裂缝,其承载力、抗裂度、钢筋应力、裂缝宽度及挠度的计算和验算可按现行国家标准《混凝土结构设计标准》(GB/T 50010—2010)[22]关于叠合式受弯构件的规定进行。当计算结果显示仅需增设混凝土叠合层即可满足承载力要求时,也应按构造要求配置受压钢筋和分布钢筋。

在进行斜截面加固时,对受剪截面限制条件的规定与现行设计标准(GB/T 50010—2010)完全一致,而从增大截面构件的荷载试验过程来看,增大截面还有助于减缓斜裂缝宽度的发展,特别是围套法更为有利,因此引用 GB/T 50010—2010 的规定作为加固构件的受剪截面限制条件仍然是满足的。

2. 构造要求

为保证原构件与新增混凝土的可靠连接,使之协同工作,以保证力的可靠传递,得到良好的加固效果,需要保证黏结质量以及相应的构造要求。

(1)旧混凝土实际强度等级不得低于 C15。

(2)新增混凝土的强度应比构件设计的混凝土等级高一级且不低于 C20。

(3)新增混凝土的最小厚度:当加固板独立工作时,厚度不小于 50mm;当加固板整体工作时,厚度不小于 40mm;当加固梁、柱时,厚度不小于 60mm。

(4)新增纵向钢筋与原纵向钢筋的连接可以采用短钢筋焊接,短钢筋直径不应小于 20mm,长度不应小于其直径的 5 倍,各短筋的中心距不应大于 500mm。

(5)钢筋要采用热轧钢筋，板受力钢筋直径不小于$\phi 8$；梁受力钢筋直径不小于$\phi 12$；柱受力钢筋直径不小于$\phi 14$；加锚式箍筋直径不小于$\phi 8$，U形箍直径与原箍筋相同；分布筋直径不小于$\phi 6$。除必要时可用角钢或钢板外，加固配筋宜优先采用钢筋。

(6)梁的新增纵向钢筋在两端应可靠锚固，柱的新增纵向钢筋伸入基础并满足锚固要求，对于加固构件为整体工作的，应在支座处配负筋，并与跨中分布筋相搭接。

(7)当新增箍筋为U形箍时，U形箍应焊在原有箍筋上，也可采用植筋方式；当用围套加固时，应设置环形箍或胶锚式箍筋。

(8)浇后浇层之前，原构件表面应保持湿润，但是不得积水。

3. 工程案例

1)工程概况

某城市高架预应力混凝土连续梁，跨径布置为35m+61m+39.49m，由左、右两幅桥组成，两幅桥单独受力，单幅桥宽17.25m。上部箱梁纵向及横梁按照A类预应力混凝土构件进行设计,桥面板按照普通钢筋混凝土构件进行设计,设计汽车荷载为城-A级。箱梁构造如图9.9所示，采用单箱3室斜腹板截面，混凝土强度等级为C50，顶宽为17.25m，底宽为9.317～11.05m，中支点处梁高为3.5m，边支点及跨中处梁高为2.0m，腹板厚0.4～0.7m，顶板厚0.25m，底板厚0.25～0.4m。

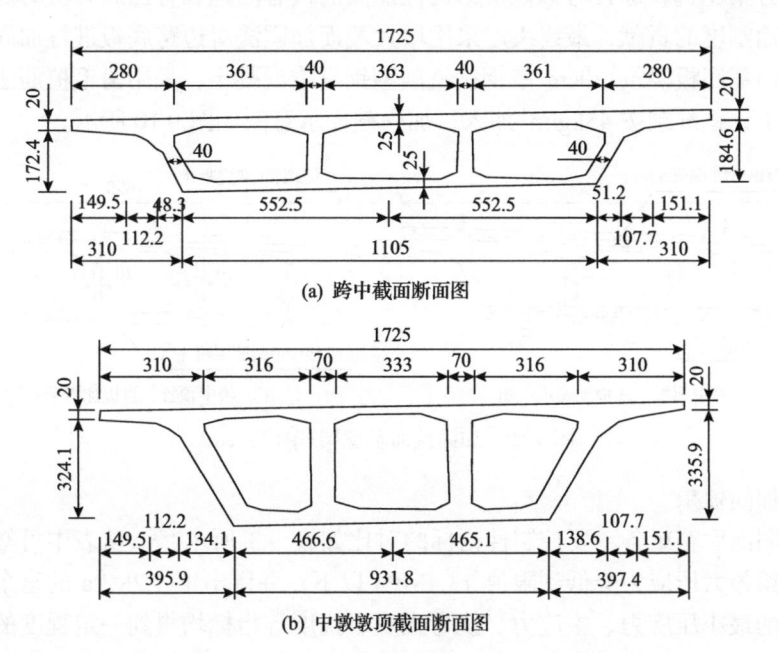

(a) 跨中截面断面图

(b) 中墩墩顶截面断面图

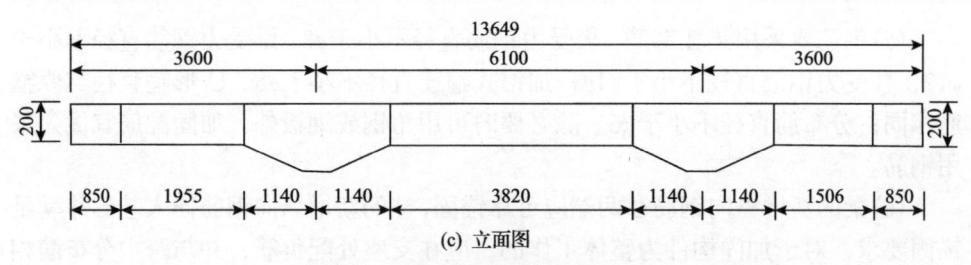

图 9.9 箱梁典型断面图(单位：cm)

该桥箱梁施工工艺采用支架现浇，在浇筑完成后，发现混凝土箱梁存在蜂窝麻面、有害大孔、开裂及裂缝等多种病害[23]。据此，首先应对桥梁的原设计进行检算，发现在计算荷载、边界条件取值与原设计完全相同的条件下，边跨跨中下缘最大压应力达到 14.5MPa，中跨跨中上缘最大压应力达到 14.3MPa，均不超过C50 混凝土的规范限值(16.2MPa)，但超出了 C40 混凝土的规范限值(13.4MPa)，而全桥各截面拉应力及主应力均不超出 C40 混凝土的规范限值。因此，需要对该桥进行维修加固，其核心问题就是降低各跨跨中超限的压应力[24-26]。

2) 加固设计

针对该桥出现的病害，加固方案应当包含以下两个方面的内容[23]：缺陷修复和耐久性加固；结构性加固。缺陷修复和耐久性加固主要指裂缝封闭、混凝土表面缺陷修复、施工薄弱环节处理及箱梁外表面涂刷油漆，之后方可实施结构性加固。经方案比选，综合考虑该桥结构性加固的核心问题和各加固方法对加固前后该梁截面刚度的贡献，最终决定采用增大截面加固法对边跨底板进行加固，在边跨箱梁内部底板浇筑 20cm 厚钢锭铣削型钢纤维混凝土，采用凿毛植筋法连接新旧混凝土，钢纤维按 45kg/m³ 加入。加固截面示意图如图 9.10 所示。

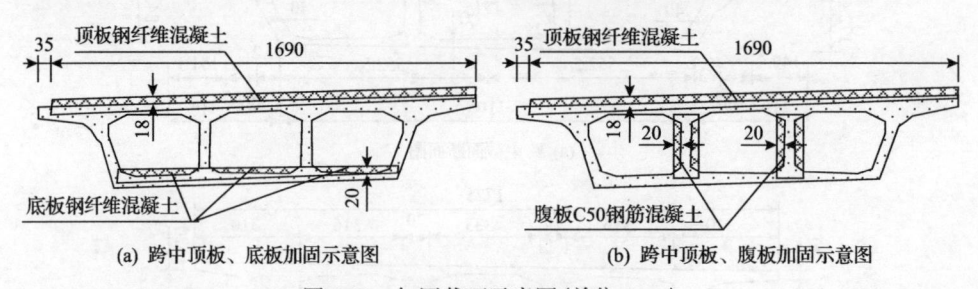

图 9.10 加固截面示意图(单位：cm)

3) 加固效果

加固前后箱梁各主要控制性指标的对比如表 9.3 所示[23]。从表中可知，加固后，箱梁最大压应力降低到限值 13.4MPa 以下，并留出了 1.2MPa 的富余量，同时箱梁的最小压应力、主应力、抗弯强度、挠度等指标均得到一定程度的提高。因此，本加固设计具有一定的有效性及合理性。

表 9.3 加固前后箱梁主要控制性指标的对比

状态	最大压应力/MPa 上缘	最大压应力/MPa 下缘	最小压应力/MPa 上缘	最小压应力/MPa 下缘	最大主应力/MPa 拉	最大主应力/MPa 压	正截面抗弯强度安全系数	斜截面抗剪强度安全系数	消除自重后短期组合最大挠度/mm
加固前	14.3	14.5	0.1	2.4	1.1	14.5	1.02	1.65	53.7
加固后	11.1	12.2	1.4	2.7	0.89	12.2	1.10	1.61	35.5
最不利位置	中跨跨中	边跨跨中	中支点	中跨跨中	中支点	边跨跨中	中跨跨中	中跨跨中	中跨跨中

9.1.4 体外预应力加固

1. 加固原理及特点

体外预应力加固法是通过增设体外预应力钢索对既有的混凝土梁体主动施加预应力以改善原结构受力状况的加固方法[15]。其本质是以粗钢筋、钢绞线或高强钢丝等钢材作为施力工具，对桥梁上部结构施加体外预应力，以预加力产生的反弯矩部分抵消外荷载产生的内力，从而达到改善旧桥使用性能并提高其极限承载力的目的。

体外预应力加固法具有加固、卸荷、改变结构内力的三重效果，适用于中小跨径的梁式桥。对于较大跨径的桥梁，采用本方法加固时，宜同时配合其他加固方法进行综合加固，以达到较好的加固效果。工程实践表明，用体外预应力索加固桥梁具有提高结构承载力、增强结构刚度、延长使用寿命、减少对交通的干扰、经济高效等优点，常用的体外预应力加固方法包括体外预应力钢丝束加固法和下撑式预应力拉杆加固法[27,28]。

1) 体外预应力钢丝束加固法

采用体外预应力钢丝束(钢绞线)加固梁式上部结构，一般沿梁肋侧面按某种曲线线形(常用的有抛物线形等)设置预应力钢丝束，通过张拉预应力钢筋实现体外预应力。为保证曲线线形并固定钢束位置，在梁底每隔一定间距(50~100cm)设置一个定位箍圈(由梁底向上反包)，或者在梁肋侧面埋设定位销。钢丝束的两端头则穿过梁端翼缘板上的斜孔伸至梁顶锚固。

为了防止钢丝束锈蚀，预应力钢丝束应放在保护管套内，或者待张拉后在钢丝束周围用混凝土包裹。采用预应力钢丝束加固时，设置并张拉钢丝束常增加梁端上缘的压应力，导致梁端上缘混凝土因抗压强度不足而开裂，因此，有时应同时采取适当加厚桥面板的方法，以加强受压翼缘。

2) 下撑式预应力拉杆加固法

根据加固对象的不同，该方法分为预应力拉杆加固法及预应力撑杆加固法。

其中，预应力拉杆加固法主要用于受弯构件，而预应力撑杆加固法适用于提高轴心受压以及偏心受压钢筋混凝土柱的承载力。

(1) 预应力拉杆加固法。

根据加固目的及被加固结构受力要求的不同，预应力拉杆加固又分为水平式、下撑式及混合式等拉杆布置方式。对于梁，水平式拉杆适用于正截面受弯承载力不足的加固。下撑式拉杆适用于斜截面受剪承载力及正截面受弯承载力均不足以及连续梁的加固。混合式拉杆一般用两根水平拉杆、两根下撑式拉杆，适用于正截面受弯承载力严重不足而斜截面受剪承载力略微不足的加固，同时亦可减小受弯构件的挠度，缩小原构件的裂缝宽度。对于桁架，水平式拉杆主要用于下弦杆受拉承载力不足的加固；下撑式拉杆适用于跨中下弦杆及端腹杆受拉承载力不足的加固；混合式拉杆适用于下弦杆承载力比端腹杆承载力更严重不足的加固。对于框架、刚架、连续梁等，主要采用与结构弯矩图相应的连续折线式拉杆加固方案。

(2) 预应力撑杆加固法。

根据被加固柱受力要求不同，预应力撑杆加固又分为双侧撑杆加固及单侧撑杆加固。双侧撑杆适用于轴心受压即小偏心受压柱加固，单侧撑杆适用于受压区配筋量不足或混凝土强度过低的弯矩不变号的大偏心受压柱加固。

若对简支梁采用下撑式拉杆体外预应力加固，即可视为改简支梁为上承式架梁。架的上弦即为原结构主梁，下弦是水平拉杆，腹杆是斜拉杆，把与滑块接触的垫块视为竖杆，单垫块为单柱式，双垫块为双柱式。斜杆的上端锚固位置有两种，一种锚于梁端的顶部，另一种锚于靠近横梁端处的梁肋顶部，斜杆的下端与滑块连接。滑块依赖拉杆收紧后产生的上托力和滑移时的摩擦力与上弦连接。对斜杆的张拉不是直接施加拉力，而是随着水平拉杆张拉力的增加，下端滑块产生相应的移动使其的长度增大。当水平拉杆张拉力达到设计量后将它的两端锚固，加固工作即可完成。

在斜杆顶端和梁底垫块上作用力的水平分力共同对梁体施加偏心轴向压力，上述作用力的竖向分力所形成的力偶对梁体施加负弯矩及竖向负剪力。这些预加力可以抵消或超过恒载作用力。在车辆通过时，这些体外拉杆是上部结构的组成部分并与原有梁体共同受力，形成超静定体系。各拉杆的张拉力将自动增加，进一步起到加强作用。

2. 施工工艺

桥梁体外预应力加固施工中，由于各种加固体系的构造形式不同，其施工方法也不尽相同，但其工艺流程是有共性的。根据国内桥梁体外预应力加固的工程实践，归纳出桥梁体外预应力加固施工的工艺流程[29,30]，如图 9.11 所示。

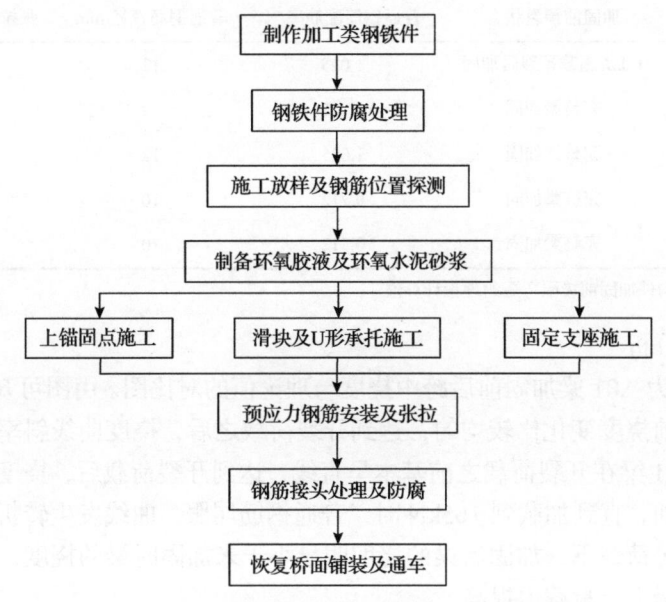

图 9.11 桥梁体外预应力加固施工的工艺流程

3. 加固案例

1)试验梁设计

为探究体外预应力加固法在简支梁加固中的应用效果，王荣霞等[31]设计制作了 5 片简支试验箱梁。箱梁全长 4.5m，计算跨径 4.2m。试验箱梁均采用三分点加载方式。箱梁混凝土强度等级为 C50，采用双折线体外预应力钢筋加固，体外预应力钢筋采用直径为 15.2mm 的低松弛预应力钢绞线，其抗拉标准强度为 1860MPa。普通受拉钢筋为 $\phi 10$ 和 $\phi 12$ 的 HRB400 级钢筋，箍筋、纵向水平筋采用 $\phi 8$。截面尺寸如图 9.12 所示。各试验箱梁基本情况如表 9.4 所示。

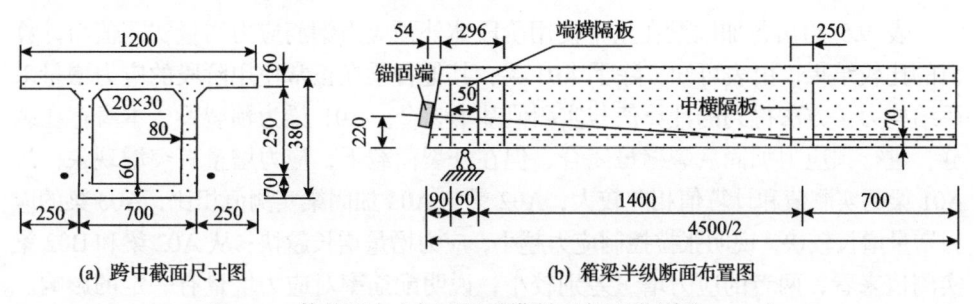

(a) 跨中截面尺寸图 (b) 箱梁半纵断面布置图

图 9.12 体外预应力加固梁纵横断面布置图(单位：mm)

表 9.4　试验箱梁基本情况

试验箱梁编号	加固前预裂状态	普通钢筋配筋率/%	普通钢筋直径/mm	张拉控制应力/MPa
A01	1.0M_j超载预裂后加固	1.025	12	1023
A02	完整梁加固	1.025	12	1023
A03	完整梁加固	1.025	12	837
B01	完整梁加固	0.712	10	1023
B02	完整梁加固	0.712	10	1023

注：M_j为原构件加固前极限弯矩的理论计算值。

2) 结果分析

图 9.13 为 A01 梁加固前后跨中挠度与理论值的对比图。由图可知，A01 梁在开裂荷载之前挠度变化比较均匀，达到开裂荷载之后，挠度曲线斜率明显变大。加固后的 A01 梁在开裂荷载之前基本呈直线，达到开裂荷载后，挠度曲线斜率有小幅度的增加，直到加载到 165kN 时，普通钢筋屈服，曲线发生转折，斜率明显增大。在同等荷载下，加固后梁的挠度明显小于未加固时梁的挠度，跨中截面抗弯刚度明显增大，承载力提高。

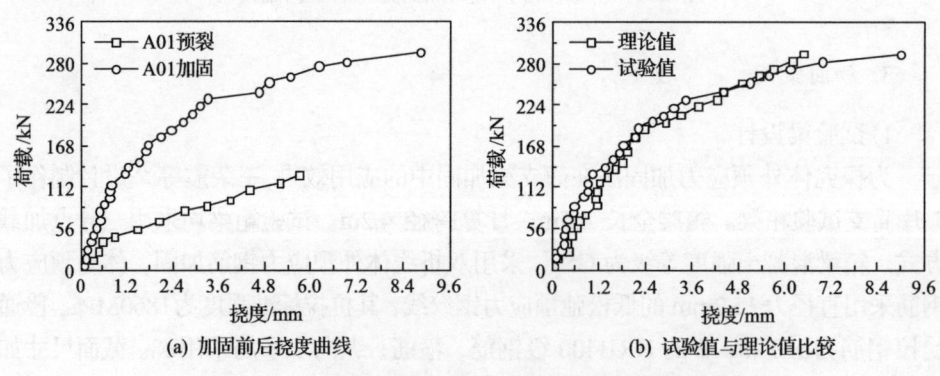

(a) 加固前后挠度曲线　　(b) 试验值与理论值比较

图 9.13　A01 梁加固前后跨中挠度与理论值的对比图

表 9.5 给出各加固梁在正常使用阶段体外预应力钢筋应力增量实测值与计算值的比较结果。由表可知，除了 A01 梁，其他各梁在正常使用阶段的应力增量采用结构力学方法得到的计算值与实测值基本吻合。A01 梁为预裂梁，本身存在裂缝，进行预应力加固后裂缝虽闭合，但在开裂荷载下，应力增量有突增现象，故 A01 梁的实测值和计算值相差较大；A02 梁与 A03 加固梁实测值相比，A03 梁的应力增量增长较快，说明张拉控制应力越小，应力增量增长越快；从 A02 梁和 B02 梁实测值来看，两者的应力增量差别较小，说明配筋率对应力增量有一定的影响。配筋率越小，应力增量会有适量增加。

表 9.5 正常使用阶段应力增量实测值与计算值对比表

试验箱梁编号	试验开裂荷载/kN	有效预应力/MPa	计算应力增量/MPa	实测应力增量/MPa	计算值/实测值
A01	95	705.1	10.32	50.31	0.205
A02	100	705.1	10.32	10.34	0.998
A03	95	538.18	19.69	20.48	0.961
B01	75	703.49	13.03	13.46	0.968
B02	95	703.49	12.70	11.90	1.068

上述加固试验结果表明，体外预应力加固结构可以明显提高结构的刚度和承载力，预裂梁加固和完整梁加固在刚度和承载力方面没有明显区别；预应力钢筋张拉控制应力越小，应力增量增长越快；结构配筋率对应力增量有一定影响，配筋率越小，应力增量会有适量增加。

9.2 提升混凝土箱梁耐久性的基本措施

为确保结构在长期服役过程中具备良好的耐久性和安全性，需要在结构设计和材料选择的过程中综合考虑结构耐久性要求和服役环境特点，并通过适当的措施和维护来保障结构的正常运行[32]。材料选择是确保结构安全性和耐久性的重要因素[7,33]。根据结构的特点和使用环境，需要选择适当的材料，如钢、混凝土、复合材料等。这些材料应具有足够的强度、刚度和耐久性，以抵抗荷载和外部环境的影响[7]。

9.2.1 考虑耐久性要求的混凝土原材料选择原则

1. 水泥

水泥是混凝土中最主要的胶凝材料，对混凝土的耐久性具有重要影响。对于不同条件下的混凝土，需要选择不同类别的水泥品种来配置，除符合水泥产品规格和常规质量控制要求外，主要对水泥在不同环境作用下的品种选用、铝酸三钙含量、碱含量、氯离子含量等进行规定，参见我国《混凝土结构耐久性设计标准》（GB/T 50476—2019）[34]中对混凝土结构工作环境的耐久性作用等级的分类，如表 9.6 所示。

2. 矿物掺合料

矿物掺合料因其表面能高，对水泥颗粒的孔隙有微观填充作用，且具有化学活性，可有效改善混凝土的诸多材料性能[35]。当配置有耐久性要求的混凝土时，常用的矿物掺合料有粉煤灰、粒化高炉矿渣、硅灰等[36]。在配置时除了应符合

表 9.6 环境作用等级

环境类别	环境作用等级					
	A 轻微	B 轻度	C 中度	D 严重	E 非常严重	F 极端严重
一般环境	Ⅰ-A	Ⅰ-B	Ⅰ-C	—	—	—
冻融环境	—	—	Ⅱ-C	Ⅱ-D	Ⅱ-E	—
海洋氯化物环境	—	—	Ⅲ-C	Ⅲ-D	Ⅲ-E	Ⅲ-F
除冰盐等其他氯化物环境	—	—	V-C	V-D	V-E	—
化学腐蚀环境	—	—	V-C	V-D	V-E	—

常规质量控制要求，还应对掺合料品种的选用、掺量等指标进行规定，参见我国《混凝土结构耐久性设计标准》(GB/T 50476—2019)[34]中对混凝土结构耐久性的要求，常用的粉煤灰、粒化高炉矿渣、硅灰的质量控制要求如下。

1) 粉煤灰

粉煤灰应选自燃煤工艺先进的电厂，并满足Ⅱ级以上粉煤灰的标准要求。在使用粉煤灰时需要注意以下几个方面。

(1) 烧失量控制：粉煤灰的烧失量不宜超过 5%。对于预应力混凝土和引气混凝土，烧失量应严控在 3%以内，以确保混凝土的稳定性和耐久性。

(2) 三氧化硫含量限制：粉煤灰中的三氧化硫含量应不超过 3%，以避免在混凝土中引起硫酸盐侵蚀和损害混凝土的耐久性。

(3) 需水量比控制：粉煤灰的需水量比不宜大于 105%，以确保混凝土的流动性和工作性能。

(4) 掺量要求：混凝土中粉煤灰的掺量应不少于胶凝材料总量的 20%。当掺量达到 30%以上时，应控制水胶比不超过 0.42，并且随着粉煤灰掺量的增大，适量减小水胶比。优质的粉煤灰掺量可以达到胶凝材料总量的 50%，甚至更多。

(5) 冻融和除冰盐环境下的引气混凝土限制：当粉煤灰用作冻融和除冰盐环境下的引气混凝土时，需严格限制其烧失量，掺量应控制在 30%以内。

因此，在使用粉煤灰作为掺合料时，需要根据不同的混凝土类型和使用环境，严格控制粉煤灰的烧失量、三氧化硫含量和需水量比，并合理调整其掺量，以确保混凝土的性能和耐久性[37]。

2) 粒化高炉矿渣

粒化高炉矿渣作为掺合料的使用应满足以下要求。

(1) 粉磨细度控制：粒化高炉矿渣的粉磨比表面积不宜小于 $350m^2/kg$。过大的细度可能会导致混凝土水化热和开裂难以控制的现象，因此矿渣的细度应适度，具体掺量宜通过试验确定。

(2)硫酸盐腐蚀环境的掺量：在硫酸盐腐蚀环境下，特别是高温和海水环境，应将大掺量的矿渣作为胶凝材料的必需组分。在低水胶比的混凝土中，矿渣的最大掺量可达胶凝材料质量的 90%。对于用普通硅酸盐水泥制备的混凝土，矿渣的掺量不宜小于胶凝材料质量的 40%。然而，在冻融部位的混凝土中，矿渣的最大掺量不应超过 50%。

(3)掺合料的需水量比和烧失量：作为掺合料的矿渣的需水量比不应超过 105%，以确保混凝土的流动性。矿渣的烧失量应控制在 1% 以内，以确保其质量可靠。

综上所述，在使用粒化高炉矿渣作为掺合料时，需要根据细度、硫酸盐腐蚀环境以及混凝土类型等因素来控制其掺量。同时，需合理控制矿渣的需水量比和烧失量，以确保混凝土的性能和耐久性[38]。具体的掺量和配合比应通过试验来确定。

3)硅灰

硅灰作为掺合料的使用应满足以下要求。

(1)二氧化硅含量和比表面积控制：硅灰中的二氧化硅含量不应小于 85%，比表面积不应小于 $15000m^2/kg$。这些参数可以影响硅灰的活性和性能，以及控制混凝土的物理和力学特性。

(2)掺量限制：硅灰的掺量一般不超过胶凝材料总量的 8%。掺量的合理范围可以根据不同的混凝土配合比和要求进行调整。

(3)适用性：硅灰宜用于配制特殊高强度或高耐磨的混凝土。但单独使用硅灰会增加低水胶比高强混凝土的自收缩，不利于降低混凝土的温升，在大体积混凝土中应谨慎使用[39]。

(4)复合掺合料应用：硅灰通常应与其他矿物掺合料一起复合使用。例如，将大掺量粉煤灰与占胶凝材料总重 5% 左右的硅灰复合，可以显著增强混凝土对氯离子侵入的抵抗能力和早期性能。

(5)掺量限制：硅灰的掺量不应超过水泥质量的 10%。掺量的确定应综合考虑混凝土的性能要求和试验验证结果。

因此，在使用硅灰作为掺合料时，需要确保其二氧化硅含量和比表面积符合要求，并控制其掺量在合理范围内。此外，硅灰通常需要与其他掺合料复合使用，以充分发挥其性能优势。掺量的确定应基于具体混凝土配合比和试验结果进行评估。

4)矿物掺合料的复合作用

不同种类的矿物掺和料在混凝土中起着不同的作用，它们各自具有优点和缺点。以硅灰为例，在混凝土中可以增强混凝土的强度，但它的自干燥收缩较大，并且对混凝土的温升没有降低的作用[39]。掺入粉煤灰的混凝土则具有较小的自收缩和干燥收缩，但其抗碳化能力一般。

根据超叠效应原则，当将不同种类的掺和料以合适的复合比例和总掺量掺入混凝土中时，可以取得互补的效果[7]。这不仅可以调节需水量、提高混凝土的抗压强度，还可以提高混凝土的抗折强度、提高耐久性。例如，当同时掺入硅灰和粉煤灰时，可以利用粉煤灰来降低需水量和减少自收缩。然而，掺和料的复合效应必须通过试验来确定。只有当两种掺和料的活性相近时，才可能产生这种超叠复合效应。

此外，使用磨细矿渣可以获得较高的活性和较低的需水性。当使用粉煤灰和磨细矿渣进行双重掺和时，在总掺量相同的情况下，混凝土的强度会随着粉煤灰与矿渣比例的减小而提高。例如，当粉煤灰与矿渣的比例为 1 : 5 时，混凝土的强度会高于粉煤灰与矿渣比例为 1 : 3 时的混凝土强度[7]。因此，通过合理地选择不同种类的掺和料，并确定合适的复合比例和总掺量，可以获得混凝土性能的优化和提升。

3. 粗集料

粗集料在混凝土中扮演着重要的角色，它对混凝土的耐久性有着直接的影响[40]。骨料的耐久性主要取决于其母岩的质量。通常情况下，密度大、吸水率小的稳定岩石具有优良的耐久性。另外，骨料的性质还会影响混凝土的中性化速度。在相同的水灰比条件下，不同类型的骨料会显示不同的中性化速度。此外，附着在骨料表面的有害物质也对混凝土的耐久性产生一定影响。因此，在使用过程中，充分的管理措施也是非常必要的。

目前关于粗集料对混凝土耐久性影响的研究相对较少。粗集料的最大粒径与混凝土的渗透性存在一定关联。当粗集料的最大粒径越大且含量越多时，混凝土的渗透性会增加[41,42]。此外，随着粗集料最大粒径的增大，混凝土的孔隙率也会增大。参考我国《混凝土结构耐久性设计标准》(GB/T 50476—2019)[34]的要求，对于氯盐环境作用下的混凝土粗集料的最大公称粒径不宜超过 25mm，且不应超过保护层厚度的 2/3，取值应根据保护层最小厚度和环境作用进行确定，如表 9.7 所示。

表 9.7　混凝土中粗集料最大粒径　　　　　　　　　　（单位：mm）

混凝土最小保护层厚度		20	25	30	35	40	45	50	>60
环境作用等级	Ⅰ-A、Ⅰ-B	20	25	30	35	40	40	40	40
	Ⅰ-C、Ⅱ、Ⅴ	15	20	20	25	25	30	35	35
	Ⅲ、Ⅳ	10	15	15	20	20	25	25	25

注：环境作用等级是指环境对配筋混凝土结构的作用程度，如表 9.6 所示。

4. 减水剂

减水剂是一种常用的混凝土添加剂，它可以在不降低混凝土强度的情况下改善其流动性和工作性能[43]。减水剂除了对混凝土的流动性和工作性能有所提升，还对混凝土的耐久性产生影响。首先，减水剂可以降低混凝土的水灰比。较低的水灰比有助于减少混凝土中的孔隙数量和增强混凝土的致密性，从而降低渗水性和渗透性。其次，减水剂能够改善混凝土的抗裂性能。减水剂可以提高混凝土的黏着性和延性，减少混凝土的收缩和开裂倾向。这对减少由干燥收缩和温度变化引起的裂缝具有积极的作用。此外，减水剂还可以通过改善混凝土的早期强度发展，减少混凝土中的凝结水量，从而提高混凝土的耐久性。需要注意的是，减水剂对混凝土耐久性的影响与具体减水剂的种类、添加量、混凝土配合比等因素相关。因此，在使用减水剂时，应根据具体情况选择合适的减水剂类型和添加量，并进行充分的试验和评估，以确保混凝土的耐久性得到有效提高[36]。

9.2.2 考虑耐久性要求的混凝土配合比设计

在混凝土结构全寿命设计理论中，材料设计和质量控制是至关重要的环节。在这一过程中，需要确定设计参数和设计目标。对于普通混凝土的设计，主要的步骤包括以下几个方面：①确定设计强度，并根据设计强度确定水灰比；②根据坍落度、集料品种、粒径等要求，初步选取合适的用水量；③计算单方水泥用量；④确定合理的砂率；⑤使用重量法或体积法计算砂、石的用量；⑥通过混凝土试配试验进行调整。可以看出，在进行混凝土设计时，通常将混凝土强度作为设计目标，而将水、水泥、砂石等材料的用量作为设计参数。然而，当对混凝土提出耐久性要求时，需要对上述设计方法进行改进[44]。

在沿海结构中，使用的混凝土需要具备特殊的抗氯盐侵蚀性能。为了改善混凝土的性能，需要对配合比参数进行适当调整[15,45-48]。根据已有的经验，低水胶比的混凝土中添加了大量的矿物掺和料，其抵抗氯离子侵入的能力要远优于相同水胶比的硅酸盐水泥混凝土。因此，在设计抗氯盐侵蚀的混凝土时，除了使用硅酸盐水泥作为胶凝材料，还需要配合使用矿物掺和料。因此，相较于普通混凝土，矿物掺和料需要成为新的设计参数，考虑的方面包括矿物掺和料的种类、水泥的替代率和总体的胶凝材料用量等参数。

在混凝土性能设计方面，强度并不是唯一的指标，特别是在重耐久性轻力学性的情况下，需要在设计中提出将抗氯离子侵蚀性能作为混凝土设计指标之一，对混凝土的质量进行进一步控制，可以采用28d龄期的氯离子快速电迁移系数作为设计控制指标，抗氯离子侵蚀性能指标如表9.8所示。通过研究这个指标与各关键配合比参数之间的关联性，可以建立经验公式，用于确定水胶比等一系列关键配合比参数。然后，将这些参数与强度、工作性等性能要求的配合比参数进行比较，选择偏安全的参数进行进一步设计[7]。详细的设计流程可参考图9.14。

表 9.8 混凝土抗氯离子侵蚀性能指标　　　（单位：$10^{-12}m^2/s$）

使用年限	50 年		100 年	
环境作用等级	D	E	D	E
28d 氯离子扩散系数 D_{28}	≤10	≤6	≤7	≤4

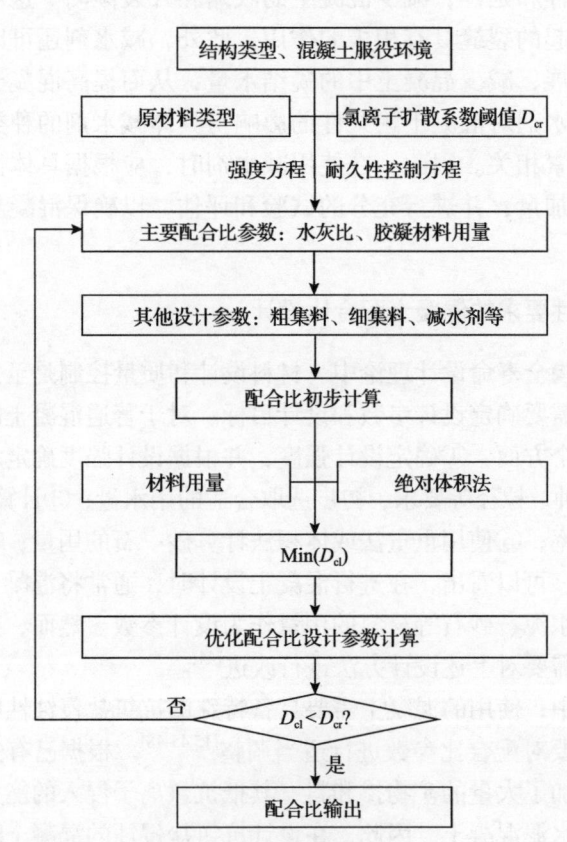

图 9.14　基于耐久性要求的混凝土配合比设计流程

D_{cl} 为扩散系数

9.2.3　混凝土箱梁耐久性设计与应用案例

1. 工程概述

舟岱跨海大桥作为宁波舟山港主通道的主体工程，海域主线桥长 16.347km，其非通航孔主梁采用 70m 箱梁整孔预制、架设[49]。箱梁主体采用 C55 海工混凝土，单片箱梁混凝土约 700m³，共 370 片，合计混凝土 25.9 万 m³。桥梁上部结构为双幅、单箱单室斜腹板预应力混凝土单室箱梁，箱梁顶宽 12.55m，底宽 5.5m，梁高 4.0m。标准联长 5 跨一联，采用先简支后连续的结构形式，箱梁标准横断面尺寸及布置如图 9.15 所示。

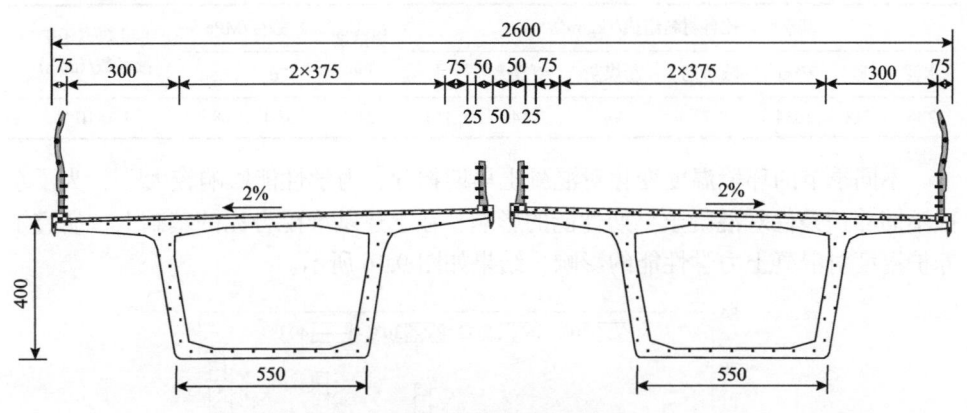

图 9.15 箱梁标准横断面图(单位：cm)

2. 海工混凝土材料性能与配制要求

根据海工混凝土耐久性技术要求，箱梁主体所用 C55 混凝土配制时应满足如下要求[50-52]：混凝土拌合物坍落度控制在 (200 ± 20) mm，扩展度控制在 (500 ± 50) mm，1h 坍落度损失小于 10%，含气量要求为 2%~5%；混凝土的 5d 抗压强度达到设计强度的 90%，满足施工现场 5d 张拉的工艺要求；混凝土的 84d 氯离子扩散系数 $D_{RCM,0}\leqslant 1.5\times10^{-12}$ m^2/s。

结合上述要求，王文学[50]通过对该工程附近材料的调研及试验比选，结合周边类似工程的使用情况选定了满足相关技术要求的混凝土原材料，其中水泥采用宁海强蛟海螺水泥有限公司生产的 P.Ⅱ 52.5 硅酸盐水泥，其比表面积为 300~350m^2/kg，含碱量(按 Na^{2}O 当量计)小于 0.6%；砂子采用赣江地区细度模数在 2.6~3.1、含泥量<2%、表观密度为 2560kg/m^3 的Ⅱ区中砂；粗集料采用 5~25mm、表观密度为 2560kg/m^3 的连续级配碎石，其压碎指标小于 15%；分别采用了谏壁发电厂和张家港恒昌新型建筑材料有限公司生产的 F 类 1 级粉煤灰和 S95 级矿渣粉。外加剂采用科之杰新材料集团有限公司生产的 Point-TBS 型聚羧酸高性能减水剂。

3. 海工混凝土配合比设计

根据上述原材料的基本情况及以往施工经验，按海工耐久性混凝土配制要求进行配合比设计、试配，确定了一个基准配合比[24-26]。其中，粉煤灰掺量为 20%，矿渣粉掺量为 30%，水胶比为 0.32，砂率为 41%，总胶凝材料为 472kg/m^3。配合比的各材料组成及混凝土实测各项性能指标如表 9.9 所示。

表 9.9　基准配合比及性能指标

基准配合比各材料组成/(kg/m³)							坍落度/mm	强度/MPa		84d 氯离子扩散系数/(m²/s)
水泥	砂	碎石	减水剂	粉煤灰	矿渣粉	水		7d	28d	
236	718	1034	4.72	94	142	151	215	51.1	68.9	1.3×10⁻¹²

不同季节的环境温度变化对混凝土早期物理、力学性能影响较大[50]，为了掌握不同养护条件对混凝土早期性能的影响，在上述基准配合比的基础上，研究了养护温度对混凝土力学性能的影响，结果如图 9.16 所示。

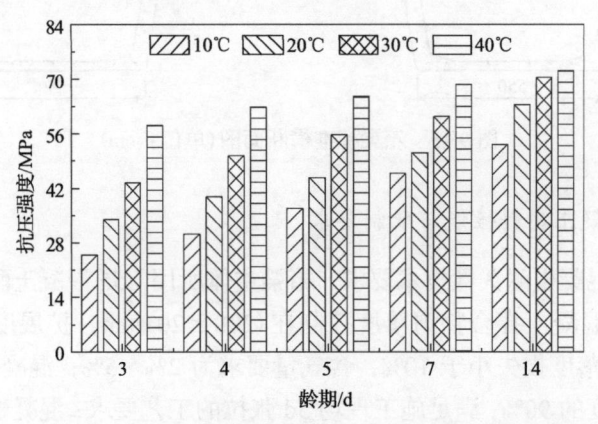

图 9.16　不同养护温度下混凝土抗压强度随龄期的变化

由图 9.16 可知，混凝土早期强度随加载龄期和养护温度的增加而增大，养护温度对混凝土早期强度的影响趋势随龄期的增加而减小，这主要是因为环境温度越高，混凝土水化越快，反应越充分，强度越高。此外，从图中还可知，在 20℃ 养护条件下 7d 强度达到设计强度的 93%，在 40℃ 养护条件下 4d 强度达到设计强度的 91%，说明只能在夏季施工时才能满足现场 5d 张拉预应力的需求。因此，为满足全季节施工的要求，王文学[50]通过适当调整胶凝材料和矿物掺合料的比例对上述基准配合比进行进一步优化设计，优化后的混凝土材料配合比基本情况如表 9.10 所示，基本力学性能试验结果如表 9.11 所示。

表 9.10　优化后混凝土材料配合比

编号	配合比各材料组成/(kg/m³)							养护温度/℃
	水泥	砂	碎石	减水剂	粉煤灰	矿渣粉	水	
P1	263	700	1049	4.78	72	143	148	10(冬季)
P2	260	684	1068	4.72	70	142	151	20(春、秋季)
P3	236	718	1034	4.72	94	142	151	30(夏季)

表 9.11 优化后混凝土力学性能试验结果

编号	立方体抗压强度/MPa			轴心抗压强度/MPa		弹性模量/(10^4MPa)	
	3d	7d	28d	4d	28d	4d	28d
P1	46.2	63.5	72.3	44.8	58.2	3.38	4.36
P2	45.2	55.3	70.4	41.6	56.3	3.28	4.40
P3	43.2	50.4	71.0	42.1	57.4	3.17	4.25

采用快速氯离子迁移系数(rapid chloride migration，RCM)法检测三个配合比不同龄期的氯离子扩散系数，检测结果如图 9.17 所示。根据图中显示的三个配合比下混凝土 84d 氯离子扩散系数均满足设计要求的 $D_{RCM,0} \leqslant 1.5 \times 10^{-12} m^2/s$，试验结果表明，其中大量掺加粉煤灰和矿渣粉的混凝土有更好的抵抗氯离子渗透的能力，且氯离子渗透系数随混凝土龄期的增加而减小。

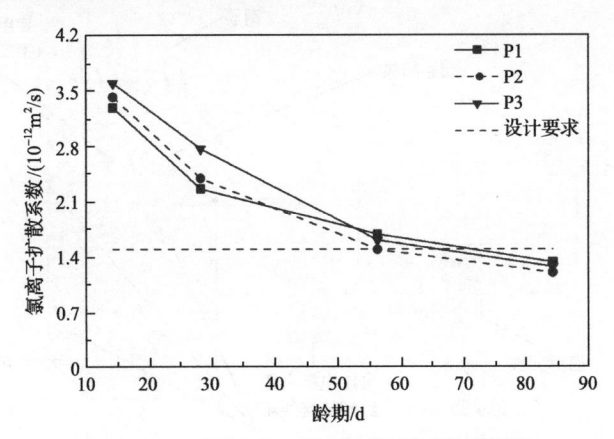

图 9.17 不同配合比混凝土氯离子检测结果

舟岱跨海大桥海工混凝土应用结果表明，通过对不同季节、不同温度下配合比的试验和研究，优化了混凝土由季节和温度导致的缺陷和性能。在不同季节采用不同配合比，改善了由夏天高温给部分箱梁混凝土带来的胀裂，也提高了混凝土在冬季的抗冻性能。

9.3 提升混凝土箱梁耐久性的附加措施

合理选择混凝土原材料是对改善混凝土结构自身耐久性的基本保障。对于那些处于恶劣侵蚀环境下的重要混凝土结构，为了进一步增强它们抵御耐久性劣化作用的能力，需要采取更强有力的附加保护措施。在工程中常用的防腐措施有传统的对混凝土施加保护的方法，如使用混凝土耐蚀剂、涂装防腐涂料，也有新型防腐措施，如钢筋的阴极保护、使用环氧涂层钢筋等[53]。

9.3.1 阴极保护

阴极保护(cathodic protection，CP)是指在结构体外建立一个外部阳极，为阴极反应提供电子，从而抑制钢筋表面的阳极反应[54-56]。通过外加电流和外加阳极，钢筋将全部被迫变成阴极，而此时的阳极是一种腐蚀速度很小或可以通过阳极反应来控制的材料。

外加电流阴极保护技术是一种主动预防的方法，不属于被动防护[57]。它可以实时监测钢筋混凝土中的腐蚀环境情况，并通过远程计算机自动控制和调节，提供钢筋所需的保护电流和保护电位。外加电流阴极保护已广泛应用于各种条件下的大部分钢筋混凝土结构[58]。外加电流保护系统由直流电源、辅助阳极、参比电极等部件组成，如图9.18所示。

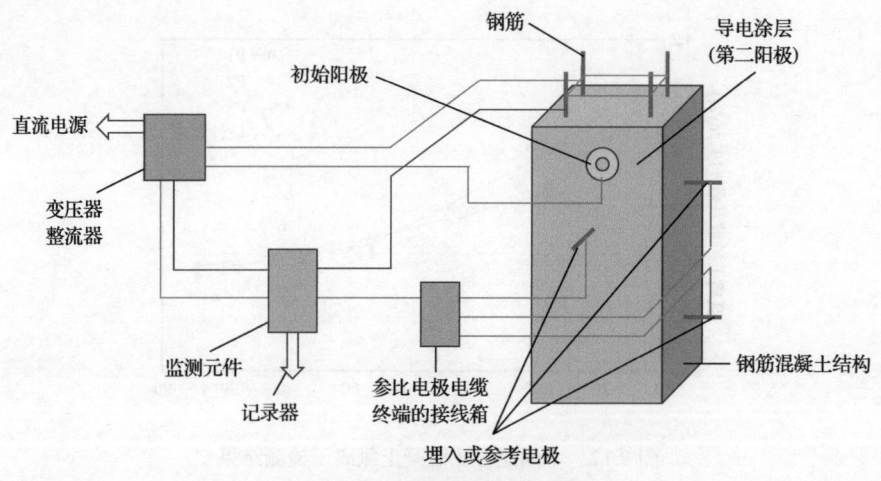

图 9.18 典型的阴极保护装置

尽管阴极保护防腐措施的阳极系统还存在改进的空间，但作为一项有效的防腐蚀技术，阴极保护已经在工程实践中证实其保护效果，即能够有效阻止盐污染物对钢筋混凝土结构的侵蚀。阴极保护技术不仅得到美国混凝土协会和美国腐蚀工程师协会的认可，还出现在许多国家制定的相关标准中[59,60]，为实施有效的阴极保护提供了必要的技术数据。

9.3.2 特殊钢筋

钢筋腐蚀是混凝土结构破坏的主要方式。在混凝土结构中，钢筋因腐蚀产生铁锈，会导致体积膨胀(即锈胀)，从而引发混凝土保护层的脱落[61]。此外，钢筋腐蚀还会导致钢筋的有效截面积减小，破坏钢筋与混凝土之间的黏结力。这将降低结构的承载力，甚至可能导致结构的破坏。因此，钢筋腐蚀是对混凝土结构耐久性影响最为重要的因素之一[62]。

钢筋腐蚀防护的一个重要研究方向就是开发新型涂层钢筋[7]。其中，环氧树脂涂层钢筋无论从生产工艺、防腐性能，还是从经济性、施工性来说都是最实用的，被认为是钢筋腐蚀防护的有效措施之一。除了环氧树脂涂层钢筋，还有其他选择，如聚乙烯醇缩丁醛涂层钢筋、镀锌钢筋、包铜钢筋、合金钢筋。

1. 环氧树脂涂层钢筋

环氧树脂涂层钢筋是一种钢筋混凝土结构材料，它通过在工厂生产条件下采用静电喷涂的方法，在普通带肋钢筋和普通光圆钢筋的表面喷涂环氧树脂粉末而成。该涂层钢筋具有出色的耐蚀性能，适用于桥梁、港口、码头等处于潮湿环境或侵蚀性介质中的应用[63,64]。

在环氧树脂涂层钢筋的制作过程中，根据不同的制作手法和工艺，液体环氧树脂涂装方法包括涂刷法、喷涂法和浸涂法[7]。而粉末环氧树脂涂装方法包括静电喷涂法、粉末浴法和粉末静电喷涂法。静电喷涂法是先加热钢筋，然后将液态环氧树脂喷涂于钢筋表面。环氧树脂在加热后具有较好的塑性，在冷却后会迅速固化，形成致密连续的涂层。粉末静电喷涂法是基于高压静电感应原理，在喷枪与工件之间形成静电场，使粉末在静电和压缩空气的双重作用下均匀地吸附到工件上，随后在熔融的状态下完成涂层的固化，形成坚实的涂层结构。经环氧树脂处理后的钢筋及工程应用如图 9.19 所示。

(a) 环氧树脂涂层钢筋　　(b) 黄梅高铁　　(c) 雄安新区海口建设

图 9.19　环氧树脂涂层钢筋及工程应用

2. 镀锌钢筋

在碳化等腐蚀环境下，镀锌钢筋通过镀层提供了良好的腐蚀保护。镀锌层能够阻隔大部分氧气和水分，减少了钢筋的暴露和接触到有害物质的机会，从而延长了钢筋的使用寿命。镀锌层具有良好的抗氧化性能，能够有效抵抗氧化和腐蚀的侵蚀[65,66]。

镀锌钢筋作为一种经济有效的护筋措施，其历史可以追溯到 20 世纪 30 年代。然而，工程实践表明，在海洋环境中的结构，并不一定能够得到长期可靠的保护。

钢筋的镀锌层有两种类型[67]：一种是在不含硅的钢上迅速冷却，形成一层具有一定厚度的纯锌层，这被称为光亮的热浸镀锌层；另一种是在含硅的钢上进行热浸镀锌后缓慢冷却，导致纯锌层被过度消耗，转化为锌/铁层，使纯锌层变得很薄，失去了光泽，这被称为灰锌镀层。需要注意的是，尽管钢筋镀锌是一种经济有效的护筋措施，但是在强酸、强碱等环境中，其防护性可能会受到限制，需要选择更加耐腐蚀的材料或采取其他防护措施。

3. 非金属筋

与普通钢筋相比，FRP筋具有耐腐蚀、高抗拉强度、低抗剪强度、小比重以及低弹性模量等特点[68,69]（表9.12）。正是这些特性使FRP筋能够取代普通钢筋，从而克服锈蚀对土木工程结构的影响。目前，国内外已经对FRP筋进行大量的材料特性和结构性能的研究，并且成功将其应用于桥梁、海港码头以及加固工程等领域[70]。

表 9.12 FRP 筋的力学性能指标

指标	芳族聚酰胺纤维	玻璃纤维	玄武岩纤维	碳纤维	钢绞线
抗拉强度/MPa	2600	2300	3200	2800	>1770
弹性模量/GPa	125	74	90	160	205
极限应变/%	2.3	3.3	3.0	1.6	7
密度/(g/cm^3)	1.45	2.54	2.6	1.5	7.85

FRP筋具有轻质高强（质量约为普通钢筋的1/5，强度约为普通钢筋的6倍）、抗腐蚀、低松弛、非磁性和抗疲劳等优点。由于FRP筋具有良好的抗腐蚀性能，它可以用于受腐蚀性介质侵蚀的结构中。FRP筋的非磁性使其适用于具有特殊要求的结构，如雷达站等场所。FRP筋低松弛和较小的弹性模量，可降低由混凝土徐变和收缩引起的预应力损失，同时减小预应力钢筋松弛带来的预应力损失。

然而，在混凝土结构中使用FRP筋也存在一些缺点。FRP筋属于线弹性脆性材料，没有明显的屈服平台，延性较差。此外，目前FRP筋的应用还处于初级阶段，且成本较高。在使用FRP筋时，需要特别注意保证锚固性能。

9.3.3 混凝土表面涂层和防腐蚀面层

混凝土表面涂层保护的作用原理是阻止外部氯离子、CO_2或水分侵入混凝土内部，延缓钢筋的去钝化和锈蚀过程，保护混凝土结构并延长其使用寿命[71]。混凝土表面涂层可以采用有机材料或无机材料[72-74]。

1. 无机材料涂层

无机材料涂层，如水泥砂浆、石膏等，是一种常规的混凝土表面涂层[52]。无机材料涂层对混凝土耐久性的提升主要体现在以下几个方面。

(1) 防护作用：无机材料涂层形成的防护层可以阻止水分、氧气、盐类和其他有害物质渗透到混凝土内部，从而减少钢筋的腐蚀和混凝土的损伤。这样可以延缓混凝土的老化和劣化过程，提高其耐久性。

(2) 化学稳定性：无机材料涂层通常具有优异的化学稳定性，能够抵御酸碱侵蚀和化学腐蚀。它可以减小混凝土在酸性或碱性环境中的腐蚀和溶解速度，提高混凝土的耐久性。

(3) 物理隔离：无机材料涂层形成一层物理隔离层，可以阻止盐类和其他有害颗粒物质的侵入。这些物质在混凝土中造成离子渗透、晶体生长和颗粒沉积等不良效应，而无机材料涂层的存在减少了这些不良效应的发生，提高混凝土的耐久性。

(4) 润湿性能：无机材料涂层具有较好的润湿性能，可以减少混凝土表面的水分吸附和渗透。这有助于减少凝胶-水反应以及冻融循环带来的微观损伤，提高混凝土的抗冻融性能和耐久性。

综上所述，无机材料涂层对混凝土的耐久性有正面影响，可以提供保护作用、化学稳定性、物理隔离和润湿性能，增大无机材料覆盖层的厚度和提高覆盖层的密实度是一种延缓构件混凝土碳化和氯离子侵蚀的有效手段，从而延长混凝土结构的使用寿命。

2. 有机材料涂层

混凝土表面涂层的效果受多个因素影响，其中包括防止水分渗透和扩散的能力，以及混凝土内部的含水量。一些防水材料(如丙烯酸树脂类乳浊剂、强弹性丙烯酸橡胶和强弹性聚合物等)和疏水材料(如有机聚合物系列、硅烷系列特殊改性树脂等)可以制成混凝土涂层[75-77]。这些涂层不仅可以阻止水分向混凝土内部渗透和扩散，还有助于混凝土内部水分向外部消散，提供了良好的防护作用。通过试验发现，采用硅烷和聚丙烯酸制成的复合涂层具有最理想的防护效果[78,79]。

硅烷指异丁基(烯)三乙氧基硅烷(液体)和异辛基三乙氧基硅烷(膏体)，对其含量要求比较高[80]，分别为98.9%以上和80%以上。浸渍是对混凝土表面进行喷涂的过程，是通过渗透机能完整地浸入基材内部。硅烷分子中的长链烷基(C_nH_{2n+1}>4)具有极强的憎水性，能将原来亲水的混凝土表面和毛细孔壁变为憎水型，如同无数把小雨伞排列在混凝土表面和毛细孔道中，有效阻挡水分和水分所携带的有害物质渗入混凝土内部[81-83]。硅烷材料表面能较低、黏度较低，易溶于乙醇等有机溶剂但不溶于水，在酸性或碱性条件下会与水发生水解反应，生成活性较高的羟基硅烷，然后羟基硅烷之间可发生缩合反应，生成憎水的网状分子结构。由于这种特性，当硅烷被涂刷在混凝土表面后，会渗入材料内部，然后在混凝土内部碱性环境中发生水解，生成的羟基硅烷之间以及与混凝土表面羟基发生缩合反应，附着于混凝土表面，这一过程通常称为硅烷浸渍处理。经过浸渍处理，硅烷的烷基使混凝土表面和内部孔隙具有憎水性，阻碍液态水进入混凝土内部孔隙，从而隔离外部水溶性侵蚀介质的侵入。硅烷是一种小分子物质，液态硅烷具有较低的黏度，可通过混凝土表面开放孔隙渗透到材料内部一定深度；膏状硅烷附着于混凝土表面，硅烷分子会持续渗入混凝土内部。硅烷单体分子在混凝土内部水分的作用下发生水解反应生成羟基硅烷（简称反应①），水解产物羟基硅烷活性较高，羟基硅烷之间可继续发生缩合反应（简称反应②）。两种缩合反应可发生在羟基硅烷之间以及羟基硅烷和混凝土表面水化产物之间，前者使硅烷在混凝土表面形成二聚体甚至多聚体的网状结构，后者使硅烷和混凝土表面之间建立化学连接。缩合反应会引起脱水过程，相对于干燥的混凝土（孔隙），表面更有利于反应②的进行，因此在工程中硅烷浸渍在相对干燥的混凝土表面更加有效。通过反应①、反应②两步，硅烷在混凝土孔隙表面形成了稳定的聚合网络，其中的烷基赋予了混凝土孔隙表面憎水性。硅烷涂层防护原理如图9.20所示。混凝土表面喷涂硅烷后的防护效果如图9.21所示。

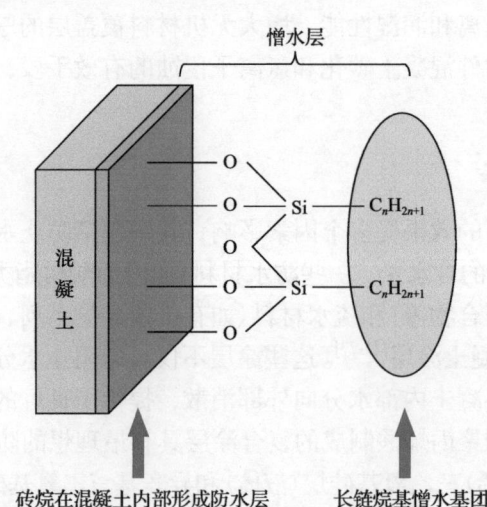

图 9.20 硅烷涂层防护原理

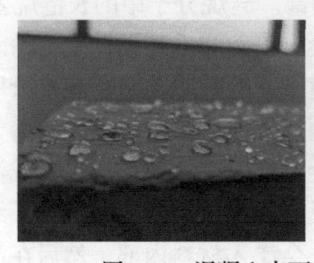

图 9.21 混凝土表面喷涂硅烷后的防护效果

3. 氯盐环境下基于硅烷浸渍的混凝土箱梁耐久性

为研究氯盐环境作用下基于硅烷浸渍的混凝土箱梁耐久性，以我国桥梁工程中常见的等截面、直腹板混凝土箱梁桥为原型，根据相似性设计原理，设计并制作了三片混凝土箱梁缩尺模型试验箱梁。试验箱梁采用 C30 混凝土，其材料组成及配合比如表 3.6 所示。箱梁顶宽 45cm，底宽 22cm，梁高 20cm，梁长 60cm，截面尺寸及测定布置如图 6.1 所示。

参照规范[3]进行箱梁模型的浇筑，待浇筑完成后静止 24h 后进行拆模，静置时采用土工布覆盖，然后置于标准养护室内，养护 28d 后进行硅烷浸渍和氯离子浸泡试验。其中 1#梁和 2#梁先进行硅烷浸渍，后进行氯离子浸泡试验，3#梁仅进行氯离子浸泡试验。1#梁和 2#梁喷涂硅烷时分三次进行，每次间隔时间为 4～6h。喷涂完后在实验室自然环境中静置 7d。然后，将试验箱梁放置于浓度为 5%的氯化钠溶液箱中进行腐蚀。硅烷喷涂与氯离子侵蚀试验过程如图 9.22 所示。

图 9.22 硅烷喷涂与氯离子侵蚀试验过程

待上述氯离子侵蚀试验达到侵蚀时间(90d)后，按照氯离子浓度测试过程和相应测试流程，进行各测点的氯离子浓度测试。根据化学滴定法，分别测出不同试验工况下距混凝土箱梁模型顶板、底板以及腹板表面 4mm、7mm 处的氯离子浓度，结果如表 9.13 所示。其中，1#梁、2#梁喷涂了硅烷，3#梁未经任何处理，作为对比试验。

表 9.13 不同工况下箱梁各测点氯离子浓度实测值　（单位：10^{-2}%）

位置	顶板					底板			腹板	
测点编号	1号	2号	3号	4号	5号	6号	7号	8号	9号	10号
1#梁(4mm)	2.022	2.165	2.003	1.955	2.113	2.412	1.650	2.598	2.242	2.018
2#梁(4mm)	2.132	2.205	2.041	2.101	2.144	2.310	2.466	2.406	1.815	2.101
3#梁(4mm)	3.291	3.121	3.304	4.012	3.323	3.660	3.300	4.260	3.151	3.211
1#梁(7mm)	1.875	1.858	1.754	1.885	1.554	1.130	1.872	2.244	0.955	1.152
2#梁(7mm)	1.975	1.877	2.032	1.765	1.774	1.256	1.172	1.196	1.022	0.898
3#梁(7mm)	2.215	2.332	2.417	2.353	2.007	2.730	2.304	2.346	1.675	2.035

由表9.13可知，受箱梁空间效应的影响，同一截面不同部位的氯离子浓度各异。总体来讲，二维倒角部位的氯离子浓度较高。相较于喷涂了硅烷的试验箱梁模型，未经任何处理的混凝土箱梁抗氯离子腐蚀能力明显较低。为了尽量消除误差，将1#梁、2#梁顶板、底板以及腹板各测点的氯离子浓度取均值，与3#梁对应部位的氯离子浓度进行对比，定量表明硅烷氯离子扩散的抑制作用，结果如图9.23所示。

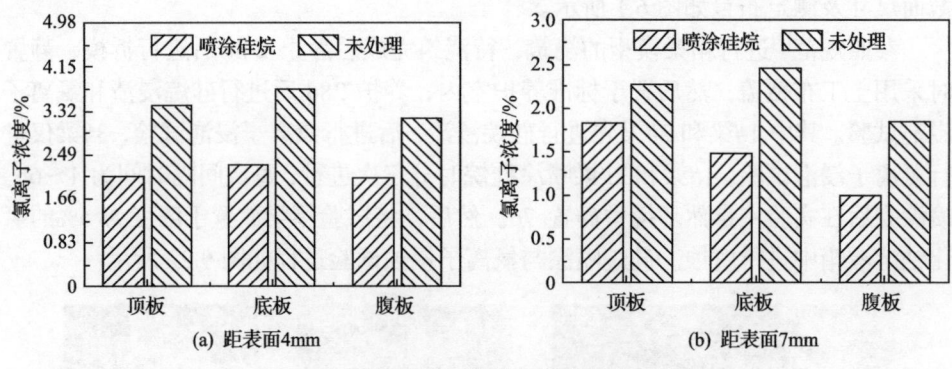

(a) 距表面4mm　　(b) 距表面7mm

图9.23　不同工况下箱梁各部位氯离子浓度

由图9.23可知，在相同腐蚀条件下，经过硅烷喷涂的混凝土箱梁的顶板、底板和腹板各部位的氯离子浓度均显著降低。其中，距箱梁表面4mm处，顶板、底板和腹板的平均氯离子浓度分别降低了38.88%、38.31%、35.75%；距箱梁表面7mm处，顶板、底板和腹板的平均氯离子浓度分别降低了18.98%、39.91%、45.73%。可以看出，喷涂硅烷可以有效抑制氯离子在混凝土箱梁中的扩散。

9.4　本章小结

混凝土的耐久性是指混凝土在实际使用条件下抵抗各种破坏因素的作用，长期保持强度和外观完整性的能力。随着工程建设规模的扩大和工程向恶劣环境(如海洋环境)的发展，为确保混凝土箱梁的耐久性，提出提升混凝土耐久性的措施是一个极为复杂但又迫切需要解决的问题。本章主要介绍了混凝土箱梁结构维修加固技术与混凝土箱梁耐久性提升技术，其中箱梁结构维修加固技术主要包括碳纤维加固、粘贴钢板加固、增大截面加固、体外预应力加固以及钢绞线网片-聚合物砂浆加固；提升混凝土箱梁耐久性的基本措施主要包括混凝土原材料的合理选择、养护机制的改善以及配合比优化设计；提升混凝土箱梁耐久性的附加措施主要包括阴极保护、特殊钢筋、混凝土表面涂层和防腐蚀面层。本章所提耐久性提升措施对在荷载与碳化和氯离子侵蚀双重或多重耦合作用下，新建混凝土箱梁的耐久性设计或既有结构耐久性提升具有实际指导意义。

参 考 文 献

[1] 程翔云. 双室箱梁顶板的横向计算研究[J]. 中国公路学报, 1996, 9(4): 65-69.
[2] Hibbeler R C. 材料力学[M]. 8 版. 北京: 机械工业出版社, 2013.
[3] 冯鹏. 复合材料在土木工程中的发展与应用[J]. 玻璃钢/复合材料, 2014, (9): 99-104.
[4] 李泽强. 浅谈土木工程中碳纤维复合材料的应用[J]. 科技创业家, 2012, (24): 36.
[5] 董志强, 吴刚. FRP 筋增强混凝土结构耐久性能研究进展[J]. 土木工程学报, 2019, 52(10): 1-19, 29.
[6] 俞宝达, 俞宝明. 碳纤维加固结构施工工艺应用与研究[J]. 工程质量, 2013, 31(6): 69-72.
[7] 金伟良, 赵羽习. 混凝土结构耐久性[M]. 北京: 科学出版社, 2002.
[8] 邵佳妮. 预应力 CFRP 板加固梁桥的效果监测与研究[D]. 南京: 东南大学, 2016.
[9] 宋子鹏, 莫日发. 港珠澳大桥东人工岛非通航孔桥浪溅区钢筋混凝土防腐蚀体系[J]. 中国港湾建设, 2016, 36(7): 33-36.
[10] 龙兴灿, 周传林. 预应力 CFRP 板加固混凝土组合箱梁施工技术[J]. 筑路机械与施工机械化, 2017, 34(10): 94-97, 101.
[11] 公路桥梁加固设计规范. 公路桥梁加固设计规范: JTG/T J22—2008[S]. 北京: 人民交通出版社, 2008.
[12] 蒋超越, 岳小媚. 粘贴钢板加固界面受力特性分析[J]. 公路交通技术, 2016, 32(6): 83-88.
[13] 林于东, 夏樟华, 黄俤俤, 等. U 型粘钢加固预应力混凝土梁抗弯性能试验研究[J]. 铁道学报, 2012, 34(8): 94-102.
[14] 夏立鹏, 郑愚. 现有桥面板加固方法综述[J]. 东莞理工学院学报, 2016, 23(1): 80-89.
[15] 邢锋. 混凝土结构耐久性设计与应用[M]. 北京: 中国建筑工业出版社, 2011.
[16] 肖建平. 粘贴钢板加固桥梁 R.C 偏心受压构件的试验研究进展与展望[J]. 科技资讯, 2018, 16(20): 64-65.
[17] 段小健, 曾瑶瑶. 粘贴钢板加固砼桥梁的应用研究[J]. 公路与汽运, 2021(5): 133-137.
[18] 张翠双. LH 混凝土透明防腐材料在处理桥梁混凝土裂缝病害中的应用[J]. 交通世界(建养. 机械), 2013, (6): 277-278.
[19] 中华人民共和国住房和城乡建设部. 既有建筑鉴定与加固通用规范: GB 55021—2021[S]. 北京: 中国建筑工业出版社, 2021.
[20] 许有胜. 粘钢加固预应力混凝土箱梁桥极限承载力试验研究[J]. 市政技术, 2015, 33(4): 48-52.
[21] 许长城, 任娟, 林冠宇. 桥梁增大截面加固法研究[J]. 运输经理世界, 2023(15): 127-129.
[22] 中华人民共和国住房和城乡建设部. 混凝土结构设计标准: GB/T 50010—2010[S]. 北京: 中国建筑工业出版社, 2024.
[23] 田卿, 尤岭, 张大勇, 等. 预应力混凝土连续箱梁加固设计[J]. 人民长江, 2015, 46(S1):

120-122, 203.
- [24] 徐爱敏, 赵卓, 王健. 某在役高速公路高架桥的加固设计研究[J]. 世界桥梁, 2006, 34(3): 60-62.
- [25] 李铮, 林波. 桥梁结构加固设计安全性分析[J]. 交通标准化, 2013, (24): 102-105.
- [26] 路飞, 彭程. 常见桥梁加固方式的分析比较与应用研究[J]. 公路, 2013, 58(10): 121-123.
- [27] 何广宝. 体外预应力技术在桥梁加固中的应用[J]. 交通标准化, 2013, (19): 113-115.
- [28] 樵继川. 体外预应力技术在桥梁维修加固中的应用[J]. 交通世界, 2017, (12): 134-135.
- [29] 张基成. 桥梁体外预应力加固施工技术[J]. 交通世界, 2022, (23): 166-168.
- [30] 张星海. 体外预应力加固技术在混凝土连续箱梁桥中的应用[J]. 交通世界, 2023, (14): 159-161.
- [31] 王荣霞, 金克喜, 王玲. 体外预应力筋加固不同初始状态箱梁受力性能的试验研究[J]. 土木工程学报, 2010, 43(S2): 224-229.
- [32] 肖瑶, 杨清源, 夏京亮, 等. 基于海洋耐久性因素的自防护混凝土研究进展[J]. 混凝土世界, 2023, (1): 55-59.
- [33] 朱晓萍, 邱成江, 董兴林, 等. 提高复杂环境下混凝土服役寿命的技术措施研究[J]. 建材发展导向, 2020, 18(4): 108-112.
- [34] 中华人民共和国住房和城乡建设部. 混凝土结构耐久性设计标准: GB/T 50476—2019[S]. 北京: 中国建筑工业出版社, 2019.
- [35] 刘芳芳, 王磊, 刘道宽, 等. 矿物掺合料对混凝土抗氯离子渗透性能的影响综述[J]. 四川水泥, 2018(3): 352.
- [36] 吴中伟, 廉慧珍. 高性能混凝土[M]. 北京: 中国铁道出版社, 1999.
- [37] 彭伟. 粉煤灰和矿渣粉对海工混凝土性能的影响[J]. 四川建材, 2009, 35(4): 5-7.
- [38] 邹伟斌. 工业废渣超细微粉在水泥及混凝土中的应用分析[J]. 新世纪水泥导报, 2023, 29(2): 1-10, 15.
- [39] 于景超. 大掺量复合矿物掺合料高性能混凝土在桥梁工程中的应用[J]. 混凝土, 2012, (2): 101-104.
- [40] 王新杰, 徐巍, 封金财. 粗骨料对混凝土性能影响的研究现状[J]. 低温建筑技术, 2015, 37(1): 31-33.
- [41] Basheer L, Basheer P A M, Long A E. Influence of coarse aggregate on the permeation, durability and the microstructure characteristics of ordinary Portland cement concrete[J]. Construction and Building Materials, 2005, 19(9): 682-690.
- [42] Gonilho Pereira C, Castro-Gomes J, Pereira de Oliveira L. Influence of natural coarse aggregate size, mineralogy and water content on the permeability of structural concrete[J]. Construction and Building Materials, 2009, 23(2): 602-608.
- [43] 杨永民, 文梓芸, 吴国林. 减水剂对混凝土性能的影响和发展方向[J]. 广东建材, 2005,

21(10): 8-12.

[44] 刘自强. 混凝土配合比设计原理探讨[J]. 江西建材, 2022, (1): 3-8, 11.

[45] Beton E I D. CEB-FIP Model Code 1990[M]. London: Thomas Telford Services Ltd, 1993.

[46] American Concrete Institute. Guide for the design and construction of fixed offshore concrete structures: 357R-84[S]. London: Thomas Telford Publishing, 1978.

[47] Standards Association of Australia. Concrete structures: AS 3600-1994[S]. Homebush: Standards Association of Australia, 1994.

[48] Det Norske Veritas. DNV rules and standards for offshore units: DNVGL-RU-OU-0512[S]: Oslo: DNV, 2020.

[49] 中华人民共和国交通运输部. 水运工程混凝土质量控制标准: JTS 202-2—2011[S]. 北京: 人民交通出版社, 2012.

[50] 王文学. 东南沿海地区全季节预制箱梁混凝土配合比设计[J]. 城市道桥与防洪, 2020(11): 115-117, 17.

[51] 李乐, 方明山, 王俊杰, 等. 宁波舟山港主通道混凝土结构耐久性评估与维护技术[J]. 海洋工程, 2023, 41(4): 168-177.

[52] 中华人民共和国住房和城乡建设部. 混凝土质量控制标准: GB 50164—2011[S]. 北京: 中国建筑工业出版社, 2011.

[53] 徐丽. 海洋环境下混凝土结构的防腐措施[J]. 建筑工人, 2019, 40(5): 18-21.

[54] Hoe K H, Roy S K. Current densities for cathodic protection of steel in tropical sea water[J]. British Corrosion Journal, 1998, 33(3): 206-210.

[55] Huang X X, Zhou Y W, Zheng X B, et al. Bond performance between corroded steel bars and concrete in cathodic protection system with CFRP as anode[J]. Composite Structures, 2023, 309: 116739.

[56] 贾子涛, 惠飞, 张轶楠, 等. 双重阴极保护提高海洋钢构防腐性能的研究[J]. 当代化工, 2022, 51(10): 2288-2291.

[57] 鞠晓丹, 张庆学, 岳璐, 等. 电化学防护技术在海洋工程中的研究进展[J]. 涂层与防护, 2023, 44(3): 57-62.

[58] Yang Y J, Lee J H, Park I C, et al. Investigation on electrochemical cathodic protection for cavitation-erosion reduction of anodized Al alloy[J]. Journal of Nanoscience and Nanotechnology, 2020, 20(9): 5658-5661.

[59] 国家市场监督管理总局, 中国国家标准化管理委员会. 埋地接地体阴极保护技术: GB/T 37575—2019[S]. 北京: 中国标准出版社, 2019.

[60] 国家市场监督管理总局, 中国国家标准化管理委员会. 埋地钢质管道阴极保护技术规范: GB/T 21448—2017[S]. 北京: 中国标准出版社, 2017.

[61] 金伟良, 夏晋, 王伟力. 锈蚀钢筋混凝土桥梁力学性能研究综述（Ⅰ）[J]. 长沙理工大学学

报(自然科学版), 2007, 4(2): 1-12.

[62] 鲍玖文, 魏佳楠, 张鹏, 等. 海洋环境下混凝土抗氯离子侵蚀的相似性研究进展[J]. 硅酸盐学报, 2020, 48(5): 689-704.

[63] O'Reilly M, Darwin D, Browning J, et al. Multiple corrosion protection systems for reinforced concrete bridge components: Field tests[J]. Journal of Materials in Civil Engineering, 2021, 33(12): 1-12.

[64] 乔宏霞, 杨博, 路承功, 等. 环氧树脂涂层对氯氧镁水泥砼中钢筋抗腐蚀性试验[J]. 材料科学与工程学报, 2020, 38(3): 403-408.

[65] 窦远明, 邓留藏, 张晶晶, 等. 经环氧涂层和镀锌处理后钢筋混凝土梁力学性能分析[J]. 河北工业大学学报, 2019, 48(6): 69-75.

[66] Zheng H B, Dai J G, Poon C S, et al. Influence of a superplasticizer on initial corrosion of galvanized steel bars in concrete pore solution[J]. Journal of Materials in Civil Engineering, 2021, 33(6): 1-12.

[67] Al-Negheimish A, Hussain R R, Alhozaimy A, et al. Corrosion performance of hot-dip galvanized zinc-aluminum coated steel rebars in comparison to the conventional pure zinc coated rebars in concrete environment[J]. Construction and Building Materials, 2021, 274: 121921.

[68] Gjørv Odd E. 严酷环境下混凝土结构的耐久性设计[M]. 2版. 赵铁军, 译. 北京: 中国建材工业出版社, 2015.

[69] 李元琪. FRP筋复合材料变刚度夹片锚优化设计及性能研究[D]. 南京: 东南大学, 2021.

[70] 高娜. 纤维增强复合材料在土木工程中的应用[D]. 西安: 西安工业大学, 2012.

[71] Almusallam A A, Khan F M, Dulaijan S U, et al. Effectiveness of surface coatings in improving concrete durability[J]. Cement and Concrete Composites, 2003, 25(4-5): 473-481.

[72] Khanzadeh M M, Shekarchi M, Hoseini M. Time-dependent performance of concrete surface coatings in tidal zone of marine environment[J]. Construction and Building Materials, 2012, 30: 198-205.

[73] Safiuddin M, Soudki K. Sealer and coating systems for the protection of concrete bridge structures[J]. International Journal of the Physical Sciences, 2011, 6(37): 57-60.

[74] Zhang Z H, Yao X, Wang H. Potential application of geopolymers as protection coatings for marine concrete III. Field experiment[J]. Applied Clay Science, 2012, 67: 57-60.

[75] Gerald W L, 薛健. 有机硅创新技术在涂料中的应用[J]. 上海涂料, 2004, 42(5): 52-57, 51.

[76] 吴国三. 提高结构耐久性的技术措施[J]. 科技信息, 2009, (36): 645, 647.

[77] 袁红晓, 徐鸥明, 张欢, 等. 疏水材料在土木工程中的应用综述[J]. 公路, 2017, 62(10): 196-201.

[78] 陈静怡. 混凝土表面功能防护涂层材料研究进展及展望[J]. 科技与创新, 2022(20):

159-162.

[79] 李庆鲁, 安成强, 郝建军. 改性水性丙烯酸防腐涂料的研究进展[J]. 电镀与涂饰, 2019, 38(11): 555-560.

[80] Zhu Y G, Kou S C, Poon C S, et al. Influence of silane-based water repellent on the durability properties of recycled aggregate concrete[J]. Cement and Concrete Composites, 2013, 35(1): 32-38.

[81] Kou S C, Poon C S. Properties of concrete prepared with PVA-impregnated recycled concrete aggregates[J]. Cement and Concrete Composites, 2010, 32(8): 649-654.

[82] Zhou Z Y, Seif A, Pourhashem S, et al. Experimental and theoretical studies toward superior anti-corrosive nanocomposite coatings of aminosilane wrapped layer-by-layer graphene Oxide@MXene/waterborne epoxy[J]. ACS Applied Materials & Interfaces, 2022, 14(45): 51275-51290.

[83] 戴建才, 李建中. 渗透型硅烷浸渍剂在公路混凝土桥梁保护中的应用研究[J]. 公路交通科技(应用技术版), 2011, 7(11): 176-180.

附录 A 梁体及墩身碳化可靠度程序

```
clear;   clc;bt=cputime;muX=[1;15711.08;91103.936;1.242;77112.9914;
76.2;63.26];
  sigmaX=[0.07;337.414;6205.14048;0.0542;3840.216;3.795;24.8];x=muX;
normX=eps;
  sLn=sqrt(log(1+(sigmaX(6)/muX(6)).^2));mLn=log(muX(6))-sLn.^2/2;
  while abs(norm(x)-normX)/normX>1e-6
  normX =norm(x);s=x(3)*x(4);t=s*x(5)/x(6)/x(7);g=x(2)*s-s*t-x(1);
  gX=[-1;s;[x(4);x(3)]*(x(2)-2*t);-s^2/x(6)/x(7);s*t./[x(6);x(7)]];g
s=gX.*sigmaX;
  alphaX=-gs/norm(gs);bbeta=(g+gX´*(muX-x))/norm(gs);
x=muX+bbeta.*sigmaX.*alphaX;
  end
  pF1=normcdf(-bbeta);nS=1e9;nF=0;
  for k=1:nS
  xx=[normrnd(muX(1),sigmaX(1));normrnd(muX(2),sigmaX(2));normrnd
(muX(3),sigmaX(3));normrnd(muX(4),sigmaX(4));lognrnd(mLn,sLn);normrnd
(muX(6),sigmaX(6));normrnd(muX(7),sigmaX(7))];z=xx(1)*(xx(2)+xx(3))+
xx(4)*xx(5);y=-(z*4.562*0.00001-9.9287)/32.4;
  Y=0.99-0.34*y-0.088*y*y;F=Y*60*14/xx(7);g=xx(6)-F;
  if g<0,nF=nF+1;end
  end
  pF = nF/nS;dt=cputime-bt;clear;  clc;bt=cputime;
  muX=[1;15711.08;91103.936;1.242;77112.9914;81.28;41.9];sigmaX=[0.0
7;337.414;6205.14048;0.0542;3840.216;4.048;9.7];x=muX;normX=eps;sLn=
sqrt(log(1+(sigmaX(6)/muX(6)).^2));mLn=log(muX(6))-sLn.^2/2;
  while abs(norm(x)-normX)/normX>1e-6
  normX =norm(x);s=x(3)*x(4);t=s*x(5)/x(6)/x(7);g=x(2)*s-s*t-x(1);
  gX=[-1;s;[x(4);x(3)]*(x(2)-2*t);-s^2/x(6)/x(7);s*t./[x(6);x(7)]];
gs=gX.*sigmaX;
  alphaX=-gs/norm(gs);bbeta=(g+gX´*(muX-x))/norm(gs);x=muX+bbeta.*
```

附录A 梁体及墩身碳化可靠度程序

```
sigmaX.*alphaX;
  end
  pF1=normcdf(-bbeta);nS=1e6;nF=0;
  for k=1:nS
  xx=[normrnd(muX(1),sigmaX(1));normrnd(muX(2),sigmaX(2));normrnd
(muX(3),sigmaX(3));normrnd(muX(4),sigmaX(4));lognrnd(mLn,sLn);normrnd
(muX(6),sigmaX(6));normrnd(muX(7),sigmaX(7))];  F=22.862*7.1/xx(7);g=
xx(6)-F;
  if g<0,nF=nF+1;end
  end
  pF = nF/nS;dt=cputime-bt
```

附录 B 考虑碳化与荷载及氯离子侵蚀的正截面抗弯承载力可靠度程序

```
% Filename : MonteCarlo
% Description:
% Inputs:
%   variables        随机变量信息
%   iterMax          最大迭代次数
%   fitnessFun       适应度函数
%   options          选项
%    .maxTotalTestNumber  最大试探次数
%    .precision       精度 默认 1e-6；当适应度值小于该值时 收敛
%    .displayCount    每K行那么多次 显示结果 默认 itermax
%    .figureDynamicView 是否开启动态显示
% Outputs:
%   process 迭代过程
function pro = MonteCarlo( variables, iterMax, fitnessFun, options )
% 计时
tic
% 提取随机变量的个数
dimension = length(variables);
% 设置 algorithm 名字
algorithmName = 'Monte Carlo algorithm';
% 提取 maxTotalTestNumber
maxTotalTestNumber = intmax;
if isfield(options, 'maxTotalTestNumber')
maxTotalTestNumber = options.maxTotalTestNumber;
end
% 设置精度
precision = 1e-6;
if isfield(options, 'precision')
```

```
    precision = options.precision;
end
% 提取 displayCount
displayCount = iterMax;
if isfield(options, 'displayCount')
    displayCount = options.displayCount;
end
% 提取 figureDynamicView
figureDynamicView = 'N';
if isfield(options, 'figureDynamicView')
    figureDynamicView = options.figureDynamicView;
end
% 如果 figureDynamicView 为'Y' r创建
if strcmp(figureDynamicView, 'Y')
    figureDynamicViewH = figure('Name', [algorithmName, ' : The Process (Running ... )'], 'NumberTitle','off');
    set(figureDynamicViewH, 'position', [100,50,900,600], 'color', 'k');
    subh = subplot(2,2,1); title('概率','color','r'); xlabel('Iteration'); grid on; set(subh, 'color', 'k', 'xscal', 'log', 'yscal', 'linear', 'xcolor', 'r', 'ycolor', 'r');
    subh = subplot(2,2,2); title('误差','color','r'); xlabel('Iteration'); grid on; set(subh, 'color', 'k', 'xscal', 'log', 'yscal', 'log', 'xcolor', 'r', 'ycolor', 'r');
    subh = subplot(2,2,3); title('试探次数','color','r'); xlabel('Iteration'); grid on; set(subh,'color', 'k', 'xscal', 'log', 'yscal', 'log', 'xcolor', 'r', 'ycolor', 'r');
    drawnow;
end
% 提取未知量信息 生成分布 dist
for cv = 1:dimension
    switch variables(cv).name;case 'Normal'    % 高斯分布
        variables(cv).distri=makedist('Normal','mu',variables(cv).mu, 'sigma', variables(cv).sigma);
    case 'Triangular' % 三角分布
        variables(cv).distri=makedist('Triangular','a',variables(cv).a,'b',
```

```
variables(cv).b,'c',variables(cv).c);
  end
end
% 初始化试探次数
testNumber = 1e4*dimension;recordTestNumber = testNumber;
% 记录矩阵 record = [<0 的个数 >=0 的个数]
record = [0,0];
% 初始化 pro 概率
pro = [];
% 初始化误差 error
error = [];
% 开始迭代
for iter = 1:iterMax
% 初始化随机数 particles 最后一列用来记录值
particles = zeros(testNumber, dimension+1);
% 随机生成 particles
for cv = 1:dimension
particles(:,cv) = random(variables(cv).distri, testNumber,1);
end
particles(:,end) = fitnessFun( particles, testNumber, dimension + 1);
negativeNumber = sum(particles(:,end)<0);
positiveNumber = testNumber - negativeNumber;
record = record + [negativeNumber, positiveNumber];
pro=[pro; record(1)./sum(record)];
% 计算 error
if iter == 1
error = 1;
else
error = [error; abs((pro(end)-pro(end-1))./pro(end-1))];
end
% 收敛条件 1 达到最大迭代次数; 收敛条件 2 精度满足要求
if iter >= 2 && abs( pro(end)-pro(end-1)) < precision * abs(pro(end-1))
break;
end
% 达到最大试探次数
```

```
if sum(record) > maxTotalTestNumber
break;
end
% 显示
if mod(iter, displayCount) == 0
xmax = iter;xmin = xmax - displayCount; if xmin == 0, xmin = 1; end
processShow(xmin, xmax);
end
% 更新 testNumber
testNumber = round(1.05 * testNumber);
% 更新 recordTestNumber
recordTestNumber = [recordTestNumber; testNumber+sum(record)];
end
% 已收敛 显示最后一次结果
processShow(xmax, iter);
% 计时
time = toc;
% 显示程序结束
if strcmp(figureDynamicView, 'Y')
set(figureDynamicViewH,'Name', [algorithmName,':The Process(Finished, Iteration = ',num2str(iter), ', Elapsed time is ', num2str(time),' s)'], 'NumberTitle','off');
end
% processShow
function processShow(xmin, xmax)
if strcmp(figureDynamicView, 'Y')
figure(figureDynamicViewH)
% 画适应度函数
subplot(2,2,1); hold on; loglog(xmax, pro(xmax,end),'g.', 'MarkerSize', 5); line([xmin,xmax],[pro(xmin,end), pro(xmax,end)],'linewidth', 2);
% 概率
subplot(2,2,2); hold on; loglog(xmax, error(xmax,end),'g.', 'MarkerSize', 5); line([xmin,xmax],[error(xmin,end), error(xmax,end)],'linewidth', 2);
% 误差
subplot(2,2,3); hold on; loglog(xmax, recordTestNumber(xmax,end),
```

```
'g.','MarkerSize',5);line([xmin,xmax],[recordTestNumber(xmin,end),
recordTestNumber(xmax,end)],'linewidth',2);
    else
    fprintf('迭代次数为%d,总试探次数为%d,概率为%f,误差为%f\n',iter,recordTestNumber
(end),pro(end,end),error(end));
    end
    drawnow;
    end
end
function fitness = myfitness(particles, row, col)
% 初始化 fitness
fitness = zeros(row, 1);
% 迭代求 fitness
for i1 = 1:row
% 提取参数
KRC = particles(i1,1);fpd = particles(i1,2);Ap = particles(i1,3);H0
= particles(i1,4);
fcd = particles(i1,5);b = particles(i1,6);KGC = particles(i1,7);qG1
= particles(i1,8);
qG2 = particles(i1,9);KQC = particles(i1,10);Kb = particles(i1,11);Ku
= particles(i1,12);
Ks = particles(i1,13);Mb = particles(i1,14);
% 计算
temp1 = KRC * fpd * Ap * H0 - KRC*fpd^2*Ap^2/(2*fcd*b);
temp2 = 124*KGC*qG1 + 124*KGC*qG2 + KQC*Kb*Ku*Ks*Mb;
fitness(i1,1) = temp1 - temp2;
end
end
clc;clear;close all;
% 所有的均值和方差
muAll = [1.052000000 0.038 2.635 385001 0.791 218.312 8.410.962 1.325 121417];
sigmaAll=[0.06238502 0.001 0.007124 0.040.07 4.688 8.742 0.10.037 0.065 0.013837];
% 参数 以高斯分布初始化
for cn = 1:size(muAll,2);
variables(cn).name='Normal';variables(cn).mu=muAll(cn);variables(cn)
```

```
    .sigma=sigmaAll(cn);
    end
  % 特殊分布 初始化
  cn = 13;variables(cn).name = 'Triangular';a = 0.94;b = 1.04;c = 1.17;
variables(cn).a = a;
  variables(cn).b = b;variables(cn).c = c;
  % 最大迭代次数
  iterMax = 1000;
  % 定义函数
  fitnessFun = @myfitness;
  % 设置 options
  Options = [];options.maxTotalTestNumber = 1e8;  % 最大试探次数
  options.precision = 0;  % 连续两次计算结果相差那么多个百分比则收敛
  options.displayCount = 1e5;  % 每 displayCount 次画一次图
  options.figureDynamicView = 'Y';  % 是否开启动态显示
  % 调用算法
  pro = MonteCarlo(variables, iterMax, fitnessFun, options);
  % 显示结果
  fprintf('概率为%f\n',pro(end));
```